Douglas J. Reilly

ASP.NET-Anwendungsdesign

Douglas J. Reilly

ASP.NET-
Anwendungsdesign

Microsoft Press

Dieses Buch ist die deutsche Übersetzung von:
Douglas J. Reilly: Designing Microsoft ASP.NET Applications
Microsoft Press, Redmond, Washington 98052-6399
Copyright 2002 Douglas J. Reilly

Das in diesem Buch enthaltene Programmmaterial ist mit keiner Verpflichtung oder Garantie irgendeiner Art verbunden. Autor, Übersetzer und der Verlag übernehmen folglich keine Verantwortung und werden keine daraus folgende oder sonstige Haftung übernehmen, die auf irgendeine Art aus der Benutzung dieses Programmmaterials oder Teilen davon entsteht.

Das Werk einschließlich aller Teile ist urheberrechtlich geschützt. Jede Verwertung außerhalb der engen Grenzen des Urheberrechtsgesetzes ist ohne Zustimmung des Verlags unzulässig und strafbar. Das gilt insbesondere für Vervielfältigungen, Übersetzungen, Mikroverfilmungen und die Einspeicherung und Verarbeitung in elektronischen Systemen.

Die in den Beispielen verwendeten Namen von Firmen, Organisationen, Produkten, Domänen, Personen, Orten, Ereignissen sowie E-Mail-Adressen und Logos sind frei erfunden, soweit nichts anderes angegeben ist. Jede Ähnlichkeit mit tatsächlichen Firmen, Organisationen, Produkten, Domänen, Personen, Orten, Ereignissen, E-Mail-Adressen und Logos ist rein zufällig.

15 14 13 12 11 10 9 8 7 6 5 4 3 2 1
04 03 02

ISBN 3-86063-648-0

© Microsoft Press Deutschland
(ein Unternehmensbereich der Microsoft GmbH)
Konrad-Zuse-Str. 1, D-85716 Unterschleißheim
Alle Rechte vorbehalten

Übersetzung: Lemoine International GmbH, Köln
Korrektorat: Karin Baeyens, Siegen
Satz: mediaService, Siegen (www.media-service.tv)
Umschlaggestaltung: Hommer DesignProduction, Haar (www.HommerDesign.com)
Layout und Gesamtherstellung: Kösel, Kempten (www.KoeselBuch.de)

Inhaltsverzeichnis

Danksagung	**IX**
Einführung	**XI**
An wen richtet sich dieses Buch?	XII
Buchüberblick	XII
Die Begleit-CD	XIII
Haben Sie Fragen?	XIII
Autor	XIV
Microsoft Press	XIV
1 Einführung in die ASP.NET-Entwicklung	**1**
Das Problem: Entwickeln dynamischer Webanwendungen	2
Eine Lösung: Common Gateway Interface	3
Das Gute an CGI	5
Das weniger Gute an CGI	5
Eine andere Lösung: Internet Server Application Programming Interface	6
Das Gute an ISAPI	8
Das weniger Gute an ISAPI	9
Eine bessere Lösung: Active Server Pages	10
Das Gute an ASP	13
Das weniger Gute an ASP	14
Die neue Lösung: ASP.NET	16
Fazit	17
2 Verwalteter Code und die Common Language Runtime	**19**
Überblick über das .NET Framework	20
Einführung in die Microsoft Intermediate Language	21
Der JIT-Compiler (Just-in-Time)	28
Verwalteter Code und verwaltete Daten	29
Unsicherer Code	30
Fazit	30
3 Die .NET Framework-Objekte und -Sprachen	**31**
Die .NET-Lösung zur Typenkompatibilität	33
Wertetypen	33
Referenztypen	35
Integrierte Referenztypen	36
Weitere Objekte im .NET Framework	39

Überblick über Visual Basic .NET	40
Raus mit dem alten Kram!!	40
Neues hinein!	43
Überblick über C# (C Sharp)	49
Unterschiede zwischen C++ und C#	49
Was Sie in C#, nicht jedoch in Visual Basic .NET tun können	51
Fazit	54

4 ASP.NET-Entwicklung 101 — 55

Hello ASP.NET World!	55
Ein C#-Beispiel	56
Ein Visual Basic .NET-Beispiel	58
Das ASP.NET-Entwicklungsmodell	59
Erstellen einer ASP.NET-Webanwendung mit Visual Studio .NET	61
Interaktionen zwischen Visual Studio .NET und den Internet-Informationsdiensten (IIS)	63
Ihre erste Visual Studio .NET-Webseite	64
Weitere ASP.NET-Anwendungstypen	69
XML-Webdienste	69
HTTP-Handler und HTTP-Module	71
Konfigurieren einer Anwendung	72
Was hat es mit der Web.config-Datei auf sich?	74
Der authentication-Abschnitt	75
Der authorization-Abschnitt	80
Der customErrors-Abschnitt	81
Der httpHandlers-Abschnitt	83
Der httpModules-Abschnitt	84
Der identity-Abschnitt	84
Der pages-Abschnitt	85
Der processModel-Abschnitt	86
Der sessionState-Abschnitt	88
Der trace-Abschnitt	89
Fazit	91

5 Web Forms — 93

Verwenden der klassischen ASP-Programmarchitektur	94
Beispiel einer ASP.NET-Formularvalidierung	97
ASP.NET-Serversteuerelemente im Vergleich zu HTML-Serversteuerelementen	100
Verwenden von Validierungssteuerelementen	101
Das Steuerelement RequiredFieldValidator	101
Das Steuerelement CompareValidator	106
Weitere Validierungssteuerelemente	110
Mehrere Validierungssteuerelemente in einem einzigen Feld	117
Das Steuerelement ValidationSummary	122
Beibehaltung des Steuerelementstatus in ASP.NET	126
Bearbeiten der Serversteuerelemente über den Programmcode	129
Fazit	139

6 Erstellen von ASP.NET-Komponenten ... 141
Der Ärger mit den Komponenten ... 141
ASP.NET-Steuerelementklassen ... 144
Der Lebenszyklus eines Steuerelements ... 145
Erstellen von Benutzersteuerelementen ... 147
    Vorbereiten einer Webseite auf die Konvertierung in ein Benutzersteuerelement ... 147
    Konvertieren einer Webseite in ein Benutzersteuerelement ... 150
Erstellen von benutzerdefinierten Steuerelementen ... 160
    Ein einfaches benutzerdefiniertes Steuerelement ... 161
    Erstellen benutzerdefinierter Steuerelemente in Visual Studio .NET ... 163
    Ein komplizierteres benutzerdefiniertes Steuerelement ... 165
    Ein zusammengesetztes benutzerdefiniertes Steuerelement ... 171
    Installieren eines Steuerelements in Visual Studio .NET ... 175
    Erweiterung der Entwurfszeitunterstützung ... 181
Fazit ... 182

7 Balance zwischen Server- und Clientfunktionalität ... 185
Clientseitige Skripterstellung ... 185
    Verwendung clientseitiger Skripts durch ASP.NET ... 187
    Auslösen von Postbacks durch ein Steuerelement ... 192
Erstellen eines weiter gehenden clientseitigen Websteuerelements ... 196
Fazit ... 205

8 Zeit für den Datenabruf ... 207
XML als die universelle Datensprache ... 207
    Aktuelle Lösungen zur Datenformatierung im Vergleich zu XML ... 208
    Ist XML die perfekte Lösung? ... 209
Einsatz der IEnumerator-Schnittstelle ... 210
Einführung in ADO.NET ... 214
    Überblick über ADO ... 214
    Unterschiede zwischen ADO und ADO.NET ... 215
    Einsatz von ADO.NET über ASP.NET ... 216
    SqlClient- im Vergleich zu OleDb-Klassen ... 234
    Generieren einer XML-Datei ... 235
Fazit ... 238

9 Daten und ASP.NET-Formulare ... 239
Datenzugriff über ASP-Formulare ... 239
Datenzugriff über ASP.NET-Formulare ... 241
Das DataGrid-Serversteuerelement ... 242
    Bearbeiten einer Datentabelle mithilfe des Visual Studio .NET-Designers ... 244
    Bearbeiten einer Datentabelle mit Visual Basic .NET ... 249
Das Repeater-Serversteuerelement ... 255
    Grundlegende Informationen zum Repeater-Steuerelement ... 257
Erstellen von Seiten für die Dateneingabe ... 266
    Erstellen der Benutzerschnittstelle ... 267
    Verarbeiten einer Dateneingabe ... 275
Fazit ... 284

10	**XML-Webdienste**	**287**
	Standards für XML-Webdienste	288
	Erstellen eines einfachen XML-Webdienstes	289
	Erweitern und Testen des XML-Webdienstes	290
	Verwenden der WebMethod-Attributeigenschaften	295
	Nutzen eines einfachen XML-Webdienstes	296
	XML-Webdienste und Befehlszeilentools	303
	Ein echter XML-Webdienst: Artikelbereitstellung	305
	Sicherheitsoptionen	306
	Erstellen und Testen des XML-Webdienstes	307
	Nutzen des XML-Webdienstes	311
	Mögliche Erweiterungen	314
	Fazit	315
A	**Konfiguration von ASP.NET-Anwendungen in IIS**	**317**
	ASP.NET-Benutzerauthentifizierung	317
	Einrichten eines neuen virtuellen Verzeichnisses in IIS	318
B	**Erforderliche HTML-Vorkenntnisse für dieses Buch**	**327**
	HTML-Tags	327
	HTML-Links	328
	HTML-Widgets	329
	HTML-Tabellen	331
	Stichwortverzeichnis	**337**
	Über den Autor	**353**

Danksagung

Ich gehöre der relativ kleinen Gruppe der langfristig Überlebenden von Leberkrebs an. Während ich mein letztes Buch schrieb, wurde bei mir Leberkrebs diagnostiziert und eine entsprechende Behandlung begonnen. Dass ich heute, fast vier Jahre danach, hier sitzen und dieses Buch schreiben kann, habe ich einer großen Portion Glück, einer hervorragenden Behandlungsmethode und einer Reihe großartiger Menschen zu verdanken. Der erste dieser Menschen, den ich hier nennen möchte, und der maßgeblich daran beteiligt ist, dass ich es so weit geschafft habe, ist Dr. Hans Gerdes vom Memorial Sloan Kettering Krebszentrum, der ebenso wenig wie seine Sekretärin, Joanne Booth-Pezantez, bereit war, sich mit der Aussage »Wir wissen nicht, was das für ein Fleck auf seiner Leber ist« abzufinden.

Für mich ist Dr. Gerdes inzwischen weitaus mehr als ein Arzt; er ist derjenige, auf dessen Rat und Unterstützung ich in all dem Chaos, das die adenomatöse Polyposis über mich und meine Familie gebracht hat, stets vertrauen kann. Informationen zu dieser und ähnlichen erblichen Krebsarten erhalten Sie unter *http://www.hereditarycc.org*.

Mein großer Dank gilt den beiden »Freds« (Fred Stodolak und Fred Paliani), Jim Hoffman, Rich Iavarone, Tara O'Neill und Jason Nadal von der Golf Society of the U.S. Die beiden Freds ermöglichten mir die Arbeit in einer Umgebung, in der ich auf ausgefeilte Technik zugreifen konnte, ohne mich dafür in Schale werfen zu müssen. Darüber hinaus gestatteten sie mir großzügig, einige Artikel aus der Website von Golf Society of the U.S. (*http://www.golfsociety.com*) in einem Beispiel in Kapitel 10 zu verwenden. Jim war der beste Boss, den man sich wünschen kann. Das gilt insbesondere für jemanden wie mich, der sich gerne mal im Keller verkriecht und mit Computern herumspielt. Jim hat einige der Kapitel gelesen und mir mit seiner ehrlichen Einschätzung darüber, was Sinn ergab und was weniger schlüssig war, sehr geholfen. Rich und Jason haben mir gelegentlich bei Problemen mit JavaScript zur Seite gestanden. Tara hat es geschafft, ein präsentables Foto von mir für die Autorenbiografie aufzunehmen, und das, obwohl bei diesem Bildmotiv nicht gerade viel zu holen war! Vielen Dank Euch allen.

Einen großen Teil meiner Freizeit widme ich der Arbeit im St. Barnabas Healthcare System (SBHCS). Kathy Collins und Rich Wheatley haben mir in den vier Jahren, seit ich meine Vollzeitstelle dort aufgab, weiterhin die Mitarbeit an einer Reihe aufregender Projekte ermöglicht. SBHCS hat mir eine ausgezeichnete Umgebung zum Erstellen cooler Systeme zur Verfügung gestellt, die auf einem der größten Intranets des gesamten US-Bundesstaats ausgeführt werden. Neben Rich und Kathy verbindet mich unter anderem auch mit Darcy Kindred (der Göttin der Schnittstellen), Ryan Grim und Joanne Gibson eine enge Zusammenarbeit. Danke für die Geduld, die Ihr während meiner Arbeit an diesem Buch aufgebracht habt. Ein spezieller Dank geht an die Mitarbeiter vom SBHCS Behavioral Health Call Center, die sich mit den Verzögerungen bei der Weiterentwicklung ihres Telefonsystems abgefunden haben, weil mein voller Terminkalender beim Schreiben dieses Buchs dafür keine Zeit ließ.

Susan Warren bei Microsoft war eine unglaublich große Hilfe; sie beantwortete mir mehr als eine unzusammenhängende E-Mail, wenn ich mit einem Kapitel in Verzug geraten war und die Beispiele partout nicht funktionieren wollten. Geduldig wies sie mich auf Fehler hin, setzte bei größeren Problemen alles daran, der Ursache auf den Grund zu gehen, und hat mir damit enorm geholfen. Zusammen mit Scott Guthrie und Rob Howard hat Susan mir und allen anderen ASP.NET-Autoren auch schon vor einer halben Ewigkeit, im Rahmen der ersten Konferenz der ASP.NET-Autoren, sehr viel Unterstützung zuteil werden lassen.

Im Verlauf dieser ersten ASP.NET-Autorenkonferenz wurde ich im Rahmen einer praktischen Übung zufällig mit G. Andrew Duthie von Graymad Enterprises in ein Team gesteckt. Seitdem haben wir viele Gelegenheiten wahrgenommen, uns – sei es über E-Mail, sei es im persönlichen Gespräch bei zahlreichen Konferenzen – auszutauschen und gegenseitig zu bemitleiden. Andrew sollte die Arbeit an seinem ASP.NET »jetzt aber wirklich ganz bald« abgeschlossen haben, und ich empfehle Ihnen einen Blick in dieses Werk, sobald es in den Läden erhältlich ist. Andrew ist wahrscheinlich der überzeugteste Befürworter der Microsoft Technologie, dem ich jemals begegnet bin, und er setzt diese Technologie für einige ziemlich ausgeklügelte Projekte ein. Weitere Menschen, auf deren Feedback in technischen oder ganz allgemeinen Fragen ich voll vertraue, sind u.a. Ed Colosi, Tom Dignan, Michael Zaccardi und Sue Shaw. Meine Agentin Claudette Moore hat in dieses Buch sicherlich mehr Arbeit investiert als in viele andere Bücher. Danke für Deine Hilfestellungen bei der Ordnung meiner Gedanken.

Es ist immer etwas Besonderes, für Microsoft Press ein Buch zu schreiben, und diese Erfahrung unterscheidet sich immer von der Arbeit beim Verfassen anderer Bücher. Aber die Arbeit an diesem Buch hat selbst mit der normalen Microsoft Press-Erfahrung nicht mehr viel zu tun. Das vorliegende Werk hat kaum noch etwas mit dem ursprünglich geplanten Buch gemeinsam, und das ist zum Teil auf den enormen Erfolg zurückzuführen, den ASP.NET bereits in der Beta-Version verbuchen konnte. Nach diesem unerwarteten Erfolg war es uns wichtig, das Buch so bald wie möglich zu veröffentlichen, selbst wenn dies einige in letzter Minute vorzunehmende Änderungen mit sich bringen würde. Meine Lektorin Sally Stickney, die Manuskriptlektorin Jennifer Harris, der Acquisitions Editor David Clark und der technische Redakteur Robert Lyon haben sich selbst im Angesicht scheinbar nicht zu bewältigender Abgabetermine, der üblichen Probleme von Beta-Software und meiner ständigen Hinzunahme unglaublich wichtiger Ideen fantastisch verhalten. Insbesondere Robert hat mich mehr als einmal vor mir selbst bewahrt. Vielen Dank!

Natürlich stellt auch das Zusammenleben mit einem Schriftsteller, der gerade an einem Buch arbeitet, ein Erlebnis der anderen Art dar. Meine Tochter Erin hat dafür gesorgt, dass ich mir während dieser Zeit auch noch Zeit für die schönen Dinge des Lebens, wie z.B. die Musik von Ani DiFranco, nahm. Ich freue mich jetzt schon auf das Konzert! Mein Sohn Tim hat mir den ganzen Sommer lang erklärt, wie wichtig Bewegung für den Menschen ist, und ich habe tatsächlich auf ihn gehört. Danke für all die Spaziergänge und Fahrradtouren!

Jean, mit der ich seit 23 Jahren verheiratet bin, ist schon seit langem das Zentrum und die Kraftquelle der Familie. Wenn ich mich ab und zu von der einen oder anderen Sache ablenken lasse, ist sie stets diejenige, die aufpasst, dass alles Wesentliche erledigt wird. In unserem Alltag äußert sich das unter anderem darin, dass sie fast täglich mit einer der vielen Versicherungsgesellschaften kommuniziert. Das allein sichert ihr schon einen Platz im Himmel. Aber das ist natürlich längst nicht alles. Sie haben sicherlich schon von dem Versprechen »In guten und in schlechten Tagen, in Gesundheit und Krankheit« gehört. Jean hat tatsächlich jedes Wort davon gemeint! Es gab zwar mehr *Gesundheit* als *Krankheit* und mehr *gute* als *schlechte* Tage, aber man weiß erst, ob man sich auf einen Menschen verlassen kann, wenn er in der schlimmsten Zeit Ihres Lebens an Ihrer Seite gestanden und Sie niemals aufgegeben hat. Jean, ich wünsche mir, dass wir für ewig und drei Tage zusammenbleiben werden!

Einführung

When I look down, I miss all the good stuff.
And when I look up, I just trip over things.
  – Ani DiFranco

Als ich im Rahmen einer Microsoft-Autorenkonferenz vor über einem Jahr erstmals von ASP.NET hörte, wollte ich meinen Ohren kaum trauen. Ich sollte von nun an in der Lage sein, auf kompiliertem Code basierende Webseiten in einer Reihe von vielen coolen, objektorientierten Sprachen zu erstellen? Es sollte möglich sein, *echte* Variablen mit Typen usw. zu verwenden? Es sollte nun die Möglichkeit geben, unter Einsatz der .NET-Sprachen serverseitige Komponenten zu erstellen, mit denen die Einbettung einer Vielzahl von für meine Anwendungen benötigten Funktionen möglich würde, ohne dass ich mir um die Verwendung von COM-Komponenten Gedanken machen müsste? Schließlich sollte es durch den Einsatz spezieller Validierungskomponenten (validator components) möglich sein, auf wundersame Weise sowohl clientseitig *als auch* serverseitig eingegebene Werte zu testen? Wie gesagt, ich konnte kaum glauben, was ich da hörte.

In der Tat jedoch hält ASP.NET all diese und noch eine Reihe weiterer Möglichkeiten bereit. Mit der Einführung von ASP.NET hat sich die Art und Weise geändert, mit der ich Webanwendungen erstelle. Als ich mich noch mit der Programmierung von Active Server Pages (ASP) plagte, habe ich Funktionalität nach Möglichkeit stets in der Datenbank untergebracht, da die Bereitstellung dieser Funktionalität in einer Datenbank weniger Probleme aufwarf als ihre Bereitstellung in ASP-Dateien, die über eine Reihe von Rechnern verstreut waren. Diesen Aufwand muss ich nicht länger betreiben, und das gilt sehr bald auch für Sie!

Selbstverständlich geht mit den neu erworbenen Möglichkeiten auch ein zusätzliches Maß an Komplexität einher. Die einzige Aufgabe, die noch schwieriger als die Arbeit mit dieser neuen Microsoft .NET Framework-Komplexität ist, besteht im Beschreiben der Komplexität. Bei der Bearbeitung etlicher Kapitel des vorliegenden Buchs kam ich mir vor wie die Person, deren Ausspruch am Anfang dieser Einführung zitiert wird. Die Auseinandersetzung mit den konkreten Einzelheiten ließ mich oft vergessen, wie cool das Ergebnis sein würde, aber der bloße Blick auf die coolen Ergebnisse ohne Berücksichtigung der Einzelheiten kann einen zum Stolpern bringen.

Ich habe mich bemüht, all jene Einzelheiten anzuführen, die Sie benötigen, um das gewünschte Ergebnis zu erzielen, aber das .NET Framework ist viel zu groß, als dass ich alle Einzelheiten hätte berücksichtigen können. Es gibt buchstäblich Tausende von Klassen. Ich verweise an vielen Stellen auf die im Lieferumfang von .NET Framework enthaltene MSDN-Dokumentation und möchte Ihnen nahelegen, von dieser auch Gebrauch zu machen. Bei der Arbeit mit Zeichenfolgen finden Sie in der *System.String*-Klasse von MSDN nützliche Informationen. Geht es um den Dateizugriff, werfen Sie einen Blick in den Namespace *System.IO*. Ich habe mich bemüht, nicht genau die Informationen bereitzustellen, die Sie auch in der MSDN-Dokumentation nachlesen können, es sei denn ich konnte die dort vorhandenen Informationen ergänzen. Während die MSDN-Dokumentation eine großartige und umfassende Nachschlagequelle bietet, handelt es sich bei diesem Buch mehr um eine Art Anleitung, die Sie, nach einer Einführung in die Grundlagen, mit praktischen Problemen und den entsprechenden Lösungen vertraut machen soll. Beide Informationsquellen haben ihre Berechtigung.

An wen richtet sich dieses Buch?

ASP.NET bietet Entwicklern, die zurzeit mit ASP arbeiten, die Möglichkeit, leistungsstärkere und skalierbarere Webanwendungen zu erstellen. Gleichzeitig ermöglicht ASP.NET Entwicklern, die bislang noch nicht im Bereich der Webentwicklung aktiv waren, einen Einstieg in die Entwicklung von Webanwendungen. Ausgehend von den beiden genannten Lesergruppen dieses Buches setze ich nicht voraus, dass sämtliche Leser über einen allzu großen Erfahrungsschatz im Bereich der Webentwicklung verfügen. Haben Sie keinerlei Vorkenntnisse im Bereich HTML, sollten Sie sich unbedingt mit dem Inhalt von Anhang B vertraut machen.

Aufgrund der Tatsache, dass Sie in Verbindung mit ASP.NET sowohl Microsoft Visual Basic .NET als auch C# einsetzen können, beschränke ich mich nicht auf eine Sprache, da dies automatisch eine Vernachlässigung der anderen Sprache mit sich bringen würde. Für Programmierer, die beispielsweise mit Visual Basic oder C++ arbeiten und erstmals ASP.NET einsetzen, dürften die Beispiele durchaus nachvollziehbar sein. In den Beispielen wird abwechselnd Visual Basic .NET und C# verwendet. In den wenigen Beispielen, in denen die Programmiersprache von Belang ist, habe ich den Beispielcode entweder in beiden Sprachen angeführt oder, was häufiger der Fall ist, auf die jeweiligen Unterschiede zwischen den Sprachen hingewiesen. Das Erlernen des Umgangs mit dem .NET Framework nimmt beim Erlernen von ASP.NET den größten Teil ein.

Buchüberblick

Kapitel 1 liefert eine Einführung in die ASP.NET-Entwicklung. Um Ihnen ein besseres Verständnis von ASP.NET zu ermöglichen, stelle ich frühere Alternativen zu ASP.NET vor. Sofern Sie im Bereich der Webentwicklung bisher noch keine Erfahrungen sammeln konnten, ist dieses Kapitel sehr wichtig für Sie. Kapitel 2 macht Sie mit den Konzepten des verwalteten Codes und der Common Language Runtime (CLR) vertraut. Das Entwickeln von .NET-Anwendungen unterscheidet sich stark vom Entwickeln herkömmlicher Win32-Anwendungen. Wenn Sie das Gebiet der .NET-Entwicklung für Sie noch Neuland ist (was zu diesem Zeitpunkt auf so ziemlich jeden zutreffen dürfte), bringt Sie dieses Kapitel auf den neuesten Stand. Der Nachteil, der sich für viele Visual Basic- und C++-Entwickler (und vor allem für Programmierer, die mit beiden Sprachen arbeiten) immer ergab, war das Fehlen gemeinsamer Typen. Visual Basic-Entwickler waren ferner dadurch benachteiligt, dass sie nicht die *gesamte* Win32 API nutzen konnten. Das .NET Framework, das beide dieser Probleme löst, ist Gegenstand von Kapitel 3.

In Kapitel 4 widme ich mich der ASP.NET-Entwicklung und führe dabei sowohl für Visual Basic .NET als auch für C# Beispiele an. Ich erläutere hierbei ausführlich, wie Sie ASP.NET-Anwendungen in Visual Studio .NET erstellen können. Visual Studio .NET stellt zwar eine sehr praktische Umgebung für die Entwicklung von ASP.NET-Anwendungen bereit, unterscheidet sich jedoch von Entwicklungsprozessen, die sich einfacherer Tools wie beispielsweise eines Texteditors bedienen.

In Kapitel 5 werden die ASP.NET Web Forms untersucht. Die Web Forms bilden das Herzstück sämtlicher ASP.NET-Anwendungen. Entwickler, für die ASP.NET eher Neuland ist, die jedoch bereits Erfahrung mit ASP gesammelt haben, müssen sich darüber im Klaren sein, dass sich die Entwicklungsmuster in ASP.NET von denen in ASP unterscheiden. Visual Basic-Entwickler müssen lernen, auf welch vielerlei Arten Web Forms von den ihnen bislang vertrauten Formularen abweichen. Auf diese Abweichungen gehe ich in Kapitel 5 ein.

In Kapitel 6 lernen Sie ein neues Verfahren zum Entwickeln von Komponenten kennen. ASP.NET-Entwickler können neben Benutzersteuerelementen auch Komponenten in der Sprache erstellen, die auch für die jeweiligen Web Forms verwendet werden. Es ist zudem möglich, Komponenten in einer anderen von .NET Framework unterstützten Sprache zu erstellen, falls diese den Anforderungen eher entspricht. Kapitel 7 veranschaulicht das Erstellen von Komponenten, die Client- und Serverfunktionalität verbinden und aufeinander abstimmen. Gelegentlich ist es sinnvoll, eine Aufgabe auf dem Client auszuführen, manchmal bietet es sich eher an, eine Aufgabe auf dem Server auszuführen. Kapitel 7 zeigt Ihnen in einfachen Schritten, wie Sie diese für unterschiedliche Zwecke verwendeten Komponenten erstellen (zur Ausführung auf dem Client, dem Server oder einer Kombination aus beidem).

Kapitel 8 bietet eine Einführung in ADO.NET. Ohne einige Anmerkungen zu XML wäre keine ADO.NET-Einführung vollständig, daher gehe ich in diesem Kapitel auch kurz auf dieses Thema ein. In Kapitel 9 wird ADO.NET mit einer Reihe von ASP.NET-Serversteuerelementen kombiniert, um problemlos und schnell Datentabellen erstellen zu können. Zusätzlich führe ich eine Beispieldatenbank ein, mit deren Hilfe ich demonstrieren werde, wie Sie ein Formular zum Hinzufügen, Bearbeiten und Löschen von Datensätzen erstellen. Kapitel 10 bedient sich schließlich derselben Datenbank, um zu veranschaulichen, wie Informationen mit Hilfe von XML-Webdiensten gemeinsam genutzt werden können. Bei den XML-Webdiensten handelt es sich um ein neues Verfahren zur unternehmensweiten oder sogar weltweiten gemeinsamen Nutzung von Funktionalität.

Die Begleit-CD

Der gesamte Beispielcode zu diesem Buch befindet sich auf der mitgelieferten Begleit-CD-ROM. Alle Codebeispiele wurden anhand eines englischen Post-Beta 2-Builds von Microsoft Visual Basic .NET getestet.

Als primäre Testkonfiguration wurde ein Microsoft Windows 2000 Server-System mit Service Pack 2 sowie den Internet-Informationsdiensten (IIS) verwendet. Die Beispiele in den Kapiteln 8, 9 und 10 veranschaulichen den Datenbankzugriff und setzen eine Installation von Microsoft SQL Server 2000 voraus. In den Beispielen zu Kapitel 9 und 10 wird eine SQL Server 2000-Datenbank namens *GolfArticles* verwendet, die Sie auf der Begleit-CD-ROM finden.

Jeder Beispielordner verfügt über eine Readme-Datei, in der beschrieben wird, wie Sie das Beispiel einrichten und testen. Es empfiehlt sich, diese Readme-Dateien vor dem Testen der Beispiele zu lesen.

Zum Ausführen der Beispiele auf der Begleit-CD benötigen Sie die folgende Software:

- Microsoft Visual Studio .NET Beta 2 oder höher
- Microsoft Windows 2000 oder Microsoft Windows XP
- Microsoft SQL Server 2000 (für die Beispiele in den Kapiteln 8, 9 und 10)

Haben Sie Fragen?

Wir haben alles daran gesetzt, den Inhalt von Buch und Begleit-CD so fehlerfrei wie möglich zu gestalten. Sollten Sie dennoch auf Probleme oder Schwierigkeiten stoßen, können Sie auf eine der folgenden Informationsquellen zurückgreifen.

Einführung

Autor

Trotz der umfassenden Hilfe, die ich von den Mitarbeitern bei Microsoft und Microsoft Press erhalten habe, bin letztlich ich derjenige, der für jegliche Fehler oder Auslassungen verantwortlich ist. Bei ASP.NET handelt es sich um eine neue Technologie, die während der Zeit, in der ich dieses Buch schrieb, noch immer im Wandel war. Der technische Redakteur dieses Buchs, Robert Lyon, stellte in mehreren Fällen fest, dass ein Sachverhalt, der in der Dokumentation zu einem .NET-Build klar und unmissverständlich erläutert wurde, für einen späteren Build entweder vollkommen unzutreffend oder unklar sein konnte. Solche Dinge machen das Verfassen von Büchern zu Beta-Software zu einer so großen Herausforderung. Neuere Builds haben sich als weitaus stabiler erwiesen, und die Dokumentation hat sich mittlerweile eingependelt, da sich die Eigenschaften neuer Builds kaum mehr ändern, sondern häufig sogar weitere Informationen zu einem Thema bereitstellen und es auf diese Weise leichter verständlich machen.

Vor diesem Hintergrund kann es durchaus sein, dass Sie zuweilen über den einen oder anderen Sachverhalt stolpern, der nicht ganz mit dem endgültigen Build übereinstimmt, oder auf manche Themen stoßen, die einer näheren Erläuterung bedürfen. Sollte dies der Fall sein, wenden Sie sich bitte an mich. Damit tragen Sie möglicherweise zu einer Verbesserung künftiger Ausgaben bei, und darüber hinaus habe ich vor, meiner Website eine Seite zuzufügen, auf der Sie jegliche Änderungen oder Korrekturen finden können. Danke, dass Sie sich dafür entschieden haben, dieses Buch zu lesen!

Douglas Reilly
doug@ProgrammingASP.NET
http://www.ProgrammingASP.NET

Microsoft Press

Microsoft Press stellt unter folgender Internetadresse Korrekturen zu Büchern zur Verfügung:

http://www.microsoft.com/germany/mspress/

Sollten Sie Anmerkungen, Fragen oder Ideen zu diesem Buch oder der Begleit-CD haben, senden Sie diese bitte an folgende Adresse von Microsoft Press:

E-Mail:
presscd@microsoft.com

Beachten Sie, dass unter den oben angegebene Adresse kein Produktsupport bereitgestellt wird.

1 Einführung in die ASP.NET-Entwicklung

2	Das Problem: Entwickeln dynamischer Webanwendungen
3	Eine Lösung: Common Gateway Interface
6	Eine andere Lösung: Internet Server Application Programming Interface
10	Eine bessere Lösung: Active Server Pages
16	Die neue Lösung: ASP.NET
17	Fazit

Auch wenn dieses Buch ASP.NET zum Thema hat, werden Sie diese neue Technologie doch erst richtig zu schätzen wissen, wenn Sie den Verlauf der Webentwicklung innerhalb der letzten Jahre kennen. Dieses Kapitel enthält einen kurzen Überblick über die verschiedenen traditionellen Entwicklungsmethoden im Bereich der Webanwendungen. Zunächst werfen wir einen Blick auf HTML, dann sehen wir uns das Common Gateway Interface (CGI), das Internet Server Application Programming Interface (ISAPI) und zum Schluss Active Server Pages (ASP) an. Obwohl diese herkömmlichen Methoden sich perfekt für die Entwicklung von Webanwendungen eignen, wird dem Webentwickler durch die ASP.NET-Features das Programmieren von skalierbaren, dynamischen Webanwendungen doch erheblich erleichtert.

Am Anfang war HTML (Hypertext Markup Language). Und es war gut. Tatsächlich war – und ist – HTML sehr gut. HTML ist eine *Markierungssprache*, d.h., eine Sprache zur Beschreibung der Text- und Grafikdarstellung. HTML-Dokumente enthalten so genannte *Tags*, mit denen die *Elemente* innerhalb eines HTML-Dokuments gesteuert werden. Tags sind Schlüsselwörter (häufig mit Attributen versehen), die von eckigen Klammern umschlossen werden (<>). Das <BODY>-Tag beschreibt z.B. den Hauptteil eines Dokuments. Die meisten (jedoch nicht alle) Tags weisen ein Endtag auf, das einen Slash (/) und den Elementnamen enthält, z.B. </BODY>. Die für Zeilenumbrüche und einen Absatzbeginn verwendeten Tags (
 für Zeilenumbrüche und <P> für Absätze) weisen üblicherweise kein entsprechendes Endtag auf. Diejenigen unter Ihnen, die mehr über HTML wissen möchten, sollten sich Anhang B ansehen, eine kleine HTML-Fibel.

HTML eignet sich besonders für statische Inhalte, die nur selten geändert werden und nicht auf die verschiedenen Anzeigeprogramme ausgerichtet sind. Selbst Jahre nach der Einführung von HTML reichte die Unterstützung statischen Inhalts vollkommen aus. Dann, in den frühen 90ern, kam die gemeinsame Nutzung von Dokumenten auf, und damit begannen die Schwierigkeiten. Wenn Sie zur damaligen Zeit ein Textverarbeitungsdokument besaßen, konnte dies im WordPerfect-, WordStar- oder Microsoft Word-Format vorliegen. Auf einen Dokumenttyp konnte von den übrigen Programmen aus nicht zugegriffen werden, und anhand der universellen Verkehrssprache ASCII konnte zwar möglicherweise der Inhalt eines Dokuments erhalten werden, dies jedoch auf Kosten der gesamten Formatierung.

HTML ermöglichte die Anzeige von Dokumenten, die nicht nur mit einer anderen Textverarbeitungsanwendung, sondern unter Umständen auf einem völlig anderen Computertyp erstellt worden waren, der sich wiederum möglicherweise Tausende von Kilometern weit entfernt befand. Bis heute wird HTML zum Veröffentlichen von Dokumenten im Internet oder in lokalen Intranets verwendet, da es sich um ein Format handelt, auf das praktisch jeder Benutzer zugreifen kann.

HTML und das Protokoll, dessen es sich im Web bedient – HTTP (Hypertext Transfer Protocol) – verfügten jedoch über einige weitere Vorzüge. Bei HTTP handelt es sich um ein kleines, schlankes Protokoll, das selbst extrem niedrige Bandbreiten optimal ausnutzt. Mittlerweile stelle ich die Verbindung zum Internet über ein schnelles Kabelmodem her, aber viele Jahre lang verwendete ich für den Zugriff auf das Internet ein 28,8- oder 56-KBit/s-Modem. Und obwohl ich damals nicht die Bandbreite zur Verfügung hatte, die ich heute nutzen kann, war ich dennoch auch bei niedriger Modemgeschwindigkeit in der Lage, auf HTML-Dokumente zuzugreifen. Denn neben der optimalen Bandbreitennutzung hatten statische HTML-Seiten auch den Vorteil, dass sie den Server (also den Rechner, der den HTML-Inhalt verwaltet) nur in geringem Umfang belasteten.

Das Problem: Entwickeln dynamischer Webanwendungen

Schließlich erkannte man, dass HTTP sich nicht nur für die reine Seitenanzeige, sondern auch für dynamischen Inhalt eignete. Beachten Sie bitte, dass ich mit *dynamischem Inhalt* hier *nicht* die animierten Icons und tanzenden Tiere meine, die auf vielen Webseiten zu finden sind. Im Allgemeinen werden diese Animationen mithilfe von clientseitigem JavaScript im Benutzerbrowser erzeugt. Ich meine mit *dynamischem Inhalt* solchen Inhalt, der bei einem Webseitenbesuch auf einen bestimmten Benutzer zugeschnitten ist. Dynamische Inhalte ermöglichen eine bidirektionale Kommunikation. Anhand eines Formulars auf einer Webseite kann der Benutzer angepassten Inhalt anfordern. So können beispielsweise Details zu einer Lieferung abgerufen werden, indem eine Nummer zur Paketverfolgung eingegeben wird. Natürlich umfasst die Kommunikation zwischen Benutzer und Server mehr als lediglich Formulare und angepassten Inhalt. So können auf dem Benutzercomputer beispielsweise Cookies gespeichert werden, kleine Informationseinheiten, mit denen der Benutzer im weiteren Verlauf der Sitzung oder bei seinem nächsten Besuch einer Website identifiziert werden kann.

> **HINWEIS:** Die clientseitige Programmierung mithilfe von JavaScript oder einer anderen Skriptsprache reicht zur Erstellung vollständig dynamischer Webseiten in der Regel nicht aus. Skriptsprachen eignen sich jedoch sicherlich für mehr als nur für animierte Icons. Besonders effektiv ist Skriptcode bei der clientseitigen Validierung, da kein Roundtrip zum Server erforderlich ist. ASP.NET führt zu einer erstaunlichen Vereinfachung des Codes für die clientseitige Validierung. In Kapitel 5 werde ich auf einige Standardroutinen für die Validierung eingehen, und in Kapitel 6 werde ich erläutern, wie Sie eigene Komponenten entwickeln, mit denen der clientseitige und der serverseitige Code zusammen eine effiziente und stabile Anwendung ergeben.

Mitte der 90er Jahre sahen sich viele Unternehmen gezwungen, die Gesamtbetriebskosten (Total Cost of Ownership, TCO) zu senken. Traditionelle »Fat Client«-Anwendungen mit konfliktverursachenden DLLs (Dynamic-Link Libraries) und Registrierungseinstellungen machten einen Großteil dieser Kosten aus. Viele Unternehmen betrachteten webbasierte Anwendungen als eine Möglichkeit, unternehmenskritische Anwendungen schnell und mit minimaler Auswirkung auf die Clientcomputer innerhalb einer Organisation bereitzustellen. Während ich beispielsweise diese Zeilen schreibe, arbeite ich an verschiedenen Anwendungen, die per E-Mail verteilt werden und dem Benutzer einen URL (Uniform Resource Locator) sowie einige Informationen bereitstellen, die für den Systembetrieb erforderlich sind. Ein Administrator, der einen neuen Benutzer in einem System registrieren möchte, löst diese automatische E-Mail-Benachrichtigungen aus und reduziert damit die bei der Bereitstellung einer Anwendung erforderlichen Aufgaben auf ein Minimum.

Die Verwaltung der dynamischen Inhalte wurde schnell zu einer Herausforderung, denn im Gegensatz zu statischen HTML-Dokumenten reicht es nicht aus, die Inhalte in einem geeigneten Verzeichnis zu speichern und den Benutzern Leseberechtigungen zu erteilen. Dynamische Inhalte können auf verschiedene Weise bereitgestellt werden. Im nächsten Abschnitt werde ich die verschiedenen Methoden zur Erstellung dynamischer Inhalte beschreiben. Jede dieser Methoden hat Vor- und Nachteile, und jedes dieser Verfahren wurde speziell für die Erzeugung dynamischer Inhalte entworfen.

Eine Lösung: Common Gateway Interface

Eine der ersten Lösungen für die Bereitstellung dynamischer Webinhalte ist die CGI-Spezifikation (Common Gateway Interface), die in der UNIX-Welt auch heute noch sehr beliebt ist. CGI-Anwendungen sind ausführbare Programme, die auf einem Webserver ausgeführt werden und sich für die Erzeugung dynamischer Webinhalte eignen. Bei Listing 1.1 handelt es sich um eine einfache CGI-Konsolenanwendung, mit der die Zeile »Hello CGI World« in einem Browser angezeigt wird.

```
// SayHelloCGI.cpp: Eine einfache CGI-Anwendung
//

#include "stdafx.h"
#include <stdio.h>

int main(int argc, char* argv[])
{
    printf("HTTP/1.0 200 OK\r\nContent-Type: text/html\r\n\r\n");
    printf("<HTML>\r\n<HEAD>");
    printf("<TITLE>Hello CGI World</TITLE></HEAD>\r\n");
    printf("<BODY>\r\n<CENTER><H3>Hello CGI World</H3></CENTER>");
    printf("<BR>\r\n</BODY>\r\n");
    printf("</HTML>\r\n");
    return 0;
}
```

Listing 1.1: *Eine einfache CGI-Anwendung*

Dieses sehr einfache CGI-Programm gibt sowohl die Headerinformationen als auch den HTML-Code aus, der die in Abbildung 1.1 gezeigte Seite erzeugt. Die erste printf-Funktion sendet die minimal erforderlichen Header. Der erste Header liefert sowohl die HTTP-Version (*HTTP/1.0*) als auch Code zur Erfolgsanzeige (*200 OK*). In der nächsten Zeile wird der Inhaltstyp angegeben, in diesem Fall *text/html*. Der Inhaltstyp informiert den Browser darüber, wie der Inhalt interpretiert werden muss. Wenn Sie beispielsweise anstelle von *text/html* den Inhaltstyp *application/msword* verwenden, würde der Browser den Inhalt nicht als HTML, sondern als Microsoft Word- oder RTF-Datei (Rich Text Format) betrachten. Auf den letzten Header folgen zwei Paare aus Wagenrücklaufzeichen/Zeilenvorschub, die das Headerende kennzeichnen. Im Anschluss folgt der normale HTML-Inhalt.

Abbildung 1.1: Der durch Listing 1.1 erzeugte Browserbildschirm

Grundlegendes zu Konsolenanwendungen

Obwohl das in Listing 1.1 gezeigte Programm als 16-Bit-MS-DOS-Standardanwendung kompiliert werden kann, habe ich es als 32-Bit-Konsolenanwendung kompiliert. Bei Ausführung sieht diese Anwendung wie eine altmodische MS-DOS-Textmodusanwendung aus (siehe unten), es handelt sich aber dennoch um eine vollständige 32-Bit-Anwendung, mit der praktisch alle Win32-Funktionen und -DLLs aufgerufen bzw. geladen werden können. Es gibt heute bessere Methoden zur Erstellung von »quick-and-dirty«-Anwendungen, aber einige der Anwendungen – insbesondere die Befehlszeilentools – können als Konsolenanwendungen besser eingesetzt werden. *Dienstanwendungen* – Anwendungen, die selbst dann ausgeführt werden, wenn kein Benutzer angemeldet ist – sind Konsolenanwendungen, die eine Reihe spezieller API-Funktionen (Application Programming Interface) aufrufen, über die eine Ausführung als Dienst möglich ist.

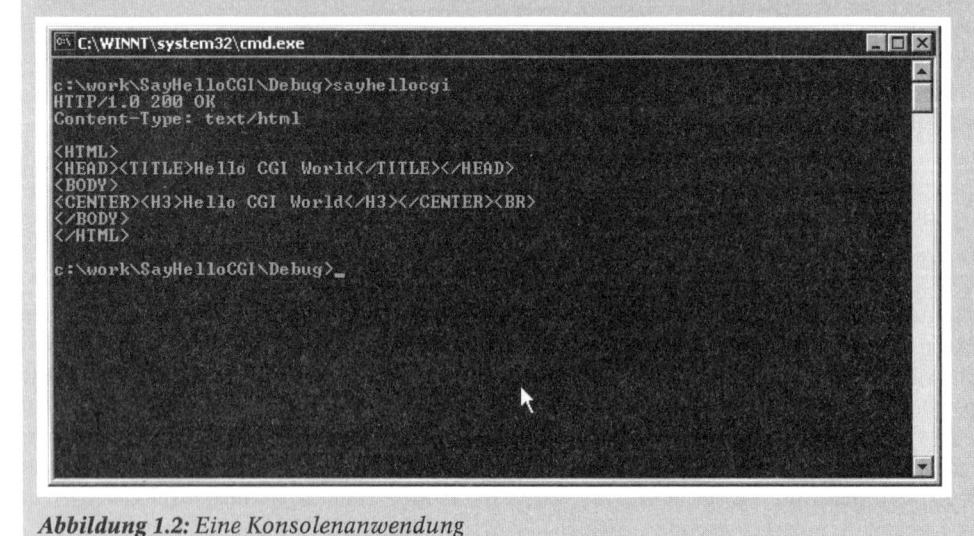

Abbildung 1.2: Eine Konsolenanwendung

In den meisten typischen Konsolenanwendungen bezieht sich *Standardeingabe* auf die Eingabe, die das Programm von der Tastatur erhält. Die *Standardausgabe* erfolgt üblicherweise auf dem Bildschirm. Eine CGI-Anwendung liest die Standardeingabe ein und gibt sie als Standardausgabe aus. Bei den meisten Betriebssystemen können Standardeingabe und -ausgabe umgeleitet werden, und genau dies geschieht, wenn ein Programm als CGI-Programm ausgeführt wird.

Das Gute an CGI

Mit einem CGI-Programm kann praktisch jede vorstellbare Aufgabe umgesetzt werden. Sie können mit einem CGI-Programm auf Datenbanken zugreifen, Dateien lesen, mit der Registrierung arbeiten und jede andere Aufgabe ausführen, die ein Win32-Programm leisten kann.

Die Beispielanwendung aus Listing 1.1 verwendet C/C++, aber nichts hindert Sie daran, zur Erstellung einer Konsolenanwendung für Standardein- und -ausgabe eine andere Programmiersprache oder Entwicklungsumgebung zu verwenden. Zur Erstellung von CGI-Programmen wird in der UNIX-Welt häufig PERL eingesetzt, in der Win32-Welt bietet Borlands Delphi explizite Unterstützung für CGI-Anwendungen, indem Klassen zur Verwaltung der Lese- und Schreibvorgänge für Standardeingabe und -ausgabe bereitgestellt werden.

Wenn Sie einer Gruppe erfahrener Textmodusprogrammierer ein wenig HTML beibringen, werden diese wahrscheinlich in der Lage sein, halbwegs ordentliche CGI-Programme zu entwickeln. CGI-Programme können leicht getestet werden, der Code/Test/Debug-Zyklus ist überschaubar. Sie können den Compiler einfach anweisen, die ausführbare Datei im richtigen Verzeichnis abzulegen, die Anwendung im Browser testen und ggf. Änderungen im Editor vornehmen. Diese Schritte können beliebig oft wiederholt werden.

Das weniger Gute an CGI

Um die Nachteile von CGI zu verstehen, müssen Sie wissen, was genau geschieht, wenn ein CGI-Programm ausgeführt wird. Die Anwendung aus Listing 1.1 könnte beispielsweise über diesen URL aufgerufen werden:

http://localhost/sayhellocgi/sayhellocgi.exe

In Microsoft IIS (Internet-Informationsdienste) kann dieser URL zwei Ereignisse auslösen. Entweder wird das Programm *SayHelloCGI.exe* aus dem virtuellen Verzeichnis *sayhellocgi* auf den lokalen Computer heruntergeladen, oder das Programm wird ausgeführt. Im vorliegenden Fall soll natürlich das Programm ausgeführt werden. Damit dies geschieht, muss das betreffende virtuelle Verzeichnis über Ausführungsberechtigungen verfügen. (Informationen zum Festlegen von Berechtigungen finden Sie in Anhang A.)

Wenn bei Eingabe des URLs keine Ausführungsberechtigungen vorliegen, wird *SayHelloCGI.exe* mit Anforderungsinformationen ausgeführt, die via Standardeingabe verfügbar sind. Anschließend wird die verfügbare Standardausgabe an den Browser übergeben. Wenn die Header nicht das richtige Format aufweisen – wenn Sie z.B. das zweite Zeichenpaar aus Wagenrücklaufzeichen und Zeilenvorschub am Ende des Headers vergessen –, ignorieren einige Browser den Text, andere zeigen neben dem in die Standardausgabe geschriebenen Text eine Fehlermeldung an. Nachdem das CGI-Programm seine Aufgabe erfüllt hat, wird es beendet.

Das CGI-Modell hat den Vorteil, dass ein Programm nach Ausführung und Beendigung wie jedes andere Programm bearbeitet oder entfernt werden kann. Diese Fähigkeit ist jedoch der Kern des Problems bei CGI. Wird ein CGI-Programm ausgeführt, wird es in den Speicher geladen. Nach Programmbeendigung wird es vollständig aus dem Speicher entfernt. Diese Erstellungs- und Zerstörungsprozesse erfordern eine Menge Arbeit. Das Erstellen eines Prozesses ist im Vergleich zum einfachen Lesen einer HTML-Datei relativ kostenintensiv. Die Erstellung und Zerstörung von Prozessen für jede Anforderung führt letztlich zu Leistungsproblemen. Darüber hinaus müssen auch Ressourcenaspekte berücksichtigt werden. Wenn 100 Clients auf dasselbe CGI-Programm zugreifen, befinden sich 100 Instanzen dieses Programms im Speicher. Dies kann auf einem Webserver schnell zu einem Ressourcenmangel führen und Skalierbarkeitsprobleme verursachen. Als sich die Websites vom reinen Serviceangebot zu umfangreichen, unternehmenskritischen E-Commerce-Organisationen entwickelten, wurde klar, dass eine neue Lösung zur Beseitigung dieser CGI-Probleme gefunden werden musste.

Eine andere Lösung: Internet Server Application Programming Interface

Zur Beseitigung der Leistungs- und Skalierbarkeitsprobleme von CGI entwickelte Microsoft ein neues Verfahren zur Entwicklung skalierbarer Anwendungen. Diese hoch leistungsfähige Alternative trägt den Namen Internet Server Application Programming Interface (ISAPI). Statt ausführbare Dateien mit Funktionalität auszustatten, verwendet ISAPI DLLs. Der Einsatz von DLLs anstelle von ausführbaren Programmen hat im Hinblick auf Leistung und Skalierbarkeit klare Vorteile.

Es gibt zwei Arten von ISAPI-DLLs: *ISAPI-Erweiterungen* und *ISAPI-Filter*. ISAPI-Erweiterungen werden, wie nachfolgend gezeigt, in einem an den IIS-Server gesendeten URL explizit aufgerufen:

http://localhost/sayhelloisapi/sayhelloisapi.dll

Die ISAPI-Erweiterung könnte auch mit Argumenten aufgerufen werden, wodurch eine einzige ISAPI-Erweiterung mehrere Aufgaben ausführen kann. Wie im CGI-Beispiel muss das Verzeichnis über Ausführungsberechtigungen verfügen, da die DLL ansonsten nicht auf dem Server ausgeführt, sondern auf den Client heruntergeladen wird. ISAPI-Erweiterungen verarbeiten in der Regel Clientanforderungen und geben eine Antwort in Form von HTML zurück, d.h. sie werden in ähnlicher Weise wie CGI-Programme verwendet.

Die ISAPI-Filter erfüllen eine Funktion, die nicht direkt mit CGI-Anwendungen verglichen werden kann. ISAPI-Filter werden nie explizit aufgerufen, sondern als Reaktion auf bestimmte Ereignisse im Lebenszyklus einer Anforderung von IIS aufgerufen. Der Entwickler kann festlegen, dass in folgenden Situationen immer ein ISAPI-Filter aufgerufen wird:

- Nach der Vorverarbeitung der Clientheader durch den Server
- Bei der Clientauthentifizierung durch den Server
- Bei der Zuordnung eines logischen URLs zu einem physischen URL durch den Server
- Vor dem Senden von Rohdaten vom Client an den Server
- Nach dem Senden von Rohdaten vom Client an den Server, aber vor der Verarbeitung der Daten durch den Server
- Bei einer Informationsprotokollierung durch den Server
- Bei Beendigung der Sitzung

Wie bei jedem Filter sollten auch ISAPI-Filter nur die erforderlichen Benachrichtigungen anfordern und so schnell wie möglich verarbeiten. ISAPI-Filter werden häufig für die benutzerdefinierte Authentifizierung eingesetzt. Darüber hinaus werden sie zur Änderung des an den Client gesendeten HTML-Codes verwendet. Mithilfe eines ISAPI-Filters kann beispielsweise die Hintergrundfarbe aller Seiten geändert werden. Da sich ISAPI-Filter nicht einer so großen Beliebtheit erfreuen wie die ISAPI-Erweiterungen, werde ich hier nicht näher auf dieses Thema eingehen. Wenn Sie mehr über ISAPI-Erweiterungen wissen möchten, empfehle ich Ihnen das Buch *Inside Server-Based Applications* (Microsoft Press, 1999).

ISAPI spezifiziert verschiedene Einsprungfunktionen, die aus der DLL exportiert werden müssen. Anhand dieser Einsprungpunkte kann IIS die DLL laden, die implementierten Funktionen aufrufen, die Parameter wie erforderlich übergeben und die Daten empfangen, die an den Browser ausgegeben werden müssen. ISAPI erfordert lediglich die Implementierung zweier Einsprungfunktionen (*GetExtensionVersion* und *HTTPExtensionProc*).

ISAPI-Erweiterungen werden häufig mithilfe der MFC-ISAPI-Klassen erstellt (Microsoft Foundation Class Library). Diese MFC-Klassen können die Entwicklung von ISAPI-Erweiterungen erheblich vereinfachen. Wenn Sie beispielsweise in Microsoft Visual C++ 6.0 im Dialogfeld für neue Projekte den Assistenten für ISAPI-Erweiterungen öffnen, wird die erste Seite des Assistenten geöffnet, die in Abbildung 1.3 dargestellt ist. Wenn Sie lediglich eine ISAPI-Erweiterung erstellen möchten, ist nur dieser Schritt erforderlich. Sobald Sie auf *Fertigstellen* klicken, erstellt der Assistent für ISAPI-Erweiterungen die für die Erstellung einer ISAPI-Erweiterung erforderlichen Dateien. In diesem Beispiel trägt die ISAPI-Erweiterung den Namen *SayHelloISAPI*.

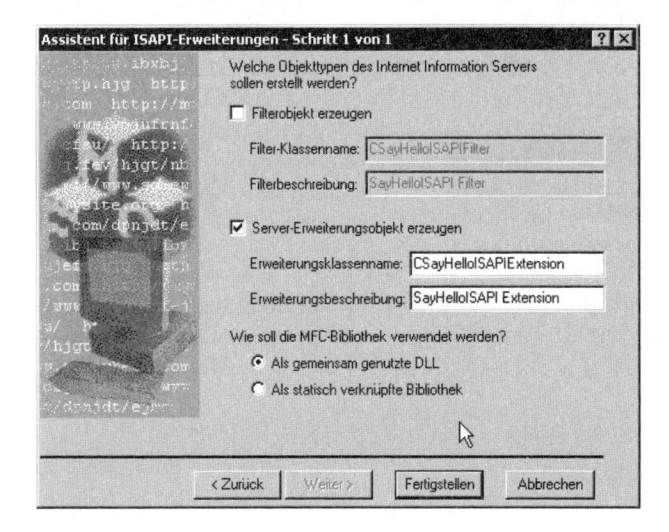

Abbildung 1.3: *Der erste Schritt bei der Erstellung einer ISAPI-Erweiterung in Visual C++ 6.0*

Eine der vom Assistenten für ISAPI-Erweiterungen erstellten Funktionen heißt *Default*. Um die gleiche Funktionalität zu erhalten wie für das CGI-Programm aus Listing 1.1, habe ich die vom Assistenten bereitgestellte Implementierung von *Default* etwas abgeändert. Siehe hierzu Listing 1.2.

```
///////////////////////////////////////////////////////////////////
// CSayHelloISAPIExtension Befehls-Handler

void CSayHelloISAPIExtension::Default(CHttpServerContext* pCtxt)
{
    StartContent(pCtxt);
    WriteTitle(pCtxt);

    *pCtxt <<
        _T("<CENTER><H3>Hello ISAPI World</H3></CENTER>");
    *pCtxt << _T(" \r\n");

    EndContent(pCtxt);
}
```

Listing 1.2: *Default-Funktion in einer einfachen ISAPI-Erweiterung*

Einführung in die ASP.NET-Entwicklung

Beachten Sie, dass in diesem Beispiel lediglich der im Browserfenster anzuzeigende Inhalt explizit angegeben wird. Die Standardimplementierung von *StartContent* schreibt die Tags <BODY> und <HTML>. Die Standardimplementierung von *WriteTitle* ruft *GetTitle* auf und fügt diesen Titel zwischen den Tags <TITLE> und </ TITLE> ein. Im vorliegenden Fall wollte ich die Standardimplementierung von *GetTitle* ersetzen, um wie im CGI-Beispiel aus Listing 1.1 einen eigenen Titel angeben zu können. Der folgende Codeabschnitt ermöglicht genau dies:

```
LPCTSTR CSayHelloISAPIExtension::GetTitle() const
{
    return "Hello ISAPI World";
}
```

EndContent fügt die abschließenden Tags </BODY> und </HTML> ein.

Nach der Kompilierung der ISAPI-Erweiterungs-DLL und der Einrichtung eines geeigneten virtuellen Verzeichnisses in IIS kann die ISAPI-DLL in das Verzeichnis kopiert und durch die Eingabe des richtigen URL ausgeführt werden. Die anschließende Browseranzeige ähnelt der Darstellung in Abbildung 1.4.

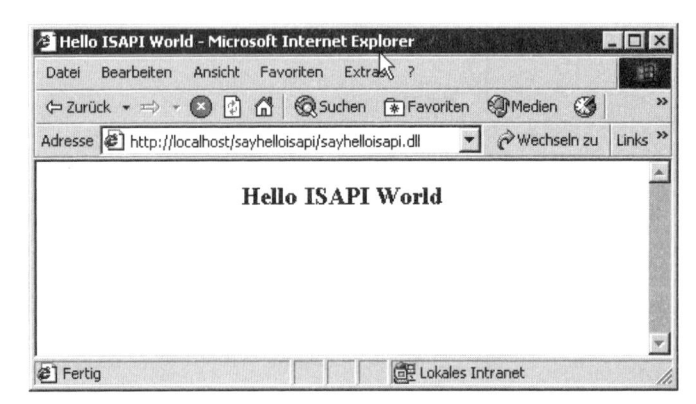

Abbildung 1.4: *Die durch das SayHelloISAPI-Beispiel erzeugte Browseranzeige*

Das Gute an ISAPI

Mit ISAPI werden viele der Schwächen von CGI-Anwendungen überwunden. Im Gegensatz zu CGI-Anwendungen, die bei jeder Anforderung Prozesse erstellen und zerstören, wird der Code einer ISAPI-Erweiterung nur einmal im Lebenszyklus des Servers geladen (es sei denn, der Speicher wird anderweitig benötigt – ein Problem, das in der Praxis nicht sehr häufig auftritt). Als zusätzliches Bonbon wird die ISAPI-Anwendung im Allgemeinen im Prozessraum von IIS ausgeführt, wodurch die ISAPI-Erweiterung eine bessere Kommunikation mit IIS aufrechterhalten kann. In den aktuelleren IIS-Versionen hat der Administrator eine bessere Kontrolle darüber, in welchem Speicherbereich jede Anwendung ausgeführt wird. Üblicherweise werden neue oder nicht vertrauenswürdige Anwendungen in einem vom IIS-Server separaten Prozess ausgeführt. Sowohl die Ausführung in einem vorhandenen Prozessraum als auch der Verbleib im Speicher bieten erhebliche Vorteile in Bezug auf Leistung und Skalierbarkeit.

Wie eine CGI-Anwendung kann eine ISAPI-Anwendung mehrere Aufgaben ausführen, wenn mit dem URL Parameter übergeben werden. ISAPI unterscheidet sich von CGI darin, dass durch die MFC-Klassen viele der Parameterdetails vor dem Entwickler von ISAPI-Erweiterungen verborgen werden. Mithilfe von so genannten *Parse Maps* (Analysezuordnungen – Präprozessormakros, die von MFC-Anwendungen gemeinsam verwendet werden) werden Anforderungen transparent den

Mitgliedsfunktionen der Hauptklasse der ISAPI-Erweiterung, einer Ableitung der CHttpServer-Klasse, zugeordnet. Ein Aspekt ist besonders für diejenigen interessant, die nicht zu den MFC-Fans zählen: Die ISAPI-Erweiterung kann ausschließlich mit den ISAPI-bezogenen Klassen ausgeführt werden; so können Sie den gesamten Ballast der MFC-Klassenstruktur hinter sich lassen. In einer schlanken serverbasierten Anwendung kann dies erhebliche Vorteile bringen.

Das weniger Gute an ISAPI

Die Probleme mit ISAPI haben zum großen Teil mit der ISAPI-Anwendungsentwicklung zu tun. Zunächst und vor allem muss gesagt werden, dass ISAPI-Erweiterungsentwickler nicht zu den durchschnittlichen Entwicklern zählen. Die Entwicklung einer ISAPI-Anwendung erfordert einen Entwickler, der sich sowohl mit C++ und MCF als auch mit HTML auskennen muss. Es wäre eine Untertreibung zu behaupten, dass diese Fähigkeiten nichts miteinander zu tun haben. Auch wenn sich relativ viele Entwickler mit MFC auskennen und sehr viele Entwickler HTML-Kenntnisse besitzen, ist doch die Schnittmenge dieser zwei Entwicklergruppen nicht sehr groß. MFC-Entwickler arbeiten in der Regel an traditionellen Windows-Anwendungen, die keinerlei HTML-Kenntnisse erfordern. Im Gegensatz zu anderen Internetentwicklungstechnologien, die wir später in diesem Kapitel noch betrachten werden, kann die ISAPI-Entwicklung nicht so einfach in Anwendungslogik und Darstellungsdetails aufgeteilt werden. ISAPI besitzt keine einzelne, monolithische DLL, und ohne ein eigenes, selbst gebasteltes Skript können der HTML-Benutzerschnittstellendesigner und der Designer der Geschäftslogik ihre Aufgaben nicht unabhängig voneinander erledigen.

Selbst wenn Sie ein geeignetes Entwicklungsteam zusammengestellt haben, fängt das nächste Problem bei der Entwicklung von ISAPI-Anwendungen spätestens dann an, wenn die DLL-Builds getestet werden müssen. Nachdem ich die einfache *SayHelloISAPI*-Anwendung generiert hatte und den URL aufrief, um den Screenshot für Abbildung 1.4 zu erstellen, fiel mir auf, dass ich vergessen hatte, den Text wie im CGI-Beispiel zu zentrieren. Ich kompilierte also erneut das Beispiel und versuchte, die Anwendung in das entsprechende Verzeichnis zu kopieren. Hierbei wurde ich an eine weitere Einschränkung der ISAPI-Anwendungen erinnert: Die ISAPI-Anwendungen werden standardmäßig in den Speicher geladen und verbleiben dort, bis der WWW-Publishingdienst angehalten wird. Vor dem Ersetzen der ISAPI-Anwendung musste ich also den Dienst stoppen. Sie können angeben, dass ISAPI-Anwendungen nicht von IIS zwischengespeichert werden. So würde ich üblicherweise auf einem Entwicklungsrechner vorgehen. Bevor Sie jedoch eine ISAPI-Erweiterung veröffentlichen können, *müssen* Sie die Anwendung mit deaktivierter Zwischenspeicherung testen, um sicherzustellen, dass keine Bugs durch Variablen verdeckt werden, die durch das Laden der DLL bei jeder Anforderung initialisiert werden.

Neben dem Problem der Ersetzung einer ISAPI-DLL auf einem in Betrieb befindlichen Server können auch Probleme beim Debuggen der DLL auftreten. Besonders die MFC-Entwickler und allgemein auch die Visual C++-Entwickler sind bei der Erstellung von Standardanwendungen an das komfortable Debugging der IDE (Integrated Development Environment) von Visual C++ gewöhnt. Obgleich es nicht unmöglich ist, eine ISAPI-Anwendung mit der Visual C++-IDE zu debuggen, ist es auch nicht eben einfach.

> **HINWEIS:** ASP.NET-Programmierer, die weiterhin von der Leistungsfähigkeit und Flexibilität von ISAPI-Anwendungen und -Filtern Gebrauch machen möchten, können *HttpHandlers* und *HttpModules* verwenden.

Eine bessere Lösung: Active Server Pages

Sie fragen sich vielleicht, warum wir in einem Buch über die ASP.NET-Programmierung auf die Alternativen zu ASP.NET eingehen. Der Grund liegt in der Implementierung von ASP.NET und dessen Vorgängerversion, Active Server Pages (ASP). Nur wenn Sie ISAPI kennen, können Sie die Architektur von ASP und ASP.NET verstehen.

Mit der Betaversion von IIS 2.0, die später zu einem Bestandteil von Windows NT 4.0 wurde, stellte Microsoft eine neue Technologie vor, die zunächst den Codenamen »Denali« trug. Da diese Technologie in der »Active«-Phase von Microsoft entstand, erhielt sie später den Namen Active Server Pages bzw. ASP. Es wurden verschiedene Versionen von ASP veröffentlicht, besonders hervorzuheben sind die im Windows NT 4.0 Option Pack (ASP 2.0 und IIS 4.0) sowie die in Windows 2000 enthaltene Version (ASP 3.0 und IIS 5.0). Im Rahmen dieser Besprechung werde ich ASP jedoch als Ganzes betrachten und die Versionsunterschiede vernachlässigen.

Wie funktioniert ASP?

Die besonders Wissbegierigen unter Ihnen fragen sich vielleicht: »Wie konvertiert ASP Skripts in HTML?« Die kurze Antwort lautet ISAPI. Lassen Sie mich dies erläutern.

Wenn Sie sich in IIS sehr weit vorarbeiten, stoßen Sie auf das nachstehend abgebildete Dialogfeld *Anwendungskonfiguration*. Dieses Dialogfeld steuert das Verhalten, wenn in einem URL mehrere Dateierweiterungen übergeben werden. Beachten Sie, dass für URLs mit einer .asp-Erweiterung die *ASP.dll* angegeben ist.

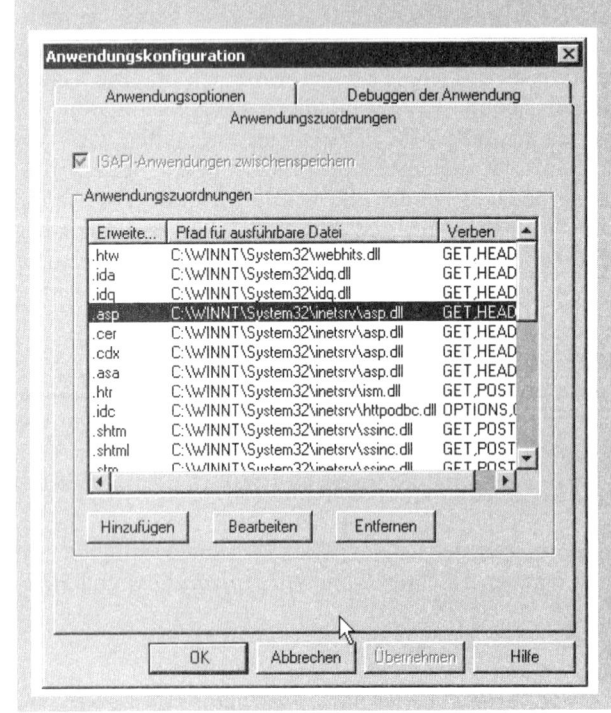

Abbildung 1.5: Das Dialogfeld Anwendungskonfiguration

Der folgende Screenshot zeigt das Visual C++-Tool Dependency Walker. Der mittlere Fensterausschnitt auf der rechten Seite zeigt die Funktionen, die von *ASP.dll* exportiert werden. Interessanterweise handelt es sich bei zwei der exportierten Funktionen um *GetExtensionVersion* und *HttpExtensionProc* – Funktionen, die für ISAPI-Erweiterungen erforderlich sind. Es gibt außerdem eine optionale Funktion *TerminateExtensions*. Diese wird ggf. von ISAPI-Erweiterungen unterstützt.

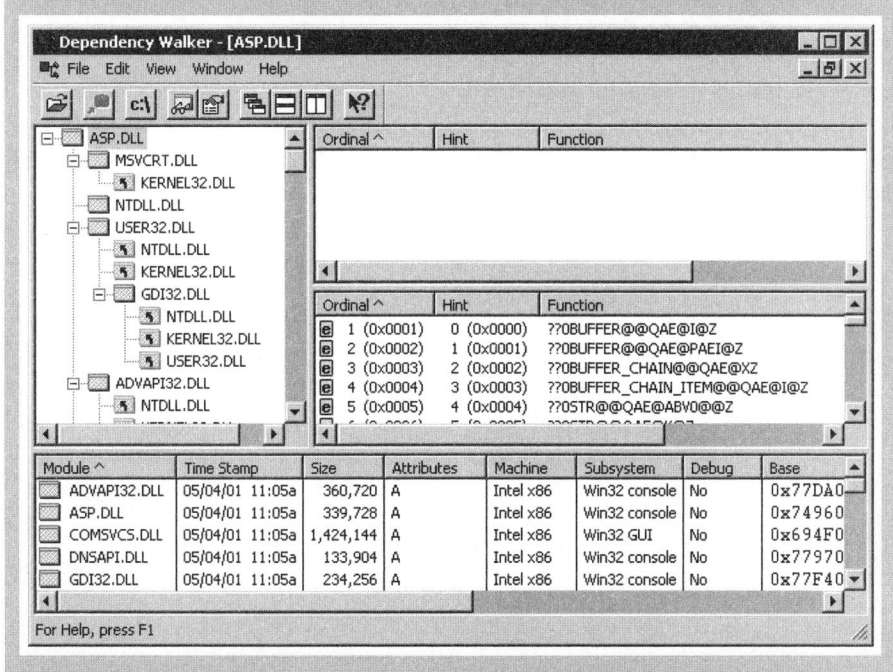

Abbildung 1.6: *Das C++-Tool Dependency Walker*

Man könnte erwarten, dass ASP als ISAPI-Filter implementiert wird. Wie Sie jedoch hier bei Betrachtung der *ASP.dll* von IIS 5.0 sehen können, wird ASP mithilfe einer ISAPI-Erweiterung implementiert. Es ist erstaunlich einfach, ein eigenes, ASP-ähnliches System zu erstellen. Registrieren Sie einfach die Erweiterung, die verarbeitet werden soll, und fügen Sie diese dem Dialogfeld *Anwendungskonfiguration* hinzu. Als Nächstes erstellen Sie eine ISAPI-DLL, die dann aufgerufen wird, wenn der URL eine Datei mit der angegebenen Erweiterung enthält. Sobald ein URL mit der angegebenen Dateierweiterung angefordert wird, wird die *HttpExtensionProc* in der ISAPI-DLL aufgerufen. ISAPI-DLLs haben Zugriff auf Rückrufunktionen, damit alle Informationen für die Anforderungsverarbeitung abgerufen werden können.

Warum sollten Sie jedoch eine eigene ISAPI-DLL erstellen und dieser eine bestimmte Dateierweiterung zuweisen? Bei sehr speziellen Skriptanforderungen kann dies eine mögliche Lösung sein, falls keine sinnvollen Alternativen zur Verfügung stehen. Dieser Ansatz kann auch nützlich sein, wenn Sie ein ASP-ähnliches Skriptmodul in einer derzeit nicht verfügbaren Sprache erstellen möchten. Mit der Einführung von ASP.NET besteht nur wenig Grund, auf diese Weise eine andere Sprache zu implementieren. ASP.NET bietet sehr viel komfortablere und leistungsfähigere Möglichkeiten zur Einbeziehung neuer Sprachen.

Einführung in die ASP.NET-Entwicklung

ASP ist eine andere Form der Entwicklungsumgebung. Zunächst einmal handelt es sich bei ASP um eine Umgebung zur Skripterstellung. Sie bearbeiten einfach die Seite, platzieren diese in einem ordnungsgemäß konfigurierten Verzeichnis mit geeigneten Berechtigungen und rufen die Seite über einen Browser auf. Des Weiteren kann der ASP-Code mit Standard-HTML-Code vermischt werden. Diese Fähigkeit erschien zunächst beeindruckend, stellte sich später jedoch als ein erhebliches Hindernis bei der Entwicklung heraus.

HINWEIS: Active Server Pages bzw. ASP wurde leider das Opfer einer doppelten Akronymbelegung: Die Abkürzung *ASP* wird auch für den Begriff *Application Service Providers* verwendet. In diesem Buch steht *ASP* jedoch ausschließlich für *Active Server Pages*. Bei Bezugnahme auf Application Service Provider werde ich den Begriff ausschreiben.

ASP-Code wird im Allgemeinen in der Microsoft Visual Basic Scripting Edition (VBScript) geschrieben, es steht jedoch auch Microsoft JScript zur Verfügung. Listing 1.3 ist eine ASP-Beispielanwendung namens *SayHelloASP*, die in VBScript geschrieben wurde.

```
<% Option Explicit %>
<HTML>
<HEAD>
<TITLE>Hello ASP World</TITLE>
</HEAD>
<BODY>
<CENTER>
<%
Dim x
For x=1 to 5
    Response.Write("<FONT size=" & x)
    Response.Write(">Hello ASP World</FONT><BR>" & vbCrLf)
Next
%>
</CENTER>
</BODY>
</HTML>
```

Listing 1.3: Die Beispielanwendung SayHelloASP

Die Ausgabe der Anwendung *SayHelloASP* wird in Abbildung 1.7 gezeigt.

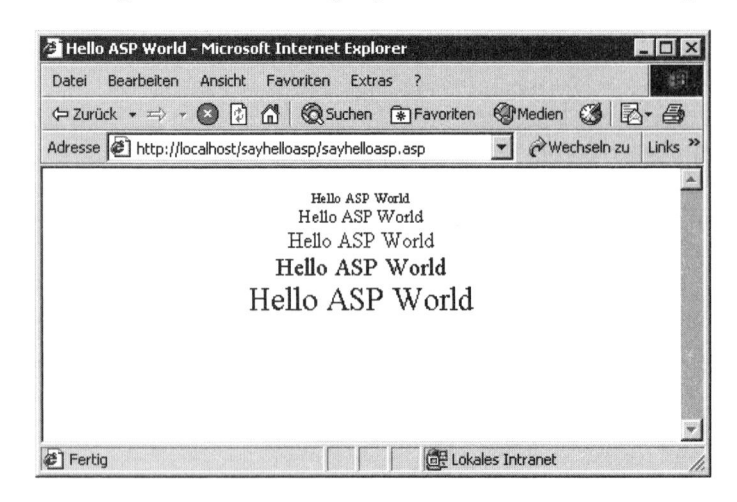

Abbildung 1.7: *Die durch Listing 1.3 erzeugte Ausgabe von SayHelloASP*

Das *SayHelloASP*-Beispiel ist etwas umfangreicher als die *SayHelloCGI*- und *SayHelloISAPI*-Beispiele, zeigt jedoch einige der Leistungsmerkmale von ASP. Statt lediglich einmal die Zeile »Hello ASP World« auszugeben, wird der Text hier in einer Schleife ausgegeben, und der Text wird bei jedem Schleifendurchlauf größer angezeigt. Die erste Zeile in Listing 1.3 ist eine VBScript-Modul-Direktive, *OptionExplicit*. Mit der *OptionExplicit*-Direktive wird VBScript angewiesen, die explizite Deklaration aller Variablen zu erzwingen. (Ich werde auf diese Direktive und ihre Auswirkungen im Abschnitt »Das weniger Gute an ASP« noch genauer eingehen.) Die Direktive wird von dem Zeichenpaar <% und %> umschlossen. Dieses Zeichenpaar repräsentiert die Start- und Endtrennzeichen in ASP-Seitenskripts. Das auf dem Client auszuführende Skript kann in die Tags <SCRIPT> und </SCRIPT> eingeschlossen werden.

Anschließend folgen sechs Zeilen HTML-Standardcode, genau wie in einer typischen HTML-Datei. Nach diesen sechs Zeilen beginnt ein neuer Skriptabschnitt (eingeleitet durch das Trennzeichen <%). Es wird eine Variable mit dem Namen *x* deklariert. Beachten Sie jedoch, dass die Variable nicht als ein bestimmter Variablentyp deklariert wird. Eine *For*-Schleife erhöht *x* von 1 bis 5, innerhalb der Schleife wird die *Write*-Methode des *Response*-Objekts verwendet. Das *Response*-Objekt wird zusammen mit verschiedenen anderen Objekten, z.B. *Request*, *Server*, *Session* und *Application*, für alle ASP-Seiten offen gelegt. Am Ende der Schleife wird der Skriptabschnitt mit dem Trennzeichen %> beendet, anschließend folgen einige Zeilen Standard-HTML.

Die *For*-Schleife könnte auch folgendermaßen geschrieben werden:

```
<%
Dim x
For x = 1 To 5
%>
    <FONT size=<%=x %>>Hello ASP World</FONT><BR>
<%
Next
%>
```

In dieser Version wird nicht die *Response.Write*-Methode zur Ausgabe der fünf Versionen von »Hello ASP World« verwendet. Stattdessen werden Schriftartentag und Text mit dem Tag <%=*x* %> direkt eingefügt. Innerhalb des HTML-Codes auf einer ASP-Seite stellt die Verwendung von <%= plus Variable und Endtrennzeichen (%>) die Abkürzung für den Einsatz von *Response.Write* für die Ausgabe einer Variable im HTML-Stream dar.

HINWEIS: Die Syntax <%=variable%> hat besondere Auswirkungen auf das Debugging. Wenn Sie beispielsweise eine Fehlermeldung erhalten, nach der die Variable nicht deklariert wurde, kann sich dieser Fehler auf *Response.Write(variable)* statt auf die tatsächliche Syntax beziehen. Wenn Sie eine Fehlermeldung zu einem Codeabschnitt erhalten, der sich gar nicht im Skript befindet, sollten Sie sich diese Art von Codeabkürzungen ansehen.

Das Gute an ASP

ASP wurde schnell sehr populär. Dies mag zum Teil daran liegen, dass mit ASP eine bisher schwierige Aufgabe (die Erstellung von dynamischen Webinhalten) relativ einfach wurde. Das Erstellen von CGI- und ISAPI-Anwendungen ist auch nicht sehr kompliziert, aber mit ASP wurde die Sache erheblich einfacher.

Standardmäßig verwendet ASP VBScript. Millionen von Entwicklern besitzen zumindest Grundkenntnisse in Visual Basic, Visual Basic for Applications (VBA) oder VBScript. Für diese Entwickler war ASP *die* Möglichkeit für den Einstieg in das Internetzeitalter. Sicher hätten diese Entwickler auch eine neue Programmiersprache erlernen können, aber dank ASP war dies gar nicht nötig. Zum Teil wegen seiner VBScript-Verwendung wurde ASP zu einer brauchbaren Lösung zum Erstellen von Webanwendungen.

Genauso wichtig war außerdem der relativ leichte Datenbankzugriff über Microsoft ActiveX Data Objects (ADO). Wenn Sie dynamische Inhalte generieren möchten, müssen diese Inhalte natürlich einen Ursprung haben, und ADO ermöglichte den leichten Abruf dieser Datenquellen.

Das dritte und vielleicht wichtigste Argument für das ASP-Entwicklungsmodell war, dass Entwickler Code schreiben und ihn ausführen konnten. ASP erforderte weder eine Kompilierung noch eine Installation. Wie in Kapitel 4 noch näher ausgeführt werden soll, waren die ASP.NET-Architekten bemüht, dieses Entwicklungsmodell beizubehalten, auch wenn sich hinter den Kulissen einiges geändert hat.

Das weniger Gute an ASP

ASP ist ein sehr leistungsstarkes Tool für Webentwickler, die umfangreiche, skalierbare Webanwendungen schreiben müssen. Websites wie z.B. *www.microsoft.com* und *www.dell.com* sowie viele weitere große und kleine Websites haben ASP mit großem Erfolg eingesetzt. Ich habe keine Erfahrung mit derartig riesigen Websites, aber ich habe ASP sehr viel bei einer umfangreicheren Site eingesetzt, der Website von SportSoft Golf, *www.golfsocietyonline.com*. Einen Großteil meiner praktischen Erfahrung im Hinblick auf die Skalierbarkeit von Internetanwendungen habe ich bei der Arbeit an dieser Website gesammelt, die ich für ein gutes Beispiel für Websites dieser Größe halte.

Der Einsatz von ASP für Sites, die mehr als einen Server aufweisen, warf zunächst die folgende Frage auf: Wie soll der Overhead gehandhabt werden, der bei der Auswertung des VBScript- oder JScript-Codes bei jeder Anforderung entsteht? Zu meinem eigenen Erstaunen war ASP – mit einigen Ausnahmen – fast immer schnell genug.

Bei den meisten ASP-Sites mittlerer Größe entsteht das Gros der Engpässe beim Datenzugriff und bei Aktualisierungen, die vom ASP-Skriptmodul ausgeführt werden. Spätere ASP-Versionen waren sehr viel effizienter, selbst bei Seiten mit komplexem Skriptcode.

Warum ist die Zeichenfolgenbearbeitung in VBScript so langsam?

Mein Hintergrund ist stark von C und C++ geprägt, weniger von Visual Basic, VBA oder VBScript. Eine meiner größten Beanstandungen hinsichtlich Visual Basic im Allgemeinen und VBScript im Besonderen war immer die Leistung bei der Zeichenfolgenbearbeitung. Versuchen Sie mal, um ein sehr simples Beispiel zu nennen, in Visual Basic 50.000 Mal den Buchstaben *A* an eine Zeichenfolge anzuhängen:

```
Private Sub GoSlow Click()
    Dim tstr As String
    Dim tloop As Long
    
    For tloop = 1 To 50000
        tstr = tstr & "A"
    Next
```

```
    MsgBox "Done"
End Sub
```

Auf meinem 400 MHz-Dual Pentium-Rechner erfordert die Ausführung dieses Codebeispiels 12 Sekunden. Dies ist natürlich ein extremes Beispiel, aber es sollte trotzdem nicht so lange dauern, Zeichen an eine Zeichenfolge anzuhängen – auch nicht, wenn es sich um 50.000 Zeichen handelt.

Bob Snyder, aktives Mitglied in den Microsoft Access- und Visual Basic-Communities, zeigte mir, wie ich die gleichen Ergebnisse sehr viel effizienter erziele:

```
Private Sub GoFast Click()
    Dim tstr As String
    Dim tloop As Long

    tstr = Space(50000)
    For tloop = 1 To 50000
        Mid(tstr, tloop, 1) = "A"
    Next
    MsgBox "Done"
End Sub
```

Auf demselben Rechner, der für die Ausführung des ersten Codeabschnitts 12 Sekunden brauchte, erfolgte das Einfügen der 50.000 Zeichen plötzlich innerhalb eines Augenblicks! Es liegt auf der Hand, dass das Problem weniger in der Zeichenfolgenhandhabung als solcher, sondern in der Zuordnung von Zeichenfolgen liegt. In der *GoSlow_Click*-Subroutine wird *tstr* bei jedem der 50.000 Aufrufe von *tstr = tstr & "A"* neu zugeordnet.

Das Problem bei dieser Lösung liegt für ASP-Entwickler darin, dass VBScript eine *Mid*-Funktion, *nicht jedoch* eine *Mid*-Anweisung bereitstellt, die für den Bestandteil auf der linken Seite vom Gleichheitszeichen erforderlich wäre.

ASP.NET zeigt eine ähnliche Leistung, wenn Zeichenfolgen auf diese Weise bearbeitet werden, stellt jedoch alternativ eine *StringBuilder*-Klasse bereit. Mit der *StringBuilder*-Klasse lassen sich bei der Bearbeitung vieler Zeichenfolgen bessere Leistungswerte erzielen.

ASP ist jedoch keine flexible, leistungsstarke und wirklich skalierbare Programmierumgebung. In Listing 1.3 habe ich beispielsweise bei der Variablendeklaration keinen Typ angegeben. Dies ist auch nicht möglich, da alle Variablen in VBScript den Datentyp *Variant* aufweisen, d.h. die Variablen können alle Daten aufnehmen, dauerhaft jedoch keinen bestimmten Typ. Ich hätte demnach $x = $ "ente" definieren und anschließend $x = 7$ festlegen können, und dieser Codeabschnitt wäre absolut gültig. Das Fehlen stark typisierter Variablen macht VBScript für sämtliche Fehler anfällig, die in stark typisierten Sprachen nicht auftreten.

Wie bereits erwähnt, enthält die erste Codezeile des *SayHelloASP*-Beispiels aus Listing 1.3 die Direktive *OptionExplicit*. Ohne diese Direktive erstellt VBScript fröhlich jede Variable, die zum ersten Mal verwendet wird. Wenn Sie also eine Variable mit dem Namen *x1* definieren und versehentlich *xl* schreiben (*x* und der Buchstabe *l* anstelle der Zahl 1), erstellt VBScript eine neue Variable mit dem Namen *xl*, die keinen Wert aufweist. Es erscheint zunächst sehr bequem, Variablen nicht deklarieren zu müssen. Tatsächlich erhielten ASP und eine andere Skriptumgebung bei einem Vergleich verschiedener Skriptsprachen sogar Pluspunkte, da keine Variablendeklaration erforderlich ist. In der Praxis

Einführung in die ASP.NET-Entwicklung

ist diese Eigenschaft bei der professionellen Entwicklung stabiler, skalierbarer Sites jedoch eher hinderlich.

Ein weiteres Problem stellt die Fähigkeit dar, Standard-HTML und Skriptcode miteinander zu vermischen. Genauer gesagt liegt das Problem darin, dass innerhalb von HTML Codedirektiven eingestreut werden *müssen*. Neben den Leistungseinbußen durch die erforderlichen Kontextwechsel bei jedem eingefügten und ausgeführten Skriptabschnitt kann das Einfügen von Code in HTML die Trennung von Darstellung und Anwendungslogik erheblich erschweren.

Ein konkretes Beispiel hierfür sind etwa die Schwierigkeiten, die bei dem Content Syndication-Modell der Firma SportSoft Golf auftreten. Content Syndication basiert auf einem Geschäftsmodell, das dem eines Application Service Providers ähnelt. SportSoft Golf stellt den Inhalt (Content) bereit. Die Kunden verlinken die SportSoft Golf-Site mit ihren eigenen Sites. Der tatsächliche Standort der Inhalte – sei dies auf der Kundensite oder auf der SportGolf-Site – sollte dabei für den Endkunden nicht erkennbar sein. Um dies zu erreichen, muss der von SportSoft Golf bereitgestellte Inhalt wie die Inhalte der Kundensites aussehen.

Der Zaubertrick bei der Erstellung von Inhalten mit dem gleichen »Look and Feel« wie die verschiedenen Kundensites besteht darin, Darstellung und Inhalt voneinander zu trennen. Mithilfe von ASP ist dies nur mit sehr viel Mühe erreichbar. Eine übliche Lösung dieses Problems besteht darin, einen Satz *include*-Dateien zu verwenden, mit dem Inhalte separat eingefügt werden können. Die *include*-Dateien allein reichen jedoch nicht aus. Es werden neben dem Inhalt verschiedene Variablen für die Präsentationsdetails benötigt, beispielsweise für Tabellenfarben.

Die Verwaltung vieler *include*-Dateien sowie die unstrukturierte gemeinsame Nutzung von Präsentationsdetails durch die Inhaltsdateien und die Darstellungsdateien ist eine gewaltige Aufgabe. Dies und einige weitere Schwächen von VBScript (tatsächliche oder empfundene) haben dazu geführt, dass ASP in weiten Teilen der Entwicklergemeinde, insbesondere unter den C/C++-Entwicklern, nur bedingt akzeptiert worden ist.

Die neue Lösung: ASP.NET

Zusammen mit Windows 2000 kam die ASP-Version 3.0 auf den Markt, und es wurde schnell klar, dass die Zukunft der Softwareentwicklung eng mit der Zukunft des Webs verknüpft sein würde. Als Teil seiner .NET-Initiative hat Microsoft ASP.NET vorgestellt, eine neue Version von ASP, die das Modell beibehält, das ASP-Entwickler kennen und schätzen gelernt haben: Sie erstellen den Code, platzieren ihn in einem Verzeichnis mit geeigneten Berechtigungen, und er funktioniert. ASP.NET wartet darüber hinaus mit einigen Neuigkeiten auf, die eine leichtere Trennung von Anwendungslogik und Präsentation ermöglichen.

ASP.NET besitzt nicht nur viele neue Features, sondern erweitert auch viele Funktionen des klassischen ASP. ASP.NET ist nicht nur eine Verbesserung von ASP, sondern ein ganz neues Produkt, mit dem jedoch das gleiche Entwicklungserlebnis geboten werden soll wie bei ASP. Die folgenden Features von ASP.NET sind besonders hervorzuheben:

- **.NET Framework** Das .NET Framework ist eine Architektur, die das Design von Webanwendungen und herkömmlichen Anwendungen erleichtert. (Einen Überblick über das .NET Framework finden Sie in Kapitel 2.)
- **Common Language Runtime (CLR)** Die gemeinsame Laufzeitumgebung stellt Services für alle ASP.NET-Sprachen bereit. Wenn Sie als ASP-Entwickler ASP-Skripts mit COM-Objekten kombinieren müssen, werden Sie einen sprachübergreifend genutzten, gemeinsamen Typensatz zu schätzen wissen. (Die Common Language Runtime wird in Kapitel 2 näher erläutert.)

- **Kompilierte Sprachen** ASP.NET bietet durch den Einsatz kompilierter Sprachen bessere Leistung. Mithilfe kompilierter Sprachen kann der Entwickler sicherstellen, dass der Code zumindest syntaktisch gesehen in Ordnung ist. ASP bietet dieses Feature nicht, daher werden einfache Syntaxfehler nicht vor der ersten Codeausführung erkannt. (Der Kompilierungsvorgang und der verwaltete Code werden in Kapitel 2 beschrieben.)
- **Coole neue Sprachen** Visual Basic .NET ist eine komplett neue Visual Basic-Version mit neuer, sauberer Syntax. C# (ausgesprochen »C sharp«) ist eine neue Sprache, die C++ im Hinblick auf »Look and Feel« recht ähnlich ist, aber keines der unsicheren Features umfasst, durch die C++ sich nur wenig zum Erstellen zuverlässiger Anwendungen eignet. Diese zwei Sprachen gehören zum Lieferumfang von Visual Studio .NET, es stehen jedoch auch Sprachen von Drittanbietern zur Verfügung. Zum Zeitpunkt der Drucklegung dieses Buches sollten auch COBOL- und Eiffel-Implementierungen für Visual Studio .NET verfügbar sein. (Visual Basic .NET und C# werden in den Kapiteln 3 und 4 näher beleuchtet.)
- **Visual Studio .NET** Visual Studio .NET ist eine neue Entwicklungsumgebung, die eine schnelle Anwendungsentwicklung (Rapid Application Development, RAD) für den Server ermöglicht. (Visual Studio .NET wird in Kapitel 4 vorgestellt.)
- **Verbesserte Komponenten** Das .NET Framework unterstützt die Verwendung neuer Arten von Komponenten, die in einer bereits laufenden Anwendung bequem ausgetauscht werden können. (Das Erstellen von Komponenten für ASP.NET wird in den Kapiteln 6 und 7 behandelt.)
- **Web Forms** Web Forms ermöglichen mit Ereignishandlern für gängige HTML-Widgets eine Visual Basic-ähnliche Entwicklung. (Web Forms werden in Kapitel 5 besprochen.)
- **XML-Webdienste** Die XML-Webdienste erlauben dem Entwickler die Erstellung von Diensten und deren Bereitstellung mithilfe von Standardprotokollen. (Die Webdienste werden in Kapitel 10 besprochen.)
- **ADO.NET** Die ADO-Version für das .NET Framework ist eine neue Form dieser Technologie. Mit ihr können ASP.NET-Anwendungen auf einfache Weise Daten abrufen, die in relationalen Datenbanken oder in anderen Formaten vorliegen, z.B. in Form von Extensible Markup Language (XML). (XML und ADO.NET werden in den Kapiteln 8 und 9 behandelt.)

Fazit

Dieser kurze Abriss der historischen Entwicklung bei der Webprogrammierung soll Ihnen als Grundlage für die weitere Lektüre zum Thema ASP.NET dienen. Das Erlernen einer Programmiersprache oder das Kennenlernen einer neuen Entwicklungsumgebung ähnelt in vielerlei Hinsicht dem Erlernen einer neuen Sprache. Obwohl Bücher zu Syntax und Vokabeln hilfreich sind, ist es doch oft genauso nützlich, die Geschichte der Menschen zu kennen, die diese Sprache sprechen.

Wenn Sie ein ASP-Entwickler sind, war der größte Teil dieses Kapitels für Sie wahrscheinlich nur eine Wiederholung, aber ich hoffe, dass auch Sie vielleicht noch etwas über die Geschichte von ASP lernen konnten. Wenn Sie sich zum ersten Mal mit ASP und ASP.NET beschäftigen, wird Ihnen das Wissen um die historische Entwicklung von ASP und dessen Vorgängern hoffentlich den Einstieg in die aufregende Welt der neuen ASP.NET-Technologien erleichtern.

2 Verwalteter Code und die Common Language Runtime

20	Überblick über das .NET Framework
21	Einführung in die Microsoft Intermediate Language
28	Der JIT-Compiler (Just-in-Time)
29	Verwalteter Code und verwaltete Daten
30	Unsicherer Code
30	Fazit

In Kapitel 1 haben Sie erfahren, dass zur Erstellung von Active Server Pages (ASP) in der Regel die Skriptsprachen Visual Basic Scripting Edition (VBScript) und JScript eingesetzt wurden. ASP-Seiten wurden, versehen mit den entsprechenden IIS-Berechtigungen (Internet-Informationsdienste), in Verzeichnisse gelegt. Bei Anforderung einer Seite durch einen Client wurde der gesamte Skriptcode der Seite interpretiert, der verarbeitete HTML-Code wurde an den Client zurückgegeben. Dieses praktische Entwicklungsmodell war selbst für Einsteiger geeignet. Im Gegensatz zu Internet Server Application Programming Interface (ISAPI) oder COM+-Komponenten konnte der Code auf einer ASP-Seite ganz nach Bedarf abgeändert werden. Abgesehen von der clientseitigen Zwischenspeicherung einer Seite wurde den Clients jegliche Änderung umgehend angezeigt.

Eine der bedeutendsten Verbesserungen von ASP.NET besteht in der Art und Weise der Codeverwendung zur Laufzeit. Wie bereits in Kapitel 1 erläutert, weisen die ASP.NET- und ASP-Entwicklungsmodelle zwar gewisse Ähnlichkeiten auf, doch die jeweiligen Technologien sind im Grunde genommen recht unterschiedlich. So interpretiert ASP.NET den Quellcode einer Seite nicht jedes Mal, wenn diese angefordert wird, sondern kompiliert die Seite nach der ersten Anforderung sofort in MSIL-Code (Microsoft Intermediate Language). Sobald die Seite in MSIL kompiliert wurde, konvertiert der JIT-Compiler (Just-in-Time) den MSIL-Code in systemeigenen Code.

HINWEIS: Anstatt mit der Kompilierung einer ASP.NET-Seite bis zum ersten Einsatz zu warten, können Sie die gleichzeitige Kompilierung sämtlicher Seiten einer Site in MSIL erzwingen, um so mögliche Syntaxfehler oder andere Kompilierungsfehler in einem einzigen Arbeitsschritt aufzuspüren. Am einfachsten können Sie sämtliche Dateien gleichzeitig kompilieren, wenn Sie die Anwendung mithilfe von Microsoft Visual Studio .NET erstellen.

In diesem Kapitel werde ich Ihnen zunächst das .NET Framework vorstellen. Anschließend wollen wir MSIL und den JIT-Compiler unter die Lupe nehmen. Sobald Sie sich mit der Funktionsweise von MSIL-Code vertraut gemacht haben, erläutere ich, wie der JIT-Compiler es ASP.NET ermöglicht, das gleiche Entwicklungsmodell wie ASP zu verwenden. Anschließend richten wir das Augenmerk auf verwalteten Code und Daten, und untersuchen unter anderem auch einige der Vorteile und Nachteile, die der Einsatz von verwaltetem Code mit sich bringt. Schließlich gehe ich auf unsicheren Code ein, also auf Code, der außerhalb des verwalteten Laufzeitsystems vorliegt.

Überblick über das .NET Framework

Das .NET Framework ist so aufgebaut, dass sowohl Webentwickler als auch Entwickler von herkömmlichen Anwendungen ihre Anwendungen effizienter gestalten und flexibler einsetzbar machen können. Eines der wichtigsten Features des .NET Frameworks ist die Möglichkeit zur nahtlosen Zusammenarbeit von Code, der in unterschiedlichen Sprachen geschrieben wurde. Abbildung 2.1 veranschaulicht die Struktur des .NET Frameworks auf sehr hoher Ebene.

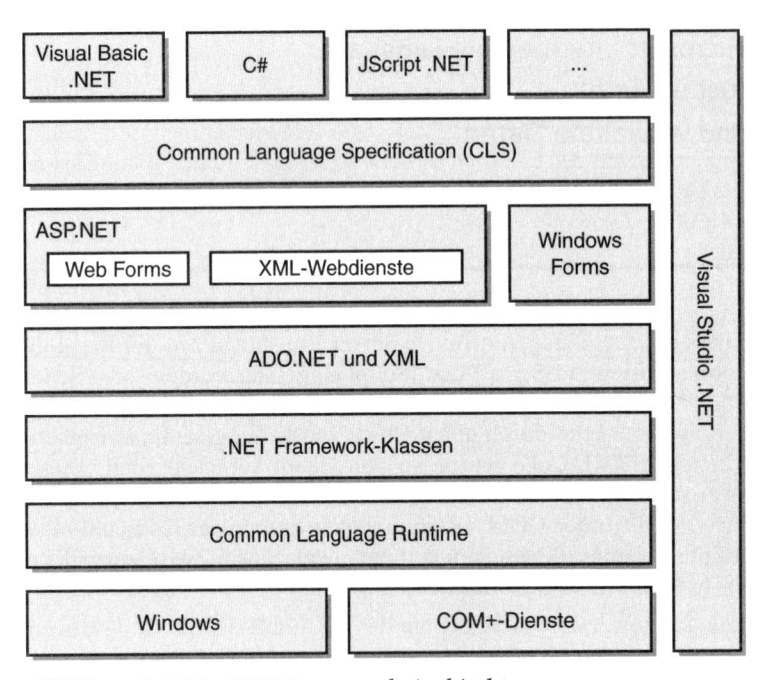

Abbildung 2.1: Die .NET Framework-Architektur

Die Systemdienste bilden das Fundament des gesamten Frameworks. In der aktuellen Implementierung handelt es sich dabei um die Win32-API- und COM+-Dienste. Theoretisch könnten diese Dienste zwar von jedem beliebigen Betriebssystem bereitgestellt werden, in der Praxis besteht diese Möglichkeit jedoch nicht. Üblicherweise rufen die Anwendungen die API des Betriebssystems direkt auf. In der Welt der Win32-Programmierung ist dieses Modell für Visual Basic-Programmierer problematisch, da einige APIs Datenstrukturen benötigen, die beispielsweise für C/C++-Programmierer sehr praktisch sein mögen, Programmierern von Visual Basic jedoch weitaus weniger nützen.

Auf die Dienste des Betriebssystems setzt die Common Language Runtime auf. Das Laufzeitmodul lädt und führt Code aus, der in jeder auf das Laufzeitmodul zugeschnittenen Sprache geschrieben sein kann. Für das Laufzeitsystem geschriebener Code wird auch als *verwalteter Code* (managed code) bezeichnet. (Auf diesen Begriff werde ich an späterer Stelle in diesem Kapitel noch eingehen.) Das Laufzeitmodul stellt darüber hinaus integrierte, weit reichende Sicherheitsfeatures bereit. Frühere Win32-Umgebungen stellten Sicherheit, falls überhaupt, lediglich für Dateisysteme und Netzwerkressourcen bereit. So ist beispielsweise die Sicherheit für Dateien unter Microsoft Windows NT oder Microsoft Windows 2000 lediglich für NTFS-Laufwerke gewährleistet. Das Laufzeitsystem bietet eine Codezugriffssicherheit, die es Entwicklern gestattet, die zur Ausführung erforderlichen Berechtigungen festzulegen. Beim Ladevorgang und beim Methodenaufruf kann das Laufzeitsystem ermitteln, ob dem Code der benötigte Zugriff gewährt werden kann. Entwickler können zudem explizit eingeschränkte Berechtigungen festlegen, wodurch beispielsweise Code, der für die Ausführung einfacher und wenig risikoreicher Aufgaben erstellt wurde, nur ein Mindestmaß an Berechtigungen zugewiesen wird. Werfen wir im Vergleich dazu einen Blick auf die heutzutage eingesetzten E-Mail-Programme mit aktiviertem VBScript, z.B. Microsoft Outlook. Diese Programme befinden sich häufig im Visier von Virusentwicklern. Selbst für ein sicheres System gilt: Wenn ein Benutzer mit Administratorrechten einen VBScript-Virus öffnet, verfügt das Skript über dieselben Möglichkeiten wie der Administrator. Die rollenbasierte Sicherheit des Laufzeitmoduls gestattet es, Berechtigungen auf Grundlage des Benutzers festzulegen, für den der Code ausgeführt wird.

In Abhängigkeit zur Laufzeit stehen die .NET Framework-Klassen. Die .NET Framework-Klassen stellen Klassen bereit, die von jeder beliebigen .NET-fähigen Programmiersprache aufgerufen werden können. Diese Klassen unterliegen hinsichtlich Namensgebung und Aufbau einigen schlüssigen Richtlinien und erleichtern Entwicklern damit das Erlernen dieser Klassen. Die Klassenbibliotheken werden in Kapitel 3 vorgestellt. Sie decken so ziemlich alle Bereiche ab, die ein Entwickler erwartet, von Datenzugriffsdiensten bis zu Threading und Networking.

Oberhalb der .NET Framework-Klassenbibliothek befinden sich ADO.NET- und XML-Daten. Bei ADO.NET handelt es sich um einen Satz Klassen, der den Datenzugriff für das .NET Framework unterstützt. ADO.NET basiert zwar auf ADO, wurde jedoch zur Ausführung mit XML und für die Arbeit in einer verbindungslosen Umgebung entwickelt.

Oberhalb von ADO.NET und XML wird eine spezielle Unterstützung für zwei unterschiedliche Anwendungstypen zur Verfügung gestellt. Einer dieser beiden Typen ist die herkömmliche Clientanwendung, die Windows Forms verwendet und eine Kombination aus dem darstellt, was Visual Basic und die Microsoft Foundation Class Library (MFC) zu bieten hatten. Der zweite Anwendungstyp ist ASP.NET, der Web Forms und XML Webdienste umfasst.

Eine Ebene oberhalb von ASP.NET und den Windows Forms sind die CLS (Common Language Specification) sowie die Sprachen angesiedelt, die den Richtlinien von CLS entsprechen. Die CLS ist ein Regelkatalog, dem eine CLS-fähige Sprache entsprechen muss, und die sicherstellt, dass sämtliche Sprachen eine Reihe von Features miteinander gemein haben.

Einführung in die Microsoft Intermediate Language

Die nun folgende Beschreibung der Arbeitsweise von ASP.NET und dem .NET Framework mag zwar stark an die Arbeitsweise einer Java Virtual Machine (JVM) erinnern, dennoch unterscheidet sich ASP.NET von JVM. Ein Java-Compiler erstellt Bytecode, der zur Laufzeit die JVM durchläuft. Dieser Ansatz weicht zwar nur leicht von dem Einsatz einer Zwischensprache zur Erzeugung von systemeigenem Code zur Laufzeit ab, doch diese geringe Abweichung hat enorme Auswirkungen auf die Leistung.

Der Einsatz von Bytecode durch Java ist im Grunde genommen nicht neu. In der Vergangenheit scheiterten die Versuche anderer Umgebungen zum Einsatz dieser Strukturen für gewöhnlich, z.T. weil die Hardware dieser Aufgabe nicht gewachsen war, andererseits aber auch einfach, weil es das Internet noch nicht gab. Die große Neuheit des .NET Frameworks besteht darin, dass Code nicht länger zur Laufzeit interpretiert, sondern vielmehr zum systemeigenem Code wird, dessen Ausführung direkt erfolgt. Eine der Stärken von Java (und gleichzeitig einer der Aspekte, der Entwickler manchmal in den Wahnsinn treibt) ist die engmaschige Sicherheit, die das Java/JVM-Modell bereitstellt. Das .NET Framework liefert dasselbe Maß an Sicherheit und ermöglicht zudem noch die Ausführung systemeigenen Codes, sofern der Benutzer über die dafür erforderliche Sicherheitsfreigabe verfügt.

Einen entscheidenden Vorteil, den das .NET Framework gegenüber Java und der JVM anbietet, besteht in der freien Auswahl der Programmiersprache. Ein für die JVM bestimmter Code muss mit Java erstellt werden. Java ist sicherlich eine absolut zufrieden stellende Programmiersprache, aber eben auch nur *eine* Sprache. Entwickler, die sich in Visual Basic oder C++ gut aufgehoben fühlen, müssten eine gewisse Zeit in das Erlernen des Java/JVM-Modells investieren. Mit dem .NET Framework können Entwickler in der Sprache arbeiten, die ihnen am besten gefällt, von Visual Basic und C# zu Eiffel und COBOL.

Betrachten wir einmal das einfachste Visual Basic .NET-Programm, das es gibt:

```
Public Module modmain
    Sub Main()
        System.Console.WriteLine("Hello .NET World!")
    End Sub
End Module
```

Kümmern Sie sich im Augenblick nicht um Faktoren, die Ihnen von früheren Visual Basic-Versionen her unbekannt sind. Es ist ziemlich klar, was dieses Programm tut – es zeigt auf der Konsole ganz einfach die Zeichenfolge "Hello .NET World!" an. Die Programmdetails sind im Moment uninteressant, es geht jetzt vielmehr um die Ausgabe. Dieses Programm wird – sofern die Kompilierung auf einem Rechner mit installiertem .NET Framework erfolgt – nach Ausführung des folgenden Befehls kompiliert:

```
vbc HelloDotNet.vb /out:HelloDotNet.exe
```

HINWEIS: Ein ASP.NET-Programmierer muss den Umgang mit der Compiler-Befehlszeile nicht unbedingt beherrschen, insbesondere dann nicht, wenn er beabsichtigt, mit Visual Studio .NET zu arbeiten. Gelegentlich jedoch kann eine Kenntnis davon, wie die Kompilierung über die Befehlszeile erfolgt, zum Verständnis der in Visual Studio .NET ablaufenden Vorgänge beitragen und die Automatisierung von Aufgaben erleichtern.

Die entstehende ausführbare Datei ist ungefähr 3 KB groß und zeigt bei Ausführung in der Tat die Zeichenfolge "Hello .NET World!" auf der Konsole an. Die ausführbare Datei besteht aus zwei Teilen: Beim ersten Teil handelt es sich um MSIL-Code, mit dessen Hilfe der systemeigene Code generiert wird. Der zweite Teil sind Metadaten, also Informationen zum Code sowie zu weiteren Elementen, die vom Laufzeitmodul benötigt werden. Das .NET Framework enthält ein Programm mit der Bezeichnung MSIL Disassembler (*Ildasm.exe*). Das Ausführen von MSIL Disassembler und die Eingabe des Namens der soeben erstellten ausführbaren Datei führt zu der in Abbildung 2.2 dargestellten Ausgabe.

```
┌─ hellodotnet.exe - IL DASM ─────────────────────────────────── _ □ × ┐
│ File View Help                                                        │
│ ┌───────────────────────────────────────────────────────────────────┐ │
│ │ ⊟─◆ hellodotnet.exe                                               │ │
│ │    ├─ ▶ MANIFEST                                                  │ │
│ │    ⊟─▣ modmain                                                    │ │
│ │       ├─ ▶ .class public auto ansi sealed                         │ │
│ │       ├─ ▶ .custom instance void [Microsoft.VisualBasic]Microsoft.VisualBasic.CompilerServices.StandardModuleAttribute::.ctor() = ( 01 00 00 00 ) ... │ │
│ │       └─ S Main : void()                                          │ │
│ │                                                                   │ │
│ └───────────────────────────────────────────────────────────────────┘ │
│ .assembly HelloDotNet                                                 │
│ {                                                                     │
└───────────────────────────────────────────────────────────────────────┘
```

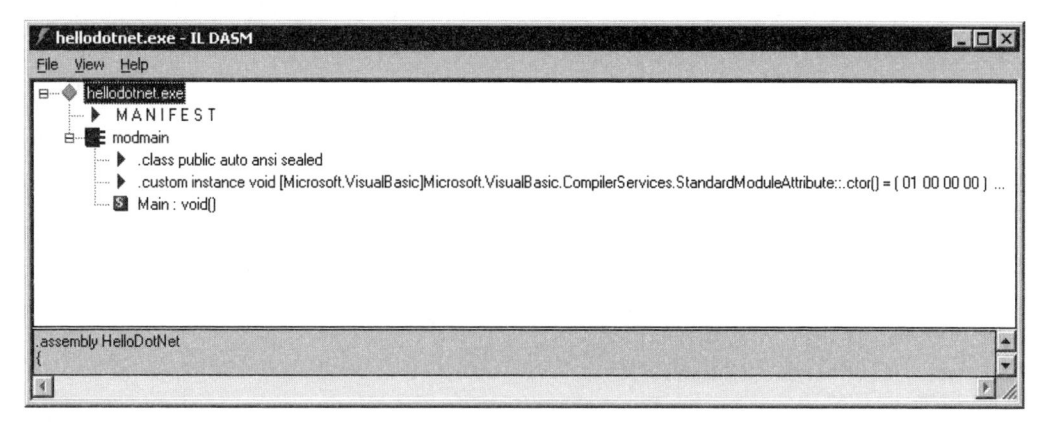

Abbildung 2.2: *Das Ildasm.exe-Fenster, wenn HelloDotNet.exe untersucht wird*

Uns interessiert an dieser Ausgabe das letzte Element in der Struktur: *Main : void()*. Erfahrenen C/C++-Programmierern wird das *void*-Element auffallen. In diesem Beispiel sagt das lediglich aus, dass dieser Codeabschnitt keinen Wert zurückgibt. Eine C/C++-Funktion, die *void* zurückgibt, ist identisch mit einer *Sub*-Funktion in Visual Basic. Wenn Sie auf dieses Element doppelklicken, wird ein Fenster mit folgendem Code geöffnet:

```
.method public static void  Main() cil managed
{
  .entrypoint
  .custom instance void [mscorlib]System.STAThreadAttribute::.ctor() =
    ( 01 00 00 00 )
  // Code size       11 (0xb)
  .maxstack  8
  IL_0000:  ldstr      "Hello .NET World!"
  IL_0005:  call       void [mscorlib]System.Console::WriteLine(string)
  IL_000a:  ret
} // end of method modmain::Main
```

Selbst wenn Ihnen der Quellcode für diese einfache Routine nicht vorliegt und ohne Vorkenntnisse im Bereich MSIL, dürfte der Vorgang ziemlich klar sein. Die Zeile *IL_0000* lädt die Zeichenfolgenkonstante "Hello .NET World!". Die nächste Zeile ruft mit *System.Console::WriteLine* eine weitere *void*-Funktion auf. Diese Funktion erwartet die Rückgabe einer Zeichenfolge. Beachten Sie auch den Verweis auf *mscorlib* – vorläufig reicht es vollkommen, wenn Sie wissen, dass es sich hierbei um eine der Hauptbibliotheken im .NET Framework handelt.

Bei Eingabe der Tastenkombination STRG+M wird ein Fenster mit den Metadaten für *HelloDotNet.exe* angezeigt, wie Listing 2.1 verdeutlicht.

```
ScopeName : HelloDotNet.exe
MVID      : {D9382B73-AF72-4778-8184-38EEA6400342}
===================================================
Global functions
---------------------------------------------------

Global fields
---------------------------------------------------
```

Verwalteter Code und die Common Language Runtime

```
Global MemberRefs
------------------------------------------------------

TypeDef #1
------------------------------------------------------
    TypDefName: modmain (02000002)
    Flags     : [Public] [AutoLayout] [Class] [Sealed] [AnsiClass]  (00000101)
    Extends   : 01000001 [TypeRef] System.Object
    Method #1 [ENTRYPOINT]
    --------------------------------------------------
        MethodName: Main (06000001)
        Flags     : [Public] [Static] [ReuseSlot]  (00000016)
        RVA       : 0x00002050
        ImplFlags : [IL] [Managed]  (00000000)
        CallCnvntn: [DEFAULT]
        ReturnType: Void
        No arguments.
        CustomAttribute #1 (0c000001)
        ----------------------------------------------
            CustomAttribute Type: 0a000003
            CustomAttributeName: System.STAThreadAttribute ::
              instance void .ctor()
            Length: 4
            Value : 01 00 00 00
                                    >           <
            ctor args: ()

    CustomAttribute #1 (0c000002)
    --------------------------------------------------
        CustomAttribute Type: 0a000002
          CustomAttributeName:
          Microsoft.VisualBasic.CompilerServices.StandardModuleAttribute
            :: instance void .ctor()
        Length: 4
        Value : 01 00 00 00
                                >           <
        ctor args: ()
TypeRef #1 (01000001)
------------------------------------------------------
Token:              0x01000001
ResolutionScope:    0x23000001
TypeRefName:        System.Object

TypeRef #2 (01000002)
------------------------------------------------------
Token:              0x01000002
ResolutionScope:    0x23000001
TypeRefName:        System.Console
    MemberRef #1
    --------------------------------------------------
        Member: (0a000001) WriteLine:
        CallCnvntn: [DEFAULT]
        ReturnType: Void
        1 Arguments
            Argument #1:  String
```

```
TypeRef #3 (01000003)
-----------------------------------------------------
Token:              0x01000003
ResolutionScope:    0x23000002
TypeRefName:
  Microsoft.VisualBasic.CompilerServices.StandardModuleAttribute
    MemberRef #1
    -----------------------------------------------------
        Member: (0a000002) .ctor:
        CallCnvntn: [DEFAULT]
        hasThis
        ReturnType: Void
        No arguments.

TypeRef #4 (01000004)
-----------------------------------------------------
Token:              0x01000004
ResolutionScope:    0x23000001
TypeRefName:        System.STAThreadAttribute
    MemberRef #1

    -----------------------------------------------------
        Member: (0a000003) .ctor:
        CallCnvntn: [DEFAULT]
        hasThis
        ReturnType: Void
        No arguments.

Assembly
-----------------------------------------------------
    Token: 0x20000001
    Name : HelloDotNet
    Public Key     :
    Hash Algorithm : 0x00008004
    Major Version: 0x00000000
    Minor Version: 0x00000000
    Build Number: 0x00000000
    Revision Number: 0x00000000
    Locale: <null>
    Flags : [SideBySideCompatible]  (00000000)

AssemblyRef #1
-----------------------------------------------------
    Token: 0x23000001
    Public Key or Token: b7 7a 5c 56 19 34 e0 89
    Name: mscorlib
    Major Version: 0x00000001
    Minor Version: 0x00000000
    Build Number: 0x00000c1e
    Revision Number: 0x00000000
    Locale: <null>
    HashValue Blob:
    Flags: [none] (00000000)

AssemblyRef #2
-----------------------------------------------------
```

```
    Token: 0x23000002
    Public Key or Token: b0 3f 5f 7f 11 d5 0a 3a
    Name: Microsoft.VisualBasic
    Major Version: 0x00000007
    Minor Version: 0x00000000
    Build Number: 0x00000000
    Revision Number: 0x00000000
    Locale: <null>
    HashValue Blob:
    Flags: [none] (00000000)

User Strings
-----------------------------------------------------
70000001 : (17) L"Hello .NET World!"
```

Listing 2.1: *Ausgabe von Ildasm.exe mit Metadaten für HelloDotNet.exe*

Als Erstes fällt auf, dass die Metadaten sehr viele Informationen enthalten. Die Metadaten sind in Tabellen angeordnet und geben im Wesentlichen über den Definitionsbereich Ihres Codes sowie über Verweise Aufschluss. So enthält beispielsweise die Definitionstabelle *TypeDef#1* Informationen zu der im Code definierten *Main*-Prozedur. Der Tabelle *TypeDef #1* kann entnommen werden, dass die *Main*-Prozedur keinen Wert zurückgibt (*ReturnType: Void*) und keine Argumente erwartet (*No arguments*). Bei *TypeRef #2* handelt es sich um eine Referenztabelle, die Informationen zu der .NET Framework-Klasse *System.Console* umfasst, auf die im Code verwiesen wird. Die Tabelle *Type-Def #2* referenziert die *WriteLine*-Methode, die keinen Wert zurückgibt und ein Argument vom Typ *String* erwartet. Die Metadaten können auch Namens- und Versionsinformationen, referenzierte Dateien und Assemblys, Sicherheitsrechte sowie andere Informationen enthalten.

Sie fragen sich jetzt vielleicht, wofür all diese Metadaten benötigt werden. Zum einen stellen sie eine sprachunabhängige Beschreibung des Codes bereit. Des Weiteren beschreibt sich eine Assembly auf diese Weise selbst, was es anderen Umgebungen ermöglicht, Informationen zur Funktionalität Ihrer Assembly zu erhalten. Eine Assembly besteht aus einer oder mehreren Dateien, die logisch gruppiert und weitergegeben werden können. Bei *HelloDotNet.exe* handelt es sich um eine Assembly mit einer Datei. In Kapitel 6 werde ich detaillierter auf Assemblys eingehen.

Beim Entwurf von Webdiensten (Webservices) können die Metadaten zur Erstellung einer WSDL-Datei (Web Services Description Language) eingesetzt werden, die der Ermittlung von durch den Dienst angezeigten Informationen dienen. In Kapitel 10 erfahren Sie mehr über Webdienste, doch grob vereinfacht gesprochen handelt es sich bei einem Webdienst um eine Softwarekomponente oder einen Softwaredienst, der über das Web zur Verfügung gestellt wird. Um Ihnen einen kleinen Vorgeschmack zu geben, sehen Sie in Abbildung 2.3 eine Webseite, die durch den Verweis auf eine als Webdienst entworfene ASP.NET-Seite automatisch generiert wurde.

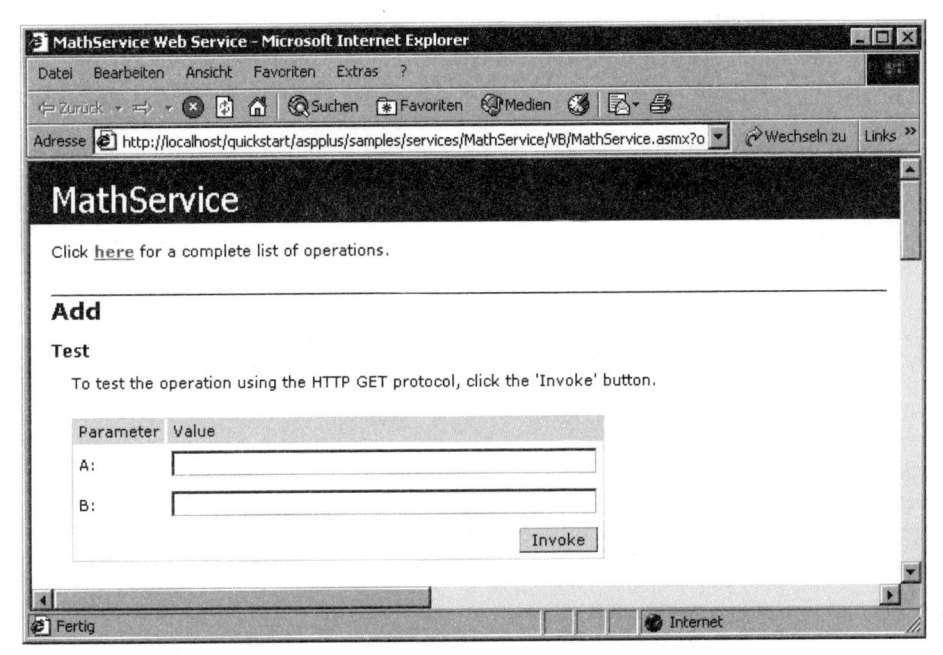

Abbildung 2.3: Eine automatisch aus einem Webdienst generierte Webseite

Wie Sie sehen, verfügt der ausgeführte Webdienst über eine *Add*-Methode, die – wie nicht anders zu erwarten – zwei Parameter erwartet. Geben Sie in beide Wertefelder 2 ein, und klicken Sie auf *Invoke*. Das Ergebnis wird als XML-Resultset zurückgegeben, wie Abbildung 2.4 verdeutlicht. Auf XML und Datenzugriff im Allgemeinen werde ich in Kapitel 8 eingehen.

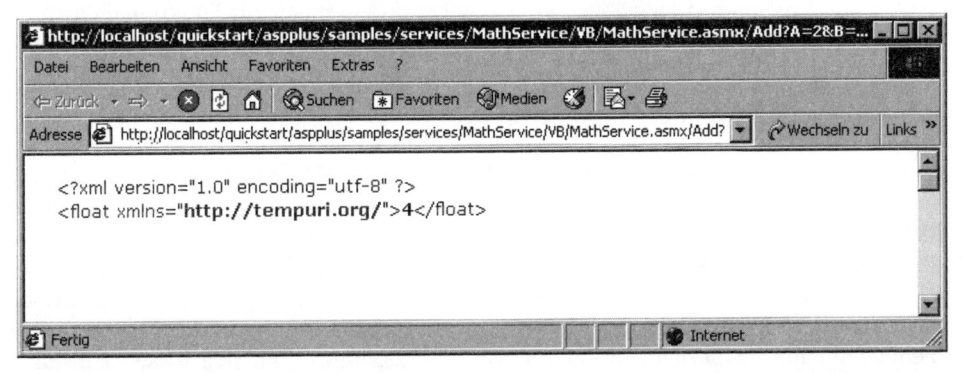

Abbildung 2.4: Ergebnisbildschirm, der nach Aufruf der Add-Methode aus Abbildung 2.3 angezeigt wird

Auf Grundlage der beim Untersuchen der Metadaten abgerufenen Informationen können potenzielle Benutzer die benötigten Parameter prüfen und den Webdienst testen, ohne Testframes erstellen zu müssen. Je mehr sich Webdienste als Standardmethode zur Offenlegung von Funktionalität über das Web durchsetzen werden, desto größere Bedeutung wird diese Fähigkeit erlangen.

HINWEIS: Grundsätzlich ist es von Vorteil, die Details des auf Grundlage des .NET Frameworks erstellten Codes anzeigen zu können. Für Entwickler, die anstelle von Webseiten und Webdiensten binären Code bereitstellen, dessen Einsatzbereich Clientarbeitsstationen sind, stellt diese Möglichkeit nicht unbedingt einen Vorteil dar. Zum gegenwärtigen Zeitpunkt gibt es noch keine unterstützte Methode, mit der diese Informationen unterdrückt werden können, auch wenn theoretisch eine »Verschleierung« dieser Informationen möglich ist. Sie haben beispielsweise die Möglichkeit, eine Methode mit der Bezeichnung *GetSecretCode* durch einen unsinnigen Namen wie *DDFeewsayppfgeEk* zu ersetzen. Auf diese Weise wird die Sichtbarkeit verändert, ohne dabei die Fähigkeit des Laufzeitsystems zu gefährden, den Code im Rahmen der Sicherheitsüberprüfung zu untersuchen. Diese Art der Verschleierung dient sowohl dem Verbergen von clientseitigem JScript-Code als auch dem Verbergen von C-Code, der in Form von Quellcode verteilt werden muss. Glücklicherweise sind Entwickler von ASP.NET-Anwendungen von diesem Problem für gewöhnlich nicht betroffen.

Der JIT-Compiler (Just-in-Time)

Theoretisch kann MSIL (ebenso wie Java) in jeder Umgebung kompiliert und ausgeführt werden, die das Laufzeitsystem unterstützt. Zum Zeitpunkt der Drucklegung umfasste diese Umgebung lediglich die Intel-Architektur mit Microsoft Windows, aber es kann wohl davon ausgegangen werden, dass das Laufzeitsystem bald auch in anderen Umgebungen zur Verfügung stehen wird. Der Faktor, der das Potenzial für mehrere Plattformen überhaupt ermöglicht, ist der JIT-Compiler (Just-in-Time). Abbildung 2.5 zeigt den Kompilierungs- und Ausführungsprozess.

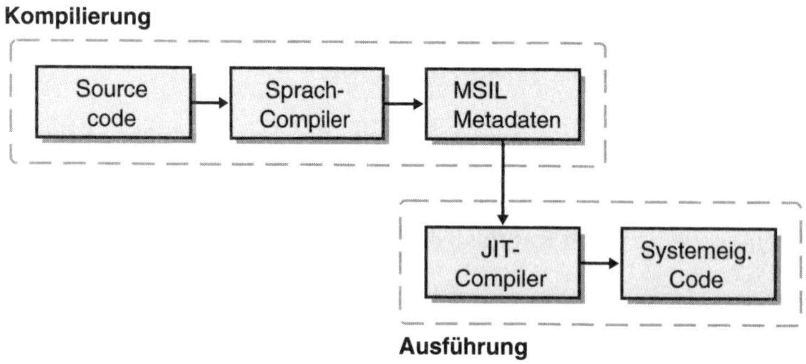

Abbildung 2.5: Kompilierung und Ausführung von verwaltetem Code

Die Vermutung liegt nahe, dass das Kompilieren einer Anwendung aus Assemblycode wie MSIL die Leistung der Anwendung beeinträchtigt. In der Realität ist der Overhead jedoch so gering, dass er in den meisten Fällen überhaupt nicht zu bemerken ist. Diesen Umstand haben wir z.T. sicherlich den Entwicklern des JIT-Compilers zu verdanken, einen ebenso großen Anteil daran hat jedoch auch die Art und Weise, mit der Programme üblicherweise verwendet werden. Im Allgemeinen kommen bei der Programmausführung nicht sämtliche Codezeilen eines Programms zum Einsatz. So wird Code, der sich auf Fehlerbedingungen bezieht, oft so gut wie nie ausgeführt. Um sich diesen Umstand zunutze zu machen, kompiliert der JIT-Compiler zu Beginn nicht den gesamten MSIL-Code in eine systemeigene ausführbare Datei, sondern führt die Kompilierung von Code vielmehr nach Bedarf aus, und legt den kompilierten systemeigenen Code zur Wiederverwendung anschließend im Cache ab. Die Funktionsweise der JIT-Kompilierung ist relativ unkompliziert. Während eine Klasse geladen wird, weist das Ladeprogramm jeder Methode der Klasse einen Stub zu. Sobald die Methode das erste Mal aufgerufen wird, übergibt der Stubcode die Steuerung an den JIT-Compiler, der die MSIL in systemeigenen Code kompiliert. Der Stub wird anschließend dahingehend verändert, dass er auf den soeben erstellten systemeigenen Code verweist, damit alle nachfolgenden Aufrufe direkt an den systemeigenen Code geleitet werden.

Verwalteter Code und verwaltete Daten

Was genau ist nun eigentlich verwalteter Code? *Verwalteter Code* (managed code) ist Code, der ausreichend Informationen bereitstellt, um der Common Language Runtime die Ausführung folgender Aufgaben zu ermöglichen:

- Bei Angabe einer Adresse im Code: Lokalisierung der Metadaten, die die Methode beschreiben
- Stack-Walk
- Behandlung von Ausnahmen
- Speichern und Abrufen von Sicherheitsinformationen

Bevor das Laufzeitsystem diese Aufgaben ausführen kann, muss der Code einen *Überprüfungsvorgang* bestehen – es sei denn, der Netzwerkadministrator hat eine Methode eingerichtet, mittels derer Code ohne Überprüfung ausgeführt werden kann. Im Verlauf des Überprüfungsvorgangs untersucht der JIT-Compiler MSIL-Code und Metadaten, um zu ermitteln, ob der Code als typensicher eingestuft werden kann. Als *typensicher* wird Code bezeichnet, der lediglich Zugriff auf eigene Speicherorte besitzt. Diese Beschränkung stellt sicher, dass der Code ohne Probleme mit anderen Programmen ausgeführt werden kann, und dass er keine Schäden verursacht, egal ob versehentlich oder in böser Absicht. Typensicherheit ist die einzige Möglichkeit zur zuverlässigen Durchsetzung von Sicherheitsbeschränkungen.

In Beziehung zum verwalteten Code stehen verwaltete Daten. *Verwaltete Daten* werden unter Einsatz der so genannten *Garbage Collection* über die Laufzeit automatisch reserviert und wieder freigegeben. Sobald ein reserviertes Element den gültigen Bereich verlässt, wird dieses bei Einsatz der Garbage Collection vom Laufzeitsystem bereinigt.

Eine Konsequenz, die sich aus der Verwendung der Garbage Collection ergibt, besteht darin, dass Zeitpunkt und möglicherweise sogar Reihenfolge der Objektzerstörung nicht festgelegt werden können. Nehmen wir beispielsweise folgendes C#-Codebeispiel. (Ich stelle C# zwar erst in Kapitel 3 vor, aber dieses einfache Beispiel dürfte selbst für jemanden ohne C#-Vorkenntnisse leicht verständlich sein.

```
class MainApp {
    public static void Main()
    {
        System.String Hello = "Hello";
        System.String World = "World!";
        System.Console.WriteLine(Hello);
        System.Console.WriteLine(World);
    }
}
```

Hier werden zwei *String*-Objekte erstellt, von denen das eine das Literal "Hello" und das andere das Literal "World!" enthält. Obwohl die Literale in dieser Reihenfolge deklariert werden, gibt es keinerlei Garantie dafür, dass sie auch in einer bestimmten Reihenfolge zerstört werden. Darüber hinaus kann nicht automatisch davon ausgegangen werden, dass sie zerstört werden, sobald die Zeichenfolgen den gültigen Bereich verlassen. Die Reihenfolge bzw. die zeitliche Abfolge ist im vorangehenden Beispiel ohne Belang, mag in anderen Fällen jedoch ausschlaggebend sein.

Die nicht deterministische Freigabe von Objekten stellt kein Problem dar, solange das fragliche Objekt keine persistenten Ressourcen enthält, die von der Laufzeit verwaltet werden, wie z.B. eine Datenbankverbindung oder ein Fensterhandle. Enthält ein Objekt solche Ressourcen, muss eine *Dispose*-Methode bereitgestellt und die *IDisposable*-Schnittstelle implementiert werden, die explizit zur

Freigabe von Ressourcen aufgerufen werden kann. In den folgenden Kapiteln werden Beispiele für diese Technik angeführt.

Unsicherer Code

Manchmal ist der Einsatz von verwaltetem Code nicht möglich. Für viele systemeigene Win32-Funktionen ist beispielsweise der Einsatz von Zeigern erforderlich. Eines der Probleme, auf das C/C++-Programmierer bei Visual Basic häufig stießen, bestand darin, dass keine Zeiger zur Verfügung standen. Visual Basic .NET unterstützt zwar immer noch keine Zeiger, dafür jedoch einen ähnlichen Mechanismus, der als *Verweistyp* (reference type) bezeichnet wird. Dennoch wäre es in manchen Fällen praktisch, Zeiger einzusetzen. Eventuell benötigen Sie auch Zugriff auf nicht verwalteten Legacycode. In einer idealen Welt könnten wir all unsere Programme auf wundersame Weise in verwalteten Code konvertieren, da dieser so viele Vorteile bietet, aber in der Realität ist dies leider nicht immer möglich. Wie ist also in Situationen zu verfahren, in denen Sie auf die Verwendung eines Zeigers oder den Zugriff auf Legacycode wirklich angewiesen sind? Für solche Situationen hält C# das Schlüsselwort *unsafe* bereit. Eine Methode oder ein Codeabschnitt kann als *unsicher* deklariert werden und bei Kompilierung mithilfe der Compileroption /*unsafe* unsicheren (nicht verwalteten) Code generieren, der von der Laufzeit nicht überprüft wird.

Neben *unsafe* verfügt C# auch über das Schlüsselwort *fixed*. Im Verlauf der Garbage Collection werden Variablen zur effizienteren Speichernutzung häufig verschoben. Werden für eine einzelne, größere Reservierung eine Reihe kleinerer freier Speicherblöcke benötigt, kann der Garbage Collector die Blöcke verschieben, um damit den einen, größeren Block verfügbar zu machen. Für jedes Programm, das innerhalb eines unsicheren Codes einen Zeiger auf eine der vom Garbage Collector verschobenen Variablen gespeichert hat, hätte eine solche Umstrukturierung natürlich verheerende Folgen. Für genau diese Situation wurde das Schlüsselwort *fixed* eingerichtet. Innerhalb eines *fixed*-Blocks werden die Variablen »festgesteckt« und können nicht bewegt werden. Nach Beenden des *fixed*-Blocks können die Variablen für den Garbage Collector bei Bedarf wieder verschoben werden.

Fazit

ASP-Programmierer waren selten auf ein genaues Verständnis der zugrunde liegenden Win32-API angewiesen, die ASP innerhalb von IIS unterstützte. Genau genommen boten VBScript und JScript sogar nur sehr begrenzte Möglichkeiten, die über die Grenzen der Sprache selbst hinausgingen.

ASP.NET-Programmierer haben hingegen vollständigen Zugriff auf sämtliche der vom .NET Framework zur Verfügung gestellten Möglichkeiten. Einem ASP.NET-Programmierer, der C# oder Visual Basic .NET zusammen mit dem .NET Framework verwendet, stehen praktisch die gleichen Möglichkeiten offen wie einem Win32-Programmierer.

3 Die .NET Framework-Objekte und -Sprachen

33	Die .NET-Lösung zur Typenkompatibilität
39	Weitere Objekte im .NET Framework
40	Überblick über Visual Basic .NET
49	Überblick über C# (C Sharp)
54	Fazit

Bei der Entwicklung neuer Systeme treten normalerweise zwei Hauptprobleme auf: Zum einen müssen Programme auf verschiedenen Plattformen ausgeführt werden können, und zum anderen müssen die verschiedenen Komponenten einer Anwendung miteinander kommunizieren können, auch wenn sie in verschiedenen Sprachen geschrieben wurden. In diesem Kapitel werden Sie erfahren, dass das .NET Framework für beide Problembereiche elegante Lösungen bietet. Zunächst jedoch ein kleiner Rückblick.

Ein Versuch zur Lösung des Problems der Softwareentwicklung für verschiedenartige Plattformen bestand in der Verwendung von Java, der Programmiersprache von Sun Microsystems. Um Java ausführen zu können, muss auf dem Computer eine Java Virtual Machine (JVM) installiert sein, die den Java-Code zur Laufzeit interpretiert. JVMs stehen in Browsern für verschiedene Plattformen zur Verfügung, es hat also den Anschein, als sei durch Java ein Teil des Problems gelöst. In Wirklichkeit kann es schon bei der Ausführung des gleichen Java-Codes auf ein und derselben Plattform zu Inkompatibilitäten kommen. Ein Beispiel: In einem Java-Projekt benötigte ich Optionsfelder, mit denen kein Text verknüpft sein sollte. Dies erreichte ich, indem ich den Text des Feldes auf eine leere Zeichenfolge setzte. Dieser Ansatz funktionierte zwar, allerdings wurde bei Auswahl des Optionsfeldes im Microsoft Internet Explorer ein kleines gepunktetes Textfeld angezeigt, wo sonst der Text stehen würde. Die Lösung schien einfach: Anstatt für das Optionsfeld keinen Text anzugeben oder den Text auf eine leere Zeichenfolge zu setzen, setzte ich den Text explizit auf *Null*. Das ging eine Zeit lang gut. Als aber eine neue Netscape Navigator-Version erschien, funktionierte diese Methode leider nicht mehr. Aber nicht nur das: Jetzt stürzte der Browser ab und zeigte eine Fehlermeldung an, die sich auf den C++-Quellcode bezog. So weit zur Plattformkompatibilität von Java.

Zu Beginn der PC-Revolution war die plattformübergreifende Kompatibilität von viel größerer Bedeutung. Da es so viele unterschiedliche Computervarianten und Plattformen gab, war es sehr wichtig, über eine einzige Entwicklerumgebung zu verfügen. Verschiedene Umstände haben zur Lösung dieses Problems beigetragen. Erstens hat sich der x86-Assemblercode von Intel zu einer fast universellen Assemblersprache entwickelt. Praktisch jede Anwendung kann auf einem Intel-basierten Computer ausgeführt werden. Selbst andere Hardwareplattformen (insbesondere Apple Macintosh) stellen Emulationsumgebungen bereit, auf denen Intel-basierte Anwendungen ausgeführt werden können.

Die zweite grundlegende Veränderung, die das Problem der plattformübergreifenden Kompatibilität betrifft, bestand in der explosionsartigen Verbreitung des Internets. Das Internet stellt eine einzelne Plattform zur Verfügung, mit der Anwendungen verschiedenster Plattformen auf praktisch jeder beliebigen Plattform ausgeführt werden können. Dazu gehören auch neue Plattformen, wie z.B. drahtlose Geräte. Für viele Anwendungen bietet HTML in Verbindung mit clientseitigem JavaScript eine ausreichende Umgebung. Natürlich erfordert der Boom des Internets in einigen Fällen mehr plattformübergreifende Ausführbarkeit – insbesondere bei der Erstellung erweiterter Benutzerschnittstellen auf der Clientseite – und hier erhält Java einige Bedeutung.

Wie bereits eingangs des Kapitels erwähnt, stehen Softwareentwickler heute vor dem Problem, in unterschiedlichen Sprachen geschriebenen Anwendungskomponenten die Kommunikation zu ermöglichen. Derzeit wird auf der marktbeherrschenden Plattform (Microsoft Windows auf einem Intel-Prozessor) eine ganze Reihe von Sprachen und Technologien verwendet. Zu den am weitesten verbreiteten Sprachen gehören Microsoft Visual Basic, C/C++ und Borland Delphi. Etwas weniger verbreitet, aber noch in Verwendung sind Sprachen wie z.B. COBOL, Fortran oder PERL.

Von Beginn an war es bei der Windows-Entwicklung möglich, aus praktisch jeder wichtigen Entwicklungsumgebung heraus DLLs (Dynamic Link Libraries) aufzurufen. Das bedeutet allerdings nicht, dass dies immer einfach durchzuführen war. Bereits eine verhältnismäßig einfache Aufgabe wie beispielsweise die Übergabe einer Zeichenfolge als Parameter, der die Angabe von Informationen ermöglicht, kann größere Probleme nach sich ziehen. In den meisten Programmiersprachen müssen Sie sicherstellen, dass für die Zeichenfolge vor Übergabe ausreichend Speicher reserviert wird. Viele Programmierer, die in bestimmten Entwicklungsumgebungen arbeiten, sind mit dieser Vorgehensweise nicht vertraut. In Visual Basic z.B. werden Zeichenfolgen verwaltet. Wenn eine Zeichenfolge als Verweis (by reference) an eine andere Funktion übergeben wird, können dieser Zeichenfolge unabhängig von der Speicherreservierung Informationen hinzugefügt werden. Benutzerdefinierte Datentypen sind noch schwieriger zu handhaben. Vor gar nicht allzu langer Zeit noch richtete die Art und Weise, in der Visual Basic Elemente benutzerdefinierter Typen auffüllte, in vielen Programmen großen Schaden an.

In den letzten Jahren hat COM sich zu einer Art Klebstoff entwickelt, der die Komponenten der verschiedenen Sprachen zusammen hält. COM stellt den kleinsten gemeinsamen Nenner für Datentypen dar und bietet für Probleme, die bei Verwendung der Win32-API auftreten können, keine Unterstützung. Für die Verwendung der Win32-API mit Visual Basic sind Datenstrukturen erforderlich, die in Visual Basic sehr ungewöhnlich sind, und auch bei anderen Sprachen kann die Win32-API zu Schwierigkeiten führen. COM unterstützt den Zeichenfolgentyp *BSTR*, der C/C++-Programmierern eher Kopfzerbrechen bereitet.

Für all diese Probleme bietet das .NET Framework eine Lösung. Erstens stellt es ein Datentypensystem zur Verfügung, für das ohne jeden Genauigkeitsverlust ein Marshaling zwischen den verschiedenen .NET-Sprachen durchgeführt werden kann. Im .NET Framework müssen Entwickler sich nicht länger Gedanken darüber machen, welche Sprache die Klasse oder die Komponente verwenden soll, die sie gerade schreiben. Sie können sich darauf konzentrieren, die anstehenden Probleme zu lösen und müssen keine Zeit mehr mit der Überlegung vergeuden, wie wohl der C++-Client für das Serverprogramm eine Zeichenfolge oder einen Währungstyp interpretiert.

Zweitens stellt das .NET Framework eine virtuelle Ausführungsumgebung bereit, die den Anspruch der Portabilität ohne Leistungseinbußen erfüllt. Anwendungen, die auf der .NET-Plattform erstellt wurden, werden auf jeder beliebigen Plattform als systemeigene Anwendungen ausgeführt. In den folgenden Abschnitten werde ich die technischen Zaubertricks erläutern, die dieses ermöglichen.

Die .NET-Lösung zur Typenkompatibilität

Eines der Merkmale, das eine gute Programmierumgebung auszeichnet, ist ein wohl durchdachtes Objektmodell. Es ist schwierig, erstklassige Software zu entwickeln, wenn man mit einem Sammelsurium schlecht entworfener Objekte arbeiten muss. Ein gutes Objektmodell dagegen kann problemlos mit eigenem Code erweitert werden. Dem Objektmodell des .NET Frameworks liegt das im Framework bereitgestellte Typsystem zugrunde.

An dieser Stelle möchte ich einige Begriffe verdeutlichen. Der *Typ* einer Variablen bezeichnet das, was in der Variablen enthalten sein soll. Wenn es sich bei der Variablen um einen Ganzzahlentyp handelt, würden Sie kaum annehmen, dass sie auf die Werte »Hund« oder »Fred« gesetzt werden kann. Ähnlich bei einem Datumstyp: 10/10/2001 wäre ein vernünftiger Wert, 7 dagegen nicht.

Klassische ASP-Programmierer sind an eine Entwicklungssprache gewöhnt, die keine Variablen mit Typen verwendet. Um es genauer zu sagen, *jede* Variable ist von einem einzigen Typ: *Variant*. Eine Variable kann also in einer Zeile den Wert 7 enthalten und in einer anderen den Wert »Fred«. Viele Programmiereinsteiger finden es bequem, nur einen Datentyp zu verwenden, erfahrene Programmierer dagegen wissen, was für ein Durcheinander diese Beschränkung anrichten kann. Der erzwungene Wechsel zwischen verschiedenen Variablen bedeutet zwar einerseits mehr Arbeit, stellt aber andererseits auch sicher, dass die Variablenkonvertierung so funktioniert, wie Sie sich es vorstellen.

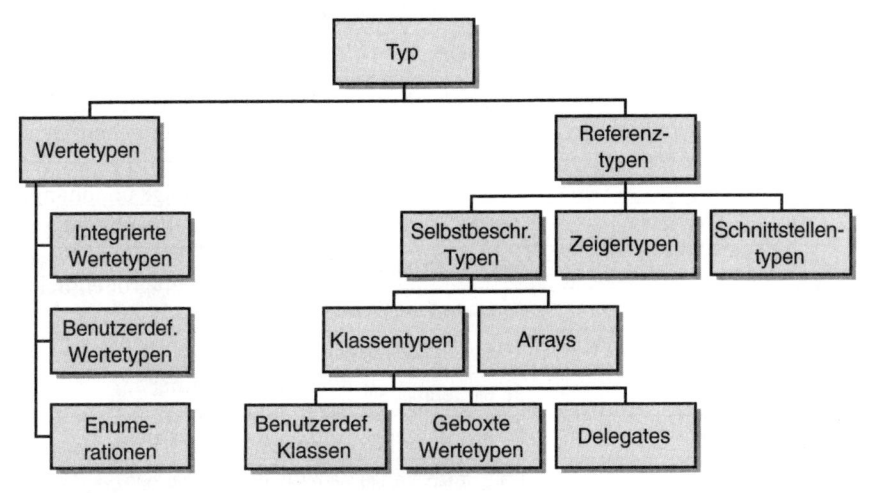

Abbildung 3.1: *Das .NET Framework-Typsystem*

Abbildung 3.1 zeigt die Beziehung zwischen den verschiedenen Datentypen, die das .NET Framework im Unterschied zu. Einige dieser Typen werden Ihnen vielleicht bekannt vorkommen, andere gehören zu Konzepten, die Ihnen möglicherweise neu sind, wie z.B. das *Boxing* oder *Wertetypen* im Unterschied zu *Referenztypen*. Im Laufe des Kapitels werde ich die neuen Konzepte erläutern, die mit den Typen des .NET Frameworks verknüpft sind.

Wertetypen

Wertetypen sind üblicherweise kleine Typen, die als Bitfolge dargestellt werden. Beispielsweise verfügen systemeigenes C/C++ und Visual Basic 6.0 zur Darstellung von Zahlen über die Typen *int* und *long*. Diese Typen werden in fast jedem Programm für einen Großteil der Verarbeitung eingesetzt.

HINWEIS: Eines der Probleme mit dem Typsystem in den Visual Studio 6.0-Programmiersprachen ist die mangelnde Konsistenz. Hier ein Beispiel: Stellen Sie sich meine Verblüffung vor, als ich eines Tages feststellen musste, dass eine ASP-Seite, die vorher einwandfrei funktioniert hatte, auf einmal massive Probleme verursachte. Eine Fehlermeldung zeigte einen numerischen Überlauf an. Bei näherer Betrachtung war der Fehler offensichtlich. Das Feld für die Benutzer-ID hatte die Obergrenze für einen Ganzzahlenwert in Visual Basic überschritten, und so funktionierte mein Aufruf von *CInt* nicht mehr. Für einen alten C/C++-Hasen wie mich war die Verwirrung durchaus verständlich. In der Welt von Win32-C/C++ ist ein *int*-Typ 4 Byte groß, in Visual Basic 6.0 dagegen nur 2 Byte. Dieses Durcheinander wird es im .NET Framework mit dem sprachübergreifenden Typensatz nicht mehr geben.

In Tabelle 3.1 werden einige der in das .NET Framework integrierten Wertetypen aufgeführt sowie angezeigt, ob sie der CLS (Common Language Specification) entsprechen.

Klassenname	CLS-kompatibel	Beschreibung
System.Byte	Ja	8-Bit-Ganzzahl ohne Vorzeichen
System.SByte	Nein	8-Bit-Ganzzahl mit Vorzeichen
System.Int16	Ja	16-Bit-Ganzzahl mit Vorzeichen
System.Int32	Ja	32-Bit-Ganzzahl mit Vorzeichen
System.Int64	Ja	64-Bit-Ganzzahl mit Vorzeichen
System.UInt16	Nein	16-Bit-Ganzzahl ohne Vorzeichen
System.UInt32	Nein	32-Bit-Ganzzahl ohne Vorzeichen
System.UInt64	Nein	64-Bit-Ganzzahl ohne Vorzeichen
System.Single	Ja	32-Bit-Gleitkommazahl
System.Double	Ja	64-Bit-Gleitkommazahl
System.Boolean	Ja	*true*- oder *false*-Wert
System.Char	Ja	16-Bit-Unicode-Zeichen
System.Decimal	Ja	96-Bit-Dezimalzahl
System.IntPtr	Ja	Plattformabhängige Ganzzahl mit Vorzeichen
System.UIntPtr	Nein	Plattformabhängige Ganzzahl ohne Vorzeichen
System.Object	Ja	Stammobjekt
System.String	Ja	Unicode-Zeichenfolge mit festgelegter Länge

Tabelle 3.1: Verschiedene Wertetypen im .NET Framework

HINWEIS: In Visual Basic .NET ist die Verwendung von *Byte*-Datentypen mit Vorzeichen (*System.SByte*) oder der Einsatz von Ganzzahlenwerten ohne Vorzeichen (*System.UInt16*, *System.UInt32*, oder *System.UInt64*) unzulässig. Jeder Verweis auf diese Typen führt zu einem Fehler. In C# gibt es diese Beschränkungen zwar nicht, aber zum Erreichen einer größtmöglichen sprachübergreifenden Verfügbarkeit sollten Sie von der Verwendung dieser Datentypen absehen. In Visual Basic .NET sollten Typen ohne Vorzeichen aufgrund des großen Wertebereichs von *System.Int64* kein größeres Problem darstellen.

Alle Typen mit der Endung *16* werden in Win32 als Werte der Größe *WORD* referenziert. Typen mit der Endung *32* bzw. *64* werden in Win32 als *DWORD*- bzw. *QWORD*-Werte referenziert. Wenn Sie in einer der von .NET unterstützten Sprachen arbeiten, verwenden Sie im Allgemeinen nicht den vollständigen *System*-Wertetyp. In C# z.B. ist der *int*-Typ intern ein *System.Int32*. Sie könnten natürlich anstelle von *int* auch *System.Int32* verwenden, aber Ihr Code würde weniger übersichtlich. In einigen Situationen ist es durchaus sinnvoll, den vollständigen *System*-Wertetyp zu verwenden. Wenn Sie Komponenten für kommerzielle Anwendungen entwickeln, kann es empfehlenswert sein, den Typ explizit anzugeben, da die .NET-Sprachimplementierer die Typen möglicherweise nicht genauso implementieren, wie Sie sich das vorgestellt haben.

Referenztypen

Referenztypen sind Typen, die den Standort einer Bitsequenz angeben. Diese Typen enthalten nur einen Verweis auf die tatsächlichen Daten. In mancher Hinsicht ähneln diese Typen Zeigern, da sie auf die eigentlichen Daten zeigen, die im Heap der Common Language Runtime gespeichert sind, und nur über den Verweis aufgerufen werden können. Sie erinnern sich: Der direkte Zugriff auf die zugrunde liegenden Daten ist nicht zulässig, damit der Garbage Collector in Verwendung befindliche Verweise verfolgen und Daten freigeben kann, wenn alle Verweise freigegeben wurden.

Bei konsistenten Objektmodellen wie dem in .NET Framework enthaltenen, besteht ein potenzielles Problem im möglicherweise erzeugten Overhead. Alle im .NET Framework verfügbaren Objekte werden vom Basistyp *System.Object* abgeleitet. In Tabelle 3.2 werden die von *System.Object* bereitgestellten Methoden dargestellt.

Methode	Beschreibung
Equals(Obj)	Gibt *true* zurück, wenn *Obj* dieselbe Instanz ist wie die Instanz, in der *Equals* standardmäßig aufgerufen wird; kann überschrieben werden, um Wertetypen auf Gleichwertigkeit zu prüfen.
Equals(ObjA, ObjB)	Gibt *true* zurück, wenn *ObjA* und *ObjB* gleich sind.
Finalize	Geschützte Methode, die aufgerufen wird, damit das Objekt bei der Speicherbereinigung die Ressourcen freigeben kann; bei der Standardimplementierung geschieht nichts. In C# wird statt *Finalize* meistens der Destruktor verwendet.
GetHashCode	Dient als Hashfunktion für einen bestimmten Typ; eignet sich für Hashalgorithmen und Datenstrukturen.
GetType	Gibt ein *Type*-Objekt zurück, das die mit dem Objekt verknüpften Metadaten offen legt, für das die Methode aufgerufen wird.
MemberwiseClone	Eine geschützte Methode, die eine flache Kopie (shallow copy) des Objekts bereitstellt. Eine *flache Kopie* kopiert nur die Inhalte des aktuellen Objekts, keine referenzierten Objekte.
New	Eine Visual Basic .NET-Methode für die Objekterstellung.
Object	Eine C#-Methode für die Objekterstellung.
ReferenceEquals(ObjA, ObjB)	Gibt *true* zurück, wenn *ObjA* und *ObjB* dieselbe Instanz darstellen oder auf *Null* festgelegt sind.
ToString	Gibt eine Zeichenfolge zurück, die das Objekt darstellt. Für einen Ganzzahlentyp wird z.B der Wert zurückgegeben.

Tabelle 3.2: *Methoden von System.Object*

System.Object ist zwar ein verhältnismäßig kleines, schlankes Objekt, dennoch könnte es zu Leistungseinbußen führen, für jeden ganzzahligen Wert ein vollwertiges Objekt bereitzustellen. Stellen Sie sich vor, Sie hätten nicht nur an der einen oder anderen Stelle eine Ganzzahl, sondern ein großes Array voller Integerwerte, und jeder dieser Werte wäre in ein eigenes Objekt eingebunden. In einer solchen Situation wäre kein vernünftiges Arbeiten möglich.

Im Folgenden werden die drei gängigsten Deklarationen allgemeiner Referenztypen aufgeführt:

- **Selbst beschreibende Typen** Jeder selbst beschreibende Typ kann anhand seines Wertes bestimmt werden. Selbst beschreibende Typen werden weiter unterteilt in Klassentypen und Arrays. Eine Klasse im .NET Framework fungiert, ähnlich wie in anderen Sprachen und Frameworks, als Container für die Eigenschaften und Methoden eines Objekts. Klassen werden unterteilt in benutzerdefinierte Klassen, geboxte Wertetypen und Delegates.
- **Schnittstelle** Dieser Typ ermöglicht eine Bündelung zur Beschreibung eines Funktionssatzes.
- **Zeiger** Dieser Typ verweist auf einen Wert, der auf ein anderes Objekt zeigt. Der Wert eines Zeigertyps ist kein Objekt, sodass der genaue Typ eines solchen Wertes nicht bestimmt werden kann. (Zum Verständnis der Codebeispiele in diesem Buch reichen grundlegende Kenntnisse zu Zeigern aus.)

Diese Typen sind an keine bestimmte .NET-Sprache gebunden. Sowohl Visual Basic .NET als auch C# stellen die für diese Referenztypen erforderliche Syntax bereit.

Integrierte Referenztypen

Zu den von Visual Basic .NET und C# bereitgestellten Referenztypen gehört die *Object*-Klasse (in C# mit kleinem *o*: *object*). Beide Typen basieren auf dem oben beschriebenen *System.Object*-Typ.

Wertetypen sind sehr vielseitig und sorgen für eine effizientere Ressourcennutzung. Was passiert, wenn Sie einen Wertetyp als Objekt verwenden möchten? Ein Beispiel: Eine der Methoden von *System.Object*, die häufig zum Debuggen eingesetzt wird, lautet *ToString*. Das Verfahren ist das so genannte *Boxing* von Variablen.

Sie haben beispielsweise eine *int*-Variable namens *i* und benötigen eine Zeichenfolgendarstellung dieser Variablen. Betrachten wir einmal den folgenden Codeabschnitt:

```
using System;

class test
{
    static void Main()
    {
        int i=5;
        object box=i;
        System.Console.WriteLine(box.ToString());
        System.Console.WriteLine(i.ToString());
        System.Console.WriteLine(box.GetType());
        System.Console.WriteLine(i.GetType());
    }
}
```

Zuerst weisen wir der Ganzzahl *i* den Wert 5 zu. Anschließend deklarieren wir ein Objekt mit dem Namen *box* und weisen ihm den Wert *i* zu. Anhand dieser Zeile wird der einfache Wertetyp intern in ein Objekt gepackt, *box* verweist hierbei auf diese Variable vom Referenztyp – daher der Begriff *Boxing*. In der nächsten Zeile wird *box.ToString()* an die Konsole ausgegeben (mit *System.Con-*

sole.WriteLine). *ToString* ist eine Methode von *object*, und wir erhalten genau das, was zu erwarten war: Auf der Konsole wird eine *5* angezeigt.

Die nächste Zeile birgt eine kleine Überraschung: (*i.ToString()*) führt ebenfalls zur Anzeige einer *5* auf der Konsole. Hier sieht es etwas anders aus, da weit und breit kein Objekt in Sicht ist, der Aufruf der Objektmethode *ToString* aber dennoch zum erhofften Ergebnis führt. Es handelt sich um einen Zaubertrick des .NET Frameworks, das den Wertetyp (in diesem Fall die Ganzzahl *i*) per Boxing in einem Objekt platziert. Die Methode wird also aus der geboxten Version der Integervariablen aufgerufen.

In den beiden nächsten Zeilen wird nach demselben Prinzip verfahren. Zur Anzeige des Objekttyps wird die *GetType*-Methode von *object* verwendet. Beachten Sie, dass sowohl die explizite, geboxte Version von *i* im *box*-Objekt als auch die bei Bedarf geboxte Version implizit vom Typ *System.Int32* ist. Diese Methoden werden höchstwahrscheinlich nur zum Debuggen eingesetzt, aber die Möglichkeit, über ein Objekt zu verfügen, das einen Verweis auf beliebig viele verschiedene Typen enthalten kann, ist sehr nützlich.

Beim Boxing eines Wertetyps wird eine Kopie des geboxten Wertes erstellt. Angenommen, wir fügen dem oben stehenden Code folgende Zeilen hinzu:

```
i=12;
System.Console.WriteLine(box.ToString());
System.Console.WriteLine(i.ToString());
```

Die erste Zeile (die auf eine Kopie des *i* der ersten Zuweisung verweist) führt wieder zur Anzeige von *5* auf der Konsole, die zweite Zeile dagegen verweist auf eine nur für diese Anweisung geboxte Kopie von *i*. Der Verweis erfolgt also auf den neuen Wert von *i* und führt daher zur Anzeige von *12* auf der Konsole. Das kommt daher, dass es sich bei dem geboxten Typ um einen Wertetyp handelt.

Wenn wir aber ein Boxing für einen Referenztypen durchführen würden, würde das Objekt nicht auf eine Kopie, sondern auf das Objekt verweisen, beispielsweise so:

```
using System;

class intHolder
{
    public int i;
}

class test{
    static void Main()
    {
        object box;
        intHolder ih = new intHolder();
        ih.i=22;

        box=ih;

        ih.i=99;
        System.Console.WriteLine(((intHolder)box).i.ToString());
        System.Console.WriteLine(ih.i.ToString ());
    }
}
```

Die .NET Framework-Objekte und -Sprachen

Beide Aufrufe von *System.Console.WriteLine* würden *99* anzeigen, da *box* jetzt auf den Referenztyp *intHolder* und nicht auf eine Kopie davon verweist. Wäre der Typ *intHolder* nicht als *Klasse* (class), sondern als *Struktur* (struct) deklariert worden, würde die erste Zeile 22 anzeigen, da dies der Wert der Kopie von *ih* wäre, die beim Boxing von *ih* im *box*-Objekt verwendet wurde.

HINWEIS: In diesen Beispielen wurde C# verwendet, das Grundprinzip gilt jedoch für alle Sprachen mit .NET-Laufzeitunterstützung.

Die *String*-Klasse, die sowohl in Visual Basic .NET als auch in C# zur Verfügung steht, gibt Ihnen praktisch alles an die Hand, was Sie für den Umgang mit Zeichenfolgen benötigen. Darüber hinaus sind die Methoden in beiden Sprachen identisch; zukünftige .NET-Sprachen werden vermutlich über dieselbe Funktionalität verfügen. Das folgende Codebeispiel bietet einen kleinen Einblick in die Möglichkeiten, die die *String*-Klasse bietet:

```
Public Module test

Sub Main()
    Dim s as String
    Dim i as integer
    s="This is a test       "
    System.Console.WriteLine(s & "|")

    s=s.Trim()
    System.Console.WriteLine(s & "|")

    s="46"
    i=4
    System.Console.WriteLine(i + System.Convert.ToInt32(s))
End Sub

End module
```

Dieses Programm erzeugt folgende Ausgabe:

```
This is a test       |
This is a test|
50
```

Zunächst wird eine Zeichenfolge mit vielen abschließenden Leerzeichen erstellt. Diese Zeichenfolge wird an die Konsole übergeben und führt zum erwarteten Ergebnis. Anschließend wird die *Trim*-Methode aufgerufen, und nun wird die Zeichenfolge ohne Leerstellen zwischen dem Wort »test« und dem senkrechten Strich ausgegeben. Als Nächstes wird *s* gleich dem Literal »46« gesetzt. Beachten Sie, dass dabei die ursprüngliche Zeichenfolge (»This is a test«) nicht verändert, sondern stattdessen eine neue Kopie erstellt wird. Zeichenfolgen sind unveränderlich – sie werden nicht direkt bearbeitet. Es gibt eine *StringBuilder*-Klasse, mit der Zeichenfolgen direkt, d.h. ohne Erstellung einer Kopie, bearbeitet werden können. Für zahlreiche Änderungen an einer langen Zeichenfolge eignet sich die *StringBuilder*-Klasse besser als die Erstellung einer neuen Zeichenfolge für jede einzelne Änderung, da der Overhead, der bei der wiederholten Reservierung und Freigabe großer Blöcke entsteht, zu Leistungseinbußen führen kann. Zum Schluss wird die Zeichenfolge in einen *Int32* konvertiert, zu einem weiteren Ganzzahlwert hinzugefügt und das Ergebnis angezeigt.

Die meisten Visual Basic-Programmierer arbeiten häufig auf diese Weise mit Zeichenfolgen (Variablenzuweisungen werden direkt vorgenommen, wobei eine Systemunterstützung für Aufgaben wie das Kürzen von Zeichenfolgen erforderlich ist). C/C++-Programmierer dagegen sind den Umgang mit solchen Klassen weniger gewöhnt (obwohl viele C++-Programmierer die *String*-Klassen der Standard Template Library verwenden und daher mit dieser Art der Annehmlichkeiten vertraut sind).

Wichtig ist, dass der gleiche Code auch in C# geschrieben werden könnte. Darüber hinaus gibt es bei der Übermittlung von Zeichenfolgen von einer .NET-Sprache an eine andere kein Durcheinander mehr, wie es bei den traditionellen Win32-Sprachen der Fall war. Während meiner Arbeit mit einer ganzen Reihe verschiedener Win32-Programmiersprachen sind mir mindestens drei unterschiedliche Arten von Zeichenfolgen begegnet:

- Die in der Win32-Programmierung und in C/C++ verwendete, auf Null endende Zeichenfolge
- Die in Visual Basic und COM verwendete Zeichenfolge *BSTR*
- Die in Pascal verwendete Zeichenfolge vorgegebener Länge (mit Längenbyte) mit nachgestellter eigentlicher Zeichenfolge

Darüber hinaus gibt es Varianten der auf Null endenden Zeichenfolge, die 2 Byte-Zeichen verwenden (Unicode). Das .NET Framework stellt einen sprachübergreifenden Standard zur Speicherung von Zeichenfolgen bereit.

Weitere Objekte im .NET Framework

Das .NET Framework stellt buchstäblich Hunderte von Klassen bereit, mit denen Sie Dinge programmieren können, für die Sie früher die Win32-API benötigt hätten. In Tabelle 3.3 werden einige dieser Klassen sowie deren Verwendungszweck beschrieben.

Objekt	Beschreibung
Microsoft.Win32.Registry	Nimmt Änderungen in der Registrierung vor.
System.Array	Bietet Unterstützung für Arrays wie z.B. Such- und Sortierfunktionen.
System.Collections	Bietet Unterstützung für Auflistungen und schließt Klassen wie z.B. *ArrayList*, *BitArray* und *Stack* ein, die die Datennutzung vereinfachen.
System.Data	Bietet Unterstützung für alle Arten des Datenzugriffs sowie für ADO.NET (mehr dazu in Kapitel 8).
System.DateTime	Bietet Unterstützung für die Arbeit mit Datums- und Zeitwerten.
System.Diagnostics	Bietet komfortable Unterstützung für die Ereignisprotokollierung und andere Debuggingvorgänge sowie für den Zugriff auf Prozessinformationen.
System.Net	Bietet Unterstützung für das Domain Name System (DNS), Cookies, Webanforderungen und Webantworten.
System.Net.Sockets	Bietet Unterstützung für TCP/IP-Sockets; ähnlich wie WinSock in Win32, aber sauberer.
System.Reflection	Bietet eine verwaltete Anzeige geladener Typen und Methoden sowie die Möglichkeit, Typen zu erstellen und aufzurufen.
System.Threading	Bietet Unterstützung für das Erstellen und Verwalten mehrerer Ausführungsthreads.
System.Web.UI	Ermöglicht das Erstellen von Steuerelementen und Seiten für Webanwendungen.
System.Xml	Bietet XML-Unterstützung, einschließlich Document Object Model (DOM) Level 2 Core und Simple Object Access Protocol (SOAP) 1.1.

Tabelle 3.3: *Überblick über einige Klassen im .NET Framework*

Operationen, die weiterhin den Einsatz der Win32-API erfordern

Im .NET Framework sind zwar bereits sehr viele Objekte enthalten, dennoch kommt es zuweilen vor, dass Sie die Win32-API benötigen. Das MMF-Feature (Mapped Memory Files) beispielsweise wird im .NET Framework derzeit nicht direkt unterstützt. Mit MMF können Sie bequem die gemeinsame Datennutzung durch mehrere Anwendungen einrichten. Ich habe MMF dazu verwendet, für ein in C++ geschriebenes Win32-Programm die Kommunikation mit einem anderen, allerdings in Borland Delphi geschriebenen Win32-Programm zu ermöglichen. In beiden Sprachen wurde ein Zeiger erstellt, in dem genau wie in einem üblichen speicherinternen Zeiger Lese- und Schreibvorgänge ausgeführt werden konnten.

Sowohl Visual Basic .NET als auch C# verfügen über die Fähigkeit, die Win32-API oder jede beliebige standardmäßige Win32-DLL aufzurufen.

In Tabelle 3.3 werden nur einige wenige Möglichkeiten aufgeführt, die die .NET Framework-Klassen bieten. Bis zum heutigen Tag sind einige dieser Dienste nicht einmal als Standardbestandteil der Win32-Umgebung verfügbar (wie z.B. XML-Unterstützung). Andere Features wie das Threading werden auf eine Art und Weise unterstützt, die im Gegensatz zu früher ganz neue Möglichkeiten eröffnet. Mit diesen Threadingobjekten können Visual Basic-Programmierer mehrere Ausführungsthreads sicher verwenden. Da diese Objekte in einem verwalteten Kontext ausgeführt werden, erhalten Sie alle Vorteile von verwaltetem Code (Sicherheit und Zuverlässigkeit), können aber gleichzeitig nahezu alle Funktionen einsetzen, die Sie zum Aufbau leistungsstarker Anwendungen benötigen.

Überblick über Visual Basic .NET

Es kommt nur selten vor, dass ein Unternehmen dieser Größe ein solches Risiko mit einem seiner Flaggschiffe eingeht wie Microsoft mit Visual Basic .NET. In Visual Basic .NET bleibt die einfache Handhabung weitgehend erhalten, die Visual Basic zum Erfolg geführt hat, beinahe sämtliche bereits vorhandenen Programme werden jedoch unbrauchbar. Darüber hinaus werden ASP-Programmierer, die bisher an Visual Basic Scripting Edition (VBScript) gewöhnt waren, einiges lernen müssen, um die Vorteile von Visual Basic .NET vollständig nutzen zu können.

Dies vorausgeschickt, sollten die Änderungen, die an Visual Basic vorgenommen wurden, auch diejenigen Kritiker verstummen lassen, die Visual Basic immer als Spielzeug abgetan haben. Programmierer, die sich mit Visual Basic nicht so recht anfreunden konnten, haben sich häufig über die Fehlerbehandlung beschwert – hin und wieder auch »On Error Goto Hell« genannt. Tatsächlich ist es so, dass die Fehlerbehandlung in Visual Basic richtig funktionieren *kann*. In der Praxis ist das aber recht schwierig und wird daher oft falsch gemacht. In VBScript war die Fehlerbehandlung noch begrenzter. Damit stand zwar die Visual Basic-Fehlerbehandlung besser da, für ASP-Programmierer hieß dies aber nichts Gutes. Die Fehlerbehandlung ist nur einer der vielen Bereiche, die in Visual Basic .NET entscheidend verbessert wurden, auch wenn dies bedeutet, dass nicht alle bereits vorhandenen Programme kompatibel sind.

Raus mit dem alten Kram!!

In vielerlei Hinsicht ist Visual Basic ein Opfer seines eigenen Erfolgs geworden. In Entwicklerkreisen wird gerne folgender Witz gemacht: Wissen Sie, warum Gott die Welt in sieben Tagen erschaffen konnte? Weil keine installierte Basis vorhanden war. Ich nehme an, das Visual Basic-Team kann davon ein Lied singen. Veränderungen an der für viele Windows-Programmierer maßgeblichen Entwicklungsplattform vorzunehmen ist eine heikle Angelegenheit. In jeder neuen Version gab es neue Funktionen, aber älterer Code konnte in der Regel weiter verwendet werden. Visual Basic .NET bricht mit dieser Tradition.

Diese dramatischen Veränderungen sind aus einer ganzen Reihe von Gründen erforderlich. Der wichtigste dieser Gründe ist, dass Visual Basic .NET nicht mehr für Win32, sondern für das .NET Framework geschrieben wurde. Das erfordert viele Änderungen. Ein Beispiel: Es ist zwar möglich, die im .NET Framework bereitgestellte Fehlerbehandlung zu verwenden und gleichzeitig das frühere »On Error Goto«-Modell beizubehalten, aber das würde bedeuten, das neue Framework nicht vollständig zu nutzen. Bevor wir uns die neuen Funktionen im Detail anschauen, werfen wir einen Blick auf die beiden größten Probleme, die bei der Kompatibilität von Visual Basic 6.0 und Visual Basic .NET auftreten können: die *Set*-Anweisung und die Konventionen für Standardaufrufe.

Die *Set*-Anweisung verschwindet

Einer der vielen Bereiche, der für Visual Basic-Einsteiger verwirrend sein konnte, war die Verwendung des *Set*-Schlüsselwortes. Zur Erstellung einer Instanz eines ActiveX-Steuerelements mit der ProgID *Foo.Bar* würden Sie beispielsweise Code wie diesen schreiben:

```
Dim foo As Foo.Bar
Set foo = New Foo.Bar
```

Zur Objekterstellung wird das *Set*-Schlüsselwort benötigt. Dummerweise wissen viele Entwickler nicht so ganz genau, was in Visual Basic ein »Objekt« ist. Ich habe schon einige Programmierer gesehen, die vergeblich versuchen, ihre Programme lauffähig zu machen, indem sie mit diesem Schlüsselwort herumexperimentieren. Wenn das Problem in der Anwesenheit oder Nicht-Anwesenheit des *Set*-Schlüsselwort zu suchen war, führte dies vielleicht in einigen wenigen Fällen zum Erfolg, häufig aber blieb die genaue Fehlerursache bis zu einer genauen Codeinspektion unerkannt.

Warum wurde das *Set*-Schlüsselwort verwendet? In Visual Basic 6.0 und früheren Versionen verfügten Objekte über Standardeigenschaften, die keine Parameter erforderten. Wenn also ein Objekt *foo* eine parameterlose Standardeigenschaft namens *bar* besaß, war diese ohne Einsatz von *Set* unter Umständen nicht eindeutig, wie das folgende Beispiel zeigt:

```
Dim f as foo
Dim o as Object
foo=o
```

In diesem Fall ist nicht klar, ob *foo.bar* oder *foo* auf *o* gesetzt werden soll. In Visual Basic .NET wird das *Set* nicht weiter benötigt, da es keine parameterlosen Standardeigenschaften mehr gibt. Mehr noch als das *Set* nicht mehr benötigt wird, ist es in Visual Basic .NET auch nicht mehr zulässig.

Standardkonventionen für den Parameteraufruf

Der zweite Bereich, der beim Umstieg auf Visual Basic .NET umfangreiche Quellcodeänderungen nach sich zieht, betrifft die Art und Weise, in der Parameter an Funktionen und Subroutinen übergeben werden. In früheren Visual Basic-Versionen wurden Parameter standardmäßig als Referenz übergeben. Das bedeutet, dass nicht eine Kopie des Parameters übergeben wird, sondern der Parameter tatsächlich ein Zeiger auf den übergebenen Parameter ist. Betrachten wir einmal folgenden Code, der in Visual Basic 6.0 verwendet werden könnte:

```
Private Sub Command1_Click()
    Dim l As Long
    Dim OldL As Long
    Dim t As Long
    l = CLng(Timer())
    OldL = l
    t = CallingByReference(l)
    MsgBox "l was " & CStr(OldL) & " but is now " & l
End Sub

Function CallingByReference(Ref As Long) As Integer
    Ref = Ref Mod 60
    CallingByReference = Ref
End Function
```

Wenn dieser Code zu einer beliebigen Zeit (nach 12:01 Uhr) ausgeführt wird, werden zwei verschiedene Werte ausgegeben, wie in Abbildung 3.2 gezeigt.

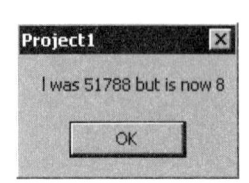

Abbildung 3.2: Meldungsfeld nach dem Aufruf von CallingByReference

Die Möglichkeit, Parameter verändern zu können, ist häufig nützlich, kann Einsteiger aber auch irritieren. Ein unerfahrener Programmierer wird die Beziehung zwischen der Variablen *l* und der Variablen *Ref* in *CallingByReference* nicht erkennen.

In Visual Basic 6.0 und früheren Versionen konnte ein Parameter natürlich immer zur Übergabe als Wert deklariert werden. Nachstehend eine Visual Basic 6.0-Funktion mit Werteübergabe:

```
Function CallingByValue(ByVal Ref As Long) As Integer
    Ref = Ref Mod 60
    CallingByValue = Ref
End Function
```

Durch Verwendung der Funktion *CallingByValue* anstelle von *CallingByReference* wird der *l*-Wert nicht verändert. Abbildung 3.3 zeigt ein Beispielmeldungsfeld, das nach *CallingByValue* angezeigt wird.

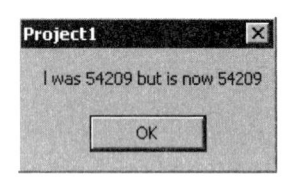

Abbildung 3.3: Meldungsfeld nach dem Aufruf von CallingByValue

Es empfiehlt sich, die Aufrufkonvention explizit zu deklarieren, um Verwechslungen zu vermeiden: In späteren Visual Basic .NET-Programmen wird dies auch der Standard sein.

HINWEIS: Bei sehr großen Parametern kann es effizienter sein, sie als Wert zu übergeben, auch wenn keine Parameteränderung durch die Funktion vorgesehen ist.

Neues hinein!

Für einige Entwickler mag das Ende der Kompatibilität die bahnbrechende Neuerung in Visual Basic .NET bedeuten, viel wichtiger sind aber die Verbesserungen, die an der Sprache vorgenommen wurden. Probleme mit der Kompatibilität sind nach einiger Zeit behoben, aber die neuen Funktionen werden auf lange Sicht Vorteile bringen. Für Entwickler, die es gewöhnt sind, mit den Einschränkungen von VBScript in ASP zu arbeiten, stellen sie geradezu weltbewegende Verbesserungen dar

Vererbung und Polymorphismus

In den letzten Versionen wurde mit einigem Erfolg versucht, Visual Basic eher objektorientiert zu gestalten. Eine Sprache muss drei Voraussetzungen erfüllen, um als objektorientiert zu gelten. Sie muss *polymorph* sein, das bedeutet, dass beim Aufruf einer Objektmethode abhängig vom Objekttyp verschiedene zugrunde liegende Methoden aufgerufen werden. Zum Zweiten muss sie die *Kapselung* unterstützen. Das heißt, dass zwischen dem, was ein Objekt offen legt und den internen Funktionsweisen des Objekts eine Trennung erfolgt. Wenn ein Objekt z.B. eine Auflistung von Zeichenfolgen offen legt, sollten keine Implementierungsdetails wie beispielsweise die Art der Speicherung (in einem Array, einer verknüpften Liste oder einem Stack) offen gelegt werden. Die wahrscheinlich wichtigste Voraussetzung für Objektorientierung ist die *Vererbung*. Unter Vererbung versteht man die Fähigkeit, einen Typ von einem anderen abzuleiten. Mit dieser einfachen Klasse:

```
Public Class Base
    Public Function foo
        System.Console.Writeline("Base Foo")
    End Function
End Class
```

könnte eine andere Klasse erstellt werden:

```
Public Class Derived
    Inherits Base
    Public Function bar
        System.Console.Writeline("Derived Bar")
    End Function
End Class
```

Wenn wir eine Instanz von der Klasse *Derived* erstellen und *foo* aufrufen, wird »Base Foo« auf der Konsole angezeigt.

Die Vererbung stellt eine praktische Möglichkeit zur Wiederverwendung von Code dar, viel besser als das Ausschneiden und Einfügen, das früher das Standardverfahren dafür war. Stellen Sie sich z.B. vor, Sie verfügen über einen Klassensatz zur Darstellung von Formen. Alle Formen verfügen über einige gemeinsame Merkmale wie Position, Länge und Breite. Außerdem könnten alle Formen einige Aktionen ausführen wie z.B. *Draw* (zeichnen) oder *Move* (verschieben). Mithilfe der Vererbung kann eine Hierarchie aller ursprünglich von der Klasse *Shape* abstammender Formen erstellt werden, die abgekürzt beispielsweise so aussehen könnte:

```
MustInherit Class Shape
    Private myX as Integer
    Private myY as Integer
    Public Sub New()
        myX = 0
        myY = 0
```

Die .NET Framework-Objekte und -Sprachen

```
        End Sub
        Public Property X
            Get
                X = myX
            End Get
            Set
                myX = Value
                Draw()
            End Set
        End Property
        Public Property Y
            Get
                Y = myY
            End Get
            Set
                myY = Value
                Draw()
            End Set
        End Property
        MustOverride Function Draw()
End Class

Class Square
    Inherits Shape
    Overrides Function Draw()
        " A Square-Specific Implementation
    End Function
End Class
```

Wenn Sie in diesem einfachen Beispiel eine Instanz der Klasse *Square* namens *s* erstellen, wird beim Setzen der Eigenschaft *s.X* die in *Shape* definierte Eigenschaft *Set* sowie die als Teil der *Square*-Klasse definierte *Draw*-Methode aufgerufen. Wenn darüber hinaus das *Square*-Objekt *s* an eine Methode übergeben wird, die ein *Shape*-Objekt enthält, wird beim Aufruf von *Draw* in einem Objekt dieser Methode die *Draw*-Methode aufgerufen, die mit dem *Square*-Objekt verknüpft ist.

Klassen können gleichnamige Verhaltensweisen besitzen. Die Fähigkeit einer Sprache, aufgrund des Objekkttyps zu entscheiden, welches Verhalten aufgerufen wird, heißt *Polymorphismus*.

Eine Bemerkung zur Mehrfachvererbung

Visual Basic .NET unterstützt keine Mehrfachvererbung – jede Klasse kann nur ein *Inherits*-Schlüsselwort besitzen. In einigen Objektmodellen (insbesondere in C++) dient die Mehrfachvererbung dazu, ein Objekt wie *Hund* beispielsweise sowohl von *Tier* als auch von *Haustier* ableiten zu können. Die Einfachvererbung bedeutet keine sonderliche Einschränkung und verhindert die Doppeldeutigkeit von Methoden. Wenn *Hund* von *Tier* und von *Haustier* abgeleitet wird und beide Hierarchien eine Methode *MachtKrach* haben, ist möglicherweise nicht ganz eindeutig, welche Methode denn genau aufgerufen werden soll.

Es gibt mehrere Möglichkeiten, die Beschränkungen der Einfachvererbung zu umgehen. In diesem Fall könnte *Tier* als Basisklasse verwendet, *Haustier* daraus abgeleitet und *Hund* wiederum von *Haustier* abgeleitet werden. Hierbei handelt es sich *nicht* um eine Mehrfachvererbung, da auf jeder Ebene nur ein einziges Schlüsselwort *Inherits* existiert. (Diese Lösung erlaubt keine Klasse *Teddy-Bär*, da ein Teddybär zwar vielleicht als eine Art Haustier angesehen werden kann, aber kein Tier ist.)

Alternativ dazu könnten Sie eine Klasse Tier erstellen, daraus eine Klasse *Hund* ableiten, und anschließend die Schnittstelle *Haustier* auch für *Hund* implementieren. Eine *Schnittstelle* ähnelt einer Klasse, enthält aber nur Methoden, und diese werden nicht auf Schnittstellenebene implementiert. Eine Klasse kann eine Schnittstelle ganz einfach durch Deklarieren des Schlüsselwortes *Implements* und durch die Bereitstellung von Methoden implementieren, die den Methoden der Schnittstelle entsprechen. Methoden können beliebig viele Schnittstellen implementieren.

Strukturierte Ausnahmebehandlung

Es existieren zwei allgemeine Modelle der Fehlerbehandlung. Im ersten Modell werden Fehlermeldungen von beliebigen Funktionen übernommen. Dabei kann beliebiger Code verwendet werden, der auf Grundlage der Fehlermeldung eine Funktion zur Fehlerbehandlung aufruft. Dieser Ansatz sieht typischerweise so aus:

```
Ret = SomeFunc(SomeParam)
If Ret = 0 then
    " Es ist ein Fehler aufgetreten, daher Fehlerbehandlung einleiten.
End If
" Verarbeitung fortsetzen.
```

Diese Form der Fehlerbehandlung zieht mehrere Probleme nach sich. Wenn sie häufig verwendet wird, muss die Fehlerverarbeitung mit den zurückgegebenen Ergebnissen vermischt werden. In C beispielsweise gibt die Funktion *fopen* einen Dateizeiger zurück, der auch für andere Funktionen verwendet werden kann, die einen Dateizeiger benötigen, wie *fgets* und ähnliche. Kann die Datei jedoch nicht geöffnet werden, gibt *fopen* keinen Dateizeiger, sondern *NULL* zurück und zeigt damit an, dass beim Öffnen der Datei ein Fehler aufgetreten ist. Der Rückgabewert der Funktion ist also entweder ein Dateihandle *oder* etwas völlig anderes: eine Meldung, die einen Fehler anzeigt.

Viele Entwickler können mit dem unsauberen Rückgabewert leben, die meisten denken aber nicht immer daran, das Ergebnis der Rückgabe auf Ausnahmewerte zu überprüfen, die auf einen Fehler hinweisen. Viele C-Programmierer führen eine solche Prüfung des von *fopen* zurückgegebenen Codes durch, da ein Fehler hier ziemlich wahrscheinlich ist. Funktionen wie *fputs* dagegen werden meistens nicht mehr geprüft, da diese Funktion einen gültigen Dateizeiger verwendet und daher selten fehlschlägt. Daher schlagen viele Dateischreibvorgänge aufgrund von mangelndem Datenträgerspeicher fehl bzw. aus anderen Gründen auftretende Fehler werden nicht wahrgenommen.

Das zweite Fehlerbehandlungsmodell ist die Ausnahmebehandlung. Hierbei löst ein Fehler eine Ausnahme aus, die den Stack durchläuft, bis ein geeigneter Handler gefunden wird. Visual Basic bietet zwar mit der *On Error*-Anweisung eine Art Fehlerbehandlung, diese ist aber nicht besonders praktisch. Für VBScript-Programmierer sind die Möglichkeiten in ASP sogar noch weiter eingeschränkt, denn das System ermöglicht keine Steuerung der Ausnahmebehandlung wie dies Visual Basic oder VBA (Visual Basic for Applications) ermöglichen.

Die beliebteste Form der Ausnahmebehandlung ist die *strukturierte Ausnahmebehandlung*. Die strukturierte Ausnahmebehandlung gehört zwar eher in den Bereich des .NET Frameworks als in Visual Basic .NET als solches, stellt aber dennoch eine bedeutende Veränderung dar, mit deren Hilfe Entwickler weitaus stabilere und zuverlässigere Anwendungen erstellen können. Die strukturierte Ausnahmebehandlung sieht im Allgemeinen so aus:

```
Try
    " Code, der eventuell zu einer Ausnahme führt
Catch e As Exception
    " Fehlerbehandlung
```

Die .NET Framework-Objekte und -Sprachen

```
Finally
    ' Aufgaben erledigen, die unabhängig von einer Ausnahme
    ' immer ausgeführt werden sollen
End Try
```

Sämtlicher Code, der eine Ausnahme auslösen könnte, sollte in einen *Try*-Block platziert werden. Es ist möglich, dass auf dieser Ebene einige oder alle Ausnahmen nicht ordnungsgemäß behandelt werden. In diesem Fall kann die Ausnahme (mit dem *Throw*-Schlüsselwort) zurückgegeben werden, und der *Finally*-Block wird trotzdem ausgeführt. Wenn Sie z.B. im *Try*-Block eine Datenbankverbindung öffnen, sollte sich der *Finally*-Block an der Stelle befinden, an der die Datenbankverbindung abgebaut wird, da dieser Codeblock auf jeden Fall ausgeführt wird. Innerhalb des *Finally*-Blocks müssen Sie eventuell sicherstellen, dass die Datenbankverbindung tatsächlich geöffnet wurde, da die Ausnahme bereits vor dem Öffnen der Datenbankverbindung ausgelöst worden sein kann. Sie können mehrere *Catch*-Blöcke einsetzen, um bestimmte Ausnahmen zu ermitteln. Mit dem *Finally*-Block kann die Codebereinigung im *Try*-Block an einer einzigen Stelle stattfinden, statt einmal bei normaler Codeausführung und einmal in jedem einzelnen *Catch*-Block.

Funktionsüberladung

Durch die *Funktionsüberladung* können mehrere gleichnamige Funktionen vorliegen, die sich nur in den Parametern unterscheiden. Sie können beispielsweise eine Methode zum Senden einer Zeichenfolge an einen Browser erstellen und verschiedene Funktionen namens *Write* deklarieren. Eine dieser Funktionen könnte eine Zeichenfolge als Parameter verwenden, eine andere einen *integer*-Wert und eine dritte ein *DateTime*-Objekt.

Wenn Sie VBScript-Programmierer sind, werden Sie sich vermutlich wundern, worin denn die großartige Neuerung liegt. Im alten ASP-Objektmodell unter VBScript können Sie beispielsweise die *Response.Write*-Methode mit einer Zeichenfolge – oder einer Ganzzahl oder einem Datumstyp – aufrufen, was auch erwartungsgemäß funktioniert. Es besteht jedoch ein feiner Unterschied: In VBScript sind alle Variablen vom Typ *Variant*, einer Art Chamäleonvariable, die je nach eingegebenem Wert, jeden beliebigen Typ annimmt. Die *Response.Write*-Methode übernimmt einfach, was immer auch übergeben wird und gibt die resultierende Zeichenfolge im HTML-Stream aus. Die Funktionsüberladung unterscheidet sich davon insofern, dass je nach Argumenttyp eine bestimmte *Write*-Methode aufgerufen wird. Wenn die *Write*-Methode mit einem Argument aufgerufen wird, das nicht implizit in einen der Typen konvertiert werden kann, die von einer der überladenen *Write*-Funktionen erwartet werden, wird ein Kompilierungsfehler erzeugt.

Mithilfe der Überladung ist es auch möglich, vorhandene Systeme zu erweitern, ohne dass vorhandene Codesegmente unbrauchbar werden. Wenn z.B. eine vorhandene *Write*-Methode eine Zeichenfolge erwartet, und eine Option zur farbigen Ausgabe existiert, kann eine *Write*-Methode erstellt werden, die eine Zeichenfolge und eine Farbe übergibt. Der Code in der existierenden *Write*-Methode könnte dann reibungslos durch einen Aufruf an die neue Methode ersetzt werden, die Zeichenfolge und Farbe enthält. Dabei wird als Farbe die Standardfarbe übergeben. Dadurch würden sich die bisherigen Aufrufe der *Write*-Methode nicht ändern, und die natürliche Erweiterung der Methode könnte in neuem Code verwendet werden.

Strengere Variablentypisierung

Eine der tief greifenden Veränderungen, die ASP-Programmierer beim Wechsel von VBScript zu Visual Basic .NET erfahren, betrifft die strengere Typisierung von Variablen. In VBScript konnten Sie zwar die Variablendeklaration erzwingen, aber keine bestimmten Typen deklarieren. Anweisungen wie die folgende waren möglich:

```
Dim X

X="Hello There"
X=7

Response.Write(X)
```

In diesem Beispiel wird die Variable *X* zuerst auf eine Zeichenfolge und in der nächsten Zeile auf eine Ganzzahl gesetzt. Die Methode *Response.Write* ergibt eine Zeichenfolge, die die Zahl 7 enthält. Das ist deswegen möglich, weil in VBScript alle Variablen den Typ *Variant* haben. Zur Ermittlung von Fehlern bei der Datenkonvertierung verfügt Visual Basic .NET über eine neue Anweisung *Option Strict*, die restriktiver ist als *Option Explicit*. Durch die Verwendung von *Option Strict* erzeugt Visual Basic .NET einen Fehler, wenn bei der Konvertierung von Datentypen ein Datenverlust auftritt, eine Variable nicht deklariert oder eine Variable spät gebunden wird. Für die meisten Programmierer, die nicht mit Visual Basic arbeiten, ist das alles nicht neu, für Visual Basic .NET-Programmierer dagegen, die professionelle und zuverlässige Anwendungen erstellen möchten, bedeutet es einen riesigen Schritt nach vorn.

Kurzschlussauswertung

Ein weiteres Problem, vor dem C/C++-Programmierer beim Umstieg auf Visual Basic stehen, betrifft die Art und Weise, in der logische Ausdrücke ausgewertet werden. Angenommen, Sie verfügen in einer ASP-Seite über folgenden Code:

```
While rs.EOF=False And rs("Grouping")=thisGroup
    " Hier etwas für alle Member von thisGroup tun.
Wend
```

C/C++-Programmierer werden jetzt annehmen, dass die Auswertung des Ausdrucks beendet wird, wenn *rs.EOF True* ist. In VBScript und Visual Basic 6.0 ist dem aber nicht so. Selbst wenn *rs.EOF* in diesem Beispiel *True* ist, wird *rs("Grouping")* ausgewertet, wodurch ein Fehler erzeugt wird. Sobald *rs.EOF* aber den Wert *True* aufweist, müssen wir uns um den anderen Teil des Ausdrucks nicht kümmern, da er per Definition keine Bedeutung hat.

Visual Basic .NET enthält zwei neue logische Operatoren (*AndAlso* und *OrElse*), die für die *Kurzschlussauswertung* von Ausdrücken verwendet werden. Im obigen Beispiel kann der *And*-Operator durch *AndAlso* ersetzt werden:

```
While rs.EOF=False AndAlso rs("Grouping")=thisGroup
    " Hier etwas für alle Member von thisGroup tun.
Wend
```

Sobald *rs.EOF* als *True* ausgewertet wird, kann die Auswertung der Ausdrücke abgebrochen werden, da sichergestellt ist, dass der Ausdruck insgesamt nie als *True* ausgewertet werden kann. Diese Auswertungsreihenfolge können wir ausnutzen, indem wir die Bestandteile eines logischen Ausdrucks nach den entstehenden Kosten aufsteigend sortieren. Sie müssen jedoch immer daran denken, dass bei der Kurzschlussauswertung Teile eines Ausdrucks nicht immer ausgeführt werden, was wiederum Nebeneffekte haben kann. Die Operatoren *And* und *Or* funktionieren genauso wie in Visual Basic 6.0 und früheren Versionen: Sie erzwingen die Auswertung sämtlicher Teile eines Prädikats.

Verschiedene Änderungen

Im Folgenden eine Liste weiterer Änderungen in Visual Basic .NET.

- Alle Arrays verwenden Null-basierte Indizes. Das lässt sich zwar durch Verwendung der Klassen aus dem .NET Framework umgehen, innerhalb der Sprache aber sind alle Arrays Null-basiert. Eine weitere interessante Neuerung, die zur Portierung vorhandenen Codes entworfen wurde, betrifft die Arraydeklaration. Betrachten wir folgende Deklaration:

```
Dim a(5) as Integer
```

Das Ergebnis ist ein Array mit *sechs* Elementen, von *a(0)* bis *a(5)*. So können Entwickler Arrays nach dem gewohnten Muster verwenden. Bei der Entwicklung sprachübergreifender Komponenten müssen Programmierer diesem Verhalten Rechnung tragen und explizit dokumentieren, auf welcher Basis die Komponente das Array erstellen soll.

- Die Anweisung *Option Base* wird nicht unterstützt.
- Arrays haben keine feste Größe. Arrays können entweder mit Angabe einer Größe deklariert werden, oder die Deklaration erfolgt ohne Größenangabe. Die Größe wird in diesem Fall durch den Aufruf von *New* festgelegt. Sie können auch in einer einzigen Anweisung deklariert, initialisiert und mit einer Größe versehen werden:

```
Dim Month() As Integer = {1, 2, 3, 4, 5, 6, 7, 8, 9, 10, 11, 12}
```

In Visual Basic .NET können Sie die Arraygröße per *ReDim*-Anweisung ändern. In Visual Basic 6.0 war es nicht möglich, eine einmal festgelegte Arraygröße zu ändern.

- Zeichenfolgenlängen können nicht explizit deklariert werden.
- *ReDim* kann nicht als Deklaration verwendet werden. Die Variable muss zuerst mit *Dim* deklariert werden.
- Der *Currency*-Datentyp wird nicht mehr unterstützt. Stattdessen kann der Datentyp *Decimal* verwendet werden.
- Die *Type*-Anweisung wird nicht mehr unterstützt. Sie können stattdessen die *Structure...End Structure*-Konstruktion verwenden. Jedes *Structure*-Member muss über einen Zugriffsmodifizierer verfügen: *Public*, *Protected*, *Friend*, *Protected Friend* oder *Private*. Auch *Dim* kann verwendet werden; in diesem Fall erfolgt der Memberzugriff über *Public*.
- Die Deklaration mehrerer Variablen in einer einzigen Zeile ohne Wiederholung des Typs führt dazu, dass alle Variablen in dieser Zeile als ein einziger Typ deklariert werden, wie folgendes Beispiel zeigt:

```
Dim I, J as Integer
```

In Visual Basic 6.0 ist *I* ein Variant-Typ und *J* eine Ganzzahl, in Visual Basic .NET dagegen sind beide Variablen Ganzzahlen.

- Variablen, die in einem Codeblock deklariert werden, verfügen anstelle eines Bereichs auf Prozedurebene über einen Bereich auf Blockebene. Wenn also eine Variable *I* innerhalb eines *While*-Blocks deklariert wird, ist sie nur in diesem Block sichtbar. Beachten Sie, dass die Variable dieselbe Lebensdauer besitzt wie die Prozedur. Wenn ein Block, der eine Variable deklariert, mehrfach eingefügt wird, muss die Variable bei jedem Einfügen in den Block initialisiert werden.

- Beim Aufrufen von Prozeduren mit nicht leeren Parameterlisten sind immer Klammern erforderlich.
- Visual Basic .NET verwendet *While* und *End While* anstelle von *While* und *Wend*. *Wend* wird nicht unterstützt.
- *IsNull* wird durch *IsDBNull* und *IsObject* durch *IsReference* ersetzt.

Überblick über C# (C Sharp)

Viele C- und C++-Entwickler haben sehnsüchtig auf ein ASP.NET-Feature gewartet: Die Möglichkeit, in C# programmieren zu können. C# ist eine neue Sprache, die speziell für die reibungslose Integration in das .NET Framework entwickelt wurde. Im Besonderen ist sie für Umgebungen mit verwaltetem Code gedacht. C und C++ sind u.a. deswegen für den Einsatz in einer solchen Umgebung ungeeignet, da sie Zeiger verwenden. Sie können zwar ohne Zeiger auskommen, aber das ist ausgesprochen schwierig zu bewerkstelligen. Wie bereits in Kapitel 2 erläutert, verursachen Zeiger unsauberen Code und sind daher, außer unter ungewöhnlichen Umständen, in ASP.NET nicht zulässig.

C# ähnelt in der Syntax C++, macht sich aber gleichzeitig alle Funktionen des .NET Frameworks wie z.B. die Klassenbibliothek und die Garbage Collection zu Nutze. Blöcke werden durch geschweifte Klammern gekennzeichnet, und viele Schlüsselwörter (*while, for, if* und so weiter) funktionieren genau so wie in C++. Durch diese Ähnlichkeiten eignet sich C# hervorragend als Ausgangsbasis für C++-Entwickler, die mit der ASP.NET-Programmierung beginnen möchten.

Unterschiede zwischen C++ und C#

Wäre C# dasselbe wie C++, würde es gar nicht gebraucht. Es bestand aber eindeutig die Notwendigkeit, eine leichtere und beträchtlich sicherere Sprache als C++ zu entwickeln. Viele sehen Java als diese Sprache an, aber auch Java weist einige Schwächen auf, die jetzt in C# beseitigt wurden. Da C# hauptsächlich für C++-Programmierer gedacht ist, die auf die ASP.NET-Umgebung umsteigen möchten, wollen wir zunächst einen Blick auf die Unterschiede zwischen C++ und C# werfen.

Sicherere Speicherverwaltung

Einer der Bereiche, in denen nahezu alle C++-Programmierer ins Schlingern geraten, ist der Einsatz von Speicherverwaltung und Zeigern. Beispielsweise geben zwar die meisten C++-Compiler bei der Verwendung nicht initialisierter Zeiger mittlerweile Warnungen aus, diese Warnungen können jedoch ignoriert werden. Wenn darüber hinaus ein Zeiger initialisiert wurde und das Objekt oder der Speicherblock, auf den er verweist, freigegeben wurde, kann das Programm diesen Zeiger jederzeit wieder verwenden, da er wahrscheinlich nicht auf *NULL*, sondern auf den soeben freigegebenen Speicher zeigt. In dieser Situation können Fehler auftreten, die furchtbar schwer zu debuggen sind. In einigen Fällen treten die Fehler nur unter bestimmten Umständen auf und gehen sogar ganz unter, wenn Debuggingcode vorhanden ist – der schlimmste Albtraum eines C++-Programmierers. Dafür hat C# eine Lösung parat.

In C# müssen erstellte Objekte nicht explizit freigegeben werden, denn der Garbage Collector verfolgt die Referenzierung verwalteter Objekte. Wird ein Objekt nicht länger referenziert, kann es gelöscht werden. Dieser Ansatz führt zu erheblich sauberem Code als beispielsweise die für COM-Objekte verwendeten Methode: Hier muss der Programmierer die Zahl der Verweise nachverfolgen.

C# bietet keine Zeigerunterstützung für sicheren oder verwalteten Code. Stattdessen wird bei der Parameterübergabe an Funktionen ein Referenzmechanismus eingesetzt, der zu demselben Ergebnis wie ein Zeiger führt, in sicherem Code aber die Gefahr falscher Speicherzugriffe verringert.

Keine Vorlagen

C++-Programmierer erleben beim Wechsel zu C# eine Enttäuschung: es gibt keine *Vorlagen*. Mit Vorlagen können parametrisierte Typen erstellt werden. Stellen Sie sich z.B. vor, Sie haben eine *integer*-Arrayklasse erstellt und benötigen eines Tages eine Arrayklasse mit Gleitkommazahlen. Mit Vorlagen war das überhaupt kein Problem, Sie mussten nicht mühsam Codeabschnitte aus der *integer*-Arrayklasse ausschneiden und in die Gleitkomma-Arrayklasse einfügen. Beim Einsatz von Vorlagen tat ein Compiler im Hintergrund im Prinzip genau das, nur dass der Programmierer sich nicht mehr selbst darum kümmern musste.

Es ist höchst unwahrscheinlich, dass in C# jemals Vorlagen eingebaut werden. Zurzeit suchen die Entwickler von C# nach anderen Möglichkeiten, generische Implementierungen bereitzustellen, die keine Vorlagen als solche beinhalten. Im .NET Framework stehen Features wie z.B. Arrayklassen zur Verfügung, sodass Situationen wie im oben genannten Beispiel vermutlich kein Problem darstellen werden. In anderen Szenarien dagegen wäre eine Art allgemeine Vorlage ausgesprochen hilfreich.

Keine Mehrfachvererbung

Wie Visual Basic .NET bietet auch C# keine Mehrfachvererbung. Und ebenso wie in Visual Basic .NET stellt das kein größeres Problem dar. In C# (und in Visual Basic .NET) können Klassen erstellen, die mehrere Schnittstellen implementieren, was meist schon ausreicht. Viele C++-Programmierer kamen ganz gut ohne Mehrfachvererbung aus, und ich bin überzeugt, dass auch C#-Programmierern dieses Features nicht besonders fehlen wird.

Keine globalen Funktionen

Anders als C++, das darauf abzielte, Programmierer auf natürlichem Wege zur Verwendung von Klassen und anderen objektorientierten Funktionen hinzuleiten, erzwingt C# den Einsatz vieler objektorientierter Vorgehensweisen. Als C++ entstand, konnten nahezu alle C-Programme ganz einfach in C++-Programme konvertiert werden, indem die Endung von .c zu .cpp geändert und das Ganze neu kompiliert wure. Die Sprache dieser so genannten C++-Programme war natürlich nicht wirklich C++; der Hauptvorteil der Neukompilierung in C++ bestand darin, dass Features wie die Ausgabe erweiterter Warnmeldungen bei nicht initialisierten Funktionen ohne Deklaration genutzt werden konnten.

Der Umstieg auf C# bedeutet etwas ganz anderes. In jedem C/C++-Lehrbuch oder -Kurs der vergangenen 20 Jahren gab es ein »Hello World«-Programm, das ungefähr so aussah:

```
main()
{
    printf("hello, world\n");
}
```

Dieses Programm, das auf den meisten C- bzw. C++-Compilern kompiliert und ausgeführt werden kann, ist *kein* gültiges C#-Programm. In einem normalen C#-Programm sind alle Funktionen Methoden einer Klasse. Hier eine C#-Version des »Hello World«-Beispiels:

```
public class Hello1
{
    public static void Main()
    {
```

```
        System.Console.WriteLine("Hello, World!");
    }
}
```

Alle standardmäßigen C#-Konsolenanwendungen verwenden die Methode einer Klasse namens *Main* als Einsprungpunkt. In der Praxis stellt dies bei der Mehrzahl der ASP.NET-Programme kein Problem dar, der Programmierer *muss* aber im Hinterkopf behalten, dass es keine globalen Funktionen, sondern nur Klassenmethoden gibt.

Keine Präprozessormakros

In C und C++ war es üblich, vom Präprozessor interpretierte Makros zu verwenden. Der Präprozessor wird vor der Kompilierung eingesetzt und ersetzt im Falle von Makros vor der Kompilierung eine Zeichenfolge durch eine andere. Der Präprozessor war ausgesprochen praktisch, wurde aber auch auf eine Art und Weise eingesetzt, die schließich zu Problemen führte.

C# besitzt zwar keinen separaten Präprozessor, verarbeitet Präprozessordirektiven aber so, als gäbe es einen. Diese Direktiven sind nahezu die gleichen wie für C/C++-Präprozessor (beispielsweise *#if*, *#else* und *#endif*) und Visual Studio .NET (*#region* und *#endregion*). Die Direktive *#ifdef* ist allerdings nicht vorhanden.

Was Sie in C#, nicht jedoch in Visual Basic .NET tun können

Eine der in Usenet-Newsgroups zu C# und Visual Basic .NET am häufigsten gestellten Fragen lautet: »Was kann ich in C# ausführen, aber nicht in Visual Basic .NET?« Zurzeit verfügt C# über ein bedeutendes Feature, das es in Visual Basic .NET nicht gibt, sowie über verschiedene Features, die in C# obligatorisch, in Visual Basic .NET dagegen optional sind.

Operatorüberladung

Bei der Betrachtung von Visual Basic .NET habe ich Ihnen die Funktionsüberladung erläutert – also die Fähigkeit, mehrere gleichnamige Funktionen mit unterschiedlichen Argumentlisten einzusetzen. Auch C# bietet diese Form der Überladung sowie darüber hinaus die *Operatorüberladung*, ein Feature, das Visual Basic .NET nicht unterstützt. Die Operatorüberladung ermöglicht die Erstellung einer Methode, die aufgerufen wird, wenn Operatoren wie z.B. +, –, ++ (Inkrementoperatoren) oder – – (Dekrementoperatoren) verwendet werden. Die Operatorüberladung in C# ähnelt der in C++, weist aber einige bedeutende Unterschiede auf. Tabelle 3.4 enthält eine Auflistung der C#-Operatoren und gibt deren Fähigkeit zur Überladung an.

Operatoren	Operatortyp	Überladefähigkeit
+, -, !, ~, ++, --, true, false	Unär	Können überladen werden.
+, -, *, /, %, &, |, ^, <<, >>	Binär	Können überladen werden.
==, !=, <, >, <=, >=	Vergleich	Können überladen werden, aber nur paarweise. Wenn z.B. == (Gleichwertigkeitsoperator) überladen wird, muss auch != (Ungleichheitsoperator) überladen werden.
&&, ||	Bedingt logisch	Können nicht überladen werden, werden aber mit den Operatoren & und | ausgewertet, für die eine Überladung möglich ist. ▶

Operatoren	Operatortyp	Überladefähigkeit	
[]	Arrayindizierung	Können nicht überladen werden, dasselbe Ergebnis kann aber durch Indexer erreicht werden. Dieser Operator kann beispielsweise für die Erstellung virtueller Arrays verwendet werden.	
()	Typumwandlung	Können nicht überladen werden, dasselbe Ergebnis kann aber durch Konvertierungsoperatoren (implizit und explizit) erreicht werden.	
+=, -=, *=, /=, %=, &=, |=, ^=, <<=, >>=		Zuweisung	Können nicht überladen werden, werden aber ausgewertet. Beispielsweise verwendet += den +-Operator.
=, comma (,), ?:, ->, new, is, sizeof, typeof		Andere	Können nicht überladen werden.

Tabelle 3.4: C#-Operatoren und ihre Überladefähigkeit

Bei uns gibt es einen Fernsehwerbespot, in dem ein Gebäude, das inmitten einer Reihe anderer Gebäude steht, gesprengt werden soll. Eine Gruppe von Menschen wartet gespannt darauf, dass das Gebäude in sich zusammenstürzt. Nachdem die Sprengung geglückt ist und das Gebäude wie geplant zusammenstürzt, macht sich bei allen Erleichterung bemerkbar. Aber dann gibt der Sprengmeister plötzlich ein Zeichen, und die Nachbargebäude implodieren ebenfalls. Ein Reporter fragt: »Was machen Sie denn da?«, worauf der Sprengmeister antwortet: »Wir hatten noch ein bisschen Dynamit übrig, da haben wir uns gedacht, was soll's?« Das Überladen von Operatoren hat einige Ähnlichkeit mit diesem Vorgehen. Es hat sicherlich seine Berechtigung und ist oft auch recht nützlich. Aber das Sie etwas tun *können*, heißt noch lange nicht, dass Sie es auch tun *sollten*. Ein kleines Beispiel soll verdeutlichen, auf welche Weise die Operatorüberladung eingesetzt werden kann:

```
public class MyColor
{
    public int red=0;
    public int green=0;
    public int blue=0;
    public MyColor(int red,int green,int blue)
    {
        this.red=red;
        this.green=green;
        this.blue=blue;
    }
    public static MyColor operator + (MyColor c1, MyColor c2)
    {
        return new MyColor(c1.red+c2.red,
            c1.green+c2.green,
            c1.blue+c2.blue);
    }

    public static void Main()
    {
        MyColor red = new MyColor(255,0,0);
        MyColor green = new MyColor(0,255,0);
```

```
            MyColor yellow = red + green;
            System.Console.WriteLine("RGB of yellow={0},{1},{2}",
                yellow.red,
                yellow.green,
                yellow.blue);
    }
}
```

Dieses Beispiel ist für die Operatorüberladung sicher nicht sonderlich nützlich, es soll allerdings auch nur verdeutlichen, wie sie funktioniert. Hier wird der +-Operator für die *MyColor*-Klasse überladen. Die *MyColor*-Instanz *c1* ist die Instanz links vom Pluszeichen, die Instanz *c2* ist die rechts vom Pluszeichen.

Für die Operatorüberladung gelten folgende Faustregeln[1]:

- Wenden Sie für alle Klassen, die Zahlen darstellen, mathematische Operatoren (+, −, * und /) an. Das klassische Beispiel hierfür ist eine Klasse aus komplexen Zahlen.
- Wenden Sie überladene Operatoren dort an, wo man es erwarten würde. Einen Gleichheitsoperator für Zeichenfolgen bereitzustellen sollte niemanden überfordern.
- Denken Sie daran, dass allgemein erwartet wird, dass sich einige Operatoren (wie z.B. + und − oder * und /) eine entgegengesetzte Wirkung haben. Überladene Operatoren sollten gegenteilige Auswirkungen haben.
- Halten Sie sich daran, was im Allgemeinen von der Funktionsweise eines Operators erwartet wird. Einen überladenen +-Operator zur Substraktion einzusetzen ist zwar kein Problem, aber eine schlechte Idee. Sie könnten jedoch auch auf noch subtilere Weise Verwirrung stiften. Was z.B. sollte ein Inkrementoperator mit der Zeichenfolge »Hi there« anfangen? Sollte er »i there« daraus machen? Oder vielleicht »Ij!uidsd«? (Jedes Zeichen hat einen um 1 erhöhten ASCII-Wert.) Wenn ein Operator nicht eindeutig ist, sollten Sie keinen einbauen.
- Überladen Sie keinesfalls einen Operator, um Daten zu verändern, wenn der Operator für systemeigene Typen es nicht auch tut. Überladen Sie z.B. keinen Vergleichsoperator wie den ==-Operator, der dann beide Seiten der Gleichung verändern würde.
- Erstellen Sie eine Methode, die auch Benutzern von .NET-Sprachen, die keine Operatoren verwenden, die gleiche Funktionalität zur Verfügung stellt.

Erzwungene frühe Bindung

Zu den Dingen, die C++-Programmierer erwarten, gehört auch, dass Variablen immer deklariert werden und ihnen immer ein bestimmter Typ zugewiesen wird. Visual Basic-Programmierer mussten das nie tun, obwohl der gewiefte Visual Basic-Programmierer *immer* ein *Option Explicit* zur Erzwingung der Variablendeklaration verwendet. Vor der Einführung von Visual Basic .NET war es nicht erforderlich, Variablen zu deklarieren. Mehr noch: Es war gar nicht möglich, die Deklaration des Variablentyps zu erzwingen.

Visual Basic .NET bietet die neue *Option Strict*-Direktive, die implizite Konvertierungen und eine *späte Bindung* verhindert. Eine späte Bindung findet statt, wenn ein Objekt erstellt und der Objekttyp erst zur Laufzeit bestimmt wird. Dieser Ansatz kann gelegentlich nützlich sein, beispielsweise bei COM-Objekten jedoch zu einer Verdopplung des Kommunikationsoverheads zwischen Clientprogramm und COM-Objekt führen. Wenn der Objekttyp bereits zu einem frühen Zeitpunkt (also schon zur Kompilierungszeit) bestimmt wird, kann bei der Kompilierung schnellerer Code erzeugt werden.

---

[1] Aus: Douglas J. Reilly, *Computer Language* (Oktober 1992), Seite 57.

HINWEIS: Ein Problem der Visual Basic-Direktiven *Option Explicit* und *Option Strict* ist, dass Sie an deren Verwendung denken müssen. Glücklicherweise gibt es in ASP.NET eine Möglichkeit, die Verwendung dieser Optionen für einzelne Anwendungen zu erzwingen. Weitere Informationen zu diesem Thema finden Sie in Kapitel 4.

In C# sind Direktiven wie *Option Explicit* und *Option Strict* nicht erforderlich. Um es genauer zu sagen: Es ist *unmöglich*, nicht deklarierte Variablen zu verwenden, und Sie *können* Variablen *nicht* ohne Typdeklaration verwenden. Ich habe doch tatsächlich Rezensionen über Entwicklungssysteme für dynamische Internetinhalte gelesen, in denen ASP ein besonderes Lob erhielt, weil es Benutzern ermöglicht, Variablen ohne Typdeklaration zu verwenden. In ASP.NET haben Sie diese Möglichkeit immer noch, wenn Sie in Visual Studio .NET arbeiten. Ich empfehle Ihnen jedoch dringend, in Visual Basic .NET-Code die *Option Strict*-Direktive zu verwenden.

In C# ist eine späte Bindung unzulässig. Dies ist vielleicht der einzige Bereich, in dem C#-Programme Visual Basic .NET-Programmen ganz sicher überlegen sind. Im Allgemeinen sind die .NET-Sprachen etwa gleich leistungsstark. Im Fall von Visual Basic .NET und C# erzeugen ähnliche Programme auch ähnlichen MSIL-Code, sodass das .NET Framework beide Programme mit ungefähr der gleichen Geschwindigkeit ausführt. Bei komplexen Anwendungen kann es passieren, dass in Visual Basic .NET versehentlich die späte Bindung zugelassen wird. Dies führt dazu, dass ein solches Programm langsamer ausgeführt wird als ein C#-Programm mit ähnlicher Funktionalität.

Fazit

In diesem Kapitel haben Sie so ziemlich alles erfahren, was zum Wohlfühlen in ASP.NET nötig ist. Ich hoffe, diese kurze Einführung in Typen, Objekte und die Standardsprachen des .NET Frameworks war hilfreich. In den nächsten Kapiteln werden wir uns eingehend mit der ASP.NET-Programmierung beschäftigen. Wenn Sie mit HTML vertraut sind, können Sie gleich damit loslegen. Falls nicht, sollten Sie vielleicht einen kurzen Abstecher zu Anhang B machen. Dort finden Sie alles, was Sie zur Lektüre dieses Buches über HTML wissen sollten.

Jetzt aber genug der Einführung. Beginnen wir mit Kapitel 4 und wagen uns an die erste eigene ASP.NET-Anwendung.

4 ASP.NET-Entwicklung 101

55 Hello ASP.NET World!
59 Das ASP.NET-Entwicklungsmodell
61 Erstellen einer ASP.NET-Webanwendung mit Visual Studio .NET
69 Weitere ASP.NET-Anwendungstypen
72 Konfigurieren einer Anwendung
91 Fazit

Sobald Sie zu der Erkenntnis gelangen, dass Sie dynamische Webinhalte benötigen (und Sie werden zu dieser Erkenntnis kommen), müssen Sie im nächsten Schritt entscheiden, welche Tools Sie bei der Entwicklung verwenden. In Kapitel 1 wurden einige der traditionellen Optionen wie beispielsweise CGI (Common Gateway Interface), ISAPI (Internet Server Application Programmers Interface) und ASP (Active Server Pages) vorgestellt. ASP.NET ist das neueste Tool für die Entwicklung dynamischer Webanwendungen, und in diesem Kapitel werden Sie erfahren, was Sie zum Einsatz von ASP.NET wissen müssen. Die ASP.NET-Entwicklung weist viele Ähnlichkeiten mit der traditionellen ASP-Entwicklung auf, ist jedoch in vielerlei Hinsicht auch anders. In diesem Kapitel werde ich für die erfahrenen ASP-Programmierer unter Ihnen in verschiedenen Anmerkungen die Unterschiede zwischen ASP und ASP.NET herausstellen.

Hello ASP.NET World!

Bei der Besprechung einer Programmiersprache ist es beinahe schon obligatorisch, mit dem »Hello World«-Beispiel zu beginnen. Die kurze ASP-Einführung in Kapitel 1 enthielt das typische »Hello World«-Beispiel. Dieses Beispiel wird in Listing 4.1 reproduziert.

```
<% Option Explicit %>
<HTML>
<HEAD>
<TITLE>Hello ASP World</TITLE>
</HEAD>
<BODY>
<CENTER>
<%
Dim x
```

```
For x=1 to 5
    Response.Write("<FONT size=" & x)
    Response.Write(">Hello ASP World</FONT><BR>" & vbCrLf)
Next
%>
</CENTER>
</BODY>
</HTML>
```

Listing 4.1: Beispielanwendung SayHelloASPDOTNET.aspx

Ein C#-Beispiel

Listing 4.2 zeigt den Quellcode für ASP.NET, der in etwa zum gleichen Ergebnis führt.

```
<%@ Page Language="C#" %>

<HTML>
<HEAD>
<TITLE>
My First ASPX Page
</TITLE>
</HEAD>
<BODY>
<CENTER>
<%

int loop;
String s="";
for ( loop=1 ; loop<=5 ; loop++ )
{
    s=s +
        String.Format(
        "<FONT SIZE={0}>Hello ASP.NET World</FONT><BR>",
        loop);
}
Message.InnerHtml=s;
%>
<SPAN id="Message" runat=server/>

</CENTER>
</BODY>
</HTML>
```

Listing 4.2: Beispielanwendung SayHelloASPDOTNET.aspx

> **ASP.NET-Unterschiede:** ASP-Dateinamen weisen die Erweiterung .asp auf. ASP.NET-Dateien tragen in der Regel die Erweiterung .aspx. (Es gibt für ASP.NET noch andere Erweiterungen, aber das grobe Äquivalent zu .asp lautet für ASP.NET-Anwendungen .aspx.) ASP- und ASP.NET-Dateien können zusammen auf einer Website vorliegen, sie teilen jedoch keine Anwendungseinstellungen oder Sitzungsinformationen. Es ist im Allgemeinen zu empfehlen, ASP- und ASP.NET-Anwendungen in separaten Verzeichnissen zu speichern und diese nur über Standardargumente für URLs oder über eine gemeinsame Datenbank kommunizieren zu lassen.

Wenn Sie sich Listing 4.2 ansehen, werden Sie einige Unterschiede zwischen der ASP.NET-Version und der ASP-Version aus Listing 4.1 feststellen. Der erste Unterschied besteht in der verwendeten Programmiersprache. Anstelle von VBScript (Visual Basic Scripting Edition) oder einer anderen Visual Basic-Version wird für diese Seite C# verwendet. In der ersten Zeile wird außerdem anstelle der *OptionExplicit*-Direktive des ASP-Beispiels in der Datei *SayHelloASPDOTNET.aspx* eine *Page*-Direktive eingesetzt, die die verwendete Sprache festlegt – in diesem Fall C#. Aufgrund der Verwendung von C# ist keine *OptionExplicit*-Anweisung zur Erzwingung der Variablendeklaration erforderlich; diese wird jedoch auch gar nicht unterstützt.

Die *Page*-Direktive verwendet verschiedene Attribute, deren Kenntnis wichtig ist. Tabelle 4.1 erläutert einige dieser Attribute.

Attribut	Beschreibung
Buffer	Gibt an, ob der HTTP-Antwortpuffer aktiviert ist. Falls der Wert für dieses Attribut *true* (Standardeinstellung) lautet, ist die Seitenpufferung aktiviert; lautet der Wert *false*, ist die Pufferung deaktiviert. Im Allgemeinen kann die Pufferung einer Seite bis zur Ausgabe des gesamten Inhalts die Seitenperformance erhöhen – auch wenn dies dazu führen kann, dass die Seite langsamer erscheint, denn es erfolgt keine Browseranzeige, bevor der gesamte Inhalt geschrieben wurde. HTML-Tabellen enthalten häufig komplexe Seiten. Wenn eine Tabelle eine gesamte Seite enthält, wird diese erst nach dem Ausbuchen der Tabelle ausgegeben. Die explizite Pufferung hat also keine Nachteile, wenn eine Tabelle Inhalte aufweist.
ContentType	Definiert den HTTP-Inhaltstyp der Rückgabe als Standard-MIME (Multipurpose Internet Mail Extensions). Wenn dieses Attribut beispielsweise auf *Application/MSWord* gesetzt wird, wird anstelle des HTML-Standardbrowsers zum Öffnen des Dokuments die Anwendung aufgerufen, die mit Dateien vom Typ .doc verknüpft ist.
EnableSessionState	Falls der Wert dieses Attributs *true* lautet, ist der Sitzungsstatus aktiviert. Lautet der Wert *ReadOnly*, kann der Sitzungsstatus gelesen, aber nicht geschrieben werden. Lautet der Attributwert *false*, ist der Sitzungsstatus deaktiviert.
EnableViewState	Gibt an (*true* oder *false*), ob der Anzeigestatus über mehrere Seitenanforderungen hinweg erhalten bleibt.
ErrorPage	Legt einen Ziel-URL für die Umleitung fest, falls ein nicht behandelter Fehler auftritt.
Explicit	Falls dieses Attribut auf *true* gesetzt ist, wird der *OptionExplicit*-Modus in Visual Basic .NET aktiviert, d.h. Variablen müssen deklariert werden.
Inherits	Definiert eine *CodeBehind*-Klasse für die erbende Seite. Es kann sich bei diesem Attribut um eine beliebige von *Page* abgeleitete Klasse handeln.
Language	Gibt die in allen Inlinecodeblöcken (umschlossen von <% %>) verwendete Sprache an. Bei diesem Attribut kann es sich um eine beliebige, von .NET unterstützte Sprache handeln, z.B. Visual Basic, C# oder JScript .NET.
Strict	Wird dieses Attribut auf den Wert *true* gesetzt, ist der *OptionStrict*-Modus von Visual Basic .NET aktiviert. Dies bedeutet, dass der Typ einer Variable deklariert werden muss und einschränkende Typenkonvertierungen nicht erlaubt sind.
Trace	Gibt an (*true* oder *false*), ob die Ablaufverfolgung aktiviert ist. Die Standardeinstellung lautet *false*. Dieses Attribut wird für das Debuggen verwendet.
Transaction	Gibt an, ob auf der Seite Transaktionen unterstützt werden. Dieses Attribut kann die Werte *NotSupported*, *Supported*, *Required* oder *RequiresNew* tragen.
WarningLevel	Gibt die Warnstufe an, bei der der Compiler die Kompilierung einer Seite abbrechen soll. Dieses Attribut kann auf einen Wert zwischen *0* und *4* gesetzt werden.

Tabelle 4.1: *Attribute der Page-Direktive*

Pro .aspx-Seite kann nur eine *Page*-Direktive verwendet werden. Nach der *Page*-Direktive folgt in den nächsten Zeilen des *SayHelloASPDOTNET.aspx*-Beispiels mehr oder weniger standardmäßiger HTML-Code. Innerhalb des Codeblocks (zwischen dem öffnenden <%- und dem schließenden %>-Tag) können Sie sehen, dass die Sprache C# verwendet wurde. C/C++-Programmierer sollten ohne weiteres mit dem Code zurechtkommen, der im Skriptblock folgt.

Es werden zwei Variablen deklariert, eine Ganzzahl mit dem Namen *loop* und eine Zeichenfolge namens *s*. Die *for*-Schleife durchläuft die Schriftgrößen zwischen 1 und 5. Ich verwende die Variable *s* zur Aufnahme des HTML-Codes, der ausgegeben werden soll. Nach der Schleife setze ich anstelle der Verwendung von *Response.Write* zur Ausgabe (eine sehr ASP-typische Vorgehensweise) die *InnerHtml*-Eigenschaft des *Message*-Objekts. *Message* ist ein HTML *<SPAN>*-Tag, das weiter unten im eigentlichen HTML-Code deklariert wird:

```
<SPAN id="Message" runat=server/>
```

> **ASP.NET-Unterschiede:** Wenn Sie in diesem Beispiel versuchen würden, *Response.Write* zur Textausgabe zu verwenden, würde die Kompilierung fehlschlagen. Streng genommen handelt es sich hierbei nicht um einen Unterschied zu Visual Basic und C#, sondern um eine Einschränkung von ASP.NET. Visual Basic kennt keine Unterscheidung von Groß- und Kleinschreibung, in C# dagegen wird zwischen Groß- und Kleinschreibung unterschieden.

Beachten Sie, dass das *id*-Attribut des *SPAN*-Elements zur Referenzierung des HTML-Objekts verwendet wird. Ein weiteres wichtiges Feature des *SPAN*-Elements ist das *runat*-Attribut, durch das die Ausführung auf dem Server erfolgt. In ASP.NET-Anwendungen ist es üblich, Steuerelemente auf dem Server auszuführen. Beachten Sie außerdem, dass das schließende *</SPAN>*-Tag fehlt. Dies stellt jedoch kein Problem dar, da das abschließende /> im Tag kennzeichnet, dass es sich um ein Start- und Endtag handelt.

HINWEIS: Selbst wenn Sie explizit Text in das Tag *<SPAN id="Message" runat=server>* einfügen und ein *</SPAN>*-Tag verwenden, wird der Text nicht im Browser ausgegeben, denn in der Zeile *Message.InnerHtml=s* wird der Text auf die Zeichenfolge der Variablen *s* zurückgesetzt. Wenn Sie stattdessen diese Zeile in *Message.InnerHtml= Message.InnerHtml + s* abändern, würde der Text angezeigt, der sich im HTML-Code zwischen den Tags *<SPAN>* und *</SPAN>* befindet, gefolgt von dem Text, der in der Schleife erzeugt wird.

Ein Visual Basic .NET-Beispiel

Listing 4.3 zeigt dieselbe Seite bei Verwendung von Visual Basic .NET. Dieses Listing unterscheidet sich nur unwesentlich von dem C#-Beispiel aus Listing 4.2.

```
<%@ Page Language="VB" %>

<HTML>
<HEAD>
<TITLE>
My First ASPX Page
</TITLE>
</HEAD>
<BODY>
<CENTER>
<%
```

```
Dim tLoop as Integer
Dim s as String
s=""
For tLoop=1 to 5
    s= s + String.Format( _
        "<FONT SIZE={0}>Hello ASP.NET World</FONT><BR>", _
        tLoop)


Next
Message.InnerHtml=s
%>
<SPAN id="Message" runat=server />

</CENTER>
</BODY>
</HTML>
```

Listing 4.3: Der SayHelloASPDOTNETVB.aspx *Beispielcode*

Abbildung 4.1 zeigt die Ausgabe der Visual Basic .NET-Version der Seite. Die Visual Basic .NET- und die C#-Version führen jedoch zu einer beinahe identischen Ausgabe.

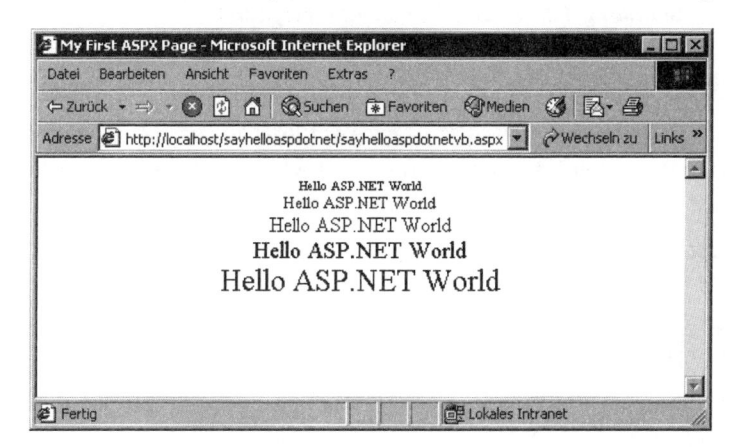

Abbildung 4.1: Ausgabe der Visual Basic .NET-Version des in Listing 4.3 gezeigten ASP.NET-Beispiels

Ich habe in diesem Beispiel einige offensichtliche Syntaxänderungen vorgenommen. So habe ich beispielsweise die Semikola am Ende der Anweisungen entfernt, die geschweiften Klammern ({ und }), die *for*-Schleifensyntax und die Variablendeklarationen geändert. Ich verwende in C/C++ und C# üblicherweise eine Variable mit dem Namen *loop*, aber in Visual Basic .NET handelt es sich bei *loop* um ein reserviertes Wort, daher habe ich zusätzlich den Variablennamen geändert.

Das ASP.NET-Entwicklungsmodell

Die Anwendungsentwicklung mithilfe von ASP.NET ähnelt der Anwendungsentwicklung mit früheren ASP-Versionen, zumindest im Hinblick auf das Gesamtentwicklungsmodell. Abbildung 4.2 zeigt den allgemeinen Arbeitsablauf aus Sicht des ASP-Entwicklers. Der Prozess umfasst das Bearbeiten und das Testen der Seite, wobei letzteres wiederum zu einer erneuten Bearbeitung der Seite führt usw.

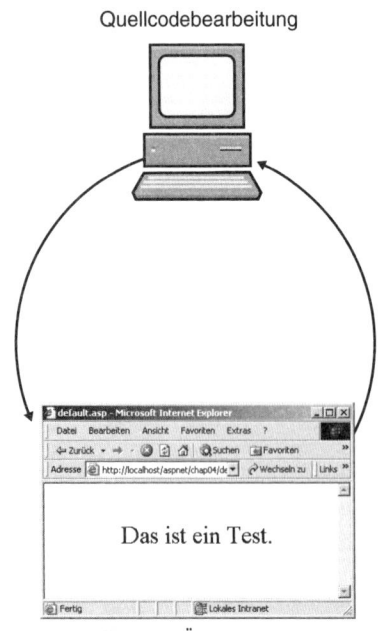

Abbildung 4.2: Der ASP-Entwicklungszyklus

Dieser Entwicklungsprozess gilt genauso auch für den ASP.NET-Entwickler, die zugrunde liegende Aktivität ist jedoch etwas anders. Abbildung 4.3 zeigt den tatsächlichen Prozess: Bearbeitung-Kompilierung-Test. Der Kompilierungsanteil an diesem Prozess verläuft für den Entwickler transparent. Bei jeder Anwendungsausführung findet automatisch eine Kompilierung statt, wenn die Seite noch nicht kompiliert wurde.

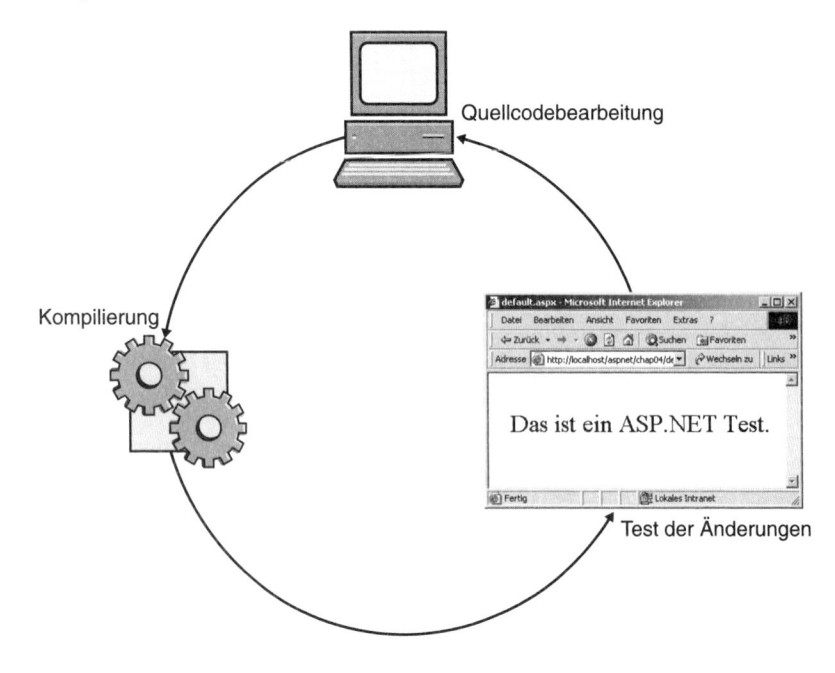

Abbildung 4.3: Der ASP.NET-Entwicklungszyklus

Das Interessante am ASP.NET-Entwicklungszyklus ist, dass der Entwickler zwar den Eindruck gewinnt, dass sich bei der Verlagerung von ASP auf ASP.NET nicht viel getan hat, dies aber ganz und gar nicht der Fall ist, wenn man einmal hinter die Kulissen schaut. Die Hauptvorteile von ASP.NET-Anwendungen – von den neuen Sprachen und dem .NET Framework einmal abgesehen – liegen, im Vergleich zu ASP, in einer besseren Leistung und einer höheren Stabilität, denn elementare Syntaxfehler werden bereits bei der ersten Kompilierung abgefangen, nicht erst bei der Codeausführung.

Erstellen einer ASP.NET-Webanwendung mit Visual Studio .NET

Obwohl eine ASP.NET-Webanwendung nur einer der Anwendungstypen ist, die mit ASP.NET entwickelt werden können, ist es die am häufigsten erstellte Anwendungsart. Es ist zwar nicht erforderlich, zum Erstellen einer ASP.NET-Webanwendung Visual Studio .NET zu verwenden, aber es wird Ihnen das Leben erheblich erleichtern.

Wenn Sie Visual Studio .NET starten, wird zunächst die *Startseite* angezeigt. Die *Startseite* bietet Ihnen nicht nur eine Einführung in die Visual Studio .NET-Umgebung, sondern erleichtert Ihnen außerdem die Ausführung vieler Aufgaben. Ein schönes Feature der *Startseite* ist beispielsweise die Option *Mein Profil*. Bei Auswahl dieser Option wird eine Seite angezeigt, die der in Abbildung 4.4 gezeigten ähnelt.

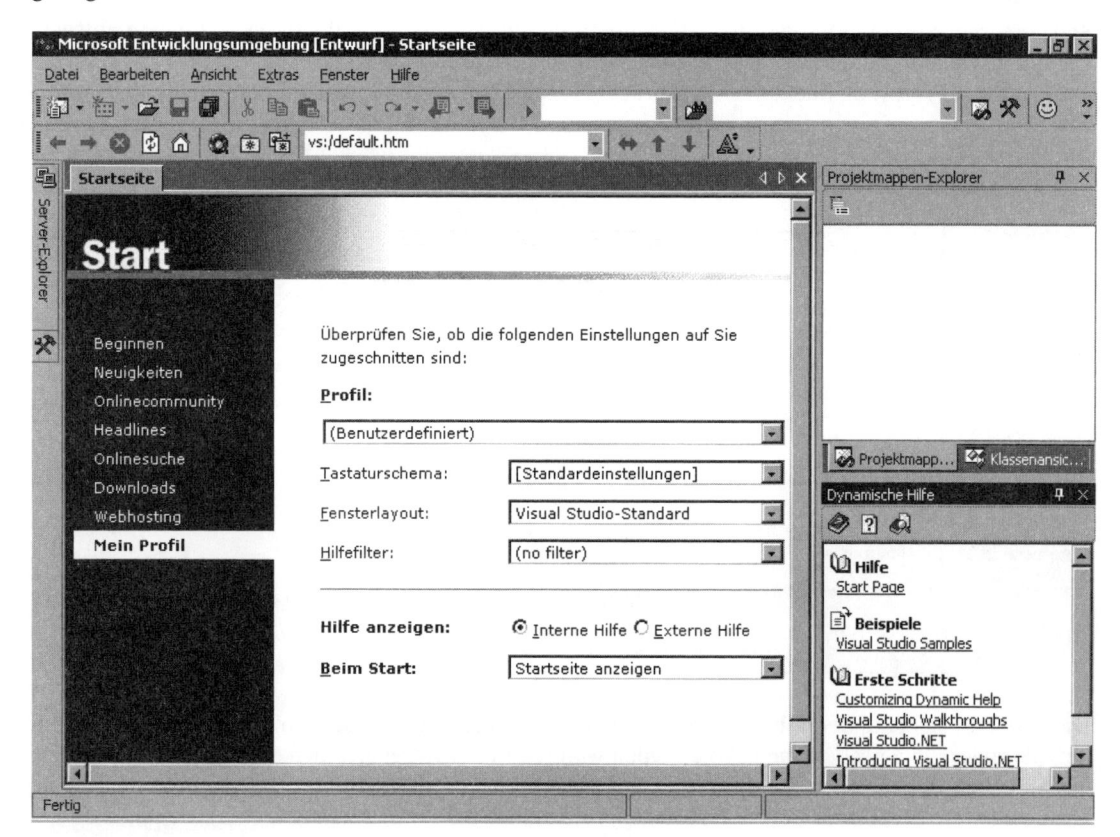

Abbildung 4.4: *Der Visual Studio .NET-Bildschirm »Mein Profil«*

Viele Entwickler, die zu Visual Studio .NET wechseln, haben bisher wahrscheinlich eine der folgenden drei IDEs (Integrated Development Environments) verwendet: Visual InterDev, Visual Basic oder Visual C++. Historisch gesehen sind diese IDEs recht unterschiedlich, und die Entwickler, die in einer der Umgebungen arbeiten, haben häufig keine besonders hohe Meinung über die anderen IDEs. Damit sich jeder Entwickler in der neuen, gemeinsamen Umgebung möglichst zuhause fühlt, erlaubt Visual Studio .NET die Konfiguration verschiedener Layout- und Tastaturschemas. Natürlich wird nicht jeder über die Entscheidungen glücklich sein, die von den Designern der neuen IDE getroffen wurden, aber eine gemeinsame IDE ist ein notwendiger Schritt hin zur Unterstützung einer mehrsprachigen Entwicklung.

HINWEIS: Obwohl die IDE das Erstellen von Anwendungen in Visual Basic .NET, C# oder C++ unterstützt, ist es momentan nicht möglich, auf saubere Weise eine ASP.NET-Anwendung zu schreiben, die sowohl Visual Basic .NET- als auch C#-Seiten enthält. Ich hoffe, dass zukünftige IDE-Versionen eine stärkere Integration der verschiedenen Sprachen innerhalb einer Lösung ermöglichen. Der Begriff *Lösung* ist übrigens ein Visual Studio .NET-Begriff. Mit *Lösung* ist ein Container gemeint, der verschiedene, zueinander in Beziehung stehende Projekte enthält.

Die Änderung des Fensterlayouts zur Emulation der verschiedenen Visual Studio 6.0-IDEs ist eine interessante Übung, die zu Déjà Vu-Erlebnissen führen kann. Obwohl ich das Visual C++ 6.0-Layout eigentlich sehr mag, habe ich für die Beispiele in diesem Buch das Standardlayout von Visual Studio verwendet. Nach Monaten der Arbeit in diesem oder jenem Format muss ich gestehen, dass mir das Standardlayout recht gut gefällt.

Sobald Visual Studio .NET geöffnet ist, können Sie auf verschiedene Weise neue Projekte anlegen. Die herkömmliche Vorgehensweise besteht darin, auf das Menü *Datei* zu klicken, auf *Neu* zu zeigen und dann auf *Projekt* zu klicken. Dies führt zur Anzeige des in Abbildung 4.5 dargestellten Dialogfeldes.

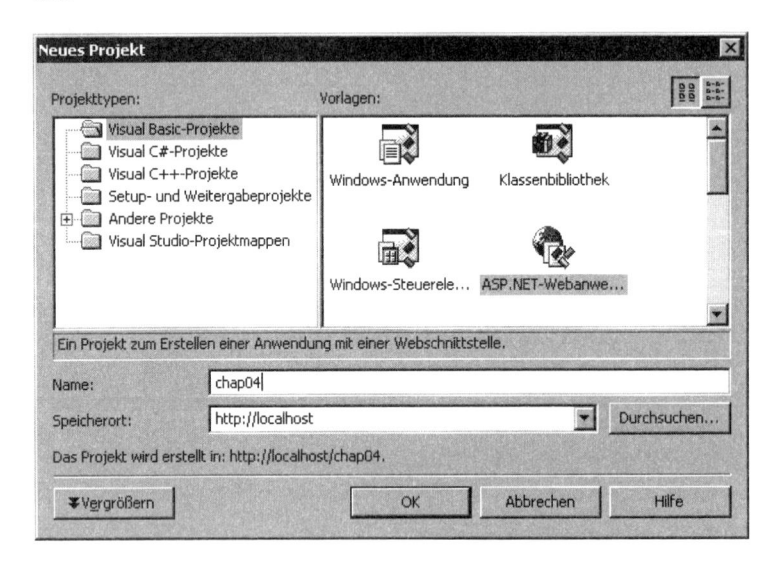

Abbildung 4.5: *Das Visual Studio .NET-Dialogfeld »Neues Projekt«*

Die Ordneransicht auf der linken Seite ermöglicht Ihnen die Auswahl der Projektsprache, rechts können Sie zwischen verschiedenen Projekttypen wählen. In der Regel erstellen Sie ein Projekt in einem der Sprachenordner. Wenn Sie die Visual Studio .NET Enterprise Edition verwenden, finden Sie im Ordner *Andere Projekte* Enterprise-Vorlagenprojekte, die bei der Erstellung umfangreicher, verteilter Anwendungen nützlich sein können.

Je nach ausgewähltem Projekttyp wird das Textfeld *Speicherort* im Dialogfeld *Neues Projekt* auf einen Ordnerpfad oder einen URL zum lokalen Webserver geändert. In Abbildung 4.5 handelt es sich bei dem Speicherort um ein virtuelles Verzeichnis im Stamm des aktuellen Webverzeichnisses, da der ausgewählte Projekttyp *ASP.NET-Webanwendung* lautet.

Interaktionen zwischen Visual Studio .NET und den Internet-Informationsdiensten (IIS)

Für dieses Beispiel wähle ich den Typ *Visual Basic ASP.NET-Webanwendung* und gebe dem Projekt den Namen *chap04*. Sobald ich auf *OK* klicke, geschehen verschiedene Dinge. Wie auch in Visual C++ 6.0 wird der Projektname als Name für das Verzeichnis verwendet, in dem die Anwendung gespeichert wird. Zusätzlich stellt Visual Studio .NET eine Verbindung zum Webserver her (in diesem Beispiel der lokale Webserver) und erstellt ein Anwendungsverzeichnis desselben Namens. Nach der Projekterstellung wird das erstellte Anwendungsverzeichnis in der IIS-Konsole angezeigt (siehe Abbildung 4.6).

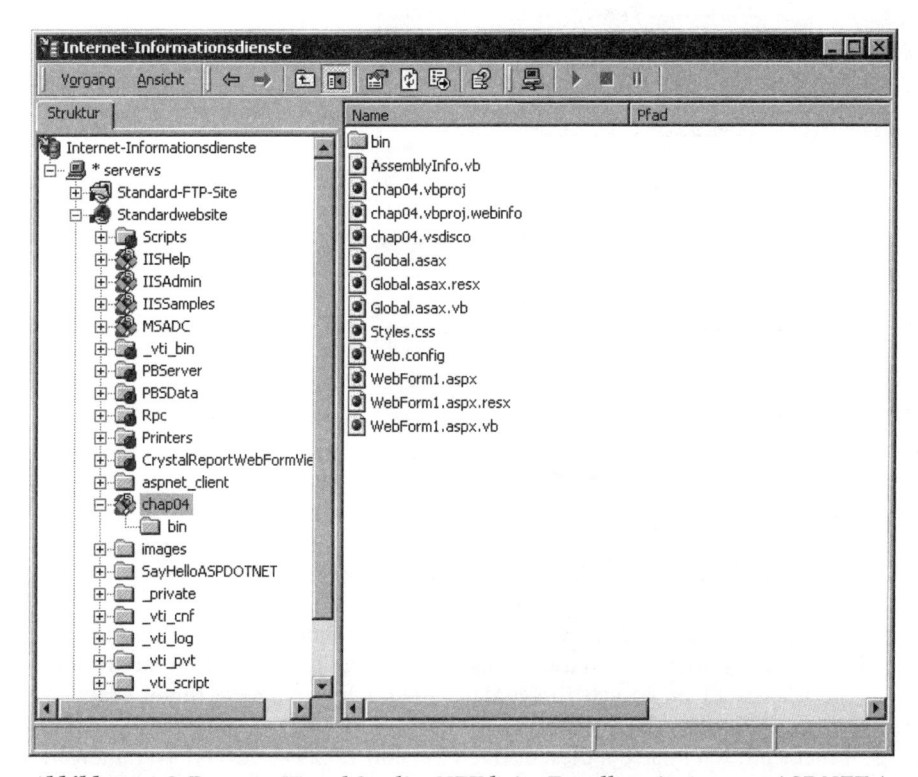

Abbildung 4.6: Das von Visual Studio .NET beim Erstellen einer neuen ASP.NET-Anwendung angelegte Webanwendungsverzeichnis

Im rechten Fensterausschnitt werden alle von Visual Studio .NET erstellten Dateien angezeigt. Als Entwickler müssen Sie vor allem die Web Form-Datei (*WebForm1.aspx*) und die CodeBehind-Datei kennen (diese trägt den Namen *WebForm1.aspx.vb*). Wenn es sich hier um ein C#-Projekt handeln würde, würde der Name der CodeBehind-Datei *WebForm1.aspx.cs* lauten. Visual Studio .NET erstellt des Weiteren einen *bin*-Ordner, in dem der kompilierte Code für die Anwendung gespeichert wird.

Wenn Sie sich die Eigenschaften des Anwendungsverzeichnisses ansehen (klicken Sie mit der rechten Maustaste auf das Symbol des *chap04*-Anwendungspakets und klicken Sie dann auf *Eigenschaften*), fällt nichts Ungewöhnliches auf. Auf der Eigenschaftenseite können Sie auf die Schaltfläche *Konfiguration* klicken, um das in Abbildung 4.7 gezeigte Dialogfeld *Anwendungskonfiguration* anzuzeigen.

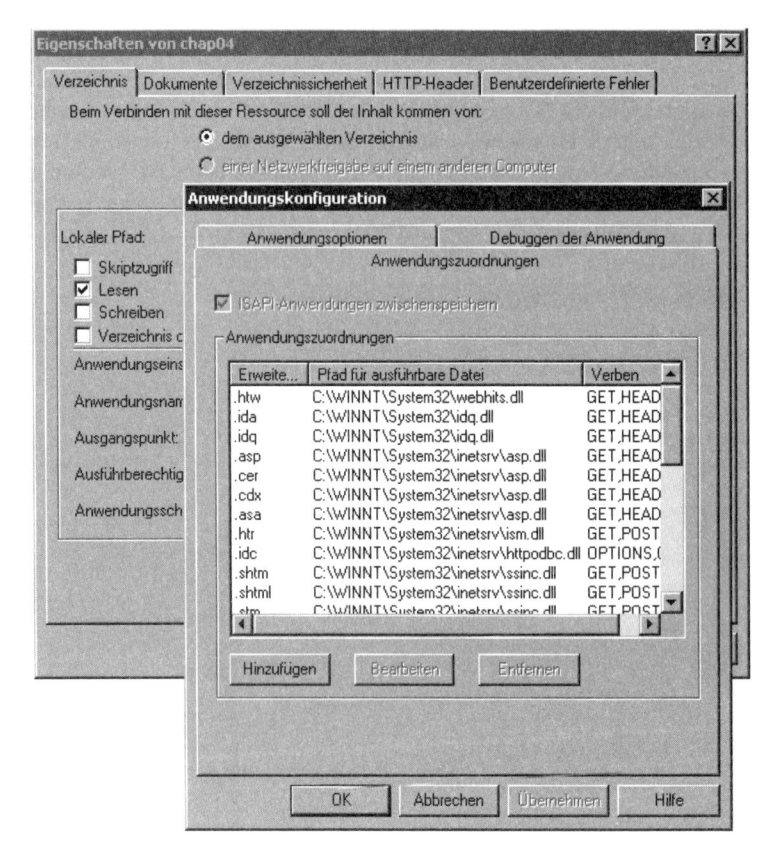

Abbildung 4.7: Das Dialogfeld »Anwendungskonfiguration« für das neu erstellte Anwendungsverzeichnis chap04

Auf der Registerkarte *Anwendungszuordnungen* wird die ausführbare Datei bzw. die DLL angezeigt, die eine vorgegebene Erweiterung verarbeitet. In diesem Fall ist der Pfad für die ausführbare Datei zu lang, um vollständig im Dialogfeld angezeigt zu werden. Aber ich versichere Ihnen, dass alle ASP.NET-Erweiterungen in IIS der DLL *C:\WINNT\Microsoft.NET\Framework\v1.0.2941\ aspnet_isapi.dll* zugeordnet sind. Ich habe bei diesem Buch Version 1.0.2941 des .NET Frameworks verwendet, d.h. die Versionsnummer ist Bestandteil des Pfades zur DLL für die Handhabung der ASP.NET-Anwendungen. Der Pfad zur DLL schließt die Versionsnummer mit ein, damit verschiedene ASP.NET-Anwendungen unterschiedliche ASP.NET-Versionen verwenden können.

Ihre erste Visual Studio .NET-Webseite

Sobald Visual Studio .NET die Projektdateien und das Anwendungsverzeichnis in IIS erstellt hat, sieht Visual Studio ähnlich wie in Abbildung 4.8 aus. Hierzu müssen verschiedene Dinge erwähnt werden. Beachten Sie zunächst das feine Gitternetz auf der Registerkarte *WebForm1.aspx*. Diese Gitternetzlinien werden angezeigt, wenn die Option *GridLayout* aktiviert ist. In diesem Modus können Komponenten wie auf einem Visual Basic-Formular exakt platziert werden.

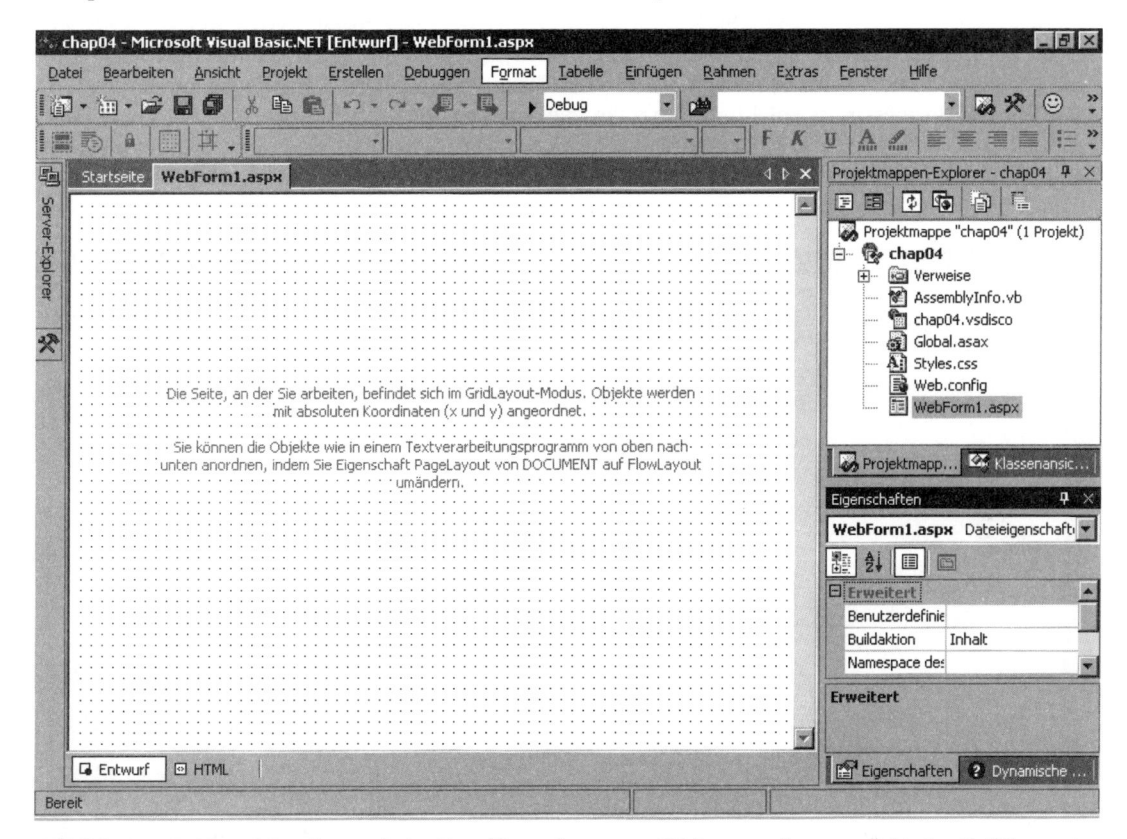

Abbildung 4.8: Visual Studio nach der Erstellung des neuen Webanwendungsprojekts im GridLayout-Modus

HINWEIS: Dieses Feature zur exakten Komponentenplatzierung verdient eine kurze Anmerkung. Mit HTML war es nicht möglich, Komponenten derart präzise auf einer Webseite zu positionieren. Im *GridLayout*-Modus werden die Komponenten mithilfe von DHTML und CSS (Cascading Style Sheets) platziert, damit der Browser genau weiß, wo eine Komponente ausgegeben werden muss. Diese Idee ist sehr gut, zieht aber zwei mögliche Probleme nach sich. Die erste Frage lautet: Was geschieht mit weniger leistungsfähigen Browsern, die keine Unterstützung für DHTML und CSS bieten? Um die Illusion der präzisen Platzierung aufrechtzuerhalten, wird ein komplexer Tabellensatz an den Browser übermittelt, eine Methode, die in den meisten Fällen funktioniert. Das zweite Problem besteht darin, dass der Einsatz dieser genauen Seitensteuerung einige Entwickler dazu verleiten könnte, anfällige Layouts zu erstellen. Wenn z.B. die installierten Schriftarten nicht *genau* mit denen übereinstimmen, die der Entwickler verwendet hat, wird dies wahrscheinlich zu einem leicht geänderten Layout führen. Die Entscheidung bleibt dem Entwickler überlassen. Wenn keine Steuerung auf dieser Ebene erwünscht ist, können Sie vom *GridLayout*- in den *FlowLayout*-Modus wechseln. Diese Einstellung kann im Eigenschaftendialogfeld der Seite festgelegt werden. Wenn Sie eher Anwendungen für das Internet als für das Intranet erstellen und damit keine Steuerung über die Clients besitzen, kann es empfehlenswert sein, anstelle des zugegebenermaßen komfortablen *GridLayout*-Modus den *FlowLayout*-Modus zu verwenden. Im vorliegenden Buch werden zur Komponentenausrichtung Tabellen verwendet. Eine Ausnahme bildet das nächste Beispiel, da ich hier die IDE zu zeigen versuche, und dies geht mithilfe des *GridLayout*-Modus ganz gut.

Zeigen Sie die Toolbox an, indem Sie am linken Bildschirmrand auf die Registerkarte *Toolbox* klicken (direkt unter dem *Serverexplorer*), oder indem Sie auf die *Toolbox*-Schaltfläche auf der Symbolleiste klicken. In diesem Beispiel habe ich zwei Label auf das Entwurfsfenster gezogen. Beide Label befinden sich mehr oder weniger in der Mitte des Entwurfsfensters und sind übereinander angeordnet. Das untere Label ist etwas breiter als das obere. Ihr Bildschirm sollte jetzt dem in Abbildung 4.9 gezeigten ähneln.

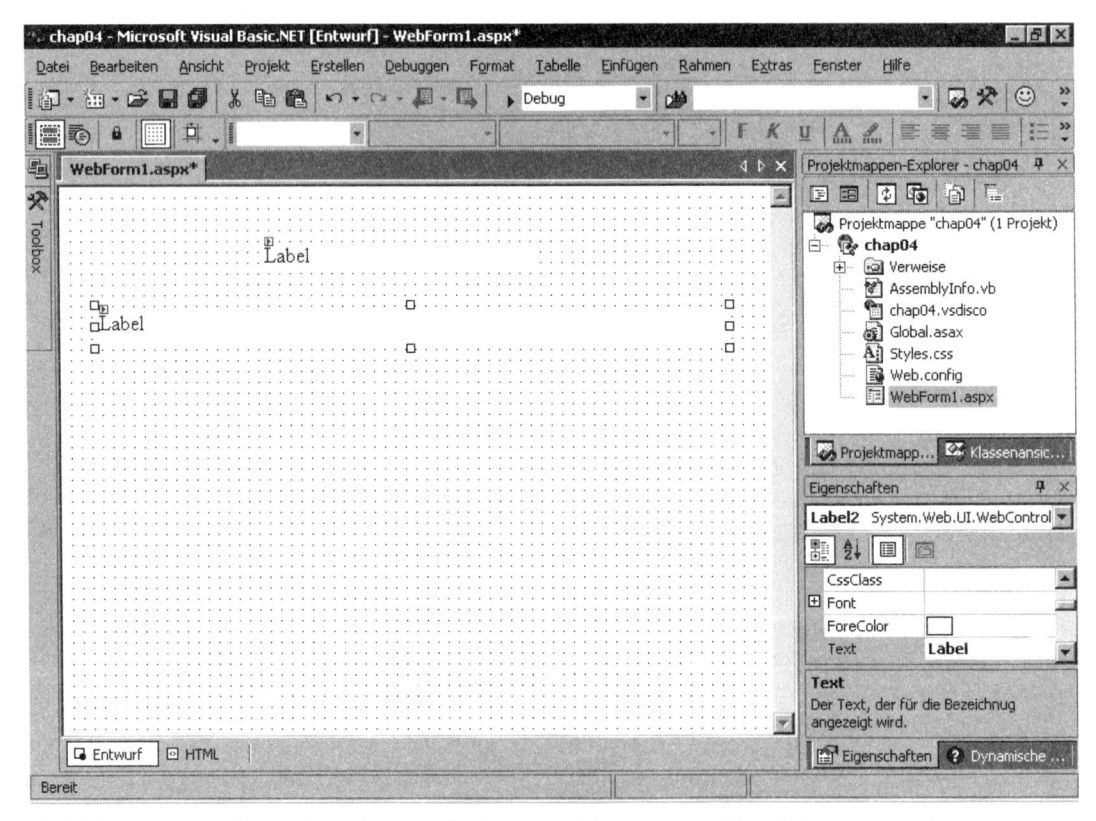

Abbildung 4.9: *Das Hauptformular von Projekt chap04 nach dem Hinzufügen von zwei Label-Objekten*

Zur Entwurfszeit gibt es zwei Hauptvorgehensweisen, um Objekte auf einer ASP.NET-Seite zu bearbeiten. Eine Möglichkeit ist das Fenster *Eigenschaften*. Dieses Fenster befindet sich standardmäßig in der rechten unteren Ecke von Visual Studio. Zur Änderung des oberen Labels klicken Sie einfach darauf (auf dem Formular *Label1*) und bearbeiten die Labeleigenschaften. Ändern Sie beispielsweise die *Text*-Eigenschaft in »Ihre erste ASP.NET-Seite«. Sie können anschließend die Labelgröße ändern, damit der Text auf eine Zeile passt. Als Nächstes wechseln Sie zur *Font*-Eigenschaft. Links neben dieser Eigenschaft wird ein Pluszeichen (+) angezeigt, d.h. Sie können diese Eigenschaft erweitern, um weitere Untereigenschaften anzuzeigen. Ändern Sie die Untereigenschaft *Bold* in den Wert *True*. Die vorgenommene Änderung wird sofort im Entwurfsfenster widergespiegelt.

Die zweite Möglichkeit der Objektänderung zur Entwurfszeit besteht darin, den Code zu ändern. Ändern wir also das zweite Label, *Label2*, mithilfe einer Codeänderung ab. Bei der Änderung des Labeltextes stehen verschiedene Codierungsoptionen zur Verfügung. Beachten Sie zunächst, dass am unteren Rand des Entwurfsfensters zwei Registerkarten angezeigt werden: die aktive Registerkarte *Entwurf* und die Registerkarte *HTML*. Sobald Sie auf die Registerkarte *HTML* klicken, wird der HTML-Code der Seite angezeigt. Diese Anzeige ähnelt der von HTML-Code in Visual InterDev 6.0 sehr stark. Abbildung 4.10 zeigt, wie der Bildschirm jetzt in etwa aussieht.

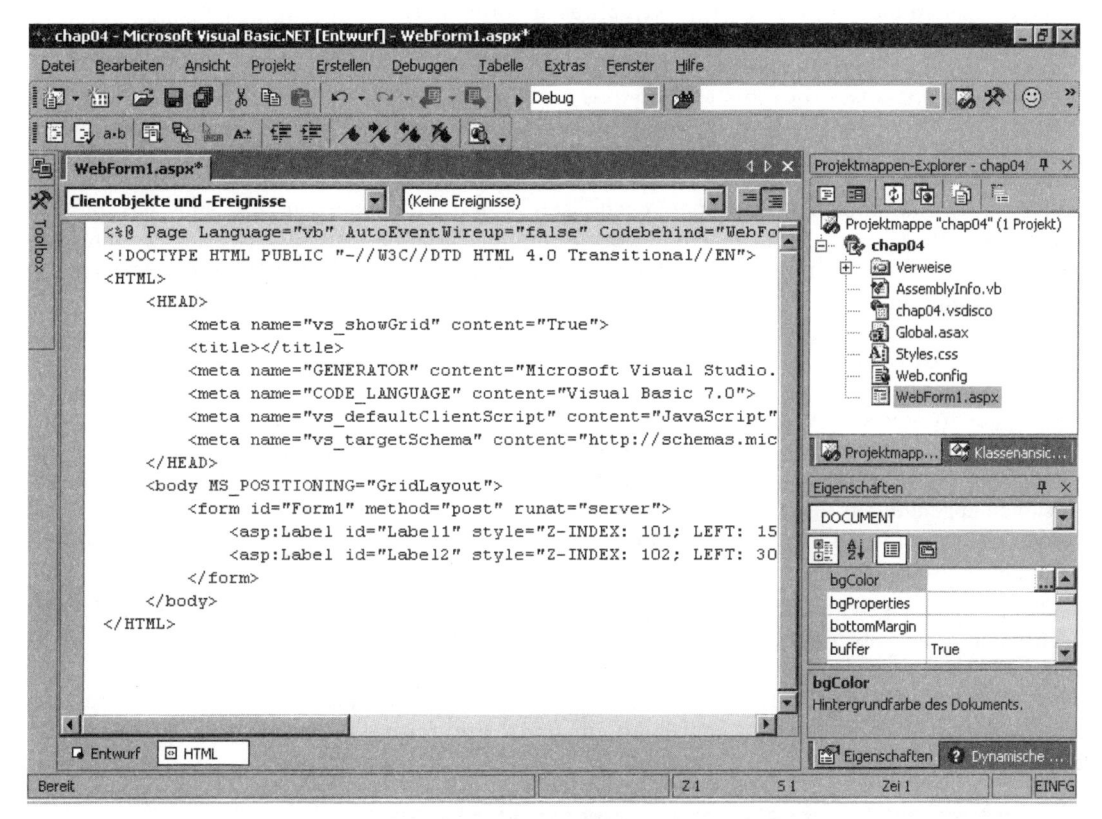

Abbildung 4.10: Anzeige von HTML-Code in Visual Studio .NET

Obwohl dies in der Abbildung nicht zu sehen ist, befindet sich ganz am Ende der Zeile mit dem *Label1*-Tag zwischen dem öffnenden und schließenden *asp:Label*-Tag der Text, den ich im Eigenschaftenfenster eingegeben habe. Außerdem ist das *Font-Bold*-Attribut, basierend auf den Änderungen im Eigenschaftenfenster, auf *True* gesetzt. Der Formular-Designer arbeitet bidirektional, d.h. in der HTML-Sicht vorgenommene Änderungen werden auch in der Designansicht sofort angezeigt. Wenn Sie beispielsweise auf das öffnende <body>-Tag klicken, wechselt die Anzeige im Eigenschaftenfenster zu den Eigenschaften des <body>-Tags. Führen Sie im Eigenschaftenfenster einen Bildlauf zur Eigenschaft *bgcolor* durch, und klicken Sie auf das Feld rechts neben *bgcolor*. Hier können Sie entweder direkt eine gültige HTML-Farbe eingeben oder auf die Schaltfläche mit den Auslassungspunkten klicken, um mithilfe des Dialogfeldes *Farbauswahl* die gewünschte Farbe auszuwählen. Ich habe in diesem Fall ein blasses Gelb ausgewählt, auch bekannt als *#ffffcc*. Dem <body>-Tag wird nach der Farbauswahl das geeignete Attribut/Wert-Paar hinzugefügt. Wenn Sie nun wieder auf die Entwurfsansicht klicken, wird der Hintergrund in der gewählten Farbe angezeigt.

Es ist schön, dass der Formulartext in der Entwurfs- oder HTML-Ansicht geändert werden kann, häufig müssen Eigenschaften jedoch zur Laufzeit geändert werden. Zur Anzeige des Visual Basic-Codes für diese Seite wählen Sie im Menü *Ansicht* die Option *Code* oder drücken ganz einfach die Taste F7. Das aktive Fenster lautet nun *Webform1.aspx.vb*, und der Visual Basic .NET-Code wird angezeigt. Es handelt sich nur um sehr wenig Code, und Teile des Codes werden standardmäßig ausgeblendet. Für den Moment werden wir den ausgeblendeten Code unberücksichtigt lassen. Von Wichtigkeit ist hier die Methode *Page_Load*, die folgendermaßen aussehen sollte (ich habe die Methode aus Gründen der Übersichtlichkeit etwas umformatiert):

```
Private Sub Page_Load(ByVal sender As System.Object, _
    ByVal e As System.EventArgs) Handles MyBase.Load
' Hier Benutzercode zur Seiteninitialisierung einfügen
End Sub
```

Statt lediglich statischen Text in *Label2* einzufügen, werde ich neben dem Text auch das aktuelle Datum sowie die Uhrzeit einfügen, denn dieser Wert ändert sich bei jeder Aktualisierung. Unterhalb des Assistentenkommentars zum Hinzufügen von Benutzercode zur Seiteninitialisierung habe ich folgenden Code eingefügt:

```
Label2.Text = "Das aktuelle Datum sowie die Uhrzeit lauten: + Now()
```

Dieser Code ist sehr Visual Basic-typisch und sollte zum gewünschten Ergebnis führen. Beachten Sie, dass ich zur Verkettung von Zeichenfolgen kein kaufmännisches Und-Zeichen (&), sondern ein Pluszeichen (+) verwende. Von der Verwendung des Pluszeichens wurde in früheren Visual Basic-Versionen abgeraten, in Visual Basic .NET und C# kann das Pluszeichen jedoch gefahrlos verwendet werden, daher werde ich innerhalb dieses Buches ausschließlich das Pluszeichen zur Zeichenfolgenverkettung einsetzen.

Nachdem ich alle gewünschten Änderungen vorgenommen habe, kann ich zum Menü *Debuggen* wechseln und die Anwendung mit dem Debugger starten. Wenn seit der letzten Anwendungsausführung Änderungen vorgenommen wurden, werden die betroffenen Elemente kompiliert. Wenn Sie die Anwendung also das erste Mal ausführen, kann dieser Vorgang etwas mehr Zeit in Anspruch nehmen als gewöhnlich. Wenn alles glatt geht, wird ein Bildschirm angezeigt, der dem in Abbildung 4.11 ähnelt.

Abbildung 4.11: Das geänderte chap04-Beispiel nach dessen Ausführung

Es handelt sich hier um eine sehr einfache Anwendung, aber ich hoffe, sie vermittelt Ihnen ein erstes Gefühl dafür, welche Möglichkeiten sich mit der Visual Studio .NET-IDE eröffnen. Obwohl einige der Entwurfsfeatures bereits in Tools wie beispielsweise Visual InterDev 6.0 vorlagen, ist die Implementierung in Visual Studio .NET doch sehr viel besser. Ich habe den Designer von Visual InterDev 6.0 praktisch nie benutzt, da er die fiese Angewohnheit besitzt, meinen schön formatierten HTML-Code komplett umzuformatieren. Visual Studio .NET ist intelligenter, was die Formatierung von Text beim Wechsel zwischen Designer und Editor angeht, und es gibt Konfigurationsoptionen, mit denen praktisch die gesamte Formatierung von Visual Studio .NET gesteuert werden kann.

Die Serverkomponenten, beispielsweise das *Label*-Steuerelement, standen bisher nicht zur Verfügung. Die *Label*-Komponenten sind in Bezug auf die Serversteuerelemente jedoch nur die Spitze des Eisbergs. In den folgenden Kapiteln werden wir uns sowohl der Entwicklung von ASP.NET-Formularen als auch der Verwendung von Serversteuerelementen widmen – wir werden sogar eigene Serversteuerelemente erstellen.

Weitere ASP.NET-Anwendungstypen

Mit Ausnahme des letzten ASP.NET-Beispiels ähnelten die bisherigen Beispiele sehr stark vorhandenen ASP-Anwendungen. Eine Seite wird angefordert, und nach der serverseitigen Verarbeitung wird HTML-Code an den Browser gesendet. Wenn der einzige Vorteil von ASP.NET darin läge, alle in ASP möglichen Aufgaben effizienter auszuführen, wäre dies bereits eine erhebliche Verbesserung. Aber wie heißt es doch immer so schön in den nächtlichen Dauerwerbesendungen: »Aber das ist noch nicht alles!«.

Sie können ASP.NET nicht nur zum Schreiben von ASP-ähnlichen Anwendungen, sondern auch zur Entwicklung von zwei skalierbaren Anwendungstypen einsetzen: XML-Webdienste und Anwendungen, die HTTP-Laufzeit, HTTP-Handler und HTTP-Module verwenden.

XML-Webdienste

Wie oft waren Sie schon in der Situation, einen kleinen hübschen Codeabschnitt mit einer anderen Anwendung gemeinsam nutzen zu müssen, entweder in einem unternehmensweiten Intranet oder über das Internet? Angenommen, Sie verfügen über einen Codeabschnitt mit einer speziellen Validierung, z.B. einer Funktion zur Kreditkartenprüfung. Bei einer vorgegebenen Kreditkartennummer gibt die Funktion Feedback Auskunft darüber, ob die Karte gültig ist oder nicht. Die Funktion kann hierbei direkt mit einer Datenbank oder mit einem Dienst interagieren, der über eine wenig handliche Programmieroberfläche verfügt. Wenn mehrere Anwendungen auf dieses Feature zugreifen mussten, standen nur wenig Möglichkeiten zur Verfügung.

Eine Vorgehensweise bestand darin, eine Dienstanwendung zu erstellen, die via TCP/IP und ein Standardprotokoll mit den verschiedenen Nutzern der Funktion kommuniziert. Diese Option ist nicht die schlechteste, führt jedoch im Hinblick auf Schnittstellen und Protokolle zu einem Turm zu Babel. Erwartet das System die Ergebnisse zu den Kreditkarteninformationen in Groß- (»JA« oder »NEIN«) oder Kleinschreibung (»ja« oder »nein«)? Verwendet das System als Trennzeichen zwischen Bestätigungsergebnis und Autorisierungscode Komma oder Tilde (~)? Auf welchem Port arbeitet das System? Sind Firewalls vorhanden? Wird sich in einem Jahr noch irgendjemand an dies hier erinnern?

Die zweite Option bestand darin, eine Webseite zu erstellen, der über den URL Argumente übergeben werden konnten. Das erzeugte Ergebnis konnte anschließend anstelle einer Browseranzeige als Seite an die anfordernde Anwendung zurückgegeben und von dieser gelesen werden. Diese Option löste das Problem, die Funktion auch über Firewalls hinweg bereitzustellen, führte aber im Hinblick auf eine benutzerdefinierte Schnittstelle, die leicht wieder vergessen werden kann, zu keiner Lösung.

Die Lösung sind die XML-Webdienste. Kurz gesagt sind die XML-Webdienste Softwarekomponenten, die Anwendungen über das Web hinweg Services zur Verfügung stellen und XML (Extensible Markup Language) zum Versenden und Empfangen von Nachrichten verwenden (die XML-Webdienste werden in Kapitel 10 ausführlich besprochen). Die XML-Webdienste sind unabhängig vom .NET Framework. Tatsächlich benötigen die XML-Webdienste nicht einmal ein Windows-Betriebssystem auf dem Server, und sie können mit praktisch jedem Tool erstellt werden, mit dem eine SOAP-fähige (Simple Object Access Protocol) Anwendung geschrieben werden kann. (Der MSDN-Artikel »Develop a Web Service: Up and Running with the SOAP Toolkit for Visual Studio« beschreibt die Erstellung eines XML-Webdienstes unter Verwendung von SOAP-Toolkit und Visual Studio 6.0; Sie finden diesen Artikel unter der Adresse *http://msdn.microsoft.com/library/periodic/period00/webservice.htm*.)

Warum also sollten die XML-Webdienste in ASP.NET so besonders sein? Der Grund hierfür liegt in der Einfachheit, mit der die XML-Webdienste in ASP.NET erstellt werden können.

HINWEIS: Die XML-Webdienste werden die Form der Bereitstellung von Diensten im Web revolutionieren. Zum Zeitpunkt der Entstehung dieses Buches hatten Microsoft und eBay z.B. in einer Vereinbarung angekündigt, die XML-Webdienste zur Integration von Microsoft-Diensten wie etwa Carpoint, bCentral und WebTV in den eBay-Marktplatz einzusetzen. Die geplante Form der Kooperation wäre ohne XML-Webdienste wohl nicht einfach zu bewerkstelligen.

Wie einfach ist es, mit dem .NET Framework einen XML-Webdienst zu erstellen? Listing 4.4 zeigt den Code, der in Visual Basic .NET für einen XML-Webdienst erforderlich ist, einschließlich des von Visual Studio .NET generierten Codes. Der generierte Code erscheint zwischen den Tags *#Region* und *#End Region*.

```
Imports System.Web.Services

Public Class Service1
    Inherits System.Web.Services.WebService

#Region " Web Services Designer Generated Code "

    Public Sub New()
       MyBase.New()

       'Dieser Aufruf ist für den Webdienst-Designer erforderlich.
       InitializeComponent()

       ' Fügen Sie Ihren eigenen Initialisierungscode hinter dem InitializeComponent()-Aufruf ein

    End Sub

    'Für den Webdienst-Designer erforderlich.
    Private components As System.ComponentModel.Container

    'HINWEIS: Die folgende Prozedur ist für den Webdienst-Designer erforderlich
    'Sie kann mit dem Webdienst-Designer modifiziert werden.
    'Verwenden Sie nicht den Code-Editor zur Bearbeitung.
    <System.Diagnostics.DebuggerStepThrough()> _
      Private Sub InitializeComponent()
        components = New System.ComponentModel.Container()
    End Sub
```

```
    Protected Overloads Overrides Sub Dispose(ByVal disposing As Boolean)
        'CODEGEN: Diese Prozedur ist für den Webdienst-Designer erforderlich
        'Verwenden Sie nicht den Code-Editor zur Bearbeitung.
    End Sub

#End Region

    ' WEBDIENSTBEISPIEL
    ' Der Beispieldienst HelloWorld() gibt die Zeichenfolge Hello World zurück.
    ' Zum Erstellen entfernen Sie die Kommentare der folgenden Zeilen. Speichern und erstellen Sie dann
    ' das Projekt.
    ' Zum Testen des Webdiensts stellen Sie sicher, dass die .asmx-Datei die Startseite ist,
    ' und drücken Sie auf F5.
    '
    '<WebMethod()> Public Function HelloWorld() As String
    '                   HelloWorld = "Hello World"
    ' End Function
End Class
```

Listing 4.4: *Code für einen einfachen* HelloWorld-*XML-Webdienst*

Abbildung 4.12 zeigt die Ergebnisse nach Aufruf des XML-Webdienstes – die XML-Nachricht ist die Zeichenfolge, die durch die *HelloWorld*-Methode der *Service1*-Klasse zurückgegeben wird. Natürlich ist es interessanter, wenn Parameter an den Dienst übergeben werden und der Dienst diese Parameter zum Generieren der Ergebnisse verwendet.

Abbildung 4.12: *Die vom HelloWorld-XML-Webdienst aus Listing 4.4 zurückgegebenen Ergebnisse*

Mit den XML-Webdiensten eröffnet sich nicht nur dem Anwendungsentwickler eine ganz neue Welt, es erschließen sich auch neue Marktchancen, denn selbst kleinste Entwicklungsfirmen erhalten die Möglichkeit, Dienste über das Web anzubieten.

HTTP-Handler und HTTP-Module

Zu den weiteren Typen von ASP.NET-Anwendungen gehören HTTP-Handler und HTTP-Module. Diese Anwendungen sind grob gesehen Äquivalente zu ISAPI-Erweiterungen bzw. ISAPI-Filtern. In der ASP-Welt würden Sie in den folgenden Fällen ISAPI-Erweiterungen oder -Filter einsetzen:

- Sie stoßen auf ein Leistungs- oder Skalierbarkeitsproblem.

- Sie benötigen die Flexibilität, die nur von ISAPI-Erweiterungen bzw. -Filtern bereitgestellt wird.

Die erste Bedingung sollte bei den derzeit entwickelbaren ASP.NET-Anwendungen nicht eintreten. Sofern die entwickelten ASP.NET-Anwendungen mithilfe desselben Laufzeitmoduls wie die HTTP-Handler und -Module kompiliert werden, dürften hinsichtlich Leistung und Skalierbarkeit keinerlei Probleme auftreten.

Die zweite Bedingung kann jedoch häufiger eintreten, daher die Notwendigkeit von HTTP-Handlern und HTTP-Modulen. HTTP-Handler sind hilfreich, wenn Sie beispielsweise eine vorhandene CGI-Anwendung nach ASP.NET portieren oder eine ungewöhnliche Aufgabe durchführen möchten, beispielsweise die Rückgabe binärer Daten. HTTP-Module können als binäres Äquivalent zur Datei *Global.asax* fungieren. Sie können verschiedene Ereignisse abfangen und bieten dem Anwendungsentwickler höchste Flexibilität.

Konfigurieren einer Anwendung

Ein Element scheint im Visual Basic .NET-Code aus Listing 4.3 zu fehlen. Obwohl ich die Vorteile von *OptionExplicit* schon oft lobend erwähnt habe, habe ich diese Option im genannten Beispiel nicht verwendet. Die Option kann über @ *Page* auf *Explicit="true"* gesetzt werden. Ich versichere Ihnen, dass die Seite eine Variablendeklaration erfordert – ich habe bei der Konvertierung der Anwendung von C# nach Visual Basic .NET eine der Referenzen auf *loop* vermisst, und es wurde tatsächlich eine Fehlermeldung angezeigt, wie dargestellt in Abbildung 4.13.

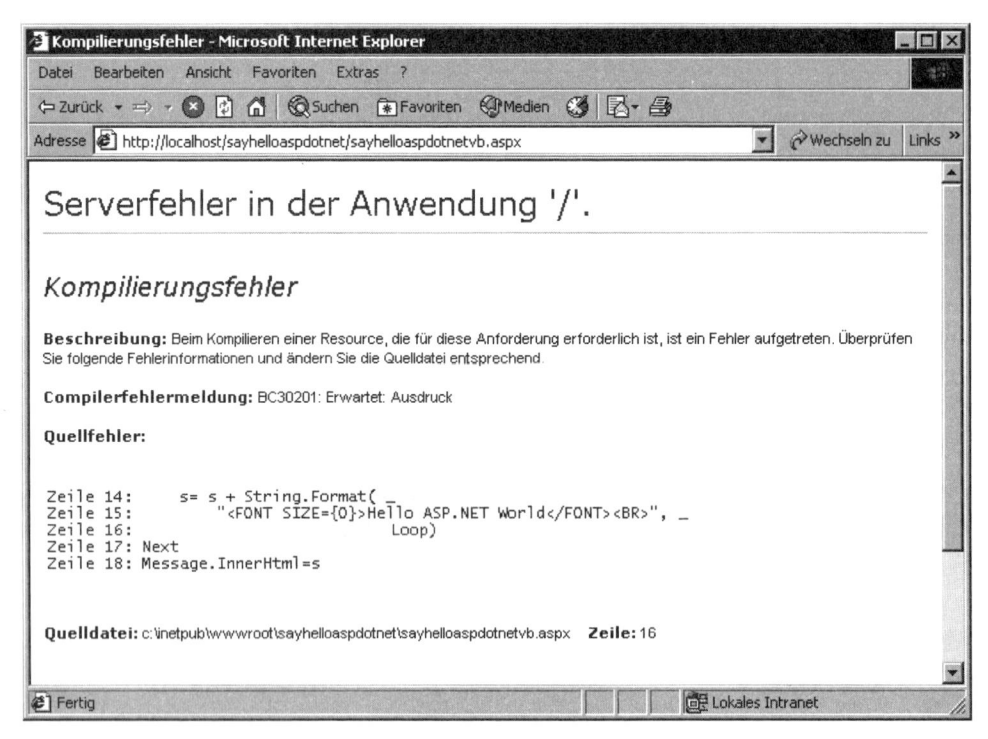

Abbildung 4.13: Fehlermeldung, die angezeigt wird, wenn im Quellcode aus Listing 4.3 eine Variablendeklaration fehlt

Diese Fehlermeldung enthält mehr Informationen als die ASP-Fehlermeldungen, und sie enthält den Codeabschnitt, der den Fehler verursacht hat. Die Fehlerzeile wird hierbei rot hervorgehoben. Standardmäßig wird diese detaillierte Fehlermeldung nur auf dem Rechner angezeigt, auf dem die Anwendung ausgeführt wird. Dies ist gut so, denn der angezeigte Quellcode könnte beispielsweise Informationen über Datenbankbenutzer und -kennwörter enthalten.

Wenn ich also *Explicit* nicht auf *true* gesetzt habe, wieso werde ich in einer Fehlermeldung auf die nicht deklarierte Variable aufmerksam gemacht (in diesem Beispiel etwas mangelhaft gemeldet als »Erwartet: Ausdruck«)? Die Antwort liegt in der Datei *Web.config*. Zusätzlich zu der Festlegung von *Explicit* und *Strict* für jede Seite stellt *Web.config* eine anwendungsübergreifende Möglichkeit zur Konfiguration dieser und anderer Anwendungseinstellungen bereit. Listing 4.5 zeigt eine *Web.config*-Beispieldatei.

```xml
<?xml version="1.0" encoding="utf-8" ?>
<configuration>
    <system.web>
        <compilation
            debug="true"
            defaultLanguage="C#"
            explicit="true"
            batch="true"
            batchTimeout="30"
            strict="true" >
        </compilation>
    </system.web>
</configuration>
```

Listing 4.5: *Einfache* Web.config-*Datei, bei der* explicit *und* strict *auf* true *gesetzt wurden, um diese Einstellungen nicht für jede Visual Basic .NET-Seite vornehmen zu müssen*

Wenn Sie sich mit XML auskennen, werden Sie Listing 4.5 als einfaches, gut strukturiertes XML-Dokument betrachten. In Kapitel 8 werde ich näher auf XML eingehen, aber bis dahin müssen Sie lediglich die folgenden Aspekte von XML kennen:

- XML verwendet immer Start- und Endtags, d.h. Endtags können nicht wie (häufig) bei HTML ausgelassen werden. Bei einigen Tags können Start- und Endtag als ein Tag dargestellt werden. Das folgende Tag ist beispielsweise ein gültiges Tag:

```xml
<compilation debug="true" />
```

- In XML wird die Groß-/Kleinschreibung beachtet. Das folgende Tag ist demnach *nicht* zulässig, da </*Compilation*> nicht als schließendes Tag für <*compilation*> betrachtet wird:

```xml
<compilation debug="true"> </Compilation>
```

Obwohl frühe Betaversionen von .NET Framework bei Attributwerten keine Unterscheidung zwischen Groß- und Kleinschreibung vornahmen (*true* und *True* wurden z.B. als gleichwertig betrachtet), muss ab Betaversion 2 die Groß- und Kleinschreibung berücksichtigt werden.

- XML-Werte werden in Anführungszeichen eingeschlossen. Folgendes Tag ist demnach ungültig:

```xml
<compilation debug=true />
```

XML ist die bevorzugte Datensprache des .NET Framework. Bei der Entstehung dieses Buches stand jedoch noch kein automatisiertes Verwaltungstool für die Bearbeitung der Datei *Web.config* zur Verfügung. Dies ist nicht weiter schlimm, da XML ein einfach verständliches Format ist. Dennoch bedeutet dies, dass diese Dateien mit einem normalen Texteditor wie beispielsweise dem Editor (von ASP.NET-Fans auch liebevoll Editor.NET genannt) optimiert werden müssen. Ich werde nicht auf die vielen möglichen Konfigurationsoptionen eingehen, da diese im .NET Framework-SDK (Software Development Kit) ausführlich besprochen werden. Ich werde jedoch kurz auf die wichtigsten Konfigurationsoptionen, deren Auswirkungen sowie die entsprechenden Abschnitte in der Datei *Web.config* eingehen.

Was hat es mit der Web.config-Datei auf sich?

Eine häufige Frustquelle für ASP-Programmierer ist das merkwürdige Sammelsurium aus Dateien, das im Fahrwasser jeder komplexen Website zu finden ist. Bei ASP gab es lediglich die Konfigurationsdatei *Global.asa*, und diese Datei ähnelt tatsächlich der ASP.NET-Datei *Global.asax*. Eine von ASP-Einsteigern häufig gestellte Frage lautet: »Wo platziere ich die *Global.asa*-Datei?« In der Praxis hat sich herausgestellt, dass in beinahe jedem Verzeichnis eine *Global.asa*-Datei vorhanden sein muss.

ASP.NET bietet mit der Datei *Web.config* einen Mechanismus, durch den in vielen Sites die Anzahl der redundanten Konfigurationseinstellungen für die jeweiligen virtuellen Sites erheblich reduziert werden kann. Es gibt eine Stammkonfigurationsdatei namens *Machine.config*, die dasselbe Format aufweist wie *Web.config*. Diese Datei gehört zum .NET Framework und enthält viele Standardeinstellungen. Sie finden diese Datei unter dem Windows-Stammverzeichnis im Ordner *%windir%\Microsoft.NET\Framework\<Version>\CONFIG*. Alle weiteren Verzeichnisse auf der Site erben die Einstellungen von dieser Stammdatei und allen *Web.config*-Dateien, die sich in der logischen Hierarchie auf höherer Ebene befinden.

Ein Abschnitt in der *Web.config*-Datei kann beispielsweise *appSettings* lauten. Dieser Abschnitt wird üblicherweise dazu verwendet, bestimmte Variablen allen Seiten innerhalb einer Anwendung, mehreren Anwendungen (wenn die Variable in einem virtuellen Verzeichnis mit anderen Anwendungen vorliegt, die der Anwendung logisch untergeordnet sind) oder sogar allen Anwendungen auf dem Rechner zur Verfügung zu stellen (vorausgesetzt, der Abschnitt *appSettings* befindet sich in der Datei *Machine.config*). Einzelne *appSettings*-Werte können basierend auf dem Hierarchiestandort der *Web.config*-Datei außer Kraft gesetzt werden. Ein Beispiel: Angenommen, die Datei *Machine.config* enthält den folgenden Abschnitt (eingeschlossen in die Tags *<configuration>* und *</configuration>*):

```
<appSettings>
    <add key="dsn" value="myDSN" />
</appSettings>
```

Nehmen wir weiter an, dass es ein virtuelles Verzeichnis namens *Test* mit dem folgenden Abschnitt innerhalb der Tags *<configuration>* und *</configuration>* gibt:

```
<appSettings>
    <add key="dsn" value="myLocalDSN" />
</appSettings>
```

Wenn dies die einzigen *appSettings*-Abschnitte auf dem Computer sind, erhält jede Seite, die den *dsn*-Schlüssel von *appSettings* abruft, den Wert *myDSN*. Hiervon *ausgenommen* sind Seiten innerhalb der Anwendung *Test*. Seiten innerhalb der *Test*-Anwendung oder innerhalb von Verzeichnissen, die *Test* logisch untergeordnet sind, erhalten den Wert *myLocalDSN*.

ACHTUNG: Wenn Ihnen das Herumspielen an der Registrierung nicht mehr ausreicht und Sie nach neuen Möglichkeiten zum Aufmischen Ihres Rechners suchen, dann versuchen Sie es doch mal mit einer nicht zulässigen Verschachtelung von Abschnitten der Dateien *Web.config* oder *Machine.config*. Dies führt zwar nur zu einem Chaos in Ihren ASP.NET-Anwendungen, dafür aber auch zu einem *richtigen* Chaos. Es ist möglich, dass zukünftige ASP.NET-Versionen etwas toleranter auf derartige Fehler reagieren, die aktuelle Version tut dies jedenfalls nicht. Ab ASP.NET-Version Beta 2 muss darüber hinaus in allen *Web.config*-Dateien die Groß- und Kleinschreibung beachtet werden. Diese Anforderung ist von dem Standpunkt aus sinnvoll, dass auch eine gut strukturierte XML-Datei die Groß- und Kleinschreibung berücksichtigt und *Web.config*-Dateien als gut strukturierte XML-Dateien entworfen wurden. Es muss jedoch auch gesagt werden, dass die Beachtung von Groß- und Kleinschreibung gelegentlich nerven kann.

Nicht zur Nachahmung geeignet!

Angenommen, Sie verfügen über eine Ressource, deren physischer Standort *c:\Subdir1\Subdir2\Resource.aspx* lautet. Das virtuelle Verzeichnis *VirtualDirectory1* wird *c:\SubDir1*, *VirtualDirectory2* wird *c:\Subdir1\Subdir2* zugeordnet. Wenn Sie jetzt über *http://localhost/VirtualDirectory1/Subdir2/Resource.aspx* auf *Resource.aspx* zugreifen, könnte der Zugriff auf diese Datei mit vollkommen anderen Einstellungen erfolgen als über *http://localhost/VirtualDirectory2/Resource.aspx*. Dies ist möglich, weil die Vererbung der Konfigurationsinformationen aus *Web.config* nicht auf der physischen Verzeichnishierarchie, sondern auf der logischen Hierarchie basiert, die durch die virtuelle Verzeichnisstruktur definiert wird.

Es ist also wichtig, diese Art von Einstellung zu verhindern, um sicherzustellen, dass der Zugriff auf eine Ressource immer mit den gleichen Konfigurationseinstellungen erfolgt.

Die Konfigurationsdateien enthalten eine Vielzahl von Abschnitten. Nachfolgend werden die wichtigsten dieser Abschnitte in alphabetischer Reihenfolge aufgeführt und erläutert, ggf. mit Beispielen zur Veranschaulichung.

Der authentication-Abschnitt

In ASP.NET können Benutzer auf verschiedene Arten authentifiziert werden. Nachfolgend ein Beispiel für den *authentication*-Abschnitt der *Web.config*-Datei, eingerichtet für die formularbasierte Authentifizierung:

```
<authentication mode="Forms">
    <forms name=".ASPXUSERDEMO" loginUrl="login.aspx"
        protection="All" timeout="60" />
</authentication>
```

Die Optionen für das *mode*-Attribut des *<authentication>*-Tags werden in Tabelle 4.2 erläutert.

Option	Beschreibung
Forms	Verwendet ein vom Benutzer bereitgestelltes Formular zur Erfassung von Identifikationsinformationen
Windows	Verwendet die Windows-Authentifizierung zum Erhalt der Benutzeridentitätsinformationen ▶

Option	Beschreibung
Passport	Verwendet die Authentifizierung über Microsoft Passport
None	Verwendet keine Authentifizierung

Tabelle 4.2: *Optionen des* mode*-Attributs*

Die Windows-Authentifizierung in ASP.NET ähnelt der Windows-Authentifizierung in früheren ASP-Versionen. Die Windows-Authentifizierung stützt sich im Allgemeinen auf die IIS-Unterstützung der Authentifizierung über die Windows-Benutzerdatenbank. Eine Beigabe ist die Verwendung der Windows-Authentifizierung zusätzlich zur spezifischen Benutzer- und Rollenauthentifizierung. Dieses Thema wird im nächsten Abschnitt besprochen.

Bei der Passportauthentifizierung kommt eine externe Benutzerdatenbank zum Einsatz. Auf einem Computer muss das Passport-SDK installiert sein, damit die Passportauthentifizierung genutzt werden kann. ASP.NET bietet einen Wrapper für das Passport-SDK.

Die formularbasierte Authentifizierung wird im Allgemeinen für Internetanwendungen verwendet, bei denen davon ausgegangen wird, dass nicht alle Benutzer Mitglieder einer Windows-Domäne sind. Dieser Typ der Authentifizierung kann auch mit traditionellem ASP implementiert werden, wird durch ASP.NET jedoch erheblich vereinfacht, da zur Unterstützung ein formalisiertes Framework erstellt wird.

> **ASP.NET-Unterschiede:** ASP verwendet standardmäßig den Ereignishandler *Session_OnStart* zur Durchführung einer formularbasierten Authentifizierung. Hierbei wird der Handler in der Datei *Global.asa* platziert, um neue Sitzungen auf eine Anmeldeseite umzuleiten. Diese Methode bietet keine besonders gute Skalierbarkeit, da der Sitzungsstatus mit ASP in einer Webserverfarm nicht serverübergreifend erhalten werden kann. Über die formularbasierte Authentifizierung kann auf sauberere Weise sichergestellt werden, dass die Benutzer angemeldet sind.

HINWEIS: Wenn die meisten der Attribute innerhalb aller Konfigurationsdateien festgelegt werden, geschieht dies mithilfe des so genannten *Camel Casing*. Dies bedeutet, dass der erste Buchstabe des Attributnamens klein geschrieben wird, bei zusammengesetzten Zeichenfolgen die Anfangsbuchstaben folgender Wörter jedoch groß geschrieben werden, z.B. *loginUrl*. Diese Konvention unterscheidet sich von einigen früheren Betaversionen, bei denen dasselbe Attribut auch unter Verwendung des *Pascal Casing* angegeben werden konnte, was zu der Schreibung *LoginUrl* führte.

Bei Festlegung der formularbasierten Authentifizierung kann das Subtag *<forms>* verwendet werden. Die Attribute des *<forms>*-Tags werden in Tabelle 4.3 aufgelistet.

Attribut	Beschreibung
loginUrl	Der URL, zu dem nicht authentifizierte Benutzer umgeleitet werden. Dieser URL kann sich auf demselben Rechner oder auf einem anderen Computer befinden. Wenn sich der URL auf einem anderen Rechner befindet, muss der *decryptionKey*-Attributwert jedoch für beide Computer identisch sein. Bei *decryptionKey* handelt es sich um ein Attribut des *<machineKey>*-Tags der Datei *Machine.config*.
name	Der Name des Cookies, der zu Authentifizierungszwecken verwendet wird. Wenn auf dem Computer mehr als eine Anwendung die formularbasierte Authentifizierung verwendet, sollte der Cookiename für jede Anwendung anders lauten. ASP.NET verwendet / als Pfad für den Cookie. ▶

Attribut	Beschreibung
timeout	Die Anzahl der Minuten, nach denen ein Cookie seine Gültigkeit verliert. Der Cookie wird aktualisiert, wenn die Hälfte der in *timeout* angegebenen Zeit verstrichen ist. Auf diese Weise wird versucht, die Anzahl der Warnungen zu reduzieren, die der Benutzer zum Erhalt von Cookies erhält, falls die Cookiewarnung aktiviert ist. Da eine Cookieaktualisierung stattfinden kann, verliert der Zeitüberschreitungswert möglicherweise an Genauigkeit. Aus diesem Grund können Sie sich in Bezug auf die Cookiezeitüberschreitung nicht voll auf die Anzahl der im *timeout*-Attribut angegebenen Sekunden verlassen. Der Standardwert für dieses Attribut lautet *30*.
path	Der Cookiepfad. Standardmäßig */*. Dieses Attribut kann durch einen Wert für das <*forms*>-Tag oder über den Programmcode geändert werden.
protection	Die Art des Cookieschutzes. Erlaubte Werte sind *Validation*, *Encryption*, *None* und *All*. Bei der Einstellung *Validation* werden die Cookiedaten validiert, jedoch nicht verschlüsselt. Mit der Option *Encryption* werden die Cookiedaten verschlüsselt, jedoch nicht validiert. Bei Auswahl von *None* erfolgt weder eine Verschlüsselung noch eine Validierung. *All* (die Standardeinstellung) sorgt dafür, dass die Cookiedaten sowohl verschlüsselt als auch validiert werden. Änderungen werden erkannt. Selbst für die unwichtigsten Daten sollte die Standardeinstellung gewählt werden, auch wenn dies zu leichten Leistungseinbußen führt.

Tabelle 4.3: *Attribute des* <forms>-*Tags*

HINWEIS: Warum sollte man Cookies validieren? Weil an Cookies Informationen gebunden werden können, die nicht gemeinsam verwendet werden sollten. Mithilfe einer Validierung der Cookiedaten und einer Zurückweisung bei Ermittlung einer Datenmanipulation kann man die »Entführung« von Benutzerwarenkörben verhindern.

Ein einfaches Beispiel für die formularbasierte Authentifizierung wird in den Listings 4.6, 4.7 und 4.8 gezeigt. Dieses einfach gestrickte Beispiel verwendet einen hartcodierten Benutzernamen und ein ebensolches Kennwort innerhalb der Datei *Login.aspx*, wie gezeigt in Listing 4.6. In diesen Listings wird außerdem eine neue Klasse von Benutzerschnittstellenobjekten vorgestellt. In Listing 4.6 handelt es sich bei der auf dem Bildschirm verwendeten Schaltfläche weder um eine standardmäßige HTML-*Submit*-Schaltfläche, noch um eine HTML-Standardschaltfläche, sondern um ein *asp:button*-Objekt. Wir werden diese Objekte in Kapitel 5 noch näher beleuchten. Für den Moment nehmen wir einfach an, dass sie sich wie erwartet verhalten. Setzen wir weiter voraus, dass über das *OnClick*-Ereignis der Code in *Login_Click* im oberen Teil der Seite ausgelöst wird. Einige der Details innerhalb von *Login_Click* in Listing 4.6 sind nicht wichtig, der Aufruf von *FormsAuthentication.RedirectFromLoginPage* hingegen schon. Der erste an diese Methode übergebene Parameter ist der Benutzername. Dieser wird mithilfe eines bisher noch nicht angesprochenen Zaubertricks über *UserEmail.Value* abgerufen (Kapitel 5 enthält nähere Informationen zum Abrufen von Werten aus Serversteuerelementen). Der zweite Parameter, hier als *false* hartcodiert, legt fest, dass kein persistenter Cookie verwendet werden sollte.

```
<%@ Import Namespace="System.Web.Security " %>

<html>

    <script language="C#" runat=server>
    void Login_Click(Object sender, EventArgs E)
    {
        // Benutzerauthentifizierung: Dieses Beispiel akzeptiert nur (einen)
        // Benutzer mit dem Namen doug@programmingasp.net und dem Kennwort
        // password
        if ((UserEmail.Value == "doug@programmingasp.net") &&
          (UserPass.Value == "password"))
        {
```

```
            FormsAuthentication.RedirectFromLoginPage(
                UserEmail.Value, false);
        }
        else
        {
            Msg.Text = "Invalid Credentials: Please try again";
        }
    }
</script>
<body>
<form runat=server>
    <center>
    <h3>
    <font face="Verdana" color=blue>Login Page</font>
    </h3>
    <table>
        <tr>
            <td>
                Email:
            </td>

            <td>
                <input id="UserEmail"
                type="text"
                runat=server
                size=30 />
            </td>
            <td>
                <ASP:RequiredFieldValidator
                ControlToValidate="UserEmail"
                Display="Static" ErrorMessage="*"
                runat=server />
            </td>
        </tr>
        <tr>
            <td>
                Password:
            </td>
            <td>
                <input id="UserPass"
                type=password
                runat=server size=30 />
            </td>
            <td>
                <ASP:RequiredFieldValidator
                ControlToValidate="UserPass"
                Display="Static" ErrorMessage="*"
                runat=server />
            </td>
        </tr>
        <tr>
            <td colspan=3 align="center">
                <asp:button text="Login"
                OnClick="Login_Click"
                runat=server>
                </asp:button>
```

```
            <p>
            <asp:Label id="Msg" ForeColor="red"
            Font-Name="Verdana"
            Font-Size="10" runat=server />
        </td>
      </tr>
    </table>
    </center>
  </form>
  </body>
</html>
```

Listing 4.6: *Beispiel einer Anmeldeseite für die Authentifizierung (*Login.aspx*)*

Listing 4.7 zeigt ebenfalls ein handgestricktes Beispiel (nun ja, handgestrickt werden Sie es finden, sobald Sie den Zaubertrick bei den ASP.NET-Formularen verstanden haben – mehr dazu in Kapitel 5). Das Formular identifiziert lediglich den Benutzer und erlaubt ihm/ihr, sich abzumelden.

```
<%@ Import Namespace="System.Web.Security " %>

<html>

    <script language="C#" runat=server>
    void Page_Load(Object Src, EventArgs E ) {
        Welcome.Text = "Hello, " + User.Identity.Name;
    }

    void Signout_Click(Object sender, EventArgs E) {
        FormsAuthentication.SignOut();
        Response.Redirect("login.aspx");
    }
    </script>

    <body>
        <h3>
        <font face="Verdana">Using Cookie Authentication</font>
        </h3>
        <form runat=server>
            <h3>
                <asp:label id="Welcome" runat=server />
            </h3>
            <asp:button text="Signout" OnClick="Signout_Click" runat=server />
        </form>
    </body>
</html>
```

Listing 4.7: *Beispiel einer eingeschränkten Seite für die Authentifizierung, die eine Abmeldung ermöglicht (*Default.aspx*)*

Bei Listing 4.8 handelt es sich um die Konfigurationsdatei für diese Anwendung, die den Namen *Web.config* trägt. Es handelt sich auch hierbei um eine leicht verständliche Datei. Der interessante Teil ist der *authentication*-Abschnitt, dieser stimmt im Wesentlichen mit dem zuvor gezeigten *authentication*-Tag überein. Von Interesse ist auch das *authorization*-Tag, das ebenfalls in Beziehung zu *authentication* steht, wie im nächsten Abschnitt verdeutlicht wird.

HINWEIS: Diese *Web.config*-Datei muss sich in IIS im Stammverzeichnis für Webanwendungen befinden. Das Verzeichnis muss außerdem als Anwendungsverzeichnis konfiguriert werden, es darf sich nicht um ein virtuelles Verzeichnis handeln.

```
<configuration>
  <system.web>
    <authentication mode="Forms">
      <forms name=".ASPXUSERDEMO" loginUrl="login.aspx" protection="All"
        timeout="60" />
    </authentication>
    <authorization>
      <deny users="?" />
    </authorization>
    <globalization requestEncoding="UTF-8" responseEncoding="UTF-8" />
  </system.web>
</configuration>
```

Listing 4.8: Beispiel einer Konfigurationsdatei für die Authentifizierung

Es gibt jedoch ein weiteres mögliches Problem bei der formularbasierten Authentifizierung. Innerhalb der *<authentication>*-Tags kann ein *credentials*-Abschnitt zur Angabe von Benutzer- und Kennwortinformationen eingefügt werden. Dem *authentication*-Abschnitt der in Listing 4.8 gezeigten *Web.config*-Datei könnte beispielsweise die folgende Codezeile hinzugefügt werden.

```
<credentials passwordFormat="Clear" >
    <user name="Mary" password="littlelamb"/>
    <user name="Jill" password="uphill"/>
</credentials>
```

Das *<credentials>*-Tag verfügt über ein Attribut namens *passwordFormat*. Die möglichen Werte für dieses Attribut werden in Tabelle 4.4 erläutert.

Option	Beschreibung
Clear	Speichert Kennwörter als Klartext. Dieser Wert ist keinesfalls sicher, aber für Testzwecke sehr dienlich.
SHA1	SHA steht für Secure Hash Algorithm (sicherer Hashalgorithmus). *SHA1* speichert Kennwörter als SHA1-Digest. SHA1 verwendet 160-Bit-Hashes. SHA1 wurde entworfen, um ein Problem des ursprünglichen SHA-Algorithmus zu korrigieren.
MD5	Speichert Kennwörter als MD5-Digest. *MD5* erzeugt einen 128-Bit-»Fingerabdruck«. Dieser Wert ist zuverlässiger als die herkömmlichen Prüfsummen.

Tabelle 4.4: Optionen des passwordFormat-*Attributs*

Zur Validierung von Benutzernamen und -kennwörtern eines Formulars muss das Formular die *Authenticate*-Methode der *System.Web.Security.FormsAuthentication*-Klasse aufrufen.

Der authorization-Abschnitt

Nach der Identifizierung eines Benutzers durch das System möchten Sie vielleicht festlegen können, ob der Benutzer die Anwendung verwenden darf oder nicht. Mithilfe des *authorization*-Abschnitts können Sie genau dies tun. Sie geben über die Tags *<allow>* und *<deny>* einzelne Benutzer oder

Benutzergruppen an, so genannte *Rollen*. Bei Einsatz der Windows-Authentifizierung werden (wie bereits beschrieben) bestimmten Rollen Windows NT-Gruppen zugeordnet.

Die *<allow>*- und *<deny>*-Tags werden solange durchsucht, bis die erste Übereinstimmung mit dem zu autorisierenden Benutzer gefunden wird. Befindet sich die erste Übereinstimmung im *<allow>*-Tag, wird dem Benutzer der Zugriff gewährt; wird die erste Übereinstimmung im *<deny>*-Tag ermittelt, wird dem Benutzer der Zugriff verweigert. Wird keinerlei Übereinstimmung ermittelt, wird der Zugriff ebenfalls verweigert. Jede Site, bei der die Autorisierung wichtig ist, sollte über ein *<deny users="*" />*-Tag zur expliziten Zugriffsverweigerung verfügen.

Der customErrors-Abschnitt

Für Entwickler besteht eines der Probleme mit ASP darin, dass die Fehlermeldungen nicht immer eindeutig sind. ASP.NET hat dieses Problem durch sehr viel bessere Fehlermeldungen gelöst. Die Fehlermeldungen umfassen häufig nicht nur die fehlerverursachende Codezeile, sondern auch einige Codezeilen davor und danach. Diese zusätzlichen Informationen sind wichtig, da ein Fehler in einer Zeile tatsächlich häufig durch einen Fehler in einer vorhergehenden Zeile verursacht wird. Abbildung 4.14 zeigt eine ASP.NET-Beispielfehlermeldung.

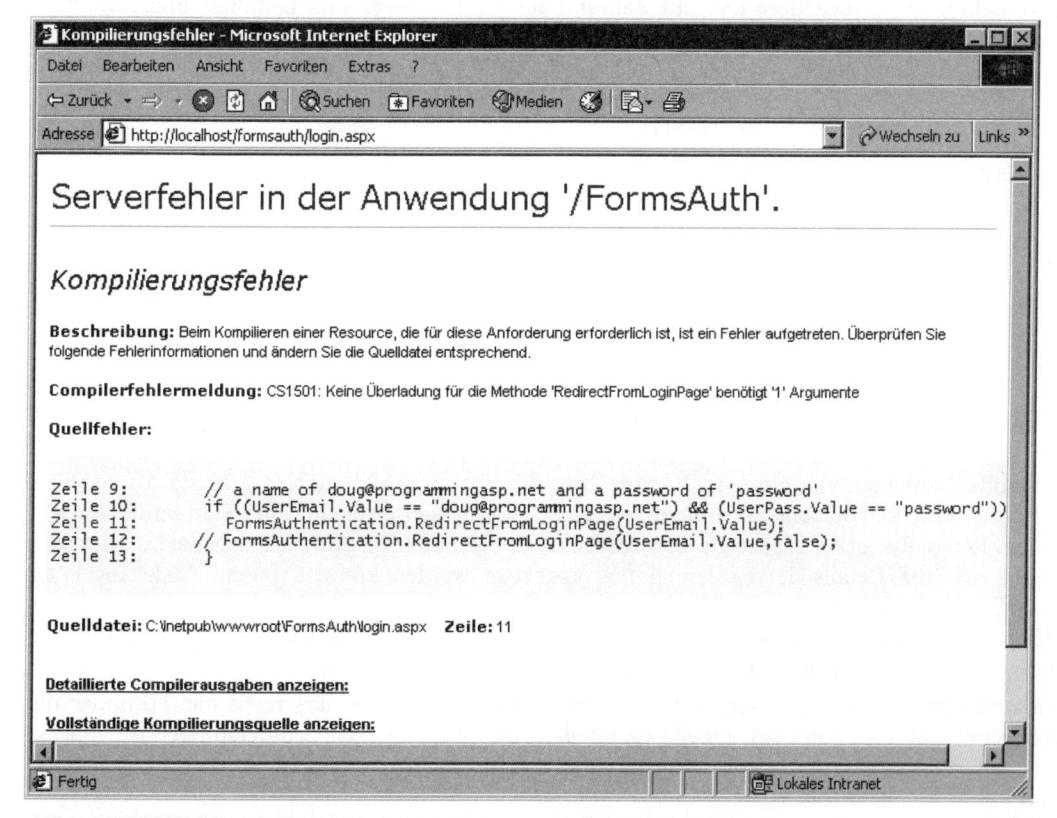

Abbildung 4.14: Eine ASP.NET-Fehlermeldung

Diese Fehlerseite stellt dem Entwickler im unteren Seitenbereich einige nützliche Links bereit. Der erste dieser Links trägt den Namen *Detaillierte Compilerausgabe anzeigen*. Ein Klick auf diesen Link zeigt die Ausgabe an, die bei einem direkten Aufruf des Befehlszeilencompilers angezeigt würde. Diese Ausgabe kann hilfreich sein, wenn vor dem Fehler Warnungen ausgegeben werden, die Aufschluss über die Fehlerursache geben könnten. Der zweite Link lautet *Vollständige Kompilierungsquelle anzeigen*. Über diesen Link wird eine detaillierte Liste mit den einzelnen Schritten angezeigt, die der Compiler beim Generieren der Seite durchläuft. Die einfache *Login.aspx*-Seite aus Listing 4.6 wird auf eine bis über 400 Zeilen lange detaillierte Auflistung ausgeweitet, wenn ASP.NET versucht, mithilfe des Quellcodes (sowohl Code als auch HTML-Quelle) die Seite zu generieren. Das Verständnis dieses Codes ist hierbei nicht wichtig, es kann sich jedoch in einigen Debuggingsituationen als nützlich erweisen.

Eines sollten Sie bei dieser Fehlerseite beachten – im angezeigten Kontext wird die Kombination aus Benutzername und -kennwort angezeigt, die von der Anmeldeseite erwartet wird! Natürlich ist dieses Beispiel gestellt. Niemand würde dies in einer richtigen Anwendung als »Sicherheitssystem« verwenden. Dennoch könnte es Code in Ihrer Anwendung geben, den der Benutzer nicht sehen soll, beispielsweise die Namen von Datenbankbenutzern sowie in Verbindungszeichenfolgen eingebettete Kennwörter. Das Einbetten von Verbindungszeichenfolgen ist aus verschiedenen Gründen keine gute Idee. Zu verhindern, dass der Benutzer Einblick in den Quellcode erhält, ist aber in jedem Fall eine gute Idee.

Über den *customErrors*-Abschnitt der Datei *Web.config* können Sie sicherstellen, dass diese Art von Fehlermeldung nur Entwicklern und nur während der Entwicklungs- und Testphase angezeigt wird, Benutzern dieser Meldungstyp jedoch verborgen bleibt. Die Attribute des *<customErrors>*-Tags werden in Tabelle 4.5 aufgeführt.

Attribut	Option	Beschreibung
defaultRedirect		Gibt einen URL für die Benutzerumleitung an
mode		Gibt an, ob Standardfehlermeldungen aktiviert, deaktiviert oder nur auf Remoteclients angezeigt werden
	On	Aktiviert die Standardfehlermeldungen
	Off	Deaktiviert die Standardfehlermeldungen
	RemoteOnly	Legt fest, dass Standardfehlermeldungen nur auf Remoteclients angezeigt werden

Tabelle 4.5: *Attribute des* <customErrors>*-Tags*

Das Standardverhalten von *mode* ist *RemoteOnly*, d.h. die in Abbildung 4.14 gezeigte Art von Fehlermeldung wird Remotebenutzern *nicht* angezeigt. Stattdessen erscheint eine Standardfehlerseite. Die dem Remotebenutzer angezeigte Standardseite ist eigentlich für Entwickler gedacht. Hier wird erläutert, wie die Details der Fehlermeldung angezeigt werden können, indem Änderungen am *customErrors*-Abschnitt der Datei *Web.config* vorgenommen werden. Durch Setzen des *defaultRedirect*-Attributs kann der Benutzer auf eine Seite umgeleitet werden, die beispielsweise den Siteadministrator über den Fehler benachrichtigt.

Es ist außerdem ein dem *<customErrors>*-Tag untergeordnetes *<error>*-Tag vorhanden. Das *<error>*-Subtag kann mehrfach auftreten. Tabelle 4.6 erläutert die zwei von *<error>* unterstützten Attribute.

Attribut	Beschreibung
statusCode	Gibt einen Fehlercode an, der den Browser auf eine nicht standardmäßige Fehlerseite umleitet
redirect	Legt die Seite für die Umleitung fest, wenn der in *statusCode* angegebene Fehler auftritt

Tabelle 4.6: *Attribute des* <error>*-Subtags*

Der httpHandlers-Abschnitt

Der *httpHandlers*-Abschnitt ordnet eingehende Anforderungen je nach angefordertem URL und HTTP-Verb der geeigneten *IHttpHandler-* oder *IHttpHandlerFactory*-Klasse zu.

HINWEIS: Wenn ich über *HTTP-Verben* spreche, meine ich die Schlüsselwörter, die festlegen, welche Aktion der Webserver ausführen soll. Wenn Sie ein HTML-Entwickler sind, kennen Sie die gängigen HTTP-Verben *POST* und *GET*. Beim Erstellen eines HTML-Formulars können Sie für das *METHOD*-Attribut des *<FORM>*-Tags zwischen diesen beiden Optionen wählen. Bei Festlegung von *GET* werden dem URL alle Formularwerte angehängt, die im *ACTION*-Attribut festgelegt wurden. Bei der Angabe von *POST* werden die Formularelementdaten als Teil des Meldungsteils gesendet. Der praktische Unterschied zwischen diesen beiden Optionen besteht darin, dass bei Einsatz von *GET* alle Formularelemente im URL gesendet werden und dadurch im Adressenfeld möglicherweise Informationen angezeigt werden, die nicht angezeigt werden sollten. (Stellen Sie sich vor, Sie verwenden *GET* für ein Anmeldeformular – dann werden Formulardaten, Benutzername und Kennwort an den URL angehängt.) Es sollte demnach bevorzugt *POST* verwendet werden, aber in der Praxis überlassen ASP.NET-Entwickler dem Framework im Allgemeinen die Handhabung dieser Art von Detail. Wie Sie noch in Kapitel 5 sehen werden, verwenden die meisten ASP.NET-Formulartags einfach das Attribut/Wert-Paar *runat=server*.

Der *httpHandlers*-Abschnitt in der Datei *Web.config* gibt sowohl die von der Anwendung verwendeten HTTP-Handler als auch die Reihenfolge für deren Verwendung an. Der Abschnitt *httpHandlers* unterstützt drei Subtags: *<add>*, *<remove>* und *<clear>*. Der für eingehende Anforderungen verwendete HTTP-Handler wird ermittelt, indem alle Verzeichnisse höherer Ebenen (logisch gesehen, *nicht* physisch) durchsucht und alle *<add>*- und *<remove>*-Tags verarbeitet werden. Ein HTTP-Modul, das auf höherer Ebene durch ein *<add>*-Tag eingeschlossen wird, kann auf einer niedrigeren Ebene durch ein *<remove>*-Tag entfernt werden.

Das *<add>*-Subtag fügt einen HTTP-Handler hinzu und unterstützt die drei in Tabelle 4.7 aufgeführten Attribute.

Attribut	Beschreibung
verb	Eine durch Kommata getrennte Liste mit HTTP-Verben, z.B. *GET, PUT, POST* oder Platzhalterzeichen (*).
path	Ein einzelner URL-Pfad oder ein einfaches Platzhalterzeichen, z.B. *.aspx.
type	Eine Kombination aus Assembly und Klasse. Assemblies umfassen in Gruppen zusammengefasste Funktionalität. Das .NET Framework durchsucht zunächst das private *bin*-Verzeichnis der Anwendung und sucht dann im Assemblycache des Systems.

Tabelle 4.7: *Attribute des* <add>*-Subtags in* httpHandlers

Das *<remove>*-Subtag entfernt einen zuvor per *<add>*-Subtag festgelegten HTTP-Handler. Die Werte für *verb/path* in einem *<remove>*-Subtag müssen *exakt* mit den *verb/path*-Werten eines vorangehenden *<add>*-Subtags übereinstimmen. Obwohl es unsinnig erscheinen mag, HTTP-Handler hinzuzufügen und anschließend wieder zu entfernen, muss doch bedacht werden, dass die Konfigurationsdateien vom Stamm bis zum aktuellen Verzeichnis verarbeitet werden (wieder logisch gesehen, *nicht* physisch). Es ist daher vorstellbar, dass ein Handler zwar in einem übergeordneten Verzeichnis benötigt wird, nicht jedoch für jede Anwendung, die diesem Verzeichnis logisch untergeordnet ist. Das *<remove>*-Subtag unterstützt die Attribute *verb* und *path*. Es handelt sich hierbei um die Gegenstücke zu den Attributen von *<add>*.

Das letzte vom *httpHandler*-Abschnitt unterstützte Subtag lautet *<clear>*. Wenn dieses Subtag vorhanden ist, werden alle vererbten oder konfigurierten HTTP-Handlerzuordnungen gelöscht. Nachfolgend ein Beispiel für einen *httpHandlers*-Abschnitt:

```
<httpHandlers>
    <add verb="*" path="MyApp.New" type="MyApp.New, MyApp" />
    <add verb="*" path="MyApp.Baz" type=" MyApp.Baz, MyApp" />
</httpHandlers>
```

In diesem Beispiel werden alle für *MyApp.New* verwendeten HTTP-Verben der Klasse *MyApp.New* in der Assembly *MyApp* zugeordnet. Alle für *MyApp.Baz* verwendeten HTTP-Verben verweisen auf die Klasse *MyApp.Baz* in der Assembly *MyApp*.

Der httpModules-Abschnitt

Der *httpModules*-Abschnitt der Datei *Web.config* enthält ähnliche Informationen wie der soeben beschriebene Abschnitt *httpHandlers*. Der *httpModules*-Abschnitt unterstützt wie der *httpHandlers*-Abschnitt drei Subtags: *<add>*, *<remove>* und *<clear>*. Das Subtag *<add>* unterstützt die zwei in Tabelle 4.8 beschriebenen Attribute *type* und *name*.

Attribute	Beschreibung
type	Gibt eine durch Kommata getrennte Kombination aus Klasse und Assembly an. ASP.NET durchsucht das private *bin*-Verzeichnis der Anwendung, anschließend wird der Assemblycache des Systems geprüft.
name	Gibt den Namen an, den die Anwendung zum Verweis auf das unter *type* festgelegte Modul verwendet.

Tabelle 4.8: *Attribute des* <add>-*Subtags in* httpModules

Das *<remove>*-Subtag arbeitet genau wie das *<remove>*-Subtag im *httpHandlers*-Abschnitt. Die Attribute *type* und *name* werden zum Abgleich zuvor hinzugefügter HTTP-Module verwendet. Das *<clear>*-Subtag entfernt alle HTTP-Modulzuordnungen aus einer Anwendung.

Der identity-Abschnitt

Der *identity*-Abschnitt der Datei *Web.config* steuert die Anwendungsidentität der Webanwendung. Über diesen Abschnitt kann der *Identitätswechsel (Impersonation)* aktiviert werden. Mit einem Identitätswechsel wird der Vorgang bezeichnet, bei dem anhand der Identität des Benutzers auf dem Clientcomputer ermittelt wird, auf welche Serverdateien zugegriffen werden kann. Angenommen, Sie verfügen über zwei virtuelle Verzeichnisse namens *Mitarbeiter* und *Manager*. Diese sind auf einem Webserver gespeichert, auf den über das Intranet zugegriffen werden kann. Nehmen wir weiter an, dass alle Benutzer Windows verwenden, über Windows 2000-Domänenbenutzerkonten verfügen und dass sich beide Verzeichnisse auf einem NTFS-Laufwerk befinden. In diesem Fall brauchen Sie den Anwendungszugriff nicht über die Anwendungslogik zu steuern, sondern können stattdessen NTFS-Berechtigungen für die Dateien im *Manager*-Ordner festlegen. So können Sie Nicht-Managern den Zugriff auf die Dateien in diesem Verzeichnis verweigern.

Die drei vom *<identity>*-Tag unterstützten Attribute werden in Tabelle 4.9 aufgeführt.

Attribute	Option	Beschreibung
impersonate		Gibt an, ob für alle Anforderungen ein Clientidentitätswechsel durchgeführt wird
	true	Aktiviert den Clientidentitätswechsel
	false	Deaktiviert den Clientidentitätswechsel (Standardeinstellung)
userName		Gibt den zu verwendenden Benutzernamen an, wenn *impersonate* auf *false* gesetzt wurde
password		Gibt das zu verwendende Kennwort an, wenn *impersonate* auf *false* gesetzt wurde

Tabelle 4.9: Attribute des <identity>-Tags

Der pages-Abschnitt

Der *pages*-Abschnitt der Datei *Web.config* enthält seitenspezifische Informationen, die auf Computer-, Site- oder Anwendungsebene bzw. auf Ebene des virtuellen Verzeichnisses konfiguriert werden können. Das *<pages>*-Tag unterstützt sechs Attribute, die in Tabelle 4.10 erläutert werden.

Attribut	Option	Beschreibung
buffer		Gibt an, ob für die URL-Ressource die Antwortpufferung aktiviert ist
	true	Aktiviert die Antwortpufferung
	false	Deaktiviert die Antwortpufferung
enableSessionState		Gibt an, ob der Sitzungsstatus aktiviert ist
	true	Aktiviert den Sitzungsstatus
	false	Deaktiviert den Sitzungsstatus
	ReadOnly	Sitzungsstatusdaten können gelesen, aber nicht geschrieben werden
enableViewState		Gibt an, ob der Anzeigestatus (der Status der Steuerelemente) aktiviert ist
	true	Aktiviert den Anzeigestatus
	False	Deaktiviert den Anzeigestatus
pageBaseType		Gibt eine *CodeBehind*-Klasse an, die an .aspx-Seiten vererbt wird
userControlBaseType		Gibt ein an Benutzersteuerelemente vererbtes Benutzersteuerelement an
autoEventWireup		Gibt an, ob Seitenereignisse automatisch aktiviert werden
	true	Aktiviert die automatische Aktivierung von Seitenereignissen
	false	Deaktiviert die automatische Aktivierung von Seitenereignissen

Tabelle 4.10: Attribute des <pages>-Tags

HINWEIS: Das *autoEventWireup*-Attribut erschien zunächst recht verlockend. Ereignisse werden basierend auf den Namen von Methoden und Komponenten miteinander verknüpft. Bei einem Steuerelement mit dem Namen *Button1* würde *Button1_Click* beispielsweise das Klickereignis handhaben. Dieses Attribut verursacht jedoch letztlich mehr Ärger als es Nutzen bringt und hat in den ASP.NET für viel Verwirrung gesorgt. In den Buchbeispielen werden daher nur manuelle Ereignisverknüpfungen verwendet.

ASP.NET-Unterschiede: ASP-Entwickler sind daran gewöhnt, dass der Sitzungsstatus mit dem standardmäßigen ASP-Sitzungsstatusmechanismus nicht gespeichert werden kann, wenn mehr als ein Server im Spiel ist. Das Problem liegt darin, dass bei ASP der Sitzungsstatus direkt auf dem Webserver gespeichert wird. In einer geclusterten Webserverfarm gibt es keine Garantie dafür, dass jede Anforderung eines bestimmten Clients an einen bestimmten Server im Cluster weitergeleitet wird. Ein Workaround in ASP besteht darin, einige Bits des Sitzungsstatus in einem verschlüsselten Cookie zu speichern und mithilfe dieser anteiligen Sitzungsstatusinformationen anschließend weitere Informationen aus einer Datenbank abzurufen. Bei einer anderen Lösung wird eine Sitzungs-ID verwendet. Diese wird von Seite zu Seite weitergegeben, um zu einer Datenbank zu gelangen. In ASP.NET werden diese Workarounds überflüssig. Der Sitzungsstatus kann auf einem Statusserver oder in einer SQL Server-Datenbank gespeichert werden. Weitere Informationen zum Sitzungsstatus finden Sie im Abschnitt »Der *sessionState*-Abschnitt« weiter unten in diesem Kapitel.

Der processModel-Abschnitt

Der *processModel*-Abschnitt der Datei *Web.config* steuert die ASP.NET-Prozessmodelleinstellungen auf einem IIS-Webserver. Dieser Abschnitt unterscheidet sich von den bisher behandelten Abschnitten insofern, dass dieser Abschnitt nicht vom Konfigurationssystem des verwalteten Codes, sondern von der nicht verwalteten aspnet_isapi-DLL ausgelesen wird. Der Abschnitt *processModel* legt eine Vielzahl von Details zur Leistungsoptimierung fest.

ACHTUNG: Im *processModel*-Abschnitt können viele Features konfiguriert werden, einschließlich einiger Attribute, die festlegen, wie ASP.NET auf Mehrprozessorcomputern ausgeführt wird. Sie können beispielsweise die CPU-Mask festlegen, d.h. Sie können steuern, welche Prozessoren ASP.NET zur Codeausführung verwendet. Auch dies mag zunächst verlockend erscheinen, aber Sie sollten hierbei eines bedenken: Microsoft hat Millionen von Dollar und unzählige Stunden in die Entwicklung des Windows 2000-Prozessplanungssystems gesteckt, das in einem Mehrprozessorsystem für die effiziente Verteilung der Verarbeitungslast auf die verschiedenen CPUs sorgt. Es ist daher eher unwahrscheinlich, dass Sie diese Aufgabe durch die manuelle Einstellung der Prozessoraffinität besser bewältigen.

Das <*processModel*>-Tag unterstützt eine Vielzahl von Attributen. Die gängigsten werden in Tabelle 4.11 beschrieben.

ASP.NET führt einen Prozess pro verfügbarer CPU aus. Dementsprechend werden auf einem System mit vier Prozessoren, die (basierend auf den Einstellungen für die Attribute *cpuMask* und *webGarden*) alle für ASP.NET zur Verfügung stehen, vier ASP.NET-Prozesse gestartet. Bei einem *cpuMask*-Wert von 7 werden nur drei ASP.NET-Prozesse gestartet (siehe hierzu Tabelle 4.11).

Attribut	Option	Beschreibung
enable		Gibt an, ob das Prozessmodell aktiviert ist.
	true	Aktiviert das Prozessmodell.
	false	Deaktiviert das Prozessmodell.
timeout		Gibt den Zeitraum in Minuten an, den ASP.NET verstreichen lässt, bevor ein neuer Workerprozess gestartet wird, der den aktuellen Prozess ersetzt. Die Standardeinstellung lautet *infinite*.
idleTimeout		Gibt den Zeitraum der Inaktivität in Minuten an, nach der ASP.NET automatisch den Workerprozess beendet. Die Standardeinstellung lautet *infinite*. ▶

Attribut	Option	Beschreibung
shutdownTimeout		Gibt den für einen Workerprozess zugelassen Zeitraum in Minuten an, um sich selbst zu beenden. Wenn der für die Zeitüberschreitung festgelegte Wert überschritten wird und der Prozess sich noch nicht selbst beendet hat, wird der Prozess durch ASP.NET beendet. Das Format für diesen Wert lautet *hr:min:sec*. Der Standardwert lautet 5 Sekunden oder *0:00:05*.
requestLimit		Gibt die Anzahl der zugelassenen Anforderungen an, bevor ASP.NET einen neuen Workerprozess startet, der den aktuellen Prozess ersetzt. Die Standardeinstellung lautet *infinite*.
requestQueueLimit		Gibt die Anzahl der Anforderungen an, die sich in der Warteschlange befinden können, bevor ASP.NET einen neuen Workerprozess startet und die Anforderungen neu zuordnet. Die Standardeinstellung lautet *5000*.
memoryLimit		Gibt die maximale Speichergröße als Prozentsatz des gesamten Systemspeichers an, die der Workerprozess belegen kann, bevor ASP.NET einen neuen Prozess startet und vorhandene Anforderungen neu zuweist. Der Standardwert lautet *40*. Es wird nur der Wert angegeben, *nicht* das Prozentzeichen (%).
cpuMask		Gibt einen Bitmaskwert an, der anzeigt, welche Prozessoren in einem Mehrprozessorsystem für die Ausführung von ASP.NET-Prozessen verfügbar sind. Auf einem Computer mit vier Prozessoren bedeutet beispielsweise ein Binärwert von 0111 (Dezimalschreibweise 7), dass die CPUs 0 bis 2 für ASP.NET-Prozesse verwendet werden, CPU 3 jedoch nicht. Dieses Attribut interagiert mit dem Attribut *webGarden*.
webGarden		Steuert in Kombination mit dem *cpuMask*-Attribut die Prozessoraffinität. Ein Mehrprozessorsystem wird auch als »Webgarten« bezeichnet, wahrscheinlich als Kontrast zu den aus mehreren PCs bestehenden Clustern, die als Webserverfarms bezeichnet werden.
	true	Aktiviert die Verwendung des Windows-CPU-Planungssystems durch das System. Dies ist die Standardeinstellung.
	false	Bei dieser Einstellung wird über *cpuMask* festgelegt, welche CPUs für ASP.NET-Prozesse zur Verfügung stehen.
userName		Gibt ein vom Workerprozess zu verwendendes Konto an. Standardmäßig werden Prozesse mit dem IIS-Konto ausgeführt.
password		Legt das Kennwort für das in *username* angegebene Konto fest.
logLevel		Gibt an, welche Ereignistypen in das Ereignisprotokoll geschrieben werden.
	All	Protokolliert alle Prozessereignisse.
	None	Keine Protokollierung von Prozessereignissen.
	Errors	Protokolliert nur Fehler. Hierzu zählen die unerwartete Beendigung, Beendigungen aufgrund von Speichermangel sowie Beendigungen aufgrund von Deadlocks. Dies ist die Standardeinstellung.
clientConnectedCheck		Gibt den Zeitraum an, den eine Anforderung in der Warteschlange verbleiben kann, bevor geprüft wird, ob noch eine Clientverbindung besteht.
comAuthenticationLevel		Gibt die Ebene der Authentifizierung für die DCOM-Sicherheit an. Die Optionen für dieses Attribut lauten *Default*, *None*, *Connect*, *Call*, *Pkt*, *PktIntegrity* und *PktPrivacy*. Die Standardeinstellung lautet *Connect*. ▶

Attribut	Option	Beschreibung
comImpersonationLevel		Gibt die Ebene der Authentifizierung für die COM-Sicherheit an. Die Optionen für dieses Attribut lauten *Default*, *Anonymous*, *Identify*, *Impersonate* und *Delegate*. (*Anonymous* wird derzeit nicht unterstützt.)
maxWorkerThreads	5 bis 100	Gibt die maximale Anzahl an Workerthreads an, die pro CPU für den Prozess verwendet werden. Die Standardeinstellung lautet *25*.
maxIoThreads	5 bis 100	Gibt die maximale Anzahl an E/A-Threads an, die pro CPU für den Prozess verwendet werden. Die Standardeinstellung lautet *25*.

Tabelle 4.11: Attribute des <processModel>-Tags

Der sessionState-Abschnitt

Die Unterstützung für den Sitzungsstatus ist in ASP.NET erheblich weit reichender und flexibler als in ASP. Für Entwickler kleiner Internet- oder Intranetwebsites reichte die Sitzungsunterstützung von ASP vollkommen aus. Das Problem bei ASP bestand darin, dass der Sitzungsstatus nicht auf mehrere Webserver skaliert werden konnte. Der ASP-Sitzungsstatus wurde auf dem Webserver gespeichert, daher konnte beim Einsatz eines Systems wie beispielsweise dem Netzwerklastausgleich von Microsoft nicht sichergestellt werden, dass innerhalb einer Webserverfarm die Anforderungen eines bestimmten Clients immer durch denselben Server verarbeitet wurden. Eine weitere Einschränkung beim ASP-Sitzungsstatus bestand in der Notwendigkeit zur Verwendung von Cookies. Diese Einschränkung ist mittlerweile kein großes Problem mehr, da praktisch alle Browser Cookies unterstützen. Und der Umstand, dass die Mehrzahl der Internetsites heutzutage eine Cookieaktivierung erfordert, hat dazu geführt, dass selbst die ängstlichen Benutzer zumindest temporäre Cookies akzeptieren.

Der *sessionState*-Abschnitt der Datei *Web.config* steuert die Verwaltung des Sitzungsstatus. Die fünf vom *<sessionState>*-Tag unterstützten Attribute werden in Tabelle 4.12 beschrieben.

Attribut	Option	Beschreibung
mode		Gibt an, wo der Sitzungsstatus gespeichert wird.
	Off	Keine Speicherung des Sitzungsstatus.
	Inproc	Sorgt für die lokale Speicherung des Sitzungsstatus, ähnlich wie beim ASP-Sitzungsstatus.
	StateServer	Der Sitzungsstatus wird auf einem Remotestatusserver gespeichert.
	SqlServer	Der Sitzungsstatus wird auf einem SQL-Server gespeichert.
cookieless		Gibt an, ob der Sitzungsstatus ohne Verwendung von Clientcookies gespeichert wird.
	true	Aktiviert Sitzungen ohne Cookies.
	false	Aktiviert die Cookieverwendung für Sitzungen. Dies ist die Standardeinstellung.
timeout		Gibt den Zeitraum in Minuten an, die sich eine Sitzung im Leerlauf befinden darf, bevor sie abläuft. Der Standardwert lautet 20 Minuten, genau wie in ASP. ▶

Attribut	Option	Beschreibung
stateConnectionString		Gibt Servername und Anschluss für die Remotespeicherung des Sitzungsstatus an (z.B. *192.168.1.100:8484*). Dieses Attribut ist erforderlich, wenn der Modus auf *StateServer* gesetzt wurde.
sqlConnectionString		Gibt die Verbindungszeichenfolge für den SQL-Server an, auf dem der Status gespeichert wird (z.B. *data source=192.168.1.100;user id=sa;password=*). Dieses Attribut ist erforderlich, wenn der Modus auf *SqlServer* gesetzt wurde.

Tabelle 4.12: Attribute des <sessionState>-Tags

Für ASP.NET gelten weiterhin die Regeln zur Minimierung der im Sitzungsstatus gespeicherten Daten, die auch in ASP berücksichtigt werden mussten.

Der trace-Abschnitt

Für ASP-Entwickler erwies es sich häufig als schwierig, detaillierte Debugginginformationen zu erhalten. Was genau geschah mit der Seite, wenn ein Fehler auftrat? Welche Codeabschnitte wurden ausgeführt? ASP.NET verfügt über erheblich verbesserte Debugginginformationen, und der *trace*-Abschnitt der Datei *Web.config* ermöglicht die Festlegung verschiedener Einstellungen für die Ablaufverfolgung. Abbildung 4.15 zeigt eine Seite, die mit aktivierter Ablaufverfolgung und dem *pageOutput*-Attributwert *true* ausgeführt wurde.

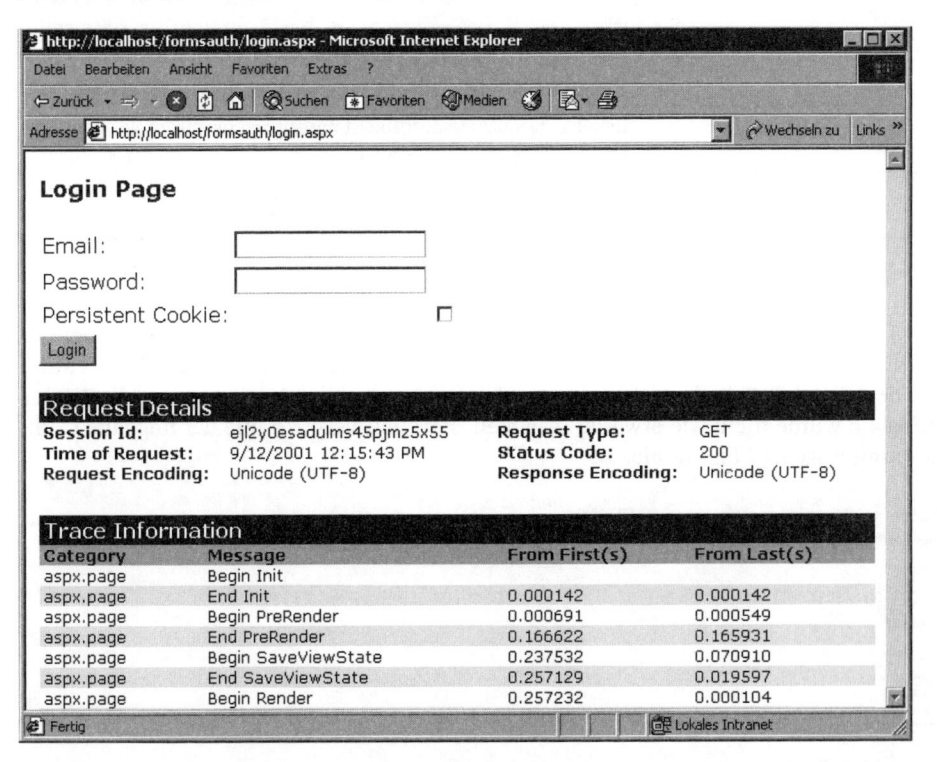

Abbildung 4.15: Ausgabe der in Listing 4.6 gezeigten Seite »Login.aspx« mit aktivierter Ablaufverfolgung und dem pageOutput-Attributwert »true«.

Das *<trace>*-Tag unterstützt die fünf in Tabelle 4.13 beschriebenen Attribute.

Attribut	Option	Beschreibung
enabled		Gibt an, ob die Ablaufverfolgung aktiviert ist.
	true	Aktiviert die Ablaufverfolgung.
	false	Deaktiviert die Ablaufverfolgung. Dies ist die Standardeinstellung.
requestLimit		Gibt die Anzahl der Ablaufverfolgungsanforderungen an, die auf dem Server gespeichert werden. Die Standardeinstellung lautet *10*.
pageOutput		Gibt an, ob die Ablaufverfolgungsinformationen am Ende jeder Seite angezeigt werden sollen.
	true	Hängt Ablaufverfolgungsinformationen an jede Seite an.
	false	Hängt keine Ablaufverfolgungsinformationen an jede Seite an. Dies ist die Standardeinstellung.
traceMode		Legt die Reihenfolge der Ablaufverfolgungsausgabe fest.
	SortByTime	Sortiert die Ausgabe nach Zeit (die Anzeige erfolgt in der Reihenfolge, in der die verfolgten Ergebnisse aufgetreten sind). Dies ist die Standardeinstellung.
	SortByCategory	Die Ausgabe wird nach Kategorie alphabetisch geordnet. Im nachfolgenden Abschnitt finden Sie Informationen zu benutzerdefinierten Kategorien.
localOnly		Gibt an, ob der Viewer für die Ablaufverfolgung nur auf dem Hostwebserver verfügbar ist.
	true	Die Ablaufverfolgungsausgabe ist nur auf der Serverkonsole verfügbar. Dies ist die Standardeinstellung.
	false	Die Ablaufverfolgungsausgabe steht nicht nur auf dem Webserver, sondern auch auf jedem Client zur Verfügung.

Tabelle 4.13: *Attribute des <trace>-Tags*

In Abbildung 4.15 ist die gesamte Ablaufverfolgungsausgabe der Kategorie *aspx.page* zugeordnet und wird ohne expliziten Ablaufverfolgungscode in der Quellseite automatisch durch das .NET Framework generiert. Die ASP.NET-Ablaufverfolgung kann aber noch viel mehr. Angenommen, die Anmeldeseite aus Listing 4.6 würde nicht wie erwartet reagieren. Beispielsweise könnte der folgende Codeabschnitt nicht ordnungsgemäß funktionieren:

```
if ((UserEmail.Value == "doug@programmingasp.net") &&
  (UserPass.Value == "password"))
{
    FormsAuthentication.RedirectFromLoginPage(
      UserEmail.Value, false);
}
else
{
    Msg.Text = "Invalid Credentials: Please try again";
}
```

Mithilfe der *Trace*-Klasse können Sie in einem solchen Fall benutzerdefinierte Anweisungen für die Ablaufverfolgungsausgabe hinzufügen:

```
if ((UserEmail.Value == "doug@programmingasp.net") &&
  (UserPass.Value == "password"))
{
   Trace.Write("MyCategory", "Authenticated");
   FormsAuthentication.RedirectFromLoginPage(
     UserEmail.Value,false);
}
else
{
   Msg.Text = "Invalid Credentials: Please try again";
   Trace.Write("MyCategory", "Invalid Credentials");
}
```

Wenn Sie die in Listing 4.6 gezeigte Seite mit den vorstehenden Änderungen ausführen und einen ungültigen Benutzernamen oder ein falsches Kennwort eingeben, würde die Ausgabe der Ablaufverfolgung eine weitere Zeile mit dem Namen *MyCategory* enthalten, wie dargestellt in Abbildung 4.16.

Neben den hier beschriebenen Abschnitten gibt es in der Datei *Web.config* weitere Abschnitte, die im Allgemeinen jedoch nicht bearbeitet werden (beispielsweise der Abschnitt *globalization*).

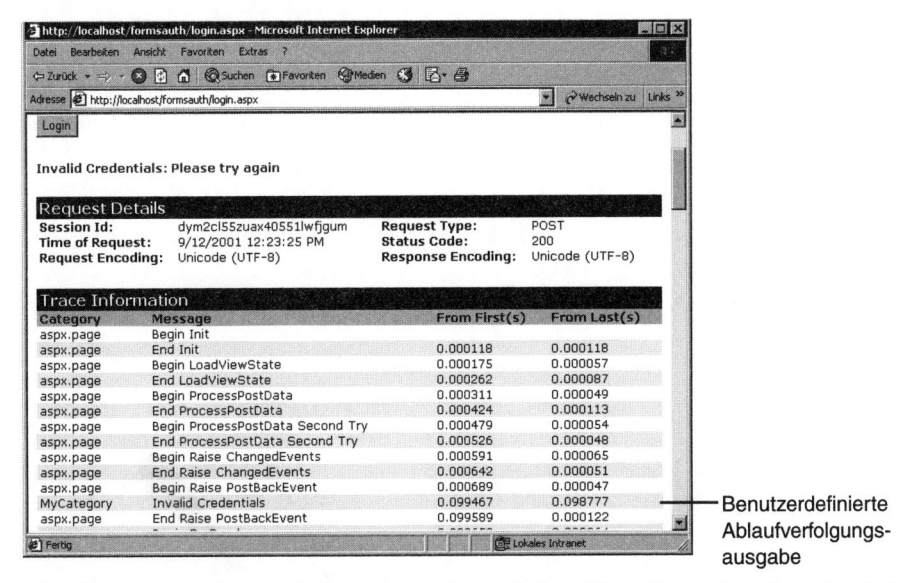

Abbildung 4.16: Ablaufverfolgungsausgabe nach dem Hinzufügen einer benutzerdefinierten Ablaufverfolgungskategorie

Fazit

Sie sollten bei all diesen Konfigurationseinstellungen immer im Auge behalten, dass die Standardwerte in vielen Fällen vollkommen ausreichen. Tatsächlich werden viele der in diesem Kapitel beschriebenen Abschnitte in Ihren *Web.config*-Dateien gar nicht auftauchen, weil die Standardwerte genügen. Darüber hinaus interagieren Tools wie Visual Studio .NET mit einigen dieser Einstellungen;

daher kann das Standardverhalten bei Einsatz von Visual Studio .NET ein wenig von dem abweichen, was hier als ASP.NET-Standardverhalten beschrieben wurde. Benutzer von Visual Studio .NET werden noch andere Unterschiede bemerken als Entwickler, die einen nicht .NET-fähigen Editor verwenden. Im Allgemeinen wird für die Beispiele der folgenden Kapitel Visual Studio .NET verwendet. Besonderes Augenmerk werde ich hierbei auf die »Zaubertricks« legen, die Visual Studio .NET hierbei im Namen des Entwicklers anwendet. Das Verhalten von Visual Studio .NET ist in der Regel nützlich; wenn die Dinge jedoch nicht so funktionieren, wie sie sollten, kann ein Blick hinter die Kulissen hilfreich sein.

Mit diesem Hintergrundwissen sollten Sie jetzt mit dem nächsten Kapitel fortfahren können. Kapitel 5 deckt den wichtigsten Anwendungstyp von ASP.NET ab – die Web Forms. Die Web Forms ermöglichen dem ASP.NET-Entwickler die Art der schnellen Anwendungsentwicklung für Server, von der ASP-Programmierer nur träumen konnten. Dieser Traum wird nun wahr – also lassen Sie uns sehen, was Sie daraus machen können!

5 Web Forms

94	Verwenden der klassischen ASP-Programmarchitektur
101	Verwenden von Validierungssteuerelementen
126	Beibehaltung des Steuerelementstatus in ASP.NET
129	Bearbeiten der Serversteuerelemente über den Programmcode
139	Fazit

Die übliche Anforderung an eine dynamische Webanwendung lautet, die Benutzereingabe abzurufen, diese zu verarbeiten und im Falle eines Dateneingabefehlers Feedback bereitzustellen. HTML bietet grundlegende Unterstützung für viele Widgets, einschließlich Textfeldern, Dropdownlisten, Listenfeldern, Kontrollkästchen sowie herkömmliche Schaltflächen und Schaltflächen zur Datenübermittlung. Diese grundsätzliche HTML-Unterstützung für Formulare war der Baustein für ASP-Entwickler (Active Server Pages), um für die Benutzereingabe in HTML-Formularen zusätzliche Verarbeitungs- und Validierungsaufgaben ausführen zu können. Besonders die Validierung in HTML-Formularen unterscheidet sich von der in herkömmlichen Microsoft Windows Forms-Anwendungen. Beispielsweise ist 5/35/2001 keine zulässige Datumseingabe. Im Gegensatz zu einer Microsoft Visual Basic 6.0-Anwendung oder einer Windows Forms-Anwendung können in einer ASP.NET-Anwendung nicht auf bequeme Weise Formulare mit maskierten Eingaben erstellt werden, die eine unzulässige Dateneingabe verhindern. Es gibt kein ASP.NET-Äquivalent für das *DateTimePicker*-Steuerelement der allgemeinen Windows-Steuerelemente, das automatisch die Gültigkeit und Konsistenz der Datumsbestandteile – Tag, Monat und Jahr – sicherstellt.

HINWEIS: Es ist sicherlich möglich, die Eingabe der Web Forms mit JavaScript zu steuern und ungültige Datumseingaben wie z.B. 35.5.2001 zu vermeiden, dies ist jedoch bei einer Webanwendung im Allgemeinen nicht die übliche Vorgehensweise. ASP-Entwickler codieren in der Regel defensiv. Sie schreiben mithilfe von JavaScript grundlegenden Validierungscode, der auf dem Webclient ausgeführt wird, sowie zusätzlichen Validierungscode für die Ausführung auf dem Server, falls die clientseitige Validierung aufgrund fehlender Browserfeatures oder -einstellungen nicht effektiv genug ist.

Verwenden der klassischen ASP-Programmarchitektur

ASP bot nur wenig direkte Unterstützung für die Formularvalidierung, daher hatten Sie in dieser Hinsicht relativ freie Hand. Selbst innerhalb einer Entwicklungsgruppe finden sich häufig mehrere Modelle für das Akzeptieren und Validieren von Eingaben. Traurigerweise finden sich sogar innerhalb des Codes eines einzigen Entwicklers gelegentlich mehrere Strukturen zur Handhabung der Formularvalidierung (wenigstens, wenn es sich bei dem fraglichen Entwickler um mich handelt...).

Jedes HTML-Formular weist im <FORM>-Tag ein *action*-Attribut auf, das auf einen URL verweist. Dieser URL kann *absolut* sein, in diesem Fall beginnt er mit *http://*, oder *relativ*, d.h. er könnte mit einem Schrägstrich (/) beginnen, um auf den Stamm der aktuellen Site zu verweisen. Genauso kann ein relativer URL jedoch auch eine Datei enthalten, die im gleichen Ordner vorliegt wie die Seite, in der sich das Formular befindet. Wenn das Formular übertragen wird, werden die Inhalte des Formulars an den im *action*-Attribut des <FORM>-Tags festgelegten URL übermittelt.

Die zwei gängigen ASP-Strukturen werden in den Abbildungen 5.1 und 5.2 dargestellt.

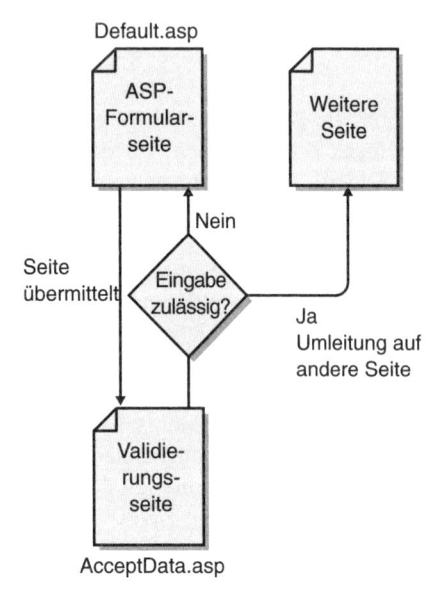

Abbildung 5.1: Eine mögliche ASP-Struktur für die Formularvalidierung

Die ASP-Struktur in Abbildung 5.1 verfügt über ein Formular in *Default.asp*, bei dem das *action*-Attribut des <FORM>-Tags auf *AcceptData.asp* verweist. Die Aufgabe von *AcceptData.asp* besteht darin, die Informationen im Formular von *Default.asp* zu validieren und den Benutzer anschließend wieder auf *Default.asp* umzuleiten, um ggf. Informationen zu korrigieren, die Informationen dann zu verarbeiten, eine Statusmeldung anzuzeigen oder den Benutzer an eine andere Seite weiterzuleiten.

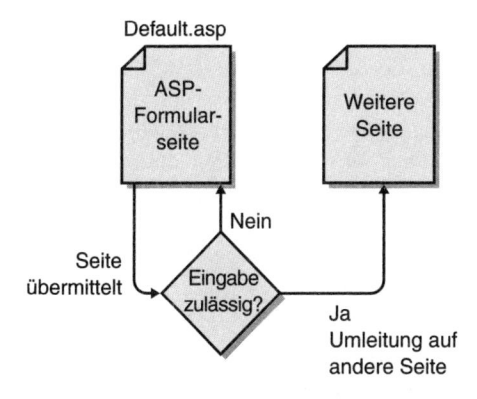

Abbildung 5.2: *Eine weitere mögliche ASP-Struktur für die Formularvalidierung*

Die ASP-Struktur in Abbildung 5.2 verfügt über ein Formular in *Default.asp*, bei dem das *action*-Attribut des *<FORM>*-Tags auf *Default.asp* verweist. Diese Seite ist selbstreferenzierend, d.h. die in das Formular eingegebenen Informationen werden an dieselbe Seite zurückgegeben, die auch das Formular enthält. Aus diesem Grund muss die Seite verschiedene Verhaltensmodelle unterstützen, je nachdem, ob das Formular zum ersten Mal angezeigt wird oder ob es sich um ein so genanntes *Postback* handelt. Ein Postback tritt auf, wenn der Benutzer ein Formular ausfüllt und anschließend auf die Schaltfläche zur Datenübermittlung klickt. Es gibt verschiedene Möglichkeiten zu ermitteln, ob gerade ein Postback ausgeführt wird. Ich bevorzuge in diesem Fall verborgene Formularfelder, die den Namen *postback* erhalten.

Die in den Abbildungen 5.1 und 5.2 gezeigten Strukturen haben ihre Vorteile, ich bevorzuge jedoch aus folgenden Gründen in der Regel die Struktur aus Abbildung 5.2:

- Die gesamte Logik des Formulars befindet sich an einem Ort. Wenn Sie dem Formular ein Steuerelement hinzufügen oder ein Steuerelement löschen möchten, sollte sich die hierzu erforderliche Logik auf einer Seite befinden.

- Es ist keine Umleitung zur Fehlerkorrektur durch den Benutzer erforderlich. Dies ist ebenfalls ein Vorteil, wenn die Benutzerschnittstelle basierend auf Informationen aktualisiert wird, die der Benutzer in der Anfangsphase eingibt. Ich habe beispielsweise vor kurzem an einem Registrierungssystem für ein Krankenhaus gearbeitet, bei dem der Benutzer, der einen Patienten in das System aufnimmt, zunächst den Patientenservice auswählt. Je nachdem, ob es sich beispielsweise um eine ambulante oder eine stationäre Behandlung handelte, wurde nach der Übertragung der Formulardaten ggf. ein zusätzliches Steuerelement angezeigt, über das die Zimmer- und Bettnummer angegeben werden konnte.

- Wenn ein Fehler auftritt, müssen nicht alle übertragenen Informationen für die Umleitung auf die Originalseite wiederhergestellt werden.

Wenn ein Postback erfolgreich ist und die eingegebenen Informationen zulässig sind, werden die Informationen verarbeitet und der Benutzer wird auf eine andere Seite umgeleitet.

Die Weiterleitung zu Validierungszwecken bietet verschiedene Vorteile. Wenn mehrere Seiten ähnliche Validierungsaufgaben ausführen müssen, können diese auf einer Seite ausgeführt werden. Dies kann wichtig sein, wenn bestimmte Validierungen sehr komplexen Code umfassen. Eine Alternative zur Zentralisierung komplexer Validierungen auf einer einzigen Seite ist die Verwendung von *include*-Dateien, aber diese Lösung zieht wieder andere, eigene Probleme nach sich.

Die Architektur der ASP.NET-Formularvalidierung ist sehr viel strukturierter als die von ASP. Das Ziel von ASP.NET bestand in der Bereitstellung einer schnellen Anwendungsentwicklung für den Server. Dieses Ziel wurde weitgehend erreicht.

ASP.NET-Unterschiede: ASP.NET umfasst ein leistungsfähigeres Framework für die Validierung als ASP. Beste Ergebnisse erzielen Sie jedoch, wenn Sie für die ASP.NET-Validierung die strukturierte Methode aus Abbildung 5.2 verwenden, bei der Seiten ein Postback auf sich selbst durchführen. Sie können in ASP.NET auch die Verwendung anderer Strukturen erzwingen, dies würde jedoch keinen Spaß machen, denn in dem Fall arbeiten Sie eher gegen als mit ASP.NET. »Nutze die Macht, Luke!«

ASP.NET-Formulare im Vergleich zu Visual Basic 6.0-Formularen

Der Großteil dieses Kapitels vergleicht das klassische ASP mit ASP.NET. Die Unterschiede hierbei sind gravierend. Wenn Sie von Visual Basic 6.0 nach ASP.NET wechseln, sind die Änderungen in der Formulararchitektur sogar noch auffälliger – unabhängig davon, ob Sie Visual Basic .NET oder C# verwenden.

Bestimmte Dinge, die in einer herkömmlichen Visual Basic-Anwendung verständlich und leicht umzusetzen sind, sind im ASP.NET-Formularmodell weniger einsichtig und schwieriger zu realisieren. Es ist beispielsweise nicht unüblich, eine herkömmliche Anwendung zu erstellen, bei der bei Verlassen eines Steuerelements die Inhalte des nächsten Steuerelements geändert werden. Ich habe z.B. an einer Anwendung gearbeitet, bei der die Benutzer einen Anlagentyp aus einer Dropdownliste auswählen. Nachdem der Benutzer die Dropdownliste für den Anlagentyp verlassen hat, ändert sich die Dropdownliste mit den einzelnen Namen dahingehend, dass nur Anlagen des ausgewählten Typs angezeigt werden. Die »On-the-fly«-Bearbeitung von Steuerelementen ist jedoch nicht unbedingt die beste Struktur für ein ASP.NET-Formular, denn das erneute Auffüllen des nächsten Steuerelements erfordert in der Regel einen Serverroundtrip.

Der größte Schock für Visual Basic-Entwickler ist jedoch auf einer tieferen Ebene der ASP.NET-Formularentwicklung zu finden: die Lebensdauer einer Seite und die hierfür definierten Variablen. Eine ASP.NET-Seite ist wie ein vergessliches Kind. Sag' ihr etwas (z.B. »Setze eine Variable in der zugrunde liegenden Seitenklasse«) und Du kannst sicher sein, dass die Seite beim nächsten Wiedersehen alles vergessen hat, was man ihr je über die Variable erzählt hat. Diese »Vergesslichkeit« ist in Anbetracht der Tatsache, dass HTTP ein statusloses Protokoll ist, nicht ungewöhnlich. Wenn Sie eine Verbindung zu einer kommerziellen Website herstellen – z.B. zu MSDN –, haben Sie keine Garantie dafür, dass bei jeder Anforderung derselben Seite diese Seite vom selben Webserver geliefert wird.

Eine Möglichkeit zur Beibehaltung von Statusinformationen ist die Eigenschaft *ViewState*. Die *ViewState*-Eigenschaft sorgt durch eine verborgene Seitenvariable namens _VIEWSTATE zwischen den Serverroundtrips für die Beibehaltung der Werte. Diese Variable ist nicht transparent (ihre Bedeutung ist weder offensichtlich noch leicht erkennbar) und sollte nicht direkt geändert werden.

Angenommen, Sie verfügen über einen *integer*-Wert innerhalb einer Seitenklasse namens *tries*, der die Seitenaktualisierungen durch einen bestimmten Benutzer zählt. Zur Beibehaltung dieses *integer*-Wertes könnten Sie folgendermaßen vorgehen:

```
ViewState ("tries")=tries
```

Alternativ könnten Sie den Wert auch in einer Eigenschaft der Klasse kapseln. In Visual Basic .NET könnte dies so aussehen:

```
Public Property tries() As Integer
    Get
        Return CInt(ViewState ("tries"))
    End Get
    Set(ByVal Value As Integer)
        ViewState("tries") = Value
    End Set
End Property
```

Durch den Einsatz der Eigenschaft kann der Visual Basic .NET-Code mithilfe von *MyClass1.tries* sauber auf den Wert von *tries* zugreifen, hinter den Kulissen wird der Wert jedoch über die *ViewState*-Eigenschaft abgerufen und gesetzt.

Um noch etwas mehr Verwirrung zu stiften, *werden* einige Dinge zwischen den Roundtrips zum Server automatisch gespeichert. Standardmäßig speichert ASP.NET die in Steuerelemente eingegebenen Inhalte sowie die Eigenschaften der auf der Seite deklarierten Steuerelemente zwischen den Roundtrips zum Server automatisch.

Beispiel einer ASP.NET-Formularvalidierung

In der Erläuterung der Formularauthentifizierung in Kapitel 4 zeigte Listing 4.6 eine einfache Anmeldeseite, auf der E-Mail-Adresse und Kennwort eines Benutzers eingegeben werden konnten. Diese Eingabe wurde anschließend mit einem hartcodierten Wertesatz verglichen. Listing 5.1 zeigt eben dieses Formular.

```
<%@ Import Namespace="System.Web.Security " %>

<html>

    <script language="C#" runat=server>
    void Login_Click(Object sender, EventArgs E)
    {
        // Benutzerauthentifizierung: Dieses Beispiel akzeptiert nur (einen)
        // Benutzer mit dem Namen doug@programmingasp.net und dem Kennwort
        // password
        if ((UserEmail.Value == "doug@programmingasp.net") &&
          (UserPass.Value == "password"))
        {
            FormsAuthentication.RedirectFromLoginPage(
                UserEmail.Value,false);
        }
        else
        {
            Msg.Text = "Invalid Credentials: Please try again";
        }
    }
    </script>

<body>
<form runat=server>
    <center>
    <h3>
    <font face="Verdana" color=blue>Login Page</font>
    </h3>
```

```
    <table>
        <tr>
            <td>
                Email:
            </td>
            <td>
                <input id="UserEmail"
                type="text"
                runat=server
                size=30 />
            </td>
            <td>
                <ASP:RequiredFieldValidator
                    ControlToValidate="UserEmail"
                    Display="Static" ErrorMessage="*"
                    runat=server />
            </td>
        </tr>
        <tr>
            <td>
                Password:
            </td>
            <td>
                <input id="UserPass"
                type=password
                runat=server size=30 />
            </td>
            <td>
                <ASP:RequiredFieldValidator
                    ControlToValidate="UserPass"
                    Display="Static" ErrorMessage="*"
                    runat=server />
            </td>
        </tr>
        <tr>
            <td colspan=3 align="center">
                <asp:button text="Login"
                    OnClick="Login_Click"
                    runat=server>
                </asp:button>
                <p>
                <asp:Label id="Msg" ForeColor="red"
                Font-Name="Verdana"
                Font-Size="10" runat=server />
            </td>
        </tr>
    </table>
    </center>
  </form>
  </body>
</html>
```

***Listing 5.1:** Anmeldeseite* Login.aspx

Login.aspx weist sowohl mit einer herkömmlichen ASP-Seite als auch mit einer traditionellen HTML-Seite sehr viele Gemeinsamkeiten auf. Oben auf dieser Seite befindet sich eine wichtige Deklaration, über die der *System.Web.Security*-Namespace importiert wird. Wie Sie sich vielleicht erinnern, handelt es sich bei *Login.aspx* um die Seite, auf die ein Benutzer beim ersten Sitebesuch umgeleitet wird. Der Wert für diese Seite wird in der *Web.config*-Datei festgelegt. Der *System.Web.Security*-Namespace wird zum Aktivieren der Seite verwendet, damit der Benutzer ordnungsgemäß auf die ursprünglich angeforderte Seite umgeleitet werden kann.

> **ASP.NET-Unterschiede:** Bei der traditionellen ASP-Programmierung konnten *include*-Anweisungen für den Funktionalitätsimport eingesetzt werden. ASP.NET unterstützt die *import*-Anweisung, mit der Namespaces importiert werden können. Die .NET-Implementierung bietet jedoch (im Gegensatz zu Java) keine Unterstützung für Platzhalterzeichen beim Import, d.h., Sie können nicht *System.Web.** importieren und dann den *System.Web.Security*-Namespace nutzen.

Nach dem *<HTML>*-Starttag folgt ein Skriptblock, der durch die Tags *<SCRIPT>* und *</SCRIPT>* abgegrenzt wird. Dieser Skriptblock enthält eine einzige C#-Funktion, *Login_Click*. Diese Funktion vergleicht lediglich einige Formularwerte mit hartcodierten Werten und verwendet entweder eine Methode aus dem *System.Web.Security.FormsAuthentication*-Namespace, um den Benutzer auf die ursprünglich angeforderte Seite umzuleiten, oder setzt die Texteigenschaft eines *Label*-Objekts auf dem Formular, um den Benutzer aufzufordern, die Anforderung zu wiederholen.

> **ASP.NET-Unterschiede:** In ASP können Funktionen, wie in Listing 5.1 gezeigt, in *<SCRIPT></SCRIPT>*-Tags oder in *<%* und *%>* eingeschlossen werden. ASP.NET unterstützt nur Funktionen innerhalb von Skriptblöcken. Bei versehentlicher Verwendung der Tags *<%* und *%>* zum Einschließen von Funktionsdeklarationen erhalten Sie derzeit eine Fehlermeldung, die das Problem vielleicht nicht besonders einleuchtend beschreibt. Sie können *<%* und *%>* jedoch weiterhin als Inlinetags zum Anzeigen von Ergebnissen verwenden. Wie Sie gleich sehen werden, gibt es jedoch in jedem Fall eine bessere Möglichkeit zur Codierung von ASP.NET-Anwendungen.

Beachten Sie außerdem, dass die *Login_Click*-Funktion innerhalb der *<SCRIPT></SCRIPT>*-Tags nie direkt aufgerufen wird. Das genaue Vorgehen beim Aufruf dieser Funktion werde ich gleich erläutern.

Innerhalb des Hauptteils der Seite (innerhalb der Tags *<BODY>* und *</BODY>*) wird über ein *<FORM>*-Starttag ein Formular gestartet. Im Gegensatz zu einem herkömmlichen ASP- oder HTML-Formulartag wird hier nur das *runat*-Attribut angegeben und auf den Wert *server* gesetzt. Keine Spur von *post* oder *get*, kein *action*-Attribut zum Festlegen der bei Formularübermittlung aufzurufenden Seite. Ein ASP.NET-Formular mit einem Attribut/Wert-Paar *runat=server* führt immer ein Postback auf sich selbst durch. Obwohl die Verwendung des *runat*-Attributs kein Element der klassischen ASP-Entwicklung ist, sollte ein ASP-Programmierer die Verwendung des *runat*-Attributs für Skriptblöcke kennen. ASP.NET unterstützt das *runat*-Attribut für viele HTML-Tags, und die Verwendung von *runat* beinhaltet stets, dass auf dem Server eine Aktion zur Unterstützung dieser Komponente ausgeführt wird.

Das Formular enthält viele Codeabschnitte, die wie HTML-Standardcode aussehen; hierzu zählen unter anderem Tabellen und Textfeldeingabe-Elemente. Die Textfeldeingabe-Elemente weisen ein ungewöhnliches Feature auf, nämlich dasselbe Attribut/Wert-Paar *runat=server*, das auch vom *<FORM>*-Tag verwendet wird.

ASP.NET-Serversteuerelemente im Vergleich zu HTML-Serversteuerelementen

Sie werden in Listing 5.1 auf einige unbekannte Tags stoßen, die mit *<ASP:* beginnen. In einigen Fällen wird Ihnen die Zeichenfolge hinter *ASP:* bekannt vorkommen (z.B. bei *ASP:Button* oder *ASP:Label*), in anderen jedoch nicht (etwa bei *ASP:RequiredFieldValidator*). Bei diesen Tags handelt es sich um ASP.NET-Serversteuerelemente. Diese Steuerelemente, die auf dem Server ausgeführt werden, verhalten sich in gewisser Hinsicht wie die HTML-Steuerelemente mit dem Attribut/Wert-Paar *runat=server*. Wenn die Steuerelemente über das Attribut/Wert-Paar *runat=server* verfügen, können sie serverseitige Funktionen auslösen. In diesem Beispiel wird die *LoginClick*-Methode aufgerufen, wenn auf das ASP.NET-Serversteuerelement *Button* geklickt wird. Aber wenn sich diese Steuerelemente ähneln, warum gibt es dann zwei Steuerelementsätze?

Dies hat verschiedene Gründe. Zunächst sind einige der Steuerelemente keine wirklichen HTML-Äquivalente. Obwohl die logische Schlussfolgerung wäre, zur Erstellung eines HTML-Serversteuerelements für ein Eingabefeld oder eine Schaltfläche einfach ein HTML-Standardtag zu verwenden und *runat=server* einzufügen, verhält es sich mit Steuerelementen wie beispielsweise *RequiredFieldValidator* anders, denn hierbei handelt es sich nicht um ein hundertprozentiges HTML-Äquivalent. Aber bevor wir uns näher damit beschäftigen, welche Aufgaben ein *RequiredFieldValidator*-Steuerelement genau erfüllt, ist es sinnvoll, sich die grundlegenden Unterschiede zwischen den zwei Arten von Serversteuerelementen, HTML und ASP.NET, vor Augen zu führen.

HTML-Serversteuerelemente bieten folgende Features:

- Ein Objektmodell, mit dessen Hilfe die Steuerelemente über den Programmcode bearbeitet werden können.
- Ein Ereignismodell, mit dessen Hilfe Ereignisse wie bei der clientseitigen Ereignisbehandlung gehandhabt werden können – mit der Ausnahme, dass die Ereignisbehandlung in diesem Fall auf dem Server erfolgt.
- Die Fähigkeit, Ereignisse entweder auf der Client- oder der Serverseite oder sowohl auf Client- als auch auf Serverseite zu behandeln. Es mag merkwürdig anmuten, Ereignisse sowohl auf der Client- als auch auf der Serverseite zu behandeln, es gibt jedoch Fälle, in denen dies sinnvoll sein kann. Weitere Informationen zu diesem Feature finden Sie in Kapitel 7.
- Automatische Beibehaltung von Werten zwischen Serverroundtrips. Wenn Sie einen Wert in ein HTML-Textfeld-Serversteuerelement eingeben und eine *submit*-Operation ausführen, kann das Steuerelement den eingegebenen Text speichern.
- Interaktion mit Validierungssteuerelementen. Dieses Feature werden wir im nächsten Abschnitt, »Verwenden von Validierungssteuerelementen«, näher beleuchten.
- Datenbindung an eine oder mehrere Steuerelementeigenschaften.
- Unterstützung für HTML 4.0-Stylesheets, falls diese vom Browser unterstützt werden.
- Durchgängige benutzerdefinierte Attribute. Sie können dem HTML-Serversteuerelement Attribute hinzufügen, das .NET Framework liest Attribute ein und gibt sie ohne Funktionalitätsänderung aus.

ASP.NET-Serversteuerelemente bieten neben der Funktionalität der HTML-Serversteuerelemente noch weitere Features. Die ASP.NET-Serversteuerelemente können jedoch nicht allen HTML-Standardelementen direkt zugeordnet werden. (Beispielsweise gibt es für das Steuerelement *RequiredFieldValidator* kein Standard-HTML-Äquivalent.) ASP.NET-Serversteuerelemente bieten folgende Features:

- Ein leistungsfähiges Objektmodell, das eine typensichere Programmierung ermöglicht.
- Automatische Browsererkennung. Die Steuerelemente erkennen die Browserfunktionen und stellen dem Client geeigneten clientseitigen Code zur Verfügung.
- »Look and Feel« einiger Steuerelemente kann mithilfe von Vorlagen bearbeitet werden. (An alle C++-Programmierer: Dies sind nicht die Vorlagen, die Sie jetzt vielleicht meinen!)
- Für einige Steuerelemente kann angegeben werden, ob ein Steuerelementereignis für die spätere Formularübertragung gespeichert oder sofort auf dem Server bereitgestellt werden soll.
- Bei verschachtelten Steuerelementen besteht die Möglichkeit zur Übergabe von Ereignissen an ein übergeordnetes Steuerelement. Eine Schaltfläche in einer Tabelle kann beispielsweise ein Ereignis an die Tabelle übergeben, in der sich die Schaltfläche befindet.

Login.aspx in Listing 5.1 verwendet sowohl HTML-Serversteuerelemente als auch ASP.NET-Serversteuerelemente. In den meisten Buchbeispielen werden ASP.NET-Serversteuerelemente verwendet. Programmierer, die für gewöhnlich in typensicheren Sprachen wie beispielsweise C oder C++ arbeiten, werden sich bei der Arbeit mit den ASP.NET-Serversteuerelementen wohler fühlen, da diese ein typensicheres Objektmodell bereitstellen.

Verwenden von Validierungssteuerelementen

Da wir uns als Erstes das Steuerelement *RequiredFieldValidator* ansehen, ist es sinnvoll, sich zunächst die Klassenhierarchie für die *RequiredFieldValidator*-Klasse anzusehen (siehe Abbildung 5.3). Wie wir wissen, werden alle Elemente im .NET Framework von *Object* abgeleitet, daher ist es nicht verwunderlich, dass *RequiredFieldValidator*-Klasse letztlich ein Abkömmling von *Object* ist.

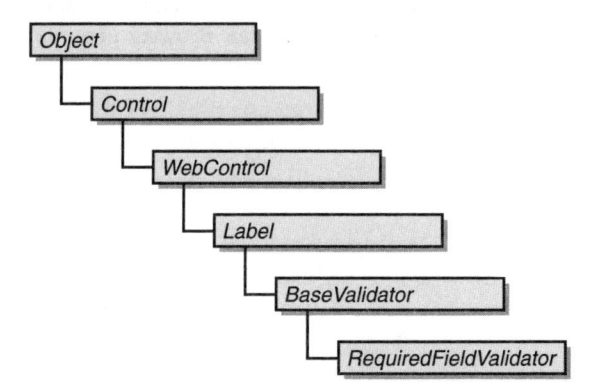

Abbildung 5.3: *Objektklassenhierarchie für RequiredFieldValidator im .NET Framework*

Das Steuerelement RequiredFieldValidator

Zum besseren Verständnis dieser Hierarchie ist es hilfreich, sich die Aufgaben des *RequiredFieldValidator*-Steuerelements anzusehen. Das *RequiredFieldValidator*-Steuerelement wird beispielsweise in der Seite *Login.aspx* aus Listing 5.1 verwendet. Abbildung 5.4 zeigt die Seite *Login.aspx* und veranschaulicht, was geschieht, wenn das Formular ohne jegliche Eingabe gesendet wird.

Abbildung 5.4: *Anzeige der Seite Login.aspx, wenn ohne Formulareingabe auf Login geklickt wurde*

Alle Validierungssteuerelemente des Formulars verfügen über ein *ErrorMessage*-Attribut, das in diesem Beispiel auf »*« gesetzt wurde. Aus diesem Grund wird neben allen Feldern, die nicht erfolgreich validiert werden konnten, ein Sternchen angezeigt. Das Steuerelement *RequiredFieldValidator* ist vielleicht die einfachste Form eines Validierungssteuerelements – es prüft, ob ein Feld über einen Wert verfügt. Wie funktioniert ein Validierungssteuerelement? Dies hängt von verschiedenen Faktoren ab. Wie bei vielen Aspekten von ASP.NET ist es sinnvoll, den im Browser sichtbaren HTML-Code anzuzeigen. Auf diese Weise können Sie feststellen, wie eine Anforderung an ein Validierungssteuerelement in etwas übersetzt wird, mit dem der Browser etwas anfangen kann. Listing 5.2 zeigt den HTML-Code, der vor dem Auslösen des Validierungssteuerelements an den Browser gesendet wird. (Ich habe das Listing aus Gründen der Übersichtlichkeit etwas umformatiert.)

```
<html>
    <body>
    <form name="_ctl0" method="post"
    action="login.aspx"
    language="javascript"
    onsubmit="ValidatorOnSubmit();"
    id="_ctl0">
    <input type="hidden" name="__VIEWSTATE"
    value="dDwxMDgxMzYzOTAxOzs+" />

    <script language="javascript"
    src="/aspnet_client/system_web/1_0_3217_0/WebUIValidation.js">
    </script>
        <center>
        <h3>
        <font face="Verdana" color=blue>Login Page</font>
        </h3>
        <table>
            <tr>
                <td>
                    Email:
                </td>
                <td>
                    <input name="UserEmail"
```

```
                        id="UserEmail"
                        type="text"
                        size="30" />
                </td>
                <td>
                    <span id="_ctl1"
                        controltovalidate="UserEmail"
                        errormessage="*"
                        evaluationfunction=
                          "RequiredFieldValidatorEvaluateIsValid"
                        initialvalue=""
                        style="color:Red;visibility:hidden;">*</span>
                </td>
            </tr>
            <tr>
                <td>
                    Password:
                </td>
                <td>
                    <input name="UserPass" id="UserPass"
                        type="password" size="30" />
                </td>
                <td>
                    <span id="_ctl2" controltovalidate="UserPass"
                        errormessage="*"
                        evaluationfunction=
                          "RequiredFieldValidatorEvaluateIsValid"
                        initialvalue=""
                        style="color:Red;visibility:hidden;">*</span>
                </td>
            </tr>
            <tr>
                <td colspan=3 align="center">
                    <input type="submit"
                        name="_ctl3" value="Login"
                        onclick="if (typeof(Page_ClientValidate) == "function")
                          Page_ClientValidate(); "
                        language="javascript" />
                    <p>
                    <span id="Msg"
                        style="color:Red;font-family:Verdana;font-size:10pt;">
                    </span>
                </td>
            </tr>
        </table>
    </center>

<script language="javascript">
<!--
    var Page_Validators =
      new Array(document.all["_ctl1"],
      document.all["_ctl2"]);
        // -->
</script>
```

```
<script language="javascript">
<!--
var Page_ValidationActive = false;
if (typeof(clientInformation) != "undefined" &&
  clientInformation.appName.indexOf("Explorer") != -1)

{
    if (typeof(Page_ValidationVer) == "undefined")
        alert("Unable to find script library " +
            ""/aspnet_client/system_web/1_0_3217_0" +
            "/WebUIValidation.js". " +
            "Try placing this file manually, " +
            "or reinstall by running "aspnet regiis -c".");
    else if (Page_ValidationVer != "125")
        alert("This page uses an incorrect " +
            "version of WebUIValidation.js. The page expects " +
            "version 125. The script library is " +
            Page_ValidationVer + ".");
    else
        ValidatorOnLoad();
}

function ValidatorOnSubmit() {
    if (Page_ValidationActive) {
        ValidatorCommonOnSubmit();
    }
}
// -->
</script>

        </form>
    </body>
</html>
```

Listing 5.2: *Der bei Anforderung der Seite* Login.aspx *und vor dem Auslösen des Validierungssteuerelements für den Browser sichtbare HTML-Quellcode*

HINWEIS: Listing 5.2 enthält ein ungewöhnliches Feld: ein verborgenes Feld mit dem Namen _VIEWSTATE. Dieses Feld sorgt zwischen den Übertragungen für die Erhaltung des Steuerelementstatus. Sie sollten dieses Feld nicht anrühren. Es wurde so entworfen, dass es nicht bearbeitet werden kann, um Sie daran zu hindern, beispielsweise die Statusinformationen eines anderen Benutzers zu kidnappen. Weitere Informationen zu diesem Thema finden Sie in dem gesondert formatierten Abschnitt »ASP.NET-Formulare im Vergleich zu Visual Basic 6.0-Formularen« weiter oben in diesem Kapitel.

Wow. Das ist eine Menge Code! Es überrascht nicht, dass der C#-Skriptblock am Anfang von Listing 5.1 in Listing 5.2 nicht vorhanden ist, da dieser als *runat=server* gekennzeichnet ist. Es gibt jedoch einen neuen <SCRIPT>-Block:

```
<script language="javascript"
    src="/aspnet_client/system_web/1_0_3217_0/WebUIValidation.js">
</script>
```

Dieser Code hat nun so gar nichts Bekanntes an sich. Nach einem Blick auf die IIS-Konsole (Internet Information Services) können wir jedoch erkennen, dass sich ein logisches Verzeichnis an dem Speicherort befindet, auf den über das *scr*-Attribut des *<SCRIPT>*-Tags verwiesen wird (siehe Abbildung 5.5).

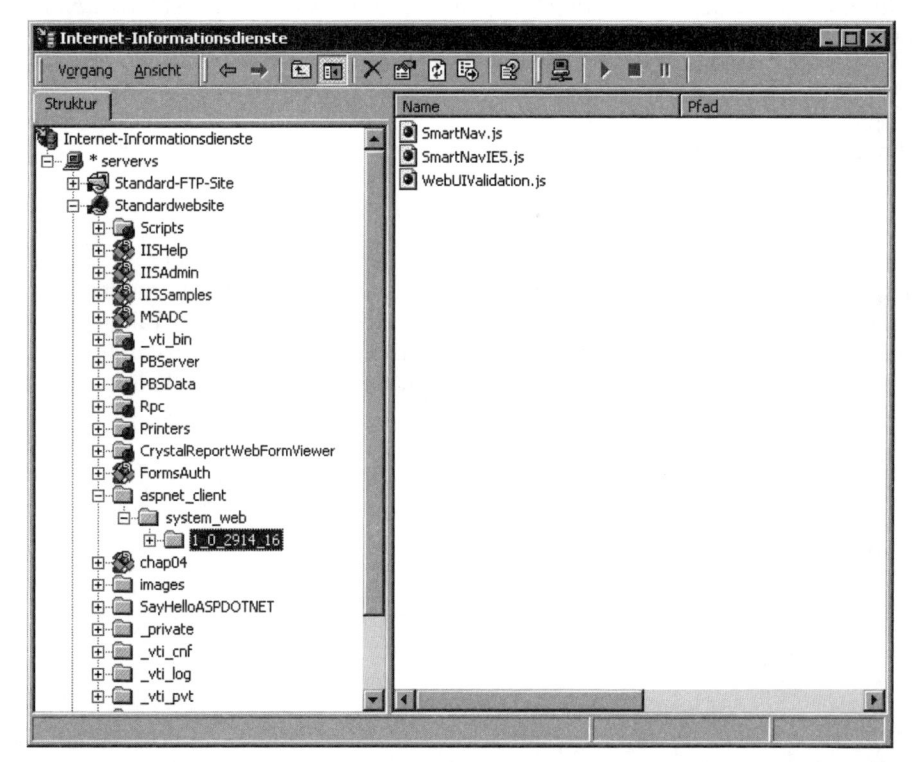

Abbildung 5.5: Die IIS-Konsole mit angezeigtem ASP.NET-Verzeichnis für den Clientcode

Ich werde nicht die gesamte *WebUIValidation.js*-Datei vorführen, da Ihre Version dieser Datei sehr wahrscheinlich leicht von meiner abweicht. Der Punkt ist, dass bei der clientseitigen Validierung in Ihren Seiten eine für die Clientseite entworfene Skriptbibliothek verwendet wird.

HINWEIS: Sie können den Standort der clientseitigen Skripts auch im *webControls*-Tag der Datei *Machine.config* festlegen. Im Allgemeinen sollten Sie die Standorteinstellung zwar nicht ändern, aber es kann von Nutzen sein zu wissen, wo die clientseitigen JavaScript-Dateien sich befinden.

Die nächste bedeutende Änderung im HTML-Code ist das *<SPAN>*-Tag, welches das erste *RequiredFieldValidator*-Element zu ersetzen scheint:

```
<span id="_ctl1"
controltovalidate="UserEmail"
errormessage="*"
evaluationfunction=
  "RequiredFieldValidatorEvaluateIsValid"
initialvalue=""
style="color:Red;visibility:hidden;">*</span>
```

Web Forms

Ein HTML-*<SPAN>*-Tag wird als Container für einen Textabschnitt verwendet, der unter Umständen eine spezielle Darstellung erfordert. In diesem Fall besteht die spezielle Darstellung darin, dass der Text nicht sichtbar sein soll. Dies wird mithilfe des *style*-Standardattributs erreicht. Das mit dem *Passwort*-Textfeld verknüpfte Validierungssteuerelement wird auf ähnliche Weise in ein *<SPAN>*-Tag geändert. Das *<ASP:Button>*-Element aus Listing 5.1 wird in eine herkömmliche HTML-*Submit*-Schaltfläche umgewandelt:

```
<input type="submit"
name="_ctl3" value="Login"
onclick="if (typeof(Page_ClientValidate) == "function")
  Page_ClientValidate(); "
language="javascript" />
```

Wie Sie sehen, wird die angeforderte Seitenvalidierung jetzt durch das clientseitige JavaScript gehandhabt. Aber was genau geschieht hierbei? Tatsächlich wird über ein Skripttag unterhalb des Formulars eine Variable mit dem Namen *Page_Validators* gesetzt, die ein Element pro Validierungssteuerelement enthält. Das *onclick*-Ereignis der *Submit*-Schaltfläche ruft *Page_ClientValidate* auf. Die in meiner Version von *WebUIValidation.js* vorhandene Version von *Page_ClientValidate* sieht so aus:

```
function Page_ClientValidate() {
    var i;
    for (i = 0; i < Page_Validators.length; i++) {
        ValidatorValidate(Page_Validators[i]);
    }
    ValidatorUpdateIsValid();
    ValidationSummaryOnSubmit();
    Page_BlockSubmit = !Page_IsValid;
    return Page_IsValid;
}
```

Jedes Element des *Page_Validator*-Arrays wird durch den Aufruf von *ValidatorValidate* (eine weitere Funktion in *WebUIValidation.js*) einzeln geprüft. Diese Funktion ruft für jedes Validierungssteuerelement die im *evaluationFunction*-Attribut des *<SPAN>*-Tags angegebene Funktion auf. Die genauen Details sind hierbei nicht lebensnotwendig, aber Sie sollten eine Vorstellung von den ablaufenden Prozessen haben.

Das Steuerelement CompareValidator

Wenn Sie sich erneut die Seite *Login.aspx* aus Listing 5.1 ansehen, werden Sie bemerken, dass mithilfe der Logik die eingegebene E-Mail-Adresse und das Kennwort mit den hartcodierten Werten verglichen werden. Stimmen E-Mail-Adresse und Kennwort nicht mit den vorliegenden Werten überein, wird dem Benutzer über ein weiteres *Label*-Objekt auf dem Formular eine Meldung angezeigt, in der er zur erneuten Werteeingabe aufgefordert wird. Wir haben diese Meldung bisher noch nicht gesehen, da beim Klicken auf die *Login*-Schaltfläche das clientseitige Validierungssteuerelement ausgelöst wurde, das zur Anzeige der roten Sternchen führte, bevor das Formular überhaupt übertragen wurde. Da über diese clientseitigen Validierungssteuerelemente nicht festgestellt wurde, dass es sich um eine gültige Seite handelt, war ein Serverroundtrip nicht erforderlich.

ASP.NET verfügt über ein *CompareValidator*-Steuerelement zum Vergleich zweier Werte. Dieses *CompareValidator*-Steuerelement kann beispielsweise beim Erstellen einer Seite für die Kennwortänderung hilfreich sein. Auf einer solchen Seite muss das Kennwort zweimal richtig eingegeben werden, um sicherzustellen, dass das gewünschte Kennwort festgelegt wird. Angenommen, wir möchten lieber mit dem *CompareValidator*-Steuerelement als mit der serverseitigen *Login_Click*-Logik arbeiten. Für das Kennwort könnte das *RequiredFieldValidator*-Steuerelement folgendermaßen in ein *CompareValidator*-Steuerelement geändert werden:

```
<asp:CompareValidator id="comp1"
    ControlToValidate="UserPass"
    ValueToCompare = "password"
    Type="String" runat="server"/>
```

Die in einem *CompareValidator*-Steuerelement zu vergleichenden Werte können beispielsweise über das *ValueToCompare*-Attribut angegeben werden, es kann jedoch auch das *CompareToControl*-Attribut eingesetzt werden. Wenn Sie dieses Attribut auf den ID-Wert eines anderen Steuerelements desselben Formulars setzen, vergleicht das *CompareValidator*-Steuerelement nicht die Werte des *ControlToValidate*-Attributs, sondern die Werte des Steuerelements, auf das durch *CompareToControl* verwiesen wird. Die Verwendung von *ValueToCompare* kann jedoch einen unangenehmen Nebeneffekt haben. Wenn Sie das Attribut beispielsweise im vorangegangenen *CompareValidator*-Code verwenden, ersetzt der nachstehende Code den *CompareValidator*-Code und wird an den Client zurückgegeben:

```
<span id="comp1"
    controltovalidate="UserPass"
    evaluationfunction="CompareValidatorEvaluateIsValid"
    valuetocompare="password"
    style="color:Red;visibility:hidden;"></span>
```

Dies ist mit sehr großer Wahrscheinlichkeit *nicht* das gewünschte Ergebnis. Der an den Clientbrowser zurückgegebene HTML-Code enthält innerhalb der *<SPAN>*-Tags das *ValueToCompare*-Attribut – und zwar als Klartext. Dieses Beispiel ist natürlich gestellt, aber in der Praxis werden sicherlich Situationen auftreten, in denen nicht zu viele Informationen an den Client preisgegeben werden sollten.

Eine Lösung besteht darin, das *clienttarget*-Attribut der *Page*-Direktive zu ändern. Listing 5.1 weist zwar keine *Page*-Direktive auf, Sie könnten jedoch die folgende Zeile einfügen:

```
<%@ Page Language="c#" clienttarget=downlevel %>
```

Wenn Sie dem *Login.aspx*-Code aus Listing 5.1 diese Direktive hinzufügen, wird nicht der HTML-Code aus Listing 5.2, sondern der Code aus Listing 5.3 an den Browser zurückgegeben.

```
<html>

    <body>
        <form name="_ctl0" method="post"
        action="login.aspx" id="_ctl0">
        <input type="hidden"
        name="__VIEWSTATE"
        value="dDwxMDgxMzYzOTAxOzs+" />

        <center>
        <h3>
```

```
            <font face="Verdana" color=blue>Login Page</font>
        </h3>
        <table>
            <tr>
                <td>
                    Email:
                </td>
                <td>
                    <input name="UserEmail"
                        id="UserEmail"
                        type="text" size="30" />
                </td>
                <td>
                     
                </td>
            </tr>
            <tr>
                <td>
                    Password:
                </td>
                <td>
                    <input name="UserPass"
                        id="UserPass"
                        type="password"
                        size="30" />
                </td>
                <td>
                     
                </td>
            </tr>
            <tr>
                <td colspan=3 align="center">
                    <input type="submit"
                        name="_ctl3"
                        value="Login"
                        onclick="if (typeof(Page_ClientValidate) == "function")
                            Page_ClientValidate(); "
                        language="javascript" />
                    <p>
                    <span id="Msg">
                    <font face="Verdana"
                    color="Red"
                    size="2">
                    </font>
                    </span>
                </td>
            </tr>
        </table>
        </center>
        </form>
    </body>
</html>
```

Listing 5.3: *HTML-Code, der an den Browser ausgegeben wird, wenn für die Seite* Login.aspx *aus Listing 5.1 der* Page-*Direktive das* clienttarget=downlevel-*Attribut hinzugefügt wird*

HINWEIS: Im aktuellen Build von ASP.NET führt das Attribut/Wert-Paar *clienttarget=downlevel* in der *Page*-Direktive außerdem dazu, dass HTML 3.2-kompatibler HTML-Code ausgegeben wird. Dies kann unter Umständen zu unerwünschten Ergebnissen führen. Zukünftige Versionen von ASP.NET werden hoffentlich eine bessere Steuerung des an den Client ausgegebenen HTML-Codes ermöglichen.

Die Verwendung von *clienttarget=downlevel* führt mit Sicherheit zu sehr viel sauberem HTML-Code! Wenn ich einen älteren Browser verwende, oder sagen wir einfach *nicht* den Microsoft Internet Explorer 4.0 oder höhere Versionen, sähe der an den Browser ausgegebene Code eher wie in Listing 5.3 aus – selbst dann, wenn *clienttarget=downlevel* nicht gesetzt wäre. Einer der auffälligsten Codeunterschiede besteht darin, dass die Tabellenzelle, die zuvor die *<SPAN>*-Tags für die Validierungssteuerelemente enthielt, jetzt lediglich ein geschütztes Leerzeichen enthält (* *).

Eine weitere Folge der Änderung des Clientziels in einen Downlevelbrowser bemerken Sie bei der eigentlichen Formularübermittlung. Wenn Sie jetzt beispielsweise ohne Angabe von Feldwerten auf die *Login*-Schaltfläche klicken, führt dies zu der in Abbildung 5.6 gezeigten Ausgabe.

Abbildung 5.6: Seite, die nach dem Klicken auf Login angezeigt wird, wenn keine Feldwerte angegeben werden und die Seite auf Downlevelbrowser ausgerichtet ist

Abbildung 5.6 sieht etwas anders aus als Abbildung 5.4, bei der ohne *clienttarget=downlevel* auf die *Login*-Schaltfläche geklickt wurde. Die jetzt angezeigte Seite enthält die Meldung »Invalid Credentials: Please try again«. Wichtig ist hierbei, dass diese Meldung über die serverseitige *Login_Click*-Funktion generiert wird. Die Auslösung dieses Codes zeigt, dass diese Seite nach einem Roundtrip zum Server erzeugt wurde. Die Verwendung eines Downlevelbrowsers bzw. die Anpassung einer Seite an weniger leistungsfähige Browser führt also zu zusätzlichen Serverroundtrips. In einigen Fällen sind die Kosten jedoch gerechtfertigt.

Für das *CompareValidator*-Steuerelement stehen verschiedene weitere Attribute zur Verfügung. Eine vollständige Dokumentation dieser Attribute finden Sie in der MSDN-Site. Im Folgenden werden wir etwas näher auf die *Type*- und *Operator*-Attribute eingehen, da diese recht nützlich sein können.

Über das *Type*-Attribut können Sie den Datentyp für die Vergleichsoperation angeben. Für das *Type*-Attribut stehen folgende Werte zur Verfügung:

- *String* Kennzeichnet einen Zeichenfolgenvergleich
- *Integer* Kennzeichnet einen Ganzzahlvergleich
- *Double* Kennzeichnet einen Gleitkommavergleich
- *Date* Kennzeichnet einen Datumsvergleich
- *Currency* Kennzeichnet einen Vergleich zwischen Währungswerten

Anhand des *Operator*-Attributs kann die Art des durchzuführenden Vergleichs gesteuert werden. In den Beispielen des vorliegenden Kapitels wurde für das *Operator*-Attribut der Standardwert *Equal* verwendet. Bei dieser Einstellung werden das zu validierende Steuerelement und entweder ein durch *ControlToCompare* oder eine durch *ValueToCompare* festgelegte Konstante auf Übereinstimmung geprüft. Neben dem Standardwert *Equal* können folgende weitere relationale Operatoren gesetzt werden:

- *GreaterThan*
- *GreaterThanEqual*
- *LessThan*
- *LessThanEqual*
- *NotEqual*

Operator kann jedoch noch einen weiteren Wert tragen: *DataTypeCheck*. Bei Verwendung von *DataTypeCheck* wird über das Steuerelement angegeben, ob die Eingabe identisch ist oder in den durch das *Type*-Attribut angegebenen Typ konvertiert werden kann.

Die Verwendung von *DataTypeCheck* scheint zunächst vielleicht nicht sinnvoll zu sein, aber stellen Sie sich beispielsweise vor, dass Sie eine Werteprüfung vornehmen müssen, um sicherzustellen, dass der Benutzer einen gültigen Datumswert eingibt. Der folgende Code veranschaulicht, wie Sie die Eingabe eines zulässigen Datumswertes in ein Textfeld sicherstellen können:

```
<asp: TextBox id=txtDate runat="server"/>
<asp:CompareValidator ControlToValidate="txtDate"
Operator="DataTypeCheck" Type="Date" runat="server">
Must input a date
</asp:CompareValidator>
```

Diese Datentypprüfung ist sehr viel einfacher als bei einer klassischen ASP-Seite, und das Validierungssteuerelement sorgt ggf. für die Erzeugung von geeignetem clientseitigen Code (es sei denn, Sie haben *clienttarget* explizit auf *downlevel* gesetzt).

Weitere Validierungssteuerelemente

Nachfolgend werden die drei Arten von Validierungssteuerelementen aufgeführt, die zusätzlich zu *RequiredFieldValidator* und *CompareValidator* zur Verfügung stehen:

- *RangeValidator* Prüft, ob sich die Benutzereingabe innerhalb eines bestimmten Wertebereichs befindet. Bei den oberen und unteren Grenzwerten kann es sich um Zahlen, Zeichenfolgen oder Datumswerte handeln. Die Grenzen des Wertebereichs können direkt angegeben oder aus den Werten anderer Steuerelemente berechnet werden.
- *RegularExpressionValidator* Prüft, ob die Benutzereingabe mit einem durch einen regulären Ausdruck definierten Muster übereinstimmt. Durch den Einsatz eines *RegularExpressionValidator*-Steuerelements können Sie z.B. sicherstellen, dass eine gültige Sozialversicherungsnummer eingegeben wurde. Die Eingabe kann hierbei numerische Werte und ggf. Bindestriche umfassen.

- ***CustomValidator*** Ermöglicht dem Entwickler das Erstellen einer benutzerdefinierten Validierungslogik. Mithilfe dieses Validierungssteuerelements können Sie z.B. eine Dateneingabe anhand einer Datenbanktabelle validieren oder andere, komplexere Kriterien in die Validierung einbeziehen, beispielsweise einen XML-Webdienst, der eine Kreditkartennummer prüft.

Listing 5.4 zeigt eine Validierungsseite, die sämtliche dieser drei Validierungstypen enthält.

```
<%@ Import Namespace="System.Web.Security " %>

<html>
    <script language="C#" runat=server>
    void Validate_Click(Object sender, EventArgs E)
    {
        if ( Page.IsValid )
        {
            Msg.Text="Page Valid";
        }
    }

    void CustomServerVal (object source, ServerValidateEventArgs args)
    {
        try
        {
            if ( args.Value.Equals("Hello") )
            {
                Msg.Text="ServerValidation called and TRUE returned.";
                args.IsValid=true;
            }
            else
            {
                Msg.Text="ServerValidation called and FALSE returned.";
                args.IsValid=false;
            }
        }
        catch
        {
            Msg.Text="ServerValidation called and FALSE returned.";
            args.IsValid=false;
        }
    }
    </script>
<body>
    <form runat=server>
        <center>
        <h3>
        <font face="Verdana" color=blue>Validator Test Page</font>
        </h3>
        <table>
            <tr>
                <td>
                Range Validation (1-12):
                </td>
                <td>
                    <input id="Range"
                    type="text"
                    runat=server size=10 />
```

Web Forms

```
        </td>
        <td>
            <ASP:RangeValidator ID="ValRange"
                ControlToValidate="Range"
                Display="Static"
                Type="Integer"
                MinimumValue="1"
                MaximumValue="12"
                ErrorMessage="Out of Range"
                runat=server />
        </td>
    </tr>
    <tr>
        <td>
            Regular Expression Validation (nnn-nn-nnnn):
        </td>
        <td>
            <input id="RegEx"
            type="text"
            runat=server size=11 />
        </td>
        <td>
            <ASP:RegularExpressionValidator ID="ValRegEx"
                ControlToValidate="RegEx"
                runat="SERVER"
                ErrorMessage=
                   "Enter a valid U.S. SSN (nnn-nn-nnnn)."
                ValidationExpression=
                   "[0-9]{3}-[0-9]{2}-[0-9]{4}" />
        </td>
    </tr>
    <tr>
        <td>
            Custom Validation
            (It wants you to enter
            "Hello" WITHOUT THE QUOTES):
        </td>
        <td>
            <input type="text"
            id="txtCustom"
            runat=server size=11 />
        </td>
        <td>
            <ASP:CustomValidator ID="ValCustom"
                runat="server"
                ControlToValidate="txtCustom"
                OnServerValidate="CustomServerVal"
                Display="Static"
                >
                Enter "Hello".  Case-Sensitive.
            </ASP:CustomValidator>
        </td>
    </tr>
    <tr>
        <td colspan=3 align="center">
            <asp:button
                text="Validate"
```

```
                        OnClick="Validate_Click"
                        runat=server>
                </asp:button>
                <p>
                <asp:Label id="Msg"
                    ForeColor="red"
                    Font-Name="Verdana"
                    Font-Size="10" runat=server />
            </td>
        </tr>
      </table>
     </center>
   </form>
  </body>
</html>
```

Listing 5.4: *Die Seite* ValidatorTest.aspx *mit den Steuerelementen* RangeValidator, RegularExpressionValidator *und* CustomValidator

Abbildung 5.7 zeigt die Seite *ValidatorTest.aspx* bei der Anzeige in einem Browser.

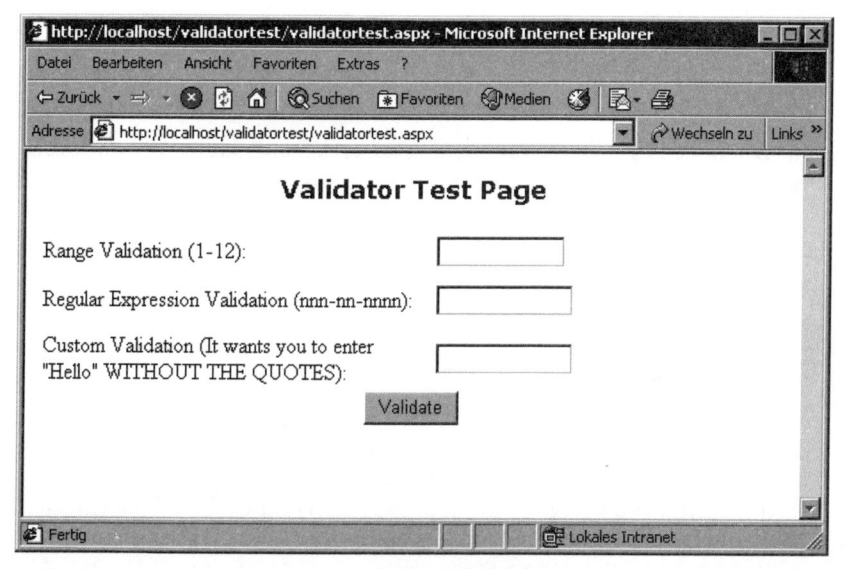

Abbildung 5.7: *Ausgabe der Seite ValidatorTest.aspx mit den Steuerelementen RangeValidator, RegularExpressionValidator und CustomValidator*

Das *RangeValidator*-Steuerelement verfügt über verschiedene Attribute, die nur dieses Validierungssteuerelement aufweist. In Listing 5.4 lautet der Code zum Deklarieren von *RangeValidator* folgendermaßen:

```
<ASP:RangeValidator ID="ValRange"
    ControlToValidate="Range"
    Display="Static"
    Type="Integer"
    MinimumValue="1"
    MaximumValue="12"
```

Web Forms **113**

```
ErrorMessage="Out of Range"
runat=server />
```

Drei dieser Attribute sind bereits bekannt (*ControlToValidate*, *Type* und *RunAt*), eines der Attribute wurde bereits gezeigt, jedoch noch nicht erklärt (*Display*, Erläuterung im nächsten Abschnitt), zwei der Attribute sind neu (*MinimumValue* und *MaximumValue*). *Type* kennzeichnet die Art des durchzuführenden Vergleichs. Überlegen Sie beispielsweise einmal, ob *1234* größer ist als *13*. Wenn es sich um *string*-Werte handelt, ist *1234* alphabetisch gesehen kleiner, wenn es sich jedoch um numerische Werte handelt, ist *1234* zahlenmäßig gesehen größer. Für das *Type*-Attribut in *RangeValidator* können dieselben Werte verwendet werden wie für das *Type*-Attribut des *CompareValidator*-Steuerelement.

MinimumValue und *MaximumValue* werden mit dem Wert von *ControlToValidate* verglichen. Hierbei wird die Art des Vergleichs über das *Type*-Attribut festgelegt. Im vorliegenden Beispiel wird nach einer Ganzzahl zwischen 1 und 12 gesucht.

Aufgrund seiner Flexibilität eignet sich *RegularExpressionValidator* hierzu besonders. Nachfolgend sehen Sie den *RegularExpressionValidator*-Code aus Listing 5.4:

```
<ASP:RegularExpressionValidator ID="ValRegEx"
    ControlToValidate="RegEx"
    runat="SERVER"
    ErrorMessage="Enter a valid U.S. SSN (nnn-nn-nnnn)."
    ValidationExpression="[0-9]{3}-[0-9]{2}-[0-9]{4}" />
```

Das eindeutige Codeattribut zur Erstellung dieses Validierungssteuerelements lautet *ValidationExpression*. Bei dem Wert dieses Attributs handelt es sich um ein Muster aus regulären Ausdrücken, das mit dem Wert des in *ControlToValidate* angegebenen Steuerelements verglichen wird.

Wenn Ihnen reguläre Ausdrücke noch kein Begriff sind, finden Sie weitere Informationen in dem gesondert formatierten Abschnitt »Reguläre Ausdrücke«.

Reguläre Ausdrücke

Reguläre Ausdrücke sind Zeichenfolgen, mit deren Hilfe ein Textmustervergleich durchgeführt wird. Warum ist ein solcher Mustervergleich soviel sinnvoller als ein Vergleich mit einer Zeichenfolge oder einem Steuerelement (wie beispielsweise über das *CompareValidator*-Steuerelement)? Denken Sie einmal über die verglichenen Werte nach. Häufig müssen Dateneingaben wie Telefonnummern, Postleitzahlen oder Personalausweisnummern verglichen werden. Das *CompareValidator*-Steuerelement ist in diesen Situationen keine große Hilfe.

In den Hochzeiten der Befehlszeile kannte praktisch jeder Computerbenutzer die einfachste Form eines regulären Ausdrucks: ein Dateiname mit einem Platzhalterzeichen. Sie möchten alle .doc-Dateien in einem Ordner anzeigen? An der Eingabeaufforderung würden Sie hierzu Folgendes eingeben:

```
Dir *.doc
```

Dieser Befehl führt zur Ausgabe einer Liste aller .doc-Dateien. Vielleicht möchten Sie aber auch nach einer Datei suchen, die entweder *TEST0501.DOC* oder *TEST0601.DOC* heißt. Hierzu geben Sie Folgendes ein:

```
Dir TEST0?01.DOC
```

SQL-Programmierer kennen ebenfalls eine Form von regulären Ausdrücken, bei denen das *LIKE*-Schlüsselwort verwendet wird. Hier ein Beispiel:

```
SELECT * FROM Users WHERE LastName LIKE "R__lly"
```

Durch diese Anweisung erhalten Sie eine Liste von Benutzern, deren Nachname Reilly oder sogar Rielly lautet, ein häufiger Tippfehler. Es würden in diesem Fall keine Namen wie Rilly angezeigt, denn der Unterstrich (_) wird als Einzelzeichenplatzhalter verwendet. Daher werden zwei Unterstriche durch exakt zwei Zeichen ersetzt.

Die regulären Ausdrücke in .NET sind sehr viel leistungsfähiger, und eine erschöpfende Behandlung dieses Themas würde den Rahmen dieses Buches sprengen. Daher werden wir im Folgenden nur die regulären Ausdrücke beleuchten, die im *RegularExpressionValidator*-Beispiel der Seite *ValidatorTest.aspx* aus Listing 5.4 verwendet werden.

Der reguläre Ausdruck "*[0-9]{3}-[0-9]{2}-[0-9]{4}*" ist eine von vielen Möglichkeiten, mit denen eine US-amerikanische Sozialversicherungsnummer validiert werden kann. Diese muss das Format *nnn-nn-nnnn* aufweisen, wobei jedes *n* für eine einzelne Ziffer steht. Bei den Zeichen innerhalb der eckigen Klammern ([und]) kann es sich entweder um eine Liste von Zeichen oder um einen Wertebereich handeln. Im vorliegenden Beispiel wird durch jedes Paar aus eckigen Klammern ein Wertebereich zwischen 0 und 9 definiert. Hierbei folgt auf jedes Paar aus eckigen Klammern eine von geschweiften Klammern umschlossene Zahl ({ und }). Der Wert innerhalb der geschweiften Klammern gibt die Anzahl der Ziffern an, die für den vorausgehenden Ausdruck vorhanden sein müssen. Die Bindestriche (-) außerhalb der Klammern stehen für Literale, die ebenfalls vorhanden sein müssen.

Dieses Beispiel hätte auch anders gelöst werden können, wie nachfolgend gezeigt wird:

```
[0123456789]{3}-[0123456789]{2}-[0123456789]{4}
\d{3}-\d{2}=\d{4}
```

Bei der ersten Alternative habe ich innerhalb der eckigen Klammern einfach sämtliche möglichen Ziffern aufgelistet. Im zweiten Alternativbeispiel habe ich einen Shortcut zum Angeben der Ziffern verwendet (\d) und hinter diesem in geschweiften Klammern die Ziffernanzahl eingefügt. Es gibt eine Vielzahl weiterer Shortcuts. Sie können nicht nur die erlaubten Zeichen angeben, sondern den eckigen Klammern auch ein Zirkumflexzeichen (^) voranstellen und so die Zeichen angeben, die *nicht* verwendet werden dürfen. Der folgende Ausdruck würde daher sieben nicht numerische Zeichen definieren.

```
[^0-9]{7}
```

Diese kurze Einführung ist natürlich keinesfalls vollständig. Weitere Informationen finden Sie in der MSDN-Dokumentation.

Mit den Steuerelementen *RequiredFieldValidator*, *CompareValidator*, *RangeValidator* und *RegularExpressionValidator* werden die meisten Validierungsanforderungen erfüllt. Diese Validierungssteuerelemente können für eine Vielzahl verschiedener Feldtypen verwendet werden. Aber was ist, wenn Sie eine etwas andere Validierung benötigen? Hier kommt *CustomValidator* ins Spiel.

Das *CustomValidator*-Steuerelement kann immer dann eingesetzt werden, wenn die anderen Validierungssteuerelemente nicht geeignet sind. Wenn ein Vergleich beispielsweise nicht mit einem festen Wert oder einem regulären Ausdruck, sondern anhand einer Datenbank durchgeführt werden soll, kann der Vergleich über das *CustomValidator*-Steuerelement erfolgen. Nachfolgend sehen Sie den *CustomValidator*-Code aus der Seite *ValidatorTest.aspx* von Listing 5.4:

```
<ASP:CustomValidator ID="ValCustom"
    runat="server"
    ControlToValidate="txtCustom"
    OnServerValidate="CustomServerVal"
    Display="Static"
    >
    Enter "Hello". Case-Sensitive.
</ASP:CustomValidator>
```

Bei diesem Beispiel fällt im Vergleich zu den vorherigen Beispielen auf, dass nicht ein einzelnes Tag zum Öffnen und Schließen des Validierungssteuerelements verwendet und die Fehlermeldung als Attribut angegeben wird (*ErrorMessage*), sondern dass hier die auszugebende Fehlermeldung zwischen dem Start- und dem Endtag eingefügt wird. Zwischen diesen zwei Methoden zur Festlegung der Fehlermeldung besteht kein wesentlicher Unterschied.

In diesem Beispiel wird für *CustomValidator* ein neues Attribut eingefügt, *OnServerValidate*. Dieses Attribut verweist auf eine serverseitige Funktion, die zwei Parameter trägt – in diesem Fall die Funktion *CustomServerVal*:

```
void CustomServerVal (object source, ServerValidateEventArgs args)
{
    try
    {
        if ( args.Value.Equals("Hello") )
        {
            Msg.Text="ServerValidation called and TRUE returned.";
            args.IsValid=true;
        }
        else
        {
            Msg.Text="ServerValidation called and FALSE returned.";
            args.IsValid=false;
        }
    }
    catch
    {
        Msg.Text="ServerValidation called and FALSE returned.";
        args.IsValid=false;
    }
}
```

ServerValidateEventArgs weist zwei Eigenschaften auf, die für dieses Beispiel wichtig sind: *Value* und *IsValid*. *Value* wird zum Abrufen des Steuerelements verwendet, was nützlich zur Ausführung der durch *CustomServerVal* definierten benutzerdefinierten Validierung ist. Die Eigenschaft *Value* ist schreibgeschützt.

Die *CustomServerVal*-Funktion sorgt lediglich für einen einfachen Vergleich zwischen dem Wert und der literalen Zeichenfolge "Hello". Wenn *Value* mit "Hello" übereinstimmt und während der Prüfung keine Ausnahme ausgegeben wird, setzt die Funktion die *IsValid*-Eigenschaft der *ServerValidateEventArgs* auf *true*. Wird *IsValid* auf *false* gesetzt, wird das *CustomValidator*-Steuerelement ausgelöst und sorgt für die Anzeige der Fehlermeldung, die entweder im *ErrorMessage*-Attribut oder innerhalb des Start- und des Endtags des *CustomValidator*-Steuerelements angegeben ist.

Wie die anderen Validierungssteuerelemente kann *CustomValidator* die Prüfung auch teilweise auf der Clientseite ausführen. Mithilfe des *ClientValidationFunction*-Attributs können Sie festlegen, welche Funktion auf der Clientseite zum Validieren des Steuerelements verwendet werden soll, auf das durch *ControlToValidate* verwiesen wird. Dieses Beispiel umfasst keine clientseitige Validierung, aber eine sinnvolle Implementierung könnte so aussehen:

```
<script language="javascript">
    function ClientValidate(source, value)
    {
        if (value == "Hello")
            return true;
        else
            return false;
    }
</script>
```

Bei der clientseitigen Validierung sollte berücksichtigt werden, dass zur Codierung der serverseitigen Validierungsfunktionen beinahe immer eine andere Sprache verwendet wird. Dies kann zu interessanten Problemen führen. Erfolgt in diesem Beispiel der Vergleich der Zeichenfolge "Hello" beispielsweise sowohl auf der Client- als auch auf der Serverseite unter Berücksichtigung der Groß- und Kleinschreibung? Hinsichtlich dieser Frage müssen Sie in jeder der beteiligten Sprachen über genügend Kenntnisse verfügen, um eine konsistente Prüfung unter Berücksichtigung von Groß- und Kleinschreibung sicherzustellen.

Mehrere Validierungssteuerelemente in einem einzigen Feld

Das Laden der Seite *ValidatorTest.aspx* aus Listing 5.4 und das Klicken auf *Validate* führt zur Anzeige der in Abbildung 5.8 dargestellten Seite.

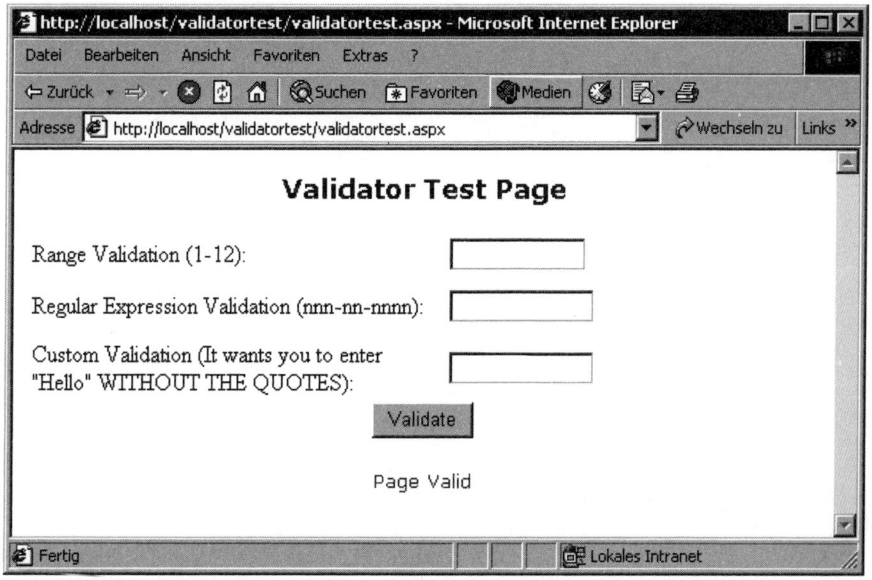

Abbildung 5.8: *Angezeigte Seite nach dem Klicken auf Validate ohne Werteeingabe*

Beachten Sie, dass die Meldung "Page Valid" angezeigt wird. Dies ist bestimmt nicht das gewünschte Ergebnis! Sie haben Folgendes angegeben: Das erste Feld soll eine Zahl zwischen 1 und 12 enthalten, das zweite Feld muss eine dem Sozialversicherungsformat entsprechende Zeichenfolge aufweisen, das letzte Feld soll den Wert "Hello" enthalten. Es stellt sich jedoch heraus, dass mit Ausnahme von *RequiredFieldValidator* sämtliche Validierungssteuerelemente keine Validierung für ein leeres Steuerelement vornehmen. Hierfür muss es eine Lösung geben.

Eine besteht darin, das Steuerelement *RequiredFieldValidator* zu verwenden. Listing 5.5 zeigt eine abgeänderte Version von *ValidatorTest.aspx*, die den Namen *ValidatorTestRequired.aspx* trägt. Der Unterschied zwischen *ValidatorTest.aspx* (siehe Abbildung 5.4) und *ValidatorTestRequired.aspx* besteht darin, dass für jedes der zu validierenden Felder ein zusätzliches *RequiredFieldValidator*-Steuerelement hinzugefügt wird.

```
<html>
    <script language="C#" runat=server>
    void Validate_Click(Object sender, EventArgs E)
    {
        if ( Page.IsValid )
        {
            Msg.Text="Page Valid";
        }
    }
    void CustomServerVal (object source, ServerValidateEventArgs args)
    {
        try
        {
            if ( args.Value.Equals("Hello") )
            {
                Msg.Text="ServerValidation called and TRUE returned.";
                args.IsValid=true;
            }
            else
            {
                Msg.Text="ServerValidation called and FALSE returned.";
                args.IsValid=false;
            }
        }
        catch
        {
            Msg.Text="ServerValidation called and FALSE returned.";
            args.IsValid=false;
        }
    }
    </script>

    <body>
        <form runat=server>
            <center>
            <h3>
            <font face="Verdana"
            color=blue>
            Validator Test Page - Required Entry
            </font>
            </h3>
            <table>
                <tr>
                    <td>
```

```
            Range Validation (1-12):
        </td>
        <td>
            <input id="Range"
            type="text"
            runat=server size=10 />
        </td>
        <td>
            <ASP:RangeValidator ID="ValRange"
                ControlToValidate="Range"
                Display="Dynamic"
                Type="Integer"

                MinimumValue="1"
                MaximumValue="12"
                ErrorMessage="Out of Range"
                runat=server />
            <ASP:RequiredFieldValidator
                ControlToValidate="Range"
                Display="Dynamic"
                ErrorMessage="Must enter a value."
                runat=server />
        </td>
    </tr>
    <tr>
        <td>
            Regular Expression Validation (nnn-nn-nnnn):
        </td>
        <td>
            <input id="RegEx"
            type="text"
            runat=server size=11 />
        </td>
        <td>
            <ASP:RegularExpressionValidator ID="ValRegEx"
                ControlToValidate="RegEx"
                runat="SERVER"
                Display="Dynamic"
                ErrorMessage=
                   "Enter a valid U.S. SSN (nnn-nn-nnnn)."
                ValidationExpression=
                   "[0-9]{3}-[0-9]{2}-[0-9]{4}" />
            <ASP:RequiredFieldValidator
                ControlToValidate="RegEx"
                Display="Dynamic"
                ErrorMessage="Must enter a value."
                runat=server />
        </td>
    </tr>
    <tr>
        <td>
            Custom Validation
            (It wants you to enter
            "Hello" WITHOUT THE QUOTES):
        </td>
        <td>
```

```
                <input type="text"
                    id="txtCustom"
                    runat=server
                    size=11 />
            </td>

            <td>
                <ASP:CustomValidator ID="ValCustom"
                    runat="server"
                    ControlToValidate="txtCustom"
                    OnServerValidate="CustomServerVal"
                    Display="Dynamic"
                    >
                    Enter "Hello".  Case-Sensitive.
                </ASP:CustomValidator>
                <ASP:RequiredFieldValidator
                    ControlToValidate="txtCustom"
                    Display="Dynamic"
                    ErrorMessage="Must enter a value."
                    runat=server />
            </td>
        </tr>
        <tr>
            <td colspan=3 align="center">
                <asp:button
                    text="Validate"
                    OnClick="Validate_Click"
                    runat=server>
                </asp:button>
                <p>
                <asp:Label id="Msg"
                    ForeColor="red"
                    Font-Name="Verdana"
                    Font-Size="10"
                    runat=server />
            </td>
        </tr>
    </table>
  </center>
 </form>
 </body>
</html>
```

Listing 5.5: Die Seite ValidatorTestRequired.aspx, *die gültige Dateneingaben für alle Felder erfordert*

Eines der Attribute sämtlicher Validierungssteuerelemente haben wir uns bisher nicht angesehen: *Display*. Das *Display*-Attribut kann die Werte *None*, *Static* oder *Dynamic* tragen. Wenn Sie *Display* auf *None* setzen, wird die Validierungsfehlermeldung nicht angezeigt. Setzen Sie *Display* auf *Static*, wird das Layout der Seite nicht geändert, wenn das Validierungssteuerelement eine Fehlermeldung anzeigt. In diesem Fall stellen die Inhalte des Validierungssteuerelements einen physischen Bestandteil der Seite dar, und im Seitenlayout wird Platz für die Inhalte reserviert. Wenn Sie *Display* auf *Dynamic* setzen, ist die Ausgabe des Validierungssteuerelements erst dann Teil der Seite, wenn die Ausgabe angezeigt wird. In Listing 5.5 habe ich das *Display*-Attribut für alle Validierungssteuerelemente auf *Dynamic* gesetzt. Der Einsatz von *Dynamic* hat den unangenehmen Nebeneffekt, dass das

Seitenlayout beim Auslösen der Validierungssteuerelemente geändert wird, die erzielten Ergebnisse sind jedoch im Allgemeinen besser als bei Verwendung des *Display*-Attributwertes *Static*. Wenn ich beispielsweise für *RangeValidator* den Wert *Static* setze und das Formular mit einem leeren Bereichsfeld übermittle, wird die in Abbildung 5.9 gezeigte Seite ausgegeben.

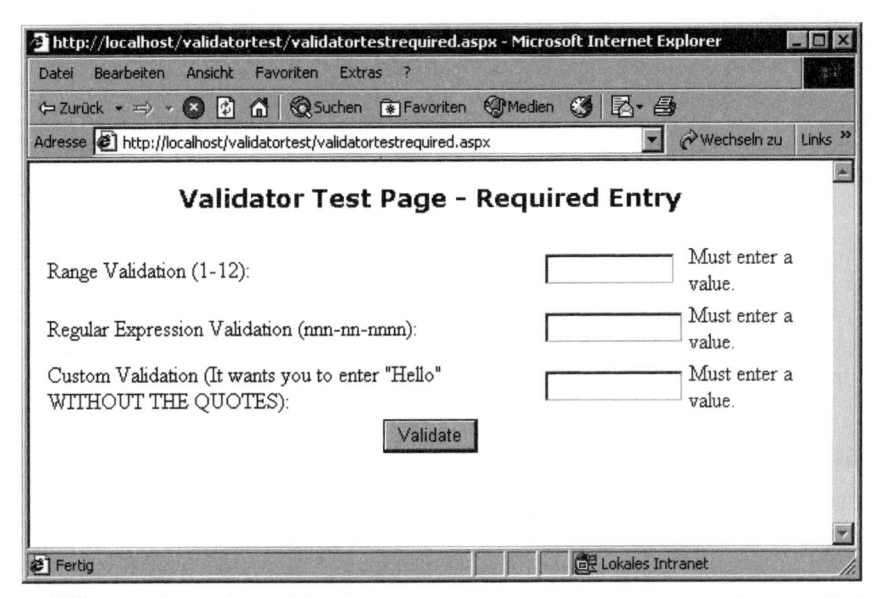

Abbildung 5.9: *Seitenausgabe bei Festlegung des Wertes »Static« für das erste Validierungssteuerelement eines vorgegebenen Feldes*

Die mit dem ersten Validierungssteuerelement verknüpfte *ErrorMessage* (die nicht ausgelöst wurde) lautet "Out of Range". Wenn Sie sich Abbildung 5.9 ansehen, werden Sie bemerken, dass sich zwischen dem Textfeld und der ersten Zeichenfolge "Must enter a value" ein leerer Bereich befindet, in den die Fehlermeldung "Out of Range" passen könnte. Da wir über die Quelle zum Generieren dieser Seite verfügen, können wir sehen, welche Elemente der Browser zum Darstellen dieser Seite verwendet. Bei dem folgenden HTML-Code handelt es sich um die an den Browser zurückgegebene Tabellenzeile, in der sich das Steuerelement für die Bereichsprüfung befindet. (Der Code wurde aus Gründen der Übersichtlichkeit etwas umformatiert.)

```
<tr>
    <td>
        Range Validation (1-12):
    </td>
    <td>
        <input name="Range"
        id="Range" type="text"
        size="10" />
    </td>
    <td>
        <span id="ValRange"
            controltovalidate="Range"
            errormessage="Out of Range"
            type="Integer"
            evaluationfunction="RangeValidatorEvaluateIsValid"
```

Web Forms

```
            maximumvalue="12" minimumvalue="1"
            style="color:Red;visibility:hidden;">
                Out of Range
        </span>
        <span id="_ctl1"
            controltovalidate="Range"
            errormessage="Must enter a value."
            display="Dynamic"
            evaluationfunction="RequiredFieldValidatorEvaluateIsValid"
            initialvalue=""
            style="color:Red;display:none;">
                Must enter a value.
        </span>
    </td>
</tr>
```

Anhand dieser HTML-Ausgabe können Sie nachweisen, dass der Leerbereich für den Text "Out of Range" in der HTML-Ausgabe vorhanden ist. Daher sollten Sie sich bei zwei vorhandenen Validierungssteuerelementen in der Regel für den *Display*-Attributwert *Dynamic* entscheiden.

Das Steuerelement ValidationSummary

Gelegentlich müssen die Fehler auf einer Seite möglicherweise zusammengefasst werden, da die Fehler durch verschiedene Felder verursacht werden und daher eine Fehlermeldung zu einem einzelnen Feld irreführend wäre. Wenn Sie beispielsweise zwei neue Kennwörter mit einem *CompareValidator*-Steuerelement vergleichen, könnte eine Fehlermeldung neben nur einem der beiden Felder Verwirrung stiften. Auf der anderen Seite könnten aber auch die Benutzerschnittstellenstandards innerhalb Ihrer Organisation vorschreiben, dass entweder im oberen oder unteren Seitenbereich eine einzelne Fehlermeldung angezeigt werden soll. Wie erreichen Sie dies mit ASP.NET?

Zu diesem Zweck stellt ASP.NET ein weiteres Validierungssteuerelement mit dem Namen *ValidationSummary* bereit. Dieses Steuerelement verarbeitet alle Fehlermeldungen sämtlicher Validierungssteuerelemente und zeigt diese in zusammengefasster Form an. Listing 5.6 zeigt, wie dieses Steuerelement in der Seite *ValidatorTestSummary.aspx* eingesetzt wird.

```
<html>

    <script language="C#" runat=server>
    void Validate_Click(Object sender, EventArgs E)
    {
        if ( Page.IsValid )
        {
            Msg.Text="Page Valid";
        }
    }
    void CustomServerVal (object source, ServerValidateEventArgs args)
    {
        try
        {
            if ( args.Value.Equals("Hello") )
            {
                Msg.Text="ServerValidation called and TRUE returned.";
                args.IsValid=true;
            }
```

```
            else
            {
                Msg.Text="ServerValidation called and FALSE returned.";
                args.IsValid=false;
            }
        }
        catch
        {
            Msg.Text="ServerValidation called and FALSE returned.";
            args.IsValid=false;
        }
    }
</script>

<body>
    <form runat=server>
        <center>
        <h3>
        <font face="Verdana" color=blue>
        Validator Test Page Ð Summary
        </font>
        </h3>
        <table>
            <tr>
                <td>
                    Range Validation (1-12):
                </td>
                <td>
                    <input id="Range"
                    type="text"
                    runat=server
                    size=10 />
                </td>
                <td>
                    <ASP:RangeValidator ID="ValRange"
                        ControlToValidate="Range"
                        Display="None"
                        Type="Integer"
                        MinimumValue="1"
                        MaximumValue="12"
                        ErrorMessage="Range"
                        runat=server />
                    <ASP:RequiredFieldValidator
                        ControlToValidate="Range"
                        Display="None"
                        ErrorMessage="Range"
                        runat=server />
                </td>
            </tr>
            <tr>
                <td>
                    Regular Expression Validation (nnn-nn-nnnn):
                </td>
                <td>
                    <input id="RegEx"
                    type="text"
```

```
            runat=server
            size=11 />
    </td>
    <td>
        <ASP:RegularExpressionValidator ID="ValRegEx"
            ControlToValidate="RegEx"
            runat="SERVER"
            Display="None"
            ErrorMessage="Regular Expression"
            ValidationExpression=
               "[0-9]{3}-[0-9]{2}-[0-9]{4}" />
        <ASP:RequiredFieldValidator
            ControlToValidate="RegEx"
            Display="None"
            ErrorMessage="Regular Expression"
            runat=server />
    </td>
</tr>
<tr>
    <td>
        Custom Validation
        (It wants you to enter "Hello"
        WITHOUT THE QUOTES):
    </td>
    <td>
        <input type="text"
        id="txtCustom"
        runat=server
        size=11 />
    </td>
    <td>
        <ASP:CustomValidator ID="ValCustom"
            runat="server"
            ControlToValidate="txtCustom"
            OnServerValidate="CustomServerVal"
            Display="None"
            >
            Custom
        </ASP:CustomValidator>
        <ASP:RequiredFieldValidator
            ControlToValidate="txtCustom"
            Display="None"
            ErrorMessage="Custom"
            runat=server />
    </td>
</tr>
<tr>
    <td colspan=3 align="center">
        <asp:button
            text="Validate"
            OnClick="Validate_Click"
            runat=server>
        </asp:button>
        <p>
        <asp:Label id="Msg"
            ForeColor="red"
```

```
                          Font-Name="Verdana"
                          Font-Size="10"
                          runat=server />
                      <asp:ValidationSummary
                          id="valSum"
                          DisplayMode="BulletList"
                          ShowSummary="true"
                          runat="server"
                          HeaderText=
                          "You must enter a value in the following fields:"
                          Font-Name="Verdana"
                          Font-Size="12"/>
                  </td>
              </tr>
          </table>
      </center>
    </form>
  </body>
</html>
```

Listing 5.6: *Verwendung des Steuerelements* ValidationSummary *in der Seite* ValidatorTestSummary.aspx

In Abbildung 5.10 wird die Seite abgebildet, die zurückgegeben wird, wenn der Benutzer ohne Werteeingabe auf die *Validate*-Schaltfläche klickt.

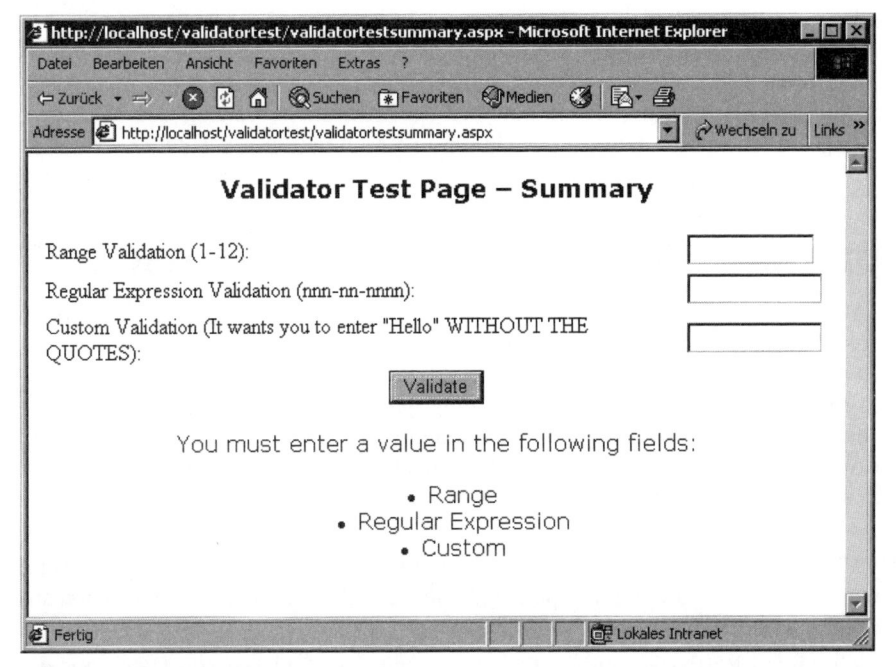

Abbildung 5.10: *Angezeigte Validierungszusammenfassung, wenn die Seite ValidatorTestSummary.aspx ohne Werteeingabe übermittelt wird*

Die wichtigste Änderung in Listing 5.6 ist das Hinzufügen eines *ValidationSummary*-Steuerelements unterhalb von Schaltfläche und Label:

```
<asp:ValidationSummary
    id="valSum"
    DisplayMode="BulletList"
    ShowSummary="true"
    runat="server"
    HeaderText="You must enter a value in the following fields:"
    Font-Name="Verdana"
    Font-Size="12"/>
```

Ich möchte kurz auf die Attribute von *ValidationSummary* eingehen, deren Namen nicht unbedingt auf den Zweck schließen lassen. Anhand von *DisplayMode* wird ASP.NET darüber informiert, wie Fehler angezeigt werden sollen. Die möglichen Werte sind Bestandteil der *ValidationSummary-DisplayMode*-Aufzählung im *System.Web.UI.WebControls*-Namespace. Nachfolgend sehen Sie die zulässigen Werte:

- *BulletList* Zeigt eine Aufzählung der Fehlermeldungen
- *List* Zeigt eine Liste der Fehlermeldungen
- *SingleParagraph* Zeigt alle Fehlermeldungen in einem Abschnitt an

Das *ShowSummary*-Attribut kann auf *true* oder *false* gesetzt werden und gibt an, ob die Validierungszusammenfassung in Übereinstimmung mit dem HTML-Code angezeigt wird. In diesem Beispiel nicht enthalten ist das *ShowMessageBox*-Attribut, über das festgelegt wird, ob die Validierungszusammenfassung auf dem Client in einem Meldungsfeld angezeigt wird. *ShowMessageBox* kann ebenfalls die Werte *true* oder *false* tragen. Das *HeaderText*-Attribut legt den als Header der Validierungszusammenfassung zu verwendenden Text fest.

Weitere Änderungen in *ValidatorTestSummary.aspx* (siehe Abbildung 5.6) gegenüber *ValidatorTestRequired.aspx* (siehe Listing 5.5) umfassen die Einstellungen für das *Display*-Attribut (in allen Fällen *None*) und der Text der Fehlermeldung, der in eine benutzerfreundliche Version des zu validierenden Steuerelements geändert wurde, damit die Meldung in Kombination mit *HeaderText* einen Sinn ergibt.

Beibehaltung des Steuerelementstatus in ASP.NET

Beim klassischen ASP-Formularcode werden üblicherweise viele der Codeabschnitte für die Validierung der eingegebenen Daten benötigt. Ein weiterer großer Teil des Codes ist zur Beibehaltung des Steuerelementstatus zwischen den Formularübertragungen erforderlich. HTTP ist ein statusloses Protokoll, d.h. es bietet keine statische, dauerhafte Verbindung. Jeder Trip zum Server wird als neue Anforderung betrachtet, und selbst wenn der *Anschein* erweckt wird, es sei eine Sitzung vorhanden, ist dies eben nur der Anschein, den das .NET Framework erweckt. Es existiert keine Verbindung, und standardmäßig merkt sich der Server zwischen zwei Formularübertragungen keinerlei Clientinformationen.

In der klassischen ASP-Entwicklung gehe ich zum Erstellen von Standardformularen üblicherweise folgendermaßen vor, um Statusinformationen zu speichern, während der Benutzer Informationen aus einer Datenbank anzeigt oder bearbeitet:

1. Ermitteln, ob es sich um ein Postback handelt. Falls nicht, mit dem Einlesen von Daten aus der Datenbank beginnen, Schritt 4.
2. Handelt es sich um ein Postback, müssen die Daten validiert werden. Sind die Eingaben zulässig, werden die Informationen gespeichert, und der Benutzer wird auf eine andere Seite umgeleitet. Sind die Eingaben unzulässig, weiter mit Schritt 3.

3. Speichern der eingegebenen Werte in lokalen Variablen.
4. Handelt es sich *nicht* um ein Postback, werden die Werte der Datenbank in lokale Variablen eingelesen.
5. Anzeigen des Formulars. Hierbei wird für alle in Frage kommenden Steuerelemente das *value*-Attribut auf die jeweilige Variable aus Schritt 3 oder 4 gesetzt.

Hier findet eine Menge Verarbeitung statt, und es können leicht Fehler entstehen. Inkonsistenzen in derartigem Code können nicht nur beim Benutzer zu Verwirrung führen, sondern bei dem Versuch sie aufzuspüren auch Kummer beim Entwickler verursachen. Ich habe beispielsweise kürzlich in einem Projekt versehentlich zwei verschiedene Namenskonventionen für Steuerelemente verwendet. Bei der einen wurde mithilfe eines Präfixes die Art des Steuerelements angegeben (z.B. *txtFirstName*), die zweite stattete die Steuerelemente lediglich mit einem beschreibenden Namen aus (z.B. *FirstName*). Das Nachvollziehen der uneinheitlichen Benennung war kein Spaß. Ich musste die Postbacklogik, die Validierungslogik und die Standardwerte für die HTML-Widgets prüfen. Wie wir sehen werden, erleichtert ASP.NET die Beibehaltung von Statusinformationen erheblich.

Bei der Übermittlung eines ASP.NET-Formulars kümmert sich das .NET Framework um die Beibehaltung des Status der Formularsteuerelemente. Hierzu ist weder eine spezielle Codierung noch ein Bitten erforderlich. Wenn Sie ein Formular übertragen und neu anzeigen, werden die vorherigen Einträge automatisch zu den Standardeinträgen des Formulars. Listing 5.7 zeigt z.B. ein einfaches Formular mit dem Namen *StateTest.aspx*.

```
<%@ Import Namespace="System.Web.Security " %>
<%@ Page ClientTarget="Downlevel" %>
<html>
    <script language="VB" runat=server>
    Sub ValidateBtn_OnClick(sender As Object, e As EventArgs)
        If (Page.IsValid) Then
            Msg.Text = "Page is Valid!"
        Else
            Msg.Text = "Page is InValid!"
        End If
    End Sub
    </script>

    <body>
        <form runat=server>
            <center>
            <h3>
            <font face="Verdana"
            color=blue>Control Test Page Ð State
            </font>
            </h3>
            <table>
                <tr>
                    <td>
                        Name:
                    </td>
                    <td>
                        <input id="Name"
                        type="text"
                        runat=server
                        size=30 />
                    </td>
                    <td>
```

```
                    <ASP:RequiredFieldValidator
                        ControlToValidate="Name"
                        Display="Static"
                        ErrorMessage="Please enter name."
                        runat=server />
                </td>
            </tr>
            <tr>
                <td>
                    SSN:
                </td>
                <td>
                    <input id="SSN"
                    type="text"
                    runat=server size=11 />
                </td>
                <td>
                    <ASP:RequiredFieldValidator
                        ControlToValidate="SSN"
                        Display="Dynamic"
                        ErrorMessage=
                        "Enter a valid U.S. SSN (nnn-nn-nnnn)."
                        runat=server />
                    <ASP:RegularExpressionValidator ID="ValRegEx"
                        ControlToValidate="SSN"
                        runat="SERVER"
                        Display="Dynamic"
                        ErrorMessage=
                            "Enter a valid U.S. SSN (nnn-nn-nnnn)."
                        ValidationExpression=
                            "[0-9]{3}-[0-9]{2}-[0-9]{4}" />
                </td>
            </tr>
            <tr>
                <td colspan=3 align="center">
                    <asp:button text="Validate"
                        OnClick="ValidateBtn_OnClick"
                        runat=server>
                    </asp:button>
                    <p>
                    <asp:Label id="Msg"
                        ForeColor="red"
                        Font-Name="Verdana"
                        Font-Size="10"
                        runat=server />
                </td>
            </tr>
        </table>
        </center>
    </form>
  </body>
</html>
```

Listing 5.7: Die Seite StateTest.aspx *als Beispiel für die Erhaltung von Formulardaten zwischen zwei Übertragungen*

HINWEIS: In Listing 5.7 wird anstelle von C# Visual Basic .NET verwendet. Die allgemeine Struktur ist die gleiche, denn auch wenn die beim Klicken auf *Validate* aufgerufene Funktion den Namen *ValidateBtn_OnClick* trägt, liegt dies nur an der von mir verwendeten Namenskonvention. Visual Studio .NET generiert häufig Ereignishandler mit diesem Format, aber dieses Format ist im .NET Framework *nicht* erforderlich.

Dieses Formular enthält sowohl für das *Name*- als auch für das *SSN*-Feld ein Validierungssteuerelement. Bei der Eingabe eines Namens (das Formular ist hier nicht pingelig) und einer ungültigen Sozialversicherungsnummer (in diesem Fall 111-111-111 anstelle von 111-11-1111) wird die in Abbildung 5.11 dargestellte Seite ausgegeben. Hierbei stellen die Einträge bei der erneuten Anzeige der Seite die Standardeinträge der Seite dar.

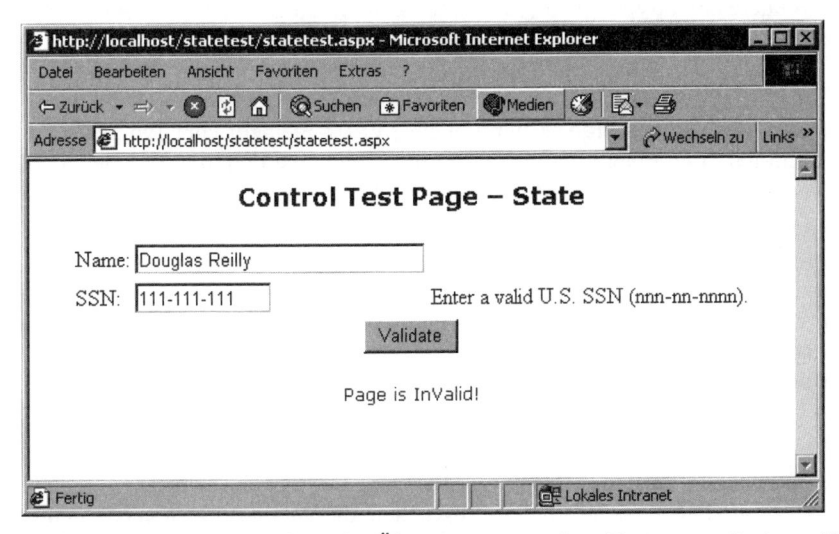

Abbildung 5.11: Das Ergebnis der Übertragung von StateTest.aspx mit einem Namen und einer ungültigen Sozialversicherungsnummer

HINWEIS: Im *StateTest.aspx*-Beispiel wird keine clientseitige Validierung verwendet, da ich durch das Setzen des Attribut/Wert-Paares *ClientTarget=Downlevel* für die *Page*-Direktive sicherstellen wollte, dass die Seite tatsächlich an den Server übermittelt wird. Dies wird auch durch die Meldung "Page is InValid!" im unteren Seitenbereich belegt, denn diese Meldung wird über eine serverseitige Methode erzeugt.

Bearbeiten der Serversteuerelemente über den Programmcode

Neben den bereits besprochenen Steuerelementen verfügen alle weiteren HTML-Standardwidgets sowohl über HTML-Serversteuerelemente als auch über ASP-Serversteuerelemente. Hierzu zählen unter anderem:

- *HyperLink* (<A>-Tag)
- Label
- DropDownList
- ListBox

- Checkbox
- RadioButton

Der Einsatz der HTML-Serversteuerelemente ist lediglich eine Methode zur Verwendung der gleichen Syntax wie bei HTML-Steuerelementen, bei der jedoch verschiedene Voraussetzungen gelten:

- Wenn Sie die Steuerelemente und deren Werte über den Code ändern möchten, muss das *ID*-Attribut gesetzt sein.
- Das *RunAt*-Attribut muss auf den Wert *Server* gesetzt werden.

Im Allgemeinen definieren Sie die ASP-Serversteuerelemente genau wie HTML-Steuerelemente, doch auch hier gelten Ausnahmen. Zunächst verwenden alle ASP-Serversteuerelemente ein Tag namens <*ASP:Name_des_Steuerelementtyps*>. Darüber hinaus ähneln einige der Eigenschaften der ASP-Steuerelemente eher herkömmlichen Visual Basic-Steuerelementen als HTML-Steuerelementen. Besonders deutlich zeigt sich die Ähnlichkeit der ASP-Steuerelemente mit den Visual Basic-Steuerelementen am Beispiel von *ASP:TextBox*. Zunächst fällt auf, dass das Steuerelement den Namen *TextBox* trägt. In der HTML-Welt würde es sich um ein *INPUT*-Element vom Typ *Text* handeln. Wenn Sie damit beginnen, die Eigenschaften zu untersuchen, werden die Parallelen zu Visual Basic deutlicher. Das *Value*-Element in HTML heißt im ASP-Serversteuerelement *Text*.

HINWEIS: Sie könnten jetzt natürlich einwenden (und viele Entwickler haben dies getan), dass die Eigenschaften von ASP-Serversteuerelementen und HTML-Serversteuerelementen, sofern Sie in beiden Modellen vorkommen, den gleichen Namen tragen sollten. Microsoft hat sich jedoch offensichtlich bewusst dafür entschieden, die HTML-Serversteuerelemente in ihrer jeweiligen Form zu erhalten und gleichzeitig eine ASP-Steuerelementhierarchie zu entwickeln, mit der Visual Basic-Programmierern der Wechsel auf ASP.NET erleichtert wird. Ich finde, dies ist ein brauchbarer Kompromiss.

Neben den zahlreichen Serversteuerelementen zur Spiegelung der HTML-Steuerelemente gibt es verschiedene ASP-Serversteuerelemente, zu denen es in HTML keine genauen Entsprechungen gibt. Eine Familie dieser Steuerelemente haben wir uns bereits angesehen, die Validierungssteuerelemente. Eine weitere große Steuerelementfamilie soll dem Programmierer die Entwicklung von datenbankgesteuerten Anwendungen erleichtern. Diese Datensteuerelemente werden wir jedoch erst in Kapitel 9 näher untersuchen.

Zur Bereitstellung einer leistungsfähigeren Benutzerschnittstelle stehen dem ASP.NET-Entwickler weitere Steuerelemente zur Verfügung. Ein einfaches Beispiel ist das Steuerelement *LinkButton*, bei dem es sich um ein Schaltflächenelement im Hyperlinkstil handelt.

Sehr viel komplizierter ist das *Calendar*-Steuerelement. Bisher musste sich der Entwickler beim Wechsel auf Webanwendungen von einem allgemeinen Windows-Steuerelement verabschieden: dem *DateTimePicker*. Obwohl es sehr wohl möglich ist, für einen ähnlichen Effekt clientseitige ActiveX-Steuerelemente zu nutzen, ist diese Vorgehensweise doch für die meisten Entwickler von Internetanwendungen nicht praktikabel.

Bei dem ASP.NET-Serversteuerelement *Calendar* handelt es sich um eine reine HTML-Lösung für das Problem der Datumsauswahl in einer Webseite. Das *Calendar*-Steuerelement hat derartig viele Attribute, dass diese hier nicht alle aufgeführt werden können. Eine vollständige Dokumentation finden Sie auch hierzu auf der MSDN-Website. Zum Einfügen eines ASP.NET-Serversteuerelements vom Typ *Calendar* benötigen Sie einen Tagsatz wie beispielsweise den folgenden:

```
<asp:Calendar id="Calendar1"
    runat="server"
    Width="277px"
    Height="188px"
```

```
        OnSelectionChanged="Selection_Change">
    <TodayDayStyle
        ForeColor="#0000C0"
        BorderStyle="Solid"
        BorderColor="Red">
    </TodayDayStyle>
</asp:Calendar>
```

Die meisten Attribute des *Calendar*-Steuerelements sind selbsterklärend, z.B. *Width*, *Height* und *ID*. In diesem Beispiel wird jedoch darüber hinaus innerhalb des *<ASP:Calendar>*-Start- und -Endtags ein Subtag verwendet. Das *TodayDayStyle*-Subtag steuert das Aussehen des aktuellen Datums im *Control*-Steuerelement. Für *TodayDayStyle* können über 10 verschiedene Elemente gesetzt werden, beispielsweise Attribute wie *BorderStyle* und *BorderColor* sowie Details zur Schriftart. Das Festlegen verschiedener Elemente mithilfe dieser Attribute kann sehr aufwändig sein. Erfreulicherweise können Sie diese Attribute bei Verwendung der Visual Studio .NET-Entwicklungsumgebung im Eigenschaftenfenster setzen. Dieses wird besonders den Visual Basic-Programmierern bekannt vorkommen. Sie können die einzelnen Attribute jedoch auch über den Code festlegen.

Einsatz von CodeBehind-Dateien

Alle bisher gezeigten Beispiele wurden vornehmlich mit dem Editor von Microsoft erstellt – ein Tool, das keinerlei Ahnung vom .NET Framework hat. Das nächste Beispiel, *WebForm1.aspx*, sowie alle weiteren Beispiele wurden mithilfe von Visual Studio .NET erstellt. Einer der bedeutenden Unterschiede zwischen der klassischen ASP-Entwicklung und ASP.NET liegt im Standort für den Code. Bei ASP musste sich der Code in der ASP-Datei befinden oder per *include* in die ASP-Datei eingefügt werden. ASP.NET unterstützt ein anderes Modell. Im *WebForm1.aspx*-Beispiel befindet sich der gesamte Code in einer separaten Datei, die standardmäßig den Namen *WebForm1.aspx.vb* erhält (da es sich um Visual Basic .NET-Code handelt). Diese so genannte *CodeBehind-Datei* würde den Namen *WebForm1.aspx.cs* erhalten, wenn das Beispiel nicht in Visual Basic .NET, sondern in C# codiert wäre. Die Fähigkeit zur bequemen Trennung des Inhalts vom Code ist für Entwicklungsprojekte wichtig, bei denen Seitendesigner und Seitenentwickler zwei verschiedenen Teams angehören.

Der verbleibende Teil dieses Abschnitts erläutert das *ControlShowAndTell*-Beispiel. In diesem Beispiel werden vier ASP.NET-Serversteuerelemente (*Label*, *Calendar*, *LinkButton* und *TextBox*) verwendet, die programmgesteuert bearbeitet werden. Listing 5.8 zeigt die Datei *WebForm1.aspx* mit den Inhalten der Seite. Später werden wir den Code betrachten, der sich hinter dieser Seite verbirgt und in einer separaten Datei gespeichert ist.

```
<%@ Page Language="vb"
AutoEventWireup="false"
Codebehind="WebForm1.aspx.vb"
Inherits="ControlShowAndTell.WebForm1"%>
<!DOCTYPE HTML PUBLIC "-//W3C//DTD HTML 4.0 Transitional//EN">
<HTML>
    <HEAD>
        <title></title>
        <meta content="Microsoft Visual Studio.NET 7.0" name="GENERATOR">
        <meta content="Visual Basic 7.0" name="CODE_LANGUAGE">
        <meta content="JavaScript" name="vs_defaultClientScript">
        <meta content="Internet Explorer 5.0" name="vs_targetSchema">
```

```
</HEAD>
<body>
    <CENTER>
        <form id="Form1" onsubmit="FormSubmit"
            method="post" runat="server">
            <p>
            <asp:label
                id="Label2"
                runat="server"
                Width="175px"
                Height="35px"
                BackColor="#FFC0C0"
                BorderStyle="Dotted"
                Font-Size="18pt"
                Font-Bold="True">
                Other Controls
            </asp:label>
            </p>
            <p>
            <asp:calendar id="Calendar1"
                runat="server"
                Width="277px"
                Height="188px"
                OnSelectionChanged="Selection_Change">
                <TodayDayStyle ForeColor="#0000C0"
                    BorderStyle="Solid"
                    BorderColor="Red">
                </TodayDayStyle>
            </asp:calendar>
            </p>
            <p>
            <asp:linkbutton id="LinkButton1"
                runat="server"
                Width="81px"
                Height="19px">
                LinkButton
            </asp:linkbutton>
            </p>
            <asp:textbox id="TextBox1"
                runat="server">
            </asp:textbox>
        </form>
    </CENTER>
</body>
</HTML>
```

Listing 5.8: WebForm1.aspx, *eine von Visual Studio .NET generierte Inhaltsdatei*

Listing 5.9 zeigt die Datei *WebForm1.aspx.vb*, die den Visual Basic .NET-Code für die Inhaltsdatei *WebForm1.aspx* enthält.

```
Public Class WebForm1
    Inherits System.Web.UI.Page
    Protected WithEvents Calendar1 As System.Web.UI.WebControls.Calendar
    Protected WithEvents LinkButton1 As System.Web.UI.WebControls.LinkButton
```

```
    Protected WithEvents Label2 As System.Web.UI.WebControls.Label
    Protected WithEvents Form1 As System.Web.UI.HtmlControls.HtmlForm
    Protected WithEvents TextBox1 As System.Web.UI.WebControls.TextBox

#Region " Web Form Designer Generated Code "

    "This call is required by the Web Form Designer.
    <System.Diagnostics.DebuggerStepThrough()> _
    Private Sub InitializeComponent()

    End Sub

    Private Sub Page_Init(ByVal sender As System.Object, _
      ByVal e As System.EventArgs) _
      Handles MyBase.Init
        "CODEGEN: This method call is required by the Web Form Designer
        "Do not modify it using the code editor.
        InitializeComponent()
    End Sub

#End Region

    Private Sub Page_Load(ByVal sender As System.Object, _
      ByVal e As System.EventArgs) _
      Handles MyBase.Load
        "Put user code to initialize the page here
        If Page.IsPostBack() = False Then
            Calendar1.BackColor = System.Drawing.Color.BlanchedAlmond
            Calendar1.ForeColor = System.Drawing.Color.Red
            Calendar1.TodaysDate = "7/24/2001"
            LinkButton1.Enabled = False
            TextBox1.Text = "Hello"
        End If
    End Sub
    Sub Selection_Change(ByVal sender As Object, _
      ByVal e As EventArgs)
        Dim s As String
        s = Calendar1.SelectedDate.ToString()
        TextBox1.Text = s.Substring(0, s.IndexOf(" "))
    End Sub "Selection_Change

End Class
```

Listing 5.9: WebForm1.aspx.vb, *eine von Visual Basic .NET generierte CodeBehind-Datei für* WebForm1.aspx, *zur Veranschaulichung der programmgesteuerten Bearbeitung eines* Calendar-*Steuerelements*

Listing 5.8 unterscheidet sich, wie nachfolgend gezeigt, zunächst durch die *Page*-Direktive von den vorherigen Beispielen:

```
<%@ Page Language="vb"
AutoEventWireup="false"
Codebehind="WebForm1.aspx.vb"
Inherits="ControlShowAndTell.WebForm1"%>
```

AutoEventWireup und *Codebehind* sind Visual Studio .NET-eigene Attribute. *AutoEventWireup* wird in nahezu allen Situationen auf *false* gesetzt. Wenn Sie dieses Attribut auf *true* setzen oder es auslassen, wird automatisch ein *Page_Init*-Ereignishandler mit dem *Init*-Ereignis der Seite verknüpft. Die Verwendung von *AutoEventWireup* mag zunächst sinnvoll erscheinen, kann jedoch in der Praxis einige Verwirrung stiften. Während der frühen Beta-Phasen von ASP.NET hörte man häufig von Entwicklern, die versehentlich *AutoEventWireup* verwendeten und die Ereignisse gleichzeitig manuell verknüpften. Dies führte dann statt eines einzigen Aufrufs zu zwei Ereignisaufrufen. Visual Studio .NET verwendet *Codebehind* zur Entwurfszeit, das .NET Framework ignoriert dieses Attribut. Projekte, die ohne Verwendung von Visual Studio .NET erstellt werden, verwenden üblicherweise das *Scr*-Attribut der *Page*-Direktive, um auf den Code zu verweisen, der für die Seite ausgeführt werden soll.

WebForm1.aspx verfügt darüber hinaus über einige *Meta*-Tags, die durch Visual Studio .NET gesetzt werden. *Meta*-HTML-Elemente stellen sowohl für den Server als auch für den Client verborgene Dokumentinformationen bereit. Suchmaschinen lesen häufig *Meta*-Tags für Indexseiten ein. Der verbleibende Teil von Listing 5.8 entspricht den vorangegangenen Beispielen. Hier werden ASP.NET-Serversteuerelemente für die Seite definiert. Für das Titellabel wird einiger Schnickschnack eingefügt (ein gepunkteter Rahmen und eine Hintergrundfarbe), aber der Rest der Steuerelemente wird unter Verwendung der minimalen Attributanzahl deklariert.

Die Datei *WebForm1.aspx.vb* aus Listing 5.9 beginnt mit einer Klassendeklaration:

```
Public Class WebForm1
    Inherits System.Web.UI.Page
    Protected WithEvents Calendar1 As System.Web.UI.WebControls.Calendar
    Protected WithEvents LinkButton1 As System.Web.UI.WebControls.LinkButton
    Protected WithEvents Label2 As System.Web.UI.WebControls.Label
    Protected WithEvents Form1 As System.Web.UI.HtmlControls.HtmlForm
    Protected WithEvents TextBox1 As System.Web.UI.WebControls.TextBox
```

Die öffentliche Klasse *WebForm1* erbt laut Deklaration von *System.Web.UI.Page*. Eine vollständige Dokumentation dieser Klasse finden Sie auf der MSDN-Website. Als Nächstes werden vier Steuerelemente deklariert. Hierbei handelt es sich um *Label2*, *Calendar1*, *LinkButton1* und *TextBox1*. Jedes dieser Steuerelemente wird in *WebForm1.aspx* als ASP-Serversteuerelement deklariert (Listing 5.8), und hier werden sie deklariert, um programmgesteuert bearbeitet werden zu können. Die Steuerelemente werden mithilfe des Visual Basic .NET Schlüsselwortes *WithEvents* deklariert. Dies bedeutet, dass die Objekte auf Ereignisse reagieren, die von der Instanz ausgegeben werden, die der Variablen zugeordnet ist. Alle ASP-Serversteuerelemente befinden sich im *System.Web.UI.WebControls*-Namespace.

Direkt nach der Deklaration der Instanzenvariablen in *WebForm1.aspx.vb* aus Listing 5.9 sehen Sie diese sonderbare Zeile:

```
#Region " Web Form Designer Generated Code "
```

Der Code zwischen dieser Zeile und der *#End Region*-Zeile darunter (Listing 5.9) wird standardmäßig verborgen, wenn der Code in Visual Studio .NET bearbeitet wird. Visual C++-MFC- und ATL-Programmierern ist dieser Code vielleicht vertraut, Visual Basic-Programmierern jedoch möglicherweise nicht.

HINWEIS: In Microsoft Visual C++ ist es üblich, dass bestimmte Codeabschnitte durch die Entwicklungsumgebung verwaltet werden. Mit der Zeit lernten einige Programmierer, diese Codezeilen manuell zu ändern, auch wenn dies selbstverständlich nicht empfohlen wird. Visual Basic-Programmierer dagegen sind es nicht gewohnt, mit Code konfrontiert zu werden, der eigentlich zur Verwendung durch die Entwicklungsumgebung gedacht ist. In Visual Basic wurden einige »geheime Zutaten« hinzugefügt, die jedoch nicht durch Code dargestellt wurden, der den Entwicklern angezeigt wird. Das .NET-Modell rückt für alle Visual Studio .NET-unterstützten Sprachen von jeglichen geheimen Zutaten ab. Wenn der Code eine Operation ausführt, wird diese angezeigt – selbst dann, wenn sie nicht zur Bearbeitung durch den Entwickler gedacht ist. Fürs Erste werden wir die mit "Vom Web Form-Designer generierter Code" überschriebenen Bereiche einmal außer Acht lassen. In Listing 5.9 ist dieser generierte Code relativ verständlich, aber in anderen Beispielen ist dieser Abschnitt sehr viel komplexer.

Da Visual Studio .NET das *Page_Init*-Ereignis zu eigenen Zwecken übernommen hat, müssen wir einen anderen Platz für den Code finden, der beim Start der Verarbeitung ausgeführt werden soll. Diesen Platz gibt es natürlich: das *Page_Load*-Ereignis. Die *IsPostBack*-Eigenschaft der *Page*-Klasse greift in den zwei Situationen, die für das *Page_Load*-Ereignis eintreten können.

Phasen im Lebenszyklus der ASP.NET-Web Forms

Der Lebenszyklus der ASP.NET-Web Forms umfasst im Wesentlichen fünf Phasen:

- *Page_Init* Das ASP.NET-Seitenframework verwendet dieses Ereignis, um Steuerelementeigenschaften wiederherzustellen und ein Datenpostback durchzuführen (Daten, die der Benutzer vor der Formularübermittlung in Steuerelemente eingegeben hat).
- *Page_Load* Der Entwickler verwendet dieses Ereignis entweder zur Durchführung einer ersten Verarbeitung (wenn es sich um den ersten Seitenbesuch handelt) oder zum Wiederherstellen von Steuerelementwerten (falls es sich um ein Postback handelt).
- Validierung Die *Validate*-Methode des ASP.NET-Serversteuerelements wird aufgerufen, um die Steuerelemente zu validieren.
- Anderweitige Ereignisbehandlung Viele Steuerelemente legen mehrere Ereignisse offen. Das *Calendar*-Steuerelement legt beispielsweise das *SelectionChanged*-Ereignis offen, wie wir später noch sehen werden. Es gibt keine Garantie dafür, dass Ereignisse in einer bestimmten Reihenfolge ausgegeben werden. Hiervon ausgenommen sind zwischengespeicherte Steuerelementereignisse, da diese (wie in der Eigenschaft *AutoPostBack*) immer vor dem Senden verarbeitet werden. Wurden die Steuerelemente der Seite erfolgreich validiert, sollten Sie die *IsValid*-Eigenschaft der Seite und einzelne Validierungssteuerelemente prüfen, um zu ermitteln, ob die Validierung abgeschlossen ist.
- *Page_Unload* Dieses Ereignis wird aufgerufen, wenn die Seitenausgabe abgeschlossen wurde. An dieser Stelle können reservierte Ressourcen wieder freigegeben werden, beispielsweise besonders ressourcenintensive Elemente wie Dateihandles und Datenbankverbindungen. Hierbei reicht es unter Umständen nicht aus, den Ressourcen lediglich das Verlassen des gültigen Wertebereichs zu gestatten. Besonders auf einer viel besuchten Site kann das Warten auf die nächste Garbage Collection zu Leistungseinbußen führen.

Beim Laden einer Seite sind zwei Szenarien möglich: Entweder handelt es sich um den ersten Ladevorgang für diese Seite, oder es handelt sich um ein Postback. Im *Page_Load*-Ereignishandler handhabt der folgende Code die zwei möglichen Szenarien für das Laden der Seite:

```
Private Sub Page_Load(ByVal sender As System.Object, _
  ByVal e As System.EventArgs) _
  Handles MyBase.Load
    "Put user code to initialize the page here
    If Page.IsPostBack = False Then
        Calendar1.BackColor = System.Drawing.Color.BlanchedAlmond
        Calendar1.ForeColor = System.Drawing.Color.Red
        Calendar1.TodaysDate = "7/24/2001"
        LinkButton1.Enabled = False
        TextBox1.Text = "Hello"
    End If
End Sub
```

In diesem Beispiel erfolgt die Verarbeitung nur, wenn *Page.IsPostBack* auf *false* gesetzt ist – d.h. bei der ersten Seitenverarbeitung, nicht beim Ausfüllen des Formulars. Wenn *Page.IsPostBack* den Wert *false* aufweist, setzt die Seite programmgesteuert verschiedene Eigenschaften des *Calendar*-Steuerelements, die *Enabled*-Eigenschaft der Linkschaltfläche sowie die *Text*-Eigenschaft des Textfeldes. Für das *Calendar*-Steuerelement werden die Eigenschaften *BackColor* und *ForeColor* gesetzt, zusammen mit der *TodaysDate*-Eigenschaft. Die *TodaysDate*-Eigenschaft steuert, was das Steuerelement unter dem heutigen Datum versteht, denn dies kann vom Systemdatum auf Server oder Client abweichen. Diese einfachen Beispiele für das Setzen von Eigenschaften stellen jedoch im Hinblick auf die Möglichkeiten bei programmgesteuerten Komponenten nur die Spitze des Eisbergs dar.

Abbildung 5.12 zeigt das *ControlShowAndTell*-Beispiel bei Anforderung von *WebForm1.aspx*.

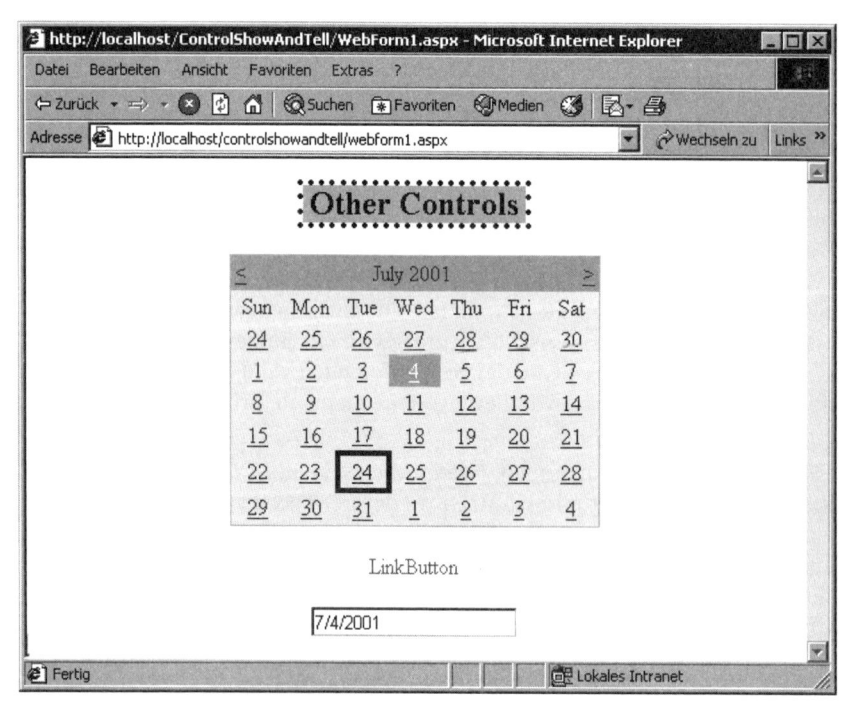

Abbildung 5.12: *Die Seite WebForm1.aspx mit ausgewähltem 4. Juli und dem im Code festgelegten TodaysDate*

In *WebForm1.aspx.vb* (Listing 5.9) war das *LinkButton*-Steuerelement im Code deaktiviert, und tatsächlich ist es auch in Abbildung 5.12 deaktiviert. Die *Text*-Eigenschaft des Textfeldes direkt darunter wurde in der *Page_Load*-Methode auf "Hello" gesetzt. In Abbildung 5.12 ist das Textfeld jedoch auf "7/4/2001" gesetzt, genau wie das ausgewählte Datum. Wie konnte das passieren?

Die Antwort liegt im Code der *Selection_Change*-Methode aus Listing 5.9:

```
Sub Selection_Change(ByVal sender As Object, _
  ByVal e As EventArgs)
    Dim s As String
    s = Calendar1.SelectedDate.ToString()
    TextBox1.Text = s.Substring(0, s.IndexOf(" "))
End Sub "Selection_Change
```

Das *OnSelectionChanged*-Attribut des *Calendar*-Steuerelements ist auf *Selection_Change* gesetzt. Wann immer sich die Auswahl ändert, wird auf dem Server diese Methode aufgerufen. Diese einfache Methode ändert die *Text*-Eigenschaft des Textfeldes in das im *Calendar*-Steuerelement festgelegte Datum.

Zeichenfolgen, Datumswerte und ein leistungsfähiges Framework

Das *ControlShowAndTell*-Beispiel verdeutlicht die Leistungsfähigkeit des Objektmodells der .NET-Umgebung. Beachten Sie, dass ich das Ergebnis der *ToString*-Methode der *SelectedDate*-Eigenschaft eigentlich einer Zwischenzeichenfolge *s* gleichsetze. Anfänglich führte dies zu einem Problem. Statt der Anzeige "7/4/2001" erhielt ich bei Auswahl des 4. Juli 2001 im Textfeld die Ausgabe "7/4/2001 12:00:00 AM". Um nur das Datum zu erhalten, verwendete ich die *Substring*-Methode. Ich hätte zur Anzeige des Datums auch einen anderen Ansatz wählen können. Statt einer Hartcodierung der *Selection_Change*-Methode für *Calendar1* hätte ich auch den an den Ereignishandler übergebenen *Sender*-Parameter verwenden können. Nachfolgend ein weiterer Ansatz, der ebenfalls funktioniert:

```
Sub Selection_Change(ByVal sender As Object, ByVal e As EventArgs)
    Dim c As Calendar
    Try
        c = CType(sender, Calendar)
        c.SelectedDate.ToShortDateString()
        TextBox1.Text = c.SelectedDate.ToShortDateString()
    Catch
    End Try
End Sub "Selection_Change
```

Zunächst habe ich den *sender*-Parameter in ein *Calendar*-Objekt konvertiert. Dann habe ich den Code in einem *Try/Catch*-Block platziert, denn die Codeausführung könnte fehlschlagen, wenn ich denselben Ereignishandler für ein nicht kalenderbezogenes Ereignis verwende. Sobald ich über das *Calendar*-Objekt verfügte, konnte ich einfach mit der *ToShortDateString*-Methode das Datum ohne Zeitangabe abrufen. Der *Catch*-Block übernimmt keinerlei Aufgaben, da dieser Ereignishandler nur für *Calendar*-Objekte bestimmt ist. Falls es sich nicht um ein *Calendar*-Objekt oder eine Klasse handeln sollte, die in ein *Calendar*-Objekt konvertiert werden kann, passiert nichts.

Wenn Sie in Visual Studio .NET ein ASP.NET-Webanwendungsprojekt erstellen, werden viele Unterstützungsdateien erstellt. Abbildung 5.13 zeigt die für das *ControlShowAndTell*-Beispiel erstellten Dateien.

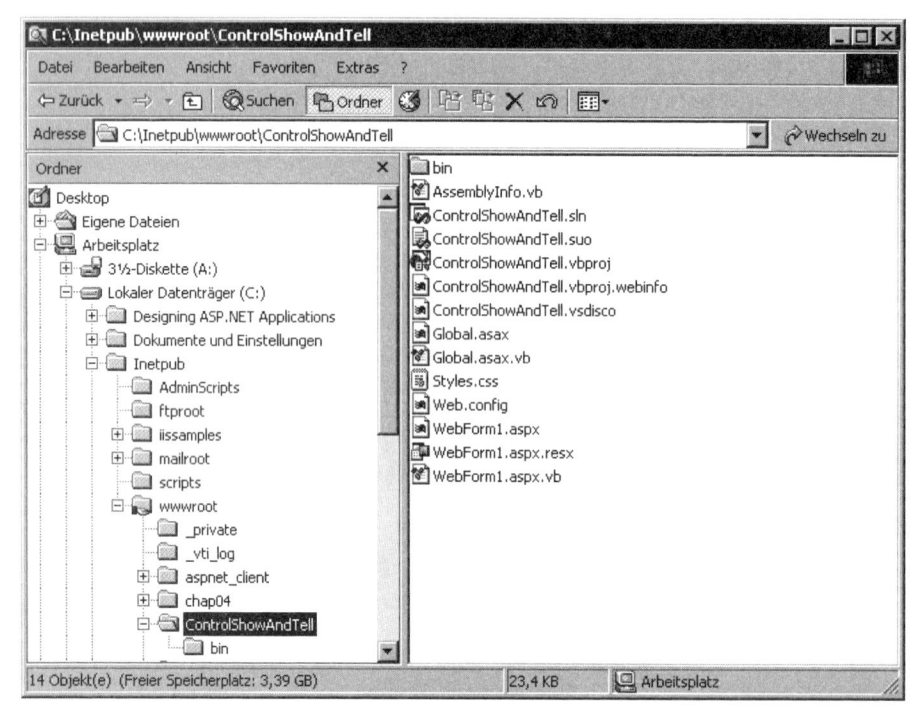

Abbildung 5.13: Die von Visual Studio .NET für das ControlShowAndTell-Beispiel erstellten Dateien

Listing 5.10 zeigt die Datei *Global.asax.vb* für das *ControlShowAndTell*-Beispiel. Hierbei handelt es sich um eine Datei mit Codeelementen, die im Vergleich zum klassischen ASP in etwa den Ereignishandlern der Datei *Global.asa* entsprechen.

```
Imports System.Web
Imports System.Web.SessionState

Public Class Global
    Inherits System.Web.HttpApplication

#Region " Component Designer Generated Code "

    Public Sub New()
        MyBase.New()

        "This call is required by the Component Designer.
        InitializeComponent()

        "Add any initialization after the InitializeComponent() call

    End Sub
```

```
    "Required by the Component Designer
    Private components As System.ComponentModel.Container

    "NOTE: The following procedure is required by the Component Designer
    "It can be modified using the Component Designer.
    "Do not modify it using the code editor.
    <System.Diagnostics.DebuggerStepThrough()> _
      Private Sub InitializeComponent()
        components = New System.ComponentModel.Container()
    End Sub

#End Region

    Sub Application_BeginRequest(ByVal sender As Object, _
      ByVal e As EventArgs)
        " Fires at the beginning of each request
    End Sub

    Sub Application_AuthenticateRequest(ByVal sender As Object, _
      ByVal e As EventArgs)
        " Fires upon attempting to authenticate the use
    End Sub

    Sub Application_Error(ByVal sender As Object, _
      ByVal e As EventArgs)
        " Fires when an error occurs
    End Sub

End Class
```

Listing 5.10: Die von Visual Studio .NET generierte Datei Global.asax.vb

Global.asax.vb weist ebenfalls einen mit *Region* gekennzeichneten Code auf, der durch die Entwicklungsumgebung generiert und bei der Anzeige in Visual Studio .NET standardmäßig ausgeblendet wird.

Wenn Sie ein Visual Studio .NET-Projekt kompilieren oder ausführen, wird ein *bin*-Ordner angelegt. Dieser *bin*-Ordner enthält die DLL (in diesem Fall *ControlShowAndTell.dll*) mit der kompilierten Funktionalität aus *WebPage1.aspx.vb* sowie eine Datei für das Debuggen.

HINWEIS: Wenn Sie das zum Lieferumfang von Visual Studio 6.0 gehörende Tool *Depends.exe* verwenden, werden Sie feststellen, dass die Datei *ControlShowAndTell.dll* lediglich von *Mscoree.dll* abhängt. Diese DLL umfasst einen Großteil der .NET Framework-Funktionalität.

Fazit

Wir haben in diesem Kapitel die grundlegenden Bausteine der Web Forms sowie deren Einsatz bei der schnellen Anwendungsentwicklung für den Server untersucht. Obwohl die hier vorgestellten Beispiele relativ einfach sind, sollte mit ihnen die Leistungsfähigkeit des ASP.NET Frameworks klar geworden sein. Sie können Anwendungen entwickeln und hierbei die sonst für jede entworfene Seite erforderliche Kleinarbeit ausklammern. Stattdessen können Sie sich voll und ganz auf die Dinge konzentrieren, die beim Seitenentwurf für Ihre Organisation von Wichtigkeit sind.

Darüber hinaus können Sie sich ganz auf Ihren Verantwortungsbereich beschränken, wenn die Entwicklungsaufgaben in Ihrer Organisation auf Teams für Inhalt und Code verteilt werden. Ein Schnittstellendesigner kann mithilfe ausgefeilter Tools Schnittstellen entwerfen, von denen er selbst nicht einmal geträumt hat. Und der für das Herzstück der Anwendung verantwortliche Programmierer kann in aller Ruhe die Kernfunktionalität der Anwendung entwickeln.

Was aber, wenn die in diesem Kapitel besprochenen Steuerelemente Ihren Anforderungen nicht genügen? In Kapitel 9 werden wir uns mit den datenbankbezogenen Steuerelementen beschäftigen, aber wie gehen Sie vor, wenn ein spezieller Fall ein etwas anderes Verhalten erfordert? Die Entwicklung eigener Komponenten ist das Thema von Kapitel 6. Während in den bisherigen Codebeispielen hauptsächlich das .NET Framework genutzt wurde, werden bei der Entwicklung eigener Komponenten besondere Features der zwei .NET-Hauptsprachen – Visual Basic .NET und C# – zum Einsatz kommen.

# 6 Erstellen von ASP.NET-Komponenten

141	Der Ärger mit den Komponenten
144	ASP.NET-Steuerelementklassen
145	Der Lebenszyklus eines Steuerelements
147	Erstellen von Benutzersteuerelementen
160	Erstellen von benutzerdefinierten Steuerelementen
182	Fazit

Eines der Features, die Microsoft Visual Basic bei seiner Einführung zu einem beispiellosen (und etwas unerwarteten) Erfolg verhalfen, war seine Fähigkeit, um eigene Komponenten erweitert zu werden. Auch wenn die Möglichkeiten der objektorientierten Entwicklung erst mit Visual Basic .NET vollständig ausgeschöpft werden können, verdankt Microsoft Visual Basic seinen anfänglichen Erfolg nicht zuletzt der Tatsache, dass sowohl Microsoft als auch Drittanbieter innerhalb von Visual Basic eigene Komponenten entwickeln und nutzen konnten.

Im ersten Abschnitt dieses Kapitels werde ich über das zweifelhafte Vergnügen sprechen, das Komponenten dem Entwickler bisher bereitet haben. In den verbleibenden Teilen des vorliegenden Kapitels werde ich aufzeigen, wie ASP.NET hier zu Hilfe eilt und viele der Probleme beseitigt, die Entwickler bei der Verwendung von COM-Komponenten innerhalb von Active Server Pages (ASP) bisher still erdulden mussten. Wir werden einen Blick auf die Steuerelementklassen von ASP.NET werfen und uns den Lebenszyklus eines ASP.NET-Steuerelements ansehen. In den letzten beiden Abschnitten dieses Kapitels werden Sie die Vor- und Nachteile der Erstellung und Verwendung von Benutzersteuerelementen und benutzerdefinierten ASP.NET-Steuerelementen kennen lernen.

Der Ärger mit den Komponenten

Nach der Meinung objektorientierter Puristen sollte ein Objekt Polymorphismus, Vererbung und Kapselung unterstützen. Softwarekomponenten oder Steuerelemente sind jedoch nicht immer ein perfektes Abbild dessen, was Objekte sein sollten, auch wenn sie häufig ihren Zweck erfüllen. Die ersten VBX-Steuerelemente und selbst die aktuelleren COM-Steuerelemente wurden ursprünglich nicht zur Unterstützung der einfachen Vererbung entworfen. Darüber hinaus gibt es weiterhin Probleme bei der Versionskompatibilität. Die Vorstellung einer unveränderlichen, beständigen Schnittstelle, die mit sämtlichen späteren Versionen einer Komponente kompatibel ist, von der sie implementiert wird, ist natürlich schön – aber in der Realität ist es oft schon schwierig, eine neue Komponente zu erstellen, mit der das Verhalten der vorherigen Version perfekt nachgestellt wird.

Ein Beispiel: Ich verwendete in einem Projekt zur Erstellung verschlüsselter RTF-Dateien (Rich Text Format) ein Textsteuerelement eines Drittanbieters. Die ersten zwei Versionen des Textsteuerelements arbeiteten perfekt mit meiner Verschlüsselungsroutine zusammen, einer (aufgrund der Speicherbeschränkungen bei der 16-Bit-Microsoft Windows-Programmierung) einfach entworfenen Routine zur Verarbeitung von Textsegmenten, die nicht mehr als 2.048 Zeichen umfassten. Diese Beschränkung stellte kein Problem dar, da das Textsteuerelement den Text bei jedem Zeilenumbruch mit einem Zeilenvorschubzeichen zurückgab (gekennzeichnet durch ein *{para}*-RTF-Tag). Alles lief prima, bis ich die dritte Version des Textsteuerelements implementierte, danach funktionierte dann plötzlich nichts mehr.

Rückblickend ist die Erklärung für dieses Problem einfach. Der Schnittstellenvertrag zwischen dem Entwickler des Steuerelements und dem Endbenutzer des Steuerelements schrieb genau vor, wie der Text aus dem Steuerelement abgerufen und in diesem platziert wird, wie die Länge des Textsteuerelements berechnet wird, wie bestimmte Zeichen ausgewählt werden usw. In diesem Vertrag wurde jedoch *nicht* erwähnt, wie physische Zeilenumbrüche gehandhabt werden. Nichtsdestotrotz verließ ich mich auf das Verhalten der ersten Version. Im RTF-Text waren keine physischen Zeilenumbrüche erforderlich, und in der Tat wurden in der dritten Version des Textsteuerelements *niemals* Zeilenumbrüche eingefügt. Dies bedeutete, dass ich einschließlich Steuerelementzeichen und Ähnlichem zwischen 4.000 und 8.000 Zeichen ohne einen physischen Zeilenumbruch erhalten konnte. Solch große Textsegmente überforderten jedoch die Verschlüsselungsroutine, die speziell für kleine Textsegmente entworfen wurde.

Das neue Textsteuerelement implementiert zwar die Vorgängerversion der Schnittstelle ordnungsgemäß, machte jedoch meinen Code unbrauchbar. Die Rückkehr zu einer vorherigen Version des Steuerelements bis zur Lösung des Speicherpufferproblems der Verschlüsselungsroutine war schlicht gesagt ein Alptraum.

Die Bereitstellung von COM-Komponenten ist ebenfalls etwas schwieriger als gedacht und führt unter anderem zu folgenden Problemen:

- Versionsabhängigkeiten können dazu führen, dass neue Versionen einer COM-Komponente eine ältere Anwendung unbrauchbar machen.
- COM-Komponenten müssen über geeignete Registrierungseinträge verfügen.
- Es gibt keinen einfachen Weg zur Bereitstellung einer neuen COM-Komponente, während die Vorgängerversion ausgeführt wird.
- Entwicklung und Debugging von COM-Komponenten ist schwierig.

Das .NET Framework beseitigt das erste Problem der Versionsabhängigkeit dadurch, dass verschiedene Versionen einer Komponente nebeneinander auf demselben Computer vorliegen können. Anwendungen können so eine bestimmte Version der Komponente anfordern, d.h. ältere Anwendungen können eine ältere Komponentenversion anfordern und bleiben auch dann lauffähig, wenn eine andere Anwendung auf demselben Computer eine neue Version derselben Komponente erfordert.

Mit dem zweiten Problem der Bereitstellung und Konfiguration von COM-Komponenten verhält es sich etwas schwieriger. Die für das .NET Framework entwickelten Komponenten sind selbstbeschreibend und stützen sich nicht auf die Registrierung. Diese Unabhängigkeit von der Registrierung erleichtert die Bereitstellung von Komponenten, da diese einfach an den für sie vorgesehenen Speicherort kopiert werden können.

Das dritte Problem war in der Anfangsphase kein Problem, da COM-Komponenten hauptsächlich für Desktopanwendungen eingesetzt wurden. Mal ehrlich, es war keine Katastrophe, dass eine Desktopanwendung geschlossen und wieder geöffnet oder eventuell der Rechner neu gestartet werden musste. Natürlich war da noch der Aufwand, von Computer zu Computer zu gehen und die Aktualisierung vorzunehmen, aber dies war wenigstens möglich. Als sich der Einsatz der COM-Komponenten jedoch mehr und mehr auf serverbasierte Anwendungen und im Besonderen auf Webserver verlagerte, entwickelte sich die Notwendigkeit zum Schließen der Anwendung bei Installation einer neuen Komponente zu einem ernsthaften Problem. Viele Websites müssen rund um die Uhr verfügbar sein. Es gibt einfach keinen günstigen Zeitpunkt zum Herunterfahren. Glücklicherweise gibt es jedoch Alternativen – auch wenn diese eigene Probleme nach sich ziehen.

Ich arbeite beispielsweise an einem Webservercluster mit vier Rechnern. Wenn ich eine COM-Komponente aktualisieren muss, muss ich die Verhaltensunterschiede zwischen der alten und der neuen Version kennen und einen entsprechenden Plan erarbeiten. Wenn die neue Komponente mit der vorhandenen COM-Komponente kompatibel ist und es sich bei den Änderungen lediglich um einen Bugfix handelt, kann ich einfach die Server aus dem Cluster herausnehmen, die erforderlichen Dienste anhalten (häufig WWW-Publishingdienst und Komponentendienste) und die neue Komponente installieren. Anschließend kann ich den Computer mit der aktualisierten Komponente online bringen und mich um den nächsten Server kümmern.

Was jedoch, wenn die Aktualisierung kein Bugfix ist, sondern der Komponente neue Funktionalität hinzufügt? Dieses Szenario ist etwas kniffliger. Wenn der ASP-Code (Active Server Pages) zum Aufruf der Komponente aufgrund der neuen Funktionalität geändert wurde, muss ich zunächst auf allen Servern die Komponente aktualisieren und anschließend auf allen Servern den geänderten ASP-Code einfügen. Selbst dieser Plan birgt potenzielle Risiken. Angenommen, der Webserver erhält eine Anforderung und gibt diese an einen Rechner weiter, der bereits über die neue Funktionalität des Steuerelements verfügt. Wenn die nächste Anforderung auf neuen Informationen basiert und an einen Rechner weitergeleitet wird, der noch nicht über den neuen ASP-Code mit der neuen Funktionalität verfügt, haben wir ein Problem. In einem Cluster mit vier Servern ist dieses Risiko möglicher Probleme noch absehbar, aber wenn Sie mit einem großen Cluster arbeiten, können Sie ernsthaft in Schwierigkeiten geraten.

Mithilfe von ASP.NET und einigen weiteren Diensten des .NET Frameworks kann diese Übergangsphase sehr viel sauberer gelöst werden. (Auf der MSDN-Website finden Sie Informationen zum Microsoft Application Center, einem Dienst, der bei dieser Art von Aktualisierung hilfreich sein kann.) Was die Komponenten selbst betrifft, so werden neue ASP.NET-Komponenten über die älteren Versionen kopiert. Benutzer, die mit einer älteren Version verbunden sind, erhalten die Möglichkeit, sauber herunterzufahren, während neue Anforderungen an die neue Komponente gesendet werden. Natürlich lauern auch weiterhin potenzielle Probleme, aber die Möglichkeit, eine neue Komponente hineinzukopieren, ohne Dienste wie IIS und die Komponentendienste schließen zu müssen, ist von erheblichem Vorteil.

Das vierte und letzte Problem ist der schwierige Prozess des Entwickelns und Debuggens von COM-Komponenten. Die Entwicklung von COM-Komponenten fällt in Visual Basic definitiv leichter als in C++, aber dennoch ist es keine einfache Aufgabe. Das Debuggen von COM-Komponenten, die über eine ASP-Seite aufgerufen werden, ist zwar nicht unmöglich, gestaltet sich jedoch sehr viel schwieriger als das standardmäßige ASP-Skriptdebugging.

Im weiteren Verlauf dieses Kapitels werden Sie sehen, wie all diese Probleme (und andere) mithilfe von ASP.NET-Komponentenklassen gelöst werden können. Sehen wir uns jedoch zunächst an, woraus eine ASP.NET-Komponente eigentlich besteht.

ASP.NET-Steuerelementklassen

Alle Elemente innerhalb des .NET Frameworks sind Objekte. Na gut, diese Aussage ist vielleicht zu stark vereinfacht, denn Wertetypen wie Ganzzahlen und Strukturen sind standardmäßig zunächst keine Objekte. Es sollte Sie aber dennoch nicht verwundern, dass die selbst entwickelten Komponenten letztlich von der *Objekt*-Klasse abgeleitet sind. Abbildung 6.1 zeigt die grundlegende Klassenhierarchie für jede entwickelte Komponente.

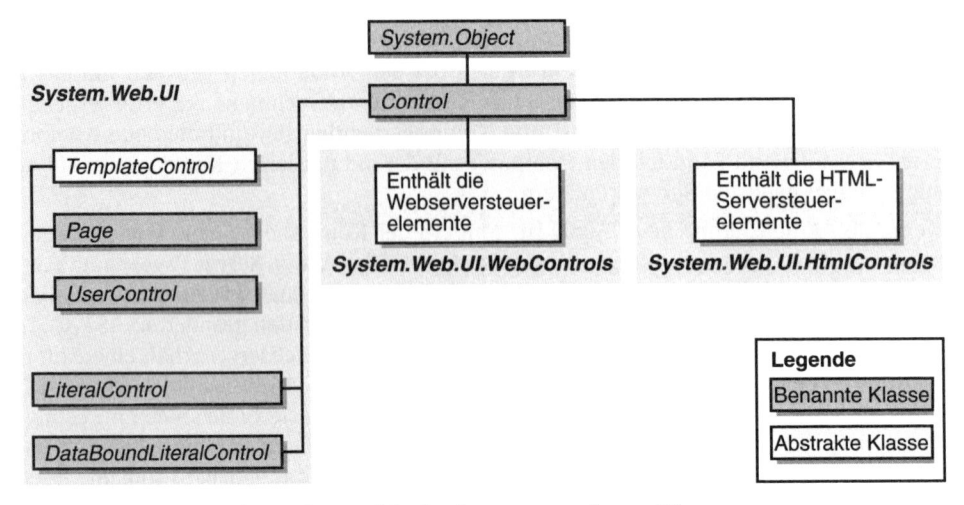

Abbildung 6.1: Die Klassenhierarchie der Serversteuerelementklassen

Der *System.Web.UI*-Namespace enthält die Klasse *System.Web.UI.Control*, von der alle Serversteuerelemente abgeleitet werden. Die zwei wichtigsten Namespaces unter *System.Web.UI* sind *System.Web.UI.WebControls* und *System.Web.UI.HtmlControls*. Der *HtmlControls*-Namespace umfasst die Steuerelemente, die über direkte Entsprechungen bei den standardmäßigen HTML-Serversteuerelementen verfügen (diese werden mithilfe der der HTML-Standardsyntax und dem zusätzlichen Attribut/Wert-Paar *RunAt=Server* erstellt). Der *WebControls*-Namespace enthält alle ASP.NET-Serversteuerelemente, deren Tags in den .aspx-Dateien mit *ASP:* beginnen, z.B. *ASP:TextBox*.

HINWEIS: Wenn Sie nun denken, dass die Welt perfekt wäre, wenn sich in dieser Steuerelementhierarchie auch die Windows Forms-Klassen befänden, soll Sie dieser Hinweis daran erinnern, dass die Welt (leider!) immer noch weit davon entfernt ist, perfekt zu sein. Wenn Sie sich die *System.Windows.Forms.Control*-Klasse ansehen, werden Sie sich umgehend wieder daran erinnern, dass die zwei Steuerelementumgebungen – Web und Windows – tatsächlich sehr große Unterschiede aufweisen. Websteuerelemente haben beispielsweise kein Konzept für z-Reihenfolge oder Fensterhandles, während Windows-Steuerelemente über kein Konzept für Darstellung oder Anzeigestatus verfügen. Die Klassen besitzen Ähnlichkeiten, und den Visual Basic-Programmierern werden viele der jetzt für Websteuerelemente offen gelegten Eigenschaften (z.B. *Text*) bekannt vorkommen. Diese Ähnlichkeiten sollten Sie jedoch nicht dazu verleiten, die riesigen Unterschiede zwischen den Implementierungen und den Einsatzbereichen von Web- und Windows-Steuerelementen zu vergessen.

Obwohl die Namespaces *WebControls* und *HtmlControls* beinahe alle Steuerelemente enthalten, die Sie bei der Ableitung benötigen, gibt es noch weitere Namespaces, die Sie bei der Klassenableitung einsetzen können. Wie aus Abbildung 6.1 hervorgeht, sind die wichtigsten Klassen in der Hierarchie *Page* und *UserControl*. *Page* stellt die Basisklasse für alle ASP.NET-Webseiten dar. Behalten Sie im Auge, dass die *Page*-Klasse zwar anders eingesetzt wird als die weiteren Steuerelementklassen, den weiteren Steuerelementen im Grunde genommen jedoch ähnlich ist. (Die Kenntnis der Steuerelemente ist wichtig, auch wenn Sie sich als Visual Basic-Programmierer eher auf die Nutzung als auf die Erstellung von Steuerelementen konzentriert haben.) In naher Verwandtschaft zur *Page*-Klasse steht die Klasse *UserControl*. Die *UserControl*-Klasse kann im Prinzip genau wie die *Page*-Klasse abgeleitet und genutzt werden, definiert jedoch anstelle einer ganzen Seite lediglich Seitenfragmente. Auf einer einzelnen Seite können mehrere von *UserControl* abgeleitete Objekte verwendet und verschachtelt werden.

HINWEIS: In frühen Betaversionen von ASP.NET wurden die Benutzersteuerelemente *Pagelets* genannt. Ich fand diesen Namen besser, aber der endgültige Name lautet nun *UserControl*.

Der Lebenszyklus eines Steuerelements

Der Schlüssel zum Verständnis der Steuerelemente liegt in deren Lebenszyklus. Wann wird beispielsweise der Anzeigestatus wiederhergestellt? Was geschieht zuerst, das *Load*-Ereignis oder die Postbackereignisbenachrichtigung?

Die auf der MSDN-Dokumentation basierende Tabelle 6.1 zeigt den Lebenszyklus eines ASP.NET-Steuerelements. Bei der Betrachtung dieser Tabelle sollten Sie daran denken, dass es sich bei HTTP um ein statusloses Protokoll handelt. Der Lebenszyklus eines Steuerelements ist so entworfen, dass er die Illusion einer Statusbeibehaltung erzeugt. Da Sie diesen Lebenszyklus über offen gelegte Ereignisse verändern können, können Sie also im positiven oder negativen Sinne auf diese Illusion einwirken.

Phase	Aufgaben des Steuerelements	Zu überschreibende Methoden oder Ereignisse
Initialisierung	Initialisiert die Einstellungen, die für die Lebensdauer der eingehenden Webanforderung benötigt werden.	*Init*-Ereignis (*OnInit*-Methode)
Laden des Anzeigestatus	Passt die Wiederherstellung des Anzeigestatus an, indem die *LoadViewState*-Methode überschrieben wird.	*LoadViewState*-Methode
Verarbeiten der Postbackdaten	Verarbeiten eingehender Formulardaten und Aktualisierung von Eigenschaften. (An dieser Phase sind nur Steuerelemente beteiligt, die Postbackdaten verarbeiten. Das Steuerelement muss zur Behandlung dieses Ereignisses die *IpostBackDataHandler*-Schnittstelle implementieren.)	*LoadPostData*-Methode
Laden	Ist für übliche Aufgaben bei Anforderungen verantwortlich, beispielsweise für das Herstellen von Datenbankverbindungen. Bei Auftreten des *Load*-Ereignisses werden Serversteuerelemente erstellt und initialisiert und die Statusinformationen wurden wiederhergestellt, sodass die Formularsteuerelemente clientseitige Änderungen widerspiegeln.	*Load*-Ereignis (*OnLoad*-Methode) ▶

Phase	Aufgaben des Steuerelements	Zu überschreibende Methoden oder Ereignisse
Senden von Postbackänderungsbenachrichtigungen	Löst Änderungsereignisse als Reaktion auf Statusänderungen zwischen dem aktuellen und früheren Postbacks aus. Wie bei der Phase »Verarbeitung der Postbackdaten« sind hier nur Steuerelemente beteiligt, die das *IPostBackDataHandler*-Ereignis implementieren.	*RaisePostDataChangedEvent*-Methode
Handhabung von Postbackereignissen	Kümmert sich um das clientseitige Ereignis, welches zum Postback geführt hat, und löst entsprechende Ereignisse auf dem Server aus. Wie bei der Phase »Verarbeitung der Postbackdaten« sind hier nur Steuerelemente beteiligt, die das *IPostBackDataHandler*-Ereignis implementieren.	*RaisePostBackEvent*-Methode
Phase vor der Ausgabe	Nimmt Änderungen vor, die vor der Steuerelementausgabe durchgeführt werden müssen. Mit der *Ausgabe (Rendering)* eines Steuerelements ist die HTML-Ausgabe gemeint, die zur Darstellung des Steuerelements auf dem Clientbrowser erforderlich ist. Hier vorgenommene Statusänderungen werden gespeichert, Änderungen während der Ausgabephase dagegen nicht.	*PreRender*-Ereignis (*OnPreRender*-Methode)
Speicherung des Status	Speichert den aktuellen Status des Steuerelements. Die *ViewState*-Eigenschaft eines Steuerelements wird im Anschluss an diese Phase automatisch in einem *string*-Objekt gespeichert. Das Zeichenfolgenobjekt wird zusammen mit der HTML-Ausgabe als verborgenes Feld an den Clientbrowser gesendet. Ein Steuerelement kann die *SaveViewState*-Methode überschreiben, um die Inhalte der *ViewState*-Eigenschaft zu ändern, beispielsweise um einen effizienteren Anzeigestatus zu erstellen.	*SaveViewState*-Methode
Ausgabe	Generiert die auf dem Client darzustellende Ausgabe.	*Render*-Methode
Bereinigung	Führt abschließende Aufgaben zur Bereinigung durch. Obwohl letztlich die Garbage Collection für die Bereinigung nicht referenzierter Objekte sorgt, können hier kostenintensive Ressourcen, z.B. Datenbankverbindungen, freigegeben werden.	*Dispose*-Methode
Entladen	Führt abschließende Bereinigungsaufgaben durch, bevor das Steuerelement zerstört wird. Steuerelementautoren verwenden hierzu im Allgemeinen die *Dispose*-Methode und machen von diesem Ereignis keinen Gebrauch.	*Unload*-Ereignis (*OnUnload*-Methode)

Tabelle 6.1: Ausführungslebenszyklus eines ASP.NET-Steuerelements

Bei der Komponentenerstellung werden Sie wahrscheinlich noch häufiger auf Tabelle 6.1 zurückgreifen. Wenn Sie beispielsweise feststellen, dass eine Operation nicht den gewünschten Effekt hat, sollten Sie den Lebenszyklus der Komponente genau durchgehen und prüfen, an welcher Stelle das Problem liegt. In den meisten Fällen genügt bereits das Verschieben einer Aufgabe in ein geeigneteres Ereignis, um das Problem zu beheben.

Erstellen von Benutzersteuerelementen

Das Erstellen von Web Forms sollte Ihnen noch frisch im Gedächtnis sein (in Kapitel 5 hatten wir verschiedene Formulare erstellt), daher scheint es sinnvoll, einen ähnlichen Prozess zur Erstellung von Benutzersteuerelementen zu betrachten. Hierbei werden zunächst von *UserControl* abgeleitete Objekte erstellt, die anschließend auf einer Testseite eingefügt werden. Ein Benutzersteuerelement kann auf zwei Arten erstellt werden. Die wahrscheinlich einfachste Technik besteht darin, eine Seite mit den Attributen und Steuerelementen zu erstellen, die für das Benutzersteuerelement gelten sollen, und die Seite anschließend in ein Benutzersteuerelement zu konvertieren. Die zweite Möglichkeit besteht in der programmgesteuerten Erstellung des Benutzersteuerelements und einem anschließenden Test auf einer weiteren Seite. Im Allgemeinen ziehe ich es vor, das Benutzersteuerelement als reguläre Webseite zu erstellen und anschließend für den Einsatz als Benutzersteuerelement zu bearbeiten. Das Ergebnis ist jedoch in jedem Fall eine Datei mit der Erweiterung .ascx, die den Code der Seite oder ein *Scr*-Attribut umfasst, mit dem auf eine CodeBehind-Datei verwiesen wird, die eine von *UserControl* abgeleitete Klasse enthält. Die .ascx-Datei enthält anstelle einer @ *Page*-Direktive jedoch eine @ *Control*-Direktive.

Vorbereiten einer Webseite auf die Konvertierung in ein Benutzersteuerelement

Die Konvertierung einer Webseite in ein Benutzersteuerelement ist häufig die einfachste Methode zum Testen des Benutzersteuerelements. Dies gilt besonders, wenn das Benutzersteuerelement einige weniger triviale Funktionen umfasst. Beispielsweise kann die für eine Anmeldung benötigte Logik auf mehreren Seiten erforderlich sein. Eine solche Aufgabe ist für ein Benutzersteuerelement geradezu perfekt. Für dieses Beispiel verwenden wir zunächst eine leicht abgewandelte Form der einfachen Anmeldeseite aus Kapitel 5. Diese wird in Listing 6.1 gezeigt.

```
<%@ Import Namespace="System.Web.Security " %>

<html>

    <script language="C#" runat=server>
    void Login_Click(Object sender, EventArgs E)
    {
        // Benutzerauthentifizierung: Dieses Beispiel akzeptiert nur (einen)
        // Benutzer mit dem Namen doug@programmingasp.net und dem Kennwort
        // password
        if ((UserEmail.Value == "doug@programmingasp.net") &&
          (UserPass.Value == "password"))
        {
            // FormsAuthentication.RedirectFromLoginPage(
            // UserEmail.Value, false);
            FormsAuthentication.GetRedirectUrl(UserEmail.Value, false);
        }
```

```
        else
        {
            Msg.Text = "Invalid Credentials: Please try again";
        }
    }
</script>

<body>
<table width=120 bgColor="0000ff">
<tr>
    <td>
    <form runat=server>
    <center>
    <h3>
    <font face="Verdana" color=Yellow>Login<font>
    </h3>
    <table width=100%>
        <tr>
            <td>
            <font color=yellow>Email:</font>
            </td>
        </tr>
        <tr>
            <td>
                <input id="UserEmail"
                type="text"
                runat=server
                size=20 maxlen=30 />
            </td>
            <td>
                <ASP:RequiredFieldValidator
                    ControlToValidate="UserEmail"
                    Display="Static"
                    ErrorMessage="*"
                    runat=server />
            </td>
        </tr>
        <tr>
            <td>
                <font color=yellow>Password:</font>
            </td>
        </tr>

        <tr>
            <td>
                <input id="UserPass" type=password
                runat=server
                size=20
                maxlen=30 />
            </td>
            <td>
                <ASP:RequiredFieldValidator
                    ControlToValidate="UserPass"
                    Display="Static" ErrorMessage="*"
                    runat=server />
            </td>
```

```
            </tr>
            <tr>
                <td colspan=3 align="center">
                    <asp:button text="Login"
                        OnClick="Login_Click"
                        runat=server>
                    </asp:button>
                    <p>
                    <asp:Label id="Msg" ForeColor="red"
                        Font-Name="Verdana"
                        Font-Size="10" runat=server />
                </td>
            </tr>
        </table>
    </center>
    </form>
    </td>
    </tr>
    </table>
    </body>
</html>
```

Listing 6.1: *Die zur Konvertierung in ein Benutzersteuerelement leicht abgeänderte Seite Login.aspx aus Listing 5.1*

Um dieses Listing zu erhalten, wurden an Listing 5.1 eigentlich nur einige kosmetische Änderungen vorgenommen. Ich habe zur Breitenbeschränkung einige Tabellen eingefügt und eine andere Hintergrundfarbe festgelegt (abgestimmt auf die Seite, in die das Benutzersteuerelement eingefügt werden soll). Darüber hinaus habe ich einige kleine Änderungen an den Textfeldern des Formulars vorgenommen. So habe ich die Breite der Textfelder mithilfe des *size*-Attributs festgelegt und anhand des *maxlen*-Attributs die maximale Zeichenanzahl für die Textfeldeingabe eingeschränkt.

Eine wesentliche Änderung findet sich in der nachfolgend gezeigten *Login_Click*-Funktion:

```
if ((UserEmail.Value == "doug@programmingasp.net") &&
    (UserPass.Value == "password"))
{
    // FormsAuthentication.RedirectFromLoginPage(
    // UserEmail.Value,false);
    FormsAuthentication.GetRedirectUrl(UserEmail.Value,false);
}
```

Hier verwende ich eine andere Methode der *FormsAuthentication*-Klasse. Statt also den Benutzer auf die ursprünglich angeforderte Seite umzuleiten, rufe ich den Umleitungs-URL ab und ignoriere ihn. Dieses Vorgehen hat folgenden Grund: Der Aufruf von *RedirectFromLoginPage* soll den Benutzer von der in *Web.config* angegebenen Anmeldeseite wieder auf die ursprünglich angeforderte Seite oder, falls keine solche Seite vorhanden ist, auf die Seite *default.aspx* derselben Anwendung umleiten. Dieses Benutzersteuerelement soll jedoch als Komponente auf einer Seite vorliegen und dem Benutzer möglichst ohne Seitenwechsel die Anmeldung erlauben. Es handelt sich also nicht um eine gesamte Seite, auf die der Benutzer bei Anforderung einer Seite umgeleitet wird, die eine Authentifizierung erfordert. *GetRedirectUrl* akzeptiert als Parameter den Benutzernamen und einen booleschen Wert, der angibt, ob zusammen mit dem Authentifizierungsticket ein persistenter Cookie ausgegeben wird.

HINWEIS: Es hat lange und hitzige Diskussionen um Cookies und eine mögliche Verletzung der Privatsphäre gegeben. Wie Sie wissen, handelt es sich bei einem Cookie um eine kleine Informationseinheit, die auf dem Clientrechner gespeichert wird. Es gibt zwei Arten von Cookies: *Sitzungscookies* werden im Speicher abgelegt und nur für die Dauer der Browsersitzung auf dem Clientrechner gespeichert. *Persistente* Cookies werden auf die Festplatte des Clientcomputers geschrieben. Hierbei gehört es im Allgemeinen zum guten Ton, vor der Speicherung persistenter Cookies auf der Benutzerfestplatte die Erlaubnis des Benutzers einzuholen.

Bei Ausführung generiert die .aspx-Seite aus Listing 6.1 die in Abbildung 6.2 dargestellte Ausgabe.

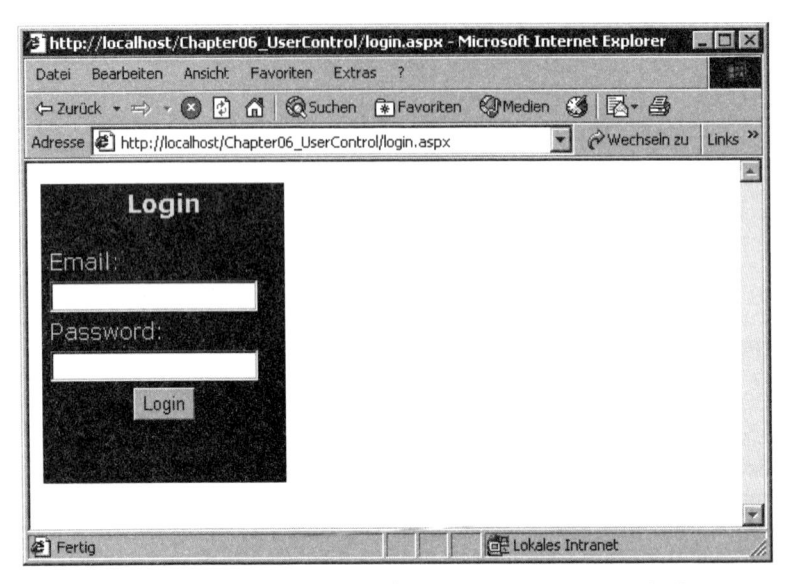

Abbildung 6.2: Zur Vorbereitung auf eine Konvertierung in ein Benutzersteuerelement umformatierte .aspx-Seite

Konvertieren einer Webseite in ein Benutzersteuerelement

Unser Ziel für das erstellte Benutzersteuerelement besteht darin, es als Bestandteil eines seitlich platzierten Navigationsbereiches zu verwenden. Die in Abbildung 6.2 gezeigte Seite besitzt das gewünschte Format – eine relativ schmale, kompakte Tabelle mit einer Breite von 120 Pixeln. Sobald die Webseite über das gewünschte Aussehen verfügt, können Sie sie mithilfe folgender Schritte in ein Benutzersteuerelement konvertieren:

1. Entfernen Sie alle *<HTML>*-, *<BODY>*- und *<FORM>*-Tags aus der Seite.
2. Sofern die Seite eine @ *Page*-Direktive enthält, ändern Sie diese in eine @ *Control*-Direktive. (In Listing 6.1 ist keine @ *Page*-Direktive enthalten.)
3. Fügen Sie der @ *Control*-Direktive ein *className*-Attribut hinzu. (Fügen Sie ggf. eine @ *Control*-Direktive ein.) Das *className*-Attribut ermöglicht das Angeben eines Klassennamens für das Benutzersteuerelement. Die Festlegung eines Klassennamens ermöglicht eine strenge Typisierung des Steuerelements beim programmgesteuerten Hinzufügen zu einer Seite oder anderen Serversteuerelementen.
4. Ändern Sie die Dateierweiterung von .aspx in .ascx, um die beabsichtigte Verwendung der Datei zu verdeutlichen.

Listing 6.2 zeigt die vollständige *Login.ascx*-Seite.

```
<%@ Control className="login" %>
<%@ Import Namespace="System.Web.Security " %>

    <script language="C#" runat=server>
    void Login_Click(Object sender, EventArgs E)
    {
        // Benutzerauthentifizierung: Dieses Beispiel akzeptiert nur (einen)
        // Benutzer mit dem Namen doug@programmingasp.net und dem Kennwort
        // password
        if ((UserEmail.Value == "doug@programmingasp.net") &&
          (UserPass.Value == "password"))
        {
            // FormsAuthentication.RedirectFromLoginPage(
            // UserEmail.Value, false);
            FormsAuthentication.GetRedirectUrl(UserEmail.Value, false);
            Msg.Text = "Logged In!";
        }
        else
        {
            Msg.Text = "Invalid Credentials: Please try again";
        }
    }
    </script>
    <table width=120 bgColor="0000ff">
    <tr>
        <td>
        <center>
        <h3>
        <font face="Verdana" color=Yellow>Login<font>
        </h3>
        <table width=100%>
            <tr>
                <td>
                <font color=yellow>Email:</font>
                </td>
            </tr>
            <tr>
                <td>
                    <input id="UserEmail"
                        type="text"
                        runat=server
                        size=20
                        maxlen=30 />
                </td>
                <td>
                    <ASP:RequiredFieldValidator
                        ControlToValidate="UserEmail"
                        Display="Static"
                        ErrorMessage="*"
                        runat=server />
                </td>
            </tr>
            <tr>
                <td>
```

```
                    <font color=yellow>Password:</font>
                </td>
            </tr>
            <tr>
                <td>
                    <input id="UserPass"
                        type=password
                        runat=server
                        size=20
                        maxlen=30 />
                </td>
                <td>
                    <ASP:RequiredFieldValidator
                        ControlToValidate="UserPass"
                        Display="Static"
                        ErrorMessage="*"
                        runat=server />
                </td>
            </tr>

            <tr>
                <td colspan=3 align="center">
                    <asp:button text="Login"
                        OnClick="Login_Click"
                        runat=server>
                    </asp:button>
                    <p>
                    <asp:Label id="Msg" ForeColor="Yellow"
                        Font-Name="Verdana"
                        Font-Size="10"
                        runat=server />
                </td>
            </tr>
        </table>
        </center>
        </td>
    </tr>
</table>
```

Listing 6.2: Das aus Login.aspx *konvertierte Benutzersteuerelement* Login.ascx

Bei der ursprünglichen *Login.aspx*-Seite befindet sich hier der Code nicht in einer CodeBehind-Datei, sondern in der Datei selbst. Bei Verwendung einer CodeBehind-Datei ergeben sich einige kleinere Schwierigkeiten. Wenn andere Programmierer Ihr Benutzersteuerelement verwenden möchten, benötigen sie die .ascx-Datei, den Quellcode usw. Befindet sich der Skriptcode in einer CodeBehind-Datei, könnten Sie stattdessen lediglich den Quellcode der .ascx-Datei weitergeben (die nur Benutzerschnittstellenelemente enthält), zusammen mit der aus der CodeBehind-Datei kompilierten DLL (Dynamic-Link Library). Als Nächstes bestehen Unterschiede in der Art und Weise der Komponentenregistrierung für Seiten, die das Benutzersteuerelement verwenden.

Zum Testen des Benutzersteuerelements *Login.ascx* habe ich eine Seite namens *UseLogin.aspx* erstellt, die in Listing 6.3 zu sehen ist.

```
<%@ Page %>
<%@ Register TagPrefix="Chapter06" TagName="login" Src="Login.ascx" %>
```

```
<html>
<head>
<title>Use Login User Control</title>
</head>
<body leftmargin="0" topmargin="0">

<form runat=server>
<table width=600 height=600 border=0
cellpadding=0 cellspacing=0>
    <tr>
        <td width=120 bgcolor="blue" valign=top>
            <font face="verdana"
            color="yellow" size=2><b>
            Just before the user control is included...
            </b></font>
            <Chapter06:login
                ID="LoginControl"
                RunAt=Server />
            <font face="verdana"
            color="yellow" size=2><b>
            Just after the user control was included...
            </b></font>
        </td>
        <td valign=top>
            <center>
            <br>
            <b><font face="verdana" size=4>
            This is the rest of the page!
            </font></b>
            </center>
        </td>
    </tr>
</table>
</form>
</body>
</html>
```

Listing 6.3: UseLogin.aspx, *eine Seite zum Test von* Login.ascx

Der erste Schritt zur Verwendung eines benutzerdefinierten ASP.NET-Steuerelements ist die @ *Register*-Direktive, wie nachfolgend gezeigt:

```
<%@ Register TagPrefix="Chapter06"
    TagName="login"
    Src="Login.ascx" %>
```

In diesem Beispiel legt das *TagPrefix*-Attribut das Tagpräfix fest, das für die Platzierung des Steuerelements auf der Seite sorgt. Das *TagName*-Attribut gibt den Namen des Steuerelements an. Zusammen bedeuten diese Attribute, dass zum Erstellen einer Steuerelementinstanz in der .aspx-Datei das Tag *<Chapter06:login/>* erforderlich ist.

HINWEIS: Obwohl man annehmen könnte, dass ASP.NET weiß, dass es sich bei *<Chapter06:login>* um ein Benutzersteuerelement und damit um ein Serversteuerelement handelt, welches auf dem Server ausgeführt werden muss, ist dies nicht der Fall. Wenn Sie innerhalb des *<Chapter06:login>*-Tags kein Attribut/Wert-Paar *RunAt=Server* einfügen, wird das Tag unverändert an den Clientbrowser zurückgesendet.

Das *Scr*-Attribut verweist auf den Standort der .ascx-Datei. Dieser Standort ist relativ zum aktuellen Verzeichnis, d.h. im vorliegenden Beispiel wird der Name ohne Pfadbezeichner angegeben.

HINWEIS: Bei der Deklaration von Quellpfaden erlaubt ASP.NET die Verwendung eines magischen Zeichens. Durch Verwendung der Tilde (~) beginnt der Pfad am Anwendungsstamm, ähnlich wie Schrägstriche (/) den Pfad auf den Stamm der Site setzen. Dieser Shortcut erscheint weniger nützlich als er tatsächlich ist. Selbst wenn Sie jetzt noch glauben, dass Sie gut ohne ihn auskommen können, werden Sie spätestens bei der Arbeit an einer Webanwendung mit vielen Verzeichnissen wahrscheinlich gerne auf ihn zurückgreifen.

Als Alternative zur @ *Register*-Direktive für die Komponentenregistrierung können Sie einfach eine DLL aus dem Quellcode erstellen. Diese Vorgehensweise wird häufig bei Steuerelementen gewählt, die komplett im Code erstellt wurden. Das Format der Direktive sieht so aus:

```
<%@ Register tagprefix="tagprefix"
    Namespace="namespace"
    Assembly="assembly" %>
```

Das *tagprefix*-Attribut ist dasselbe wie bei der ersten Variante der @ *Register*-Direktive. Das *Namespace*-Attribut legt den Namespace für den Code fest, in dem das Steuerelement vorliegt. Abschließend wird über das *Assembly*-Attribut der Name der kompilierten .NET-DLL festgelegt, die den durch *Namespace* angegebenen Namensraum enthält. Der Assemblyname wird *ohne* Erweiterung angegeben. Das .NET Framework durchsucht zunächst das private *bin*-Verzeichnis der Anwendung nach der Assembly und sucht dann im Assemblycache des Systems.

Was ist eine Assembly?

Ich bin in Kapitel 2 im Rahmen der @ *Register*-Direktive bereits kurz auf Assemblys eingegangen. Dies scheint mir nun ein angemessener Zeitpunkt zu sein, eine etwas umfassendere Erläuterung zu Assembys abzugeben.

In der COM-Welt sollten unveränderliche Schnittstellen die Lösung für alle DLL-Konflikte darstellen. Unglücklicherweise wird das Problem durch diese Lösung nicht vollständig gelöst. Wie bereits erwähnt, gestaltete sich die Erstellung neuer Versionen einer COM-Komponente ohne Gefährdung vorhandener Anwendungen selbst bei Offenlegung derselben Schnittstelle schwieriger als erwartet.

Die .NET-Lösung für dieses Problem ist die *Assembly*. Eine Assembly besteht aus einer oder mehreren Dateien, die logisch gruppiert und weitergegeben werden können. Bei einer Assembly handelt es sich häufig nur um eine Datei, die Assembly kann jedoch auch Ressourcen in ver- ▸

schiedenen Dateien repräsentieren. Assemblys können ausführbaren Code, Bilder, Ressourcendateien usw. enthalten. Assemblys stellen die zugrunde liegende Einheit für Bereitstellung, Versionssteuerung, Sicherheit und Wiederverwendung dar.

Eine Assembly enthält ein so genanntes *Assemblymanifest*, das mit einer Typbibliothek in COM vergleichbar ist. Listing 2.1 enthielt den MSIL-Code (Microsoft Intermediate Language) einer einfachen *HelloDotNet*-Anwendung. Nachfolgend sehen Sie einen Auszug aus diesem Code:

```
Assembly
-------------------------------------------------
    Token: 0x20000001
    Name : HelloDotNet
    Public Key    :
    Hash Algorithm : 0x00008004
    Major Version: 0x00000000
    Minor Version: 0x00000000
    Build Number: 0x00000000
    Revision Number: 0x00000000
    Locale: <null>
    Flags : [SideBySideCompatible]  (00000000)
```

Dieser Bestandteil des MSIL-Codes beschreibt die Assembly, aus der die *HelloDotNet*-Anwendung besteht.

Worin unterscheidet sich dieser Ansatz also von den COM-Komponenten? Zunächst fordert der COM-Komponentenansatz, dass jeder Computer über nur eine einzige Version einer Komponente verfügen sollte, die eine bestimmte Schnittstelle implementiert. Das .NET Framework dagegen vertritt die Idee *nebeneinander* existierender und ausgeführter Komponenten. Hierbei können mehrere Versionen einer Assembly nebeneinander vorliegen, und sowohl Entwickler als auch Systemadministrator können in gewisser Form steuern, welche Assembly genutzt wird. Der Systemadministrator hat hierbei die letzte Entscheidung.

In den meisten Beispielen des vorliegenden Buches wird das lokale Assemblyverzeichnis verwendet. Die Registrierung wird nicht eingesetzt, sodass die Assemblys zur Nutzung lediglich kopiert werden müssen. Assemblys können auch im globalen Assemblycache platziert werden. Wenn Sie den globalen Assemblycache nutzen, muss die Assembly mit einem Tool wie beispielsweise *Gacutil.exe* installiert werden. Details zu diesem Dienstprogramm finden Sie in der MSDN-Dokumentation.

Wenn Sie *UseLogin.aspx* laden (Listing 6.3), sehen Sie die in Abbildung 6.3 dargestellte Seite.

Benutzersteuerelement Chapter06:login

Abbildung 6.3: Durch die Ausführung von UseLogin.aspx (Listing 6.3) erzeugte Seite

Das Benutzersteuerelement scheint nahtlos in die Seite integriert worden zu sein. Der Anmeldeabschnitt kann auf vielen Seiten eingefügt werden. Obwohl dieses Verhalten mit serverseitigen *include*-Dateien auch in ASP erzielt werden konnte, bieten die Benutzersteuerelemente doch den Vorteil von kompiliertem Code. Listing 6.4 zeigt die bei Anforderung von *UserLogin.aspx* an den Browser gesendete HTML-Ausgabe.

```
<html>
<head>
<title>Use Login User Control</title>
</head>
<body leftmargin="0" topmargin="0">

<form name="_ctl0"
    method="post"
    action="uselogin.aspx"
    language="javascript"
    onsubmit="ValidatorOnSubmit();"
    id="_ctl0">
<input type="hidden" name="__VIEWSTATE"
    value="dDwtMzg3OTgxNDYyOzs+" />
<script language="javascript"
    src="/aspnet_client/system_web/1_0_3125_0/WebUIValidation.js">
</script>

<table width=600 border=0 height=600
cellpadding=0 cellspacing=0>
    <tr>
        <td width=120 bgcolor="blue" valign=top>
```

```html
            <font face="verdana"
            color="yellow" size=2><b>
            Just before the user control is included...
            </b></font>

<table width=120 bgColor="0000ff">
<tr>
    <td>
    <center>
    <h3>
    <font face="Verdana" color=Yellow>Login<font>
    </h3>
    <table width=100%>
        <tr>
            <td>
            <font color=yellow>Email:</font>
            </td>
        </tr>
        <tr>
            <td>
                <input name="LoginControl:UserEmail"
                id="LoginControl_UserEmail"
                type="text"
                size="20"
                maxlen="30" />
            </td>
            <td>
                <span id="LoginControl__ctl0"
                controltovalidate="LoginControl_UserEmail"
                errormessage="*"
                evaluationfunction=
                   "RequiredFieldValidatorEvaluateIsValid"
                initialvalue=""
                   style="color:Red;visibility:hidden;">*</span>
            </td>
        </tr>
        <tr>
            <td>
                <font color=yellow>Password:</font>
            </td>
        </tr>

        <tr>
            <td>
                <input name="LoginControl:UserPass"
                id="LoginControl_UserPass"
                type="password"
                size="20"
                maxlen="30" />
            </td>
            <td>
                <span id="LoginControl__ctl1"
                controltovalidate=
                   "LoginControl_UserPass"
                errormessage="*"
                evaluationfunction=
```

```
                        "RequiredFieldValidatorEvaluateIsValid"
                    initialvalue=""
                        style="color:Red;visibility:hidden;">*</span>
                </td>
            </tr>
            <tr>
                <td colspan=3 align="center">
                    <input type="submit"
                    name="LoginControl:_ctl2" value="Login"
                    onclick="if (typeof(Page_ClientValidate) ==
                       "function")
                    Page_ClientValidate(); "
                    language="javascript" />
                    <p>
                    <span id="LoginControl_Msg"
                    style="color:Yellow;font-family:Verdana;
                    font-size:10pt;">
                    </span>
                </td>
            </tr>
        </table>
        </center>
        </td>
    </tr>
    </table>

            <font face="verdana"
            color="yellow" size=2><b>
            Just after the user control was included...
            </b></font>
        </td>
        <td valign=top>
            <center>
            <br>

            <b><font face="verdana" size=4>
            This is the rest of the page!
            </font></b>
            </center>
        </td>
    </tr>
</table>

<script language="javascript">
<!--
    var Page_Validators =
      new Array(document.all["LoginControl__ctl0"],
      document.all["LoginControl__ctl1"]);
        // -->
</script>

<script language="javascript">
<!--
var Page_ValidationActive = false;
if (typeof(clientInformation) != "undefined" &&
clientInformation.appName.indexOf("Explorer") != -1) {
```

```
        if (typeof(Page_ValidationVer) == "undefined")
            alert("Unable to find script library " +
            ""/aspnet_client/system_web/1_0_3125_0/WebUIValidation.js"." +
            " Try placing this file manually, "+
            "or reinstall by running "aspnet regiis -c".");
        else if (Page_ValidationVer != "124")
            alert("This page uses an incorrect version of " +
            "WebUIValidation.js. The page expects version 124. " +
            "The script library is " + Page_ValidationVer + ".");
        else
            ValidatorOnLoad();
    }

    function ValidatorOnSubmit() {
        if (Page_ValidationActive) {
            ValidatorCommonOnSubmit();
        }
    }
    // -->
    </script>
        </form>
    </body>
</html>
```

Listing 6.4: Bei Anforderung von UseLogin.aspx *(Listing 6.3) an den Browser gesendeter HTML-Code*

Beachten Sie, dass in Listing 6.4 Code aus *Login.ascx* (Listing 6.2) das <Chapter06:login>-Tag in *UseLogin.aspx* (Listing 6.3) ersetzt.

Benutzersteuerelemente sind leicht zu erstellen und relativ einfach zu verwenden. Sie unterstützen sowohl verschachtelte Steuerelemente als auch mehrere Steuerelemente auf einem einzigen Benutzersteuerelement (siehe *UserLogin.aspx*). Benutzersteuerelemente können in einem separaten Namespace vorliegen und sogar in anderen Sprachen erstellt werden als die Seite, von der sie genutzt werden. Für Bedenken sorgte zu Beginn die Tatsache, dass ASP.NET – im Gegensatz zu ASP – nur eine einzige serverseitige Sprache auf einer ASP.NET-Seite unterstützt. Die Benutzersteuerelemente machen diese Beschränkung weniger schwerwiegend.

Welche Probleme gibt es beim Einsatz von Benutzersteuerelementen? Das Hauptproblem wird in Abbildung 6.4 dargestellt. Im Visual Studio .NET-Designer wird anstelle einer Darstellung des Benutzersteuerelements lediglich ein graues Feld mit dem Namen des Benutzersteuerelements angezeigt.

Die fehlende Designer-Unterstützung ist jedoch kein Beinbruch, und für viele Elemente – besonders für solche, die viele Benutzerschnittstellen offen legen – stellen Benutzersteuerelemente eine gute Wahl dar. Benutzersteuerelemente sind beispielsweise besonders in Situationen geeignet, in denen das Projektteam in Benutzerschnittstellendesigner und Backendentwickler aufgeteilt ist. In diesem Fall können die Benutzerschnittstellendesigner unter Einsatz von CodeBehind-Dateien an der .ascx-Datei arbeiten, während die Backendentwickler relativ unabhängig von den Designern an der Code-Behind-Datei feilen. Benutzersteuerelemente sind besonders im Bereich des Content Syndication praktisch. Diese Form der Inhaltsbereitstellung erfordert in der Regel für viele Anwendungsverzeichnisse ein vollständig anderes Benutzerschnittstellenlayout.

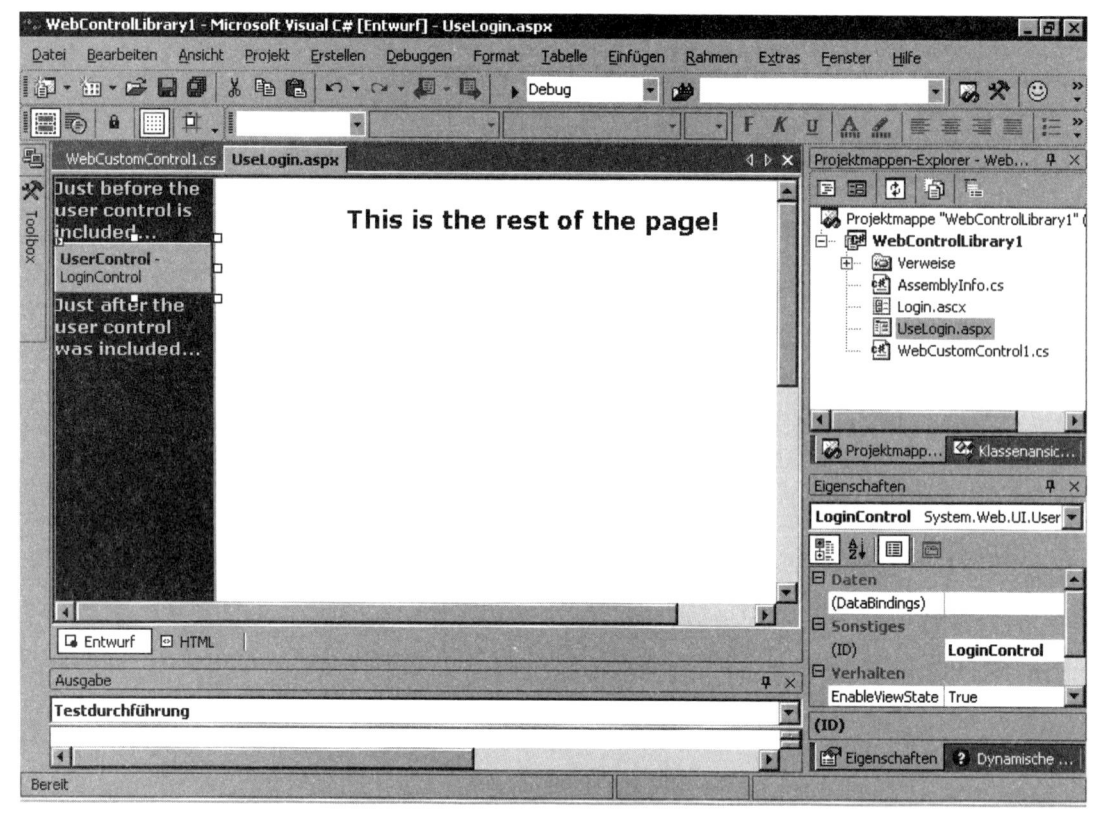

Abbildung 6.4: Das Benutzersteuerelement in Visual Studio .NET

Erstellen von benutzerdefinierten Steuerelementen

Den meisten ASP-Entwicklern werden die Benutzersteuerelemente für eine Produktivitätssteigerung genügen. Visual Basic-Programmierer dagegen, die auf ASP.NET umsteigen, werden vielleicht etwas über die fehlende Designer-Unterstützung enttäuscht sein. Wichtiger noch: Benutzersteuerelemente stellen nicht den geeigneten Steuerelementtyp für eine Verteilung durch Drittanbieter dar. Entwickler von Drittanbietersoftware waren in großem Maße an der Weiterentwicklung von Visual Basic beteiligt und werden mit Sicherheit auch an der Weiterentwicklung der Visual Basic .NET- und C#-Entwicklung in ASP.NET mitwirken.

Die Antwort auf die Beschränkungen des Benutzersteuerelements sind die benutzerdefinierten Steuerelemente. Benutzerdefinierte Steuerelemente sind Serversteuerelemente, die von einer Basissteuerelementklasse abgeleitet und in eine DLL kompiliert werden. Für benutzerdefinierte Steuerelemente bietet Visual Studio .NET eine umfassende Designzeitunterstützung. Der Nachteil ist, dass diese Steuerelemente schwieriger zu erstellen sind. Wenn ein Steuerelement darüber hinaus je nach Situation ein anderes Aussehen aufweisen muss (z.B. beim Content Syndication-Modell, das verschiedene Layouts erfordert), muss die Layoutänderung über eine Änderung der Parameterwerte realisiert werden.

Ein einfaches benutzerdefiniertes Steuerelement

Beginnen wir mit einem einfachen benutzerdefinierten Steuerelement. Dieses Steuerelement soll eine Textzeile wie ein Label anzeigen, den Text jedoch zentrieren und fett formatieren. Ich habe das Steuerelement *CenteredLabel* genannt.

Vor der Erstellung eines benutzerdefinierten Steuerelements müssen Sie verschiedene Designentscheidungen treffen. Die erste und wahrscheinlich wichtigste ist die Frage, welche Klasse als Basisklasse verwendet werden soll. Das neue benutzerdefinierte Steuerelement erbt je nach verwendeter Basisklasse das Verhalten und die Attribute dieser Klasse. In diesem Beispiel fällt die Auswahl leicht: *System.Web.UI.WebControls.Label*.

HINWEIS: In der MSDN-Dokumentation werden auf einer Vielzahl von Seiten die Eigenschaften, Methoden und Ereignisse für *System.Web.UI.WebControls.Label* aufgeführt. Von einer einzigen Ausnahme abgesehen werden sämtliche dieser Eigenschaften, Methoden und Ereignisse von den Klassen *WebControl* oder *Control* geerbt. Die einzige Ausnahme bildet die *Text*-Eigenschaft. Durch die Vererbung von *Label* stehen in der neuen Klasse sämtliche der in *Label* verfügbaren Eigenschaften, Methoden und Ereignisse zur Verfügung.

Die nächste Entscheidung betrifft die zusätzlich offen zu legenden Eigenschaften, Methoden und Ereignisse. In diesem Beispiel sind keine weiteren Eigenschaften, Methoden oder Ereignisse erforderlich. Wir verwenden als einzige Eigenschaft die von *Label* geerbte *Text*-Eigenschaft. Der Quellcode zu *CenteredLabel* (in Visual Basic .NET geschrieben) wird in Listing 6.5 gezeigt.

```
Imports System.ComponentModel
Imports System.Web.UI

Public Class CenteredLabel
    Inherits System.Web.UI.WebControls.Label

    Protected Overrides Sub Render( _
    ByVal output As System.Web.UI.HtmlTextWriter)
        output.Write("<CENTER><B>" + Me.Text + "</B></CENTER><br>")
    End Sub

End Class
```

Listing 6.5: Das benutzerdefinierte Steuerelement CenteredLabel

Dieser Code ist relativ selbsterklärend (wenn auch nicht so, wie Sie ihn für Produktionszwecke schreiben würden). Nach einigen Importvorgängen deklariere ich die Klasse *CenteredLabel*. Visual Studio .NET fügt automatisch einen Namespace hinzu, der den gleichen Namen wie das Visual Studio .NET-Projekt erhält. Bei C#-Projekten werden die Namespaces explizit deklariert. Das explizite Deklarieren eines Namespace in einem benutzerdefinierten Visual Studio .NET-Steuerelement führt zu einem verschachtelten Namespace.

Das Kernstück des benutzerdefinierten *CenteredLabel*-Steuerelements ist die Überschreibung der *Render*-Methode, wie nachfolgend gezeigt:

```
Protected Overrides Sub Render( _
ByVal output As System.Web.UI.HtmlTextWriter)
    output.Write("<CENTER><B>" + Me.Text + "</B></CENTER><br>")
End Sub
```

Wie Sie aus Tabelle 6.1 wissen, ist die Ausgabephase im Lebenszyklus eines Steuerelements der Zeitpunkt, an dem der Inhalt ausgegeben wird. Der *output*-Parameter der *Render*-Methode ist eine Instanz der *System.Web.UI.HtmlTextWriter*-Klasse. Hierbei handelt es sich um eine Helferklasse mit einer großen Anzahl an Methoden für die Ausgabe von HTML-Inhalten. In diesem Fall ist der Inhalt einfach gestrickt, einer *Text*-Eigenschaft wird lediglich eine literale Zeichenfolge vorangestellt und angehängt.

Obwohl es bequem erscheinen mag, die *Write*-Methode der *HtmlTextWriter*-Klasse zu verwenden, ist dies nicht die bevorzugte Methode zur HTML-Ausgabe an den Browser. *HtmlTextWriter* stellt verschiedene Helfermethoden zum Generieren von HTML bereit. Diese Helfermethoden werden aus folgenden Gründen bevorzugt zur Ausgabe von HTML in der *Render*-Methode eingesetzt:

- Sie machen den Code übersichtlicher und wieder verwendbar und erfordern gleichzeitig keine umfassenden HTML-Kenntnisse.
- Sie bieten zum Zweck einer Uplevel- oder Downlevelausgabe eine automatische Konvertierung zwischen verschiedenen HTML-Versionen.
- Mehrfachaufrufe dieser Helfermethoden sind effizienter als die Verkettung mehrerer Zeichenfolgen und ein anschließender Aufruf von *Write* mit der Ergebniszeichenfolge.

Bei Einsatz dieser Helfermethoden sieht die Überschreibung der *Render*-Methode aus Listing 6.5 nun so aus:

```
Protected Overrides Sub Render( _
ByVal output As System.Web.UI.HtmlTextWriter)
    output.RenderBeginTag(HtmlTextWriterTag.Center)
    output.RenderBeginTag(HtmlTextWriterTag.B)
    output.Write(Me.Text)
    output.RenderEndTag()
    output.RenderEndTag()
    output.RenderBeginTag(HtmlTextWriterTag.Br)
    output.RenderEndTag()
End Sub
```

Wenngleich das Ergebnis etwas umfangreicher ist, ist dieser Code nicht nur viel effizienter, sondern führt sowohl auf Uplevel- als auch auf Downlevelbrowsern zu einer ordnungsgemäßen Ausgabe.

Die *RenderBeginTag*-Methode hat zwei Versionen. Die erste verwendet eine Zeichenfolge für das Tag. Der erste Aufruf von *RenderBeginTag* sähe daher so aus:

```
output.RenderBeginTag("Center")
```

Die zweite Methodenversion verwendet die *HtmlTextWriterTag*-Aufzählung (Teil des *System.Web.UI*-Namespace), Beispiel:

```
output.RenderBeginTag(HtmlTextWriterTag.Center)
```

Ich verwende die Aufzählung, da ich hoffe, auf diese Weise eine konsistente Schreibung für HTML-Tags zu erreichen. Für die meisten Browser ist keine konsistente Schreibweise erforderlich, aber es ist mit Sicherheit keine schlechte Idee.

Die *RenderEndTag*-Methode erfordert keine Parameter. Sie schreibt das geeignete Endtag unter Verwendung einer geeigneten Endtagverschachtelung. Die meisten modernen Browser sind äußerst tolerant, was eine unzulässige Verschachtelung oder sogar fehlende Endtags angeht. Dennoch sollte immer auf eine ordnungsgemäße Schachtelung der Endtags geachtet werden, denn es kann Browser geben, die keine Fehlerbehandlung durchführen. Die Zählung der *RenderBeginTag-* und *RenderEndTag*-Aufrufe ist eine sinnvolle Methode zur Sicherstellung ordnungsgemäß terminierter Tags.

HINWEIS: Das *
*-Tag benötigt in der Regel kein Endtag, es schadet aber auch nicht, es zu setzen. Ich setze das Tag hier aus Gründen der Vollständigkeit und im Hinblick auf die Zählung der *RenderBeginTag-* und *RenderEndTag*-Aufrufe.

Zur Kompilierung dieses benutzerdefinierten Steuerelements ist folgende Befehlszeile erforderlich (die Befehle müssen in einer Zeile eingegeben werden):

```
Vbc.exe CenteredLabel.vb /reference:System.dll
    /reference:System.Web.dll
    /target:library
```

Nach der Kompilierung können Sie die erzeugte DLL (*CenteredLabel.dll*) im *bin*-Ordner einer ASP.NET-Webanwendung speichern, einen Verweis auf das Steuerelement hinzufügen und die Seite generieren. Abbildung 6.5 zeigt eine solche Seite.

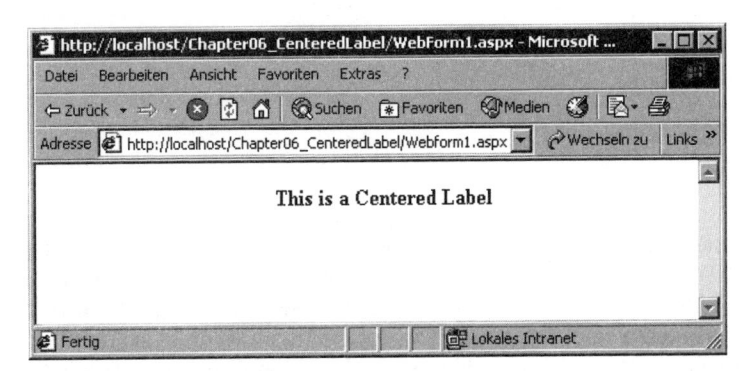

Abbildung 6.5: Das Centered-Label-Steuerelement auf einem Testformular

Im nächsten Abschnitt werden wir näher auf das Hinzufügen benutzerdefinierter Steuerelemente zu Webanwendungsprojekten eingehen.

Erstellen benutzerdefinierter Steuerelemente in Visual Studio .NET

Die meisten Entwickler von benutzerdefinierten Steuerelementen und anderen .NET-Projekten werden kaum den Windows-Editor zum Erstellen Ihrer Projekte einsetzen. Es ist natürlich möglich, den Editor zu verwenden, aber aufgrund der Größe der Common Language Runtime machen Features wie IntelliSense oder die Anweisungsvervollständigung die Visual Studio .NET-Entwicklungsumgebung doch zu einem praktischen Hilfsmittel.

Der einzige Nachteil der Visual Studio .NET-Umgebung ist der generierte Code. Dieser soll den Projektentwickler zwar unterstützen, ist jedoch gelegentlich nicht wirklich wichtig. Wenn Sie beispielsweise eine neue Websteuerelementbibliothek in Visual Studio .NET erstellen, sieht der generierte Code in etwa folgendermaßen aus (der Code wurde aus Gründen der Übersichtlichkeit etwas umformatiert):

```
Imports System.ComponentModel
Imports System.Web.UI
```

```
<DefaultProperty("Text"),
ToolboxData("<{0}:WebCustomControl1 runat=server>
</{0}:WebCustomControl1>")>
Public Class WebCustomControl1
    Inherits System.Web.UI.WebControls.WebControl

    Dim _text As String

    <Bindable(True), Category("Appearance"), DefaultValue("")>
    Property [Text]() As String
      Get
          Return _text
      End Get

      Set(ByVal Value As String)
          _text = Value
      End Set
    End Property

    Protected Overrides Sub Render( _
      ByVal output As System.Web.UI.HtmlTextWriter)
        output.Write([Text])
    End Sub

End Class
```

Neben einigen Standardnamen, die geändert werden sollten (beispielsweise der standardmäßige Klassenname *WebCustomControl1*), müssen wahrscheinlich noch weitere Änderungen vorgenommen werden. Zunächst generiert Visual Studio .NET eine Klasse, die von *System.Web.UI.WebControls.WebControl* erbt. In vielen Fällen kann so das gewünschte Ergebnis erzielt werden, gelegentlich möchten Sie jedoch vielleicht von einer anderen Klasse erben (wie anhand des *CenteredLabel*-Steuerelements bereits erläutert wurde). Des Weiteren umfasst die Klasse die *Text*-Eigenschaft und das *_text*-Datenelement. In vielen Fällen werden Sie die Eigenschaft und das unterstützende Datenelement gebrauchen können, in genauso vielen Fällen jedoch auch nicht. Zu beachten ist außerdem die Beziehung zwischen dem Namen der Eigenschaft und dem Namen des Datenelements. Die Eigenschaft wurde per Pascal Casing formatiert, das eigentliche Klassendatenelement wird in Visual Basic .NET (einer Sprache mit Berücksichtigung von Groß- und Kleinschreibung) mit einem vorangestellten Unterstrich formatiert. In einer C#-Websteuerelementbibliothek würde der Eigenschaftenname beibehalten, aber aufgrund der Nichtbeachtung von Groß- und Kleinschreibung würde das Klassendatenmember zu *text*.

Es gibt sowohl für Klassen als auch für Namespaces Attribute. Das erste Attribut ist das *TagPrefix*. Dieses wird bei der Erstellung benutzerdefinierter Steuerelemente in Visual Studio .NET *nicht* standardmäßig erstellt. Wenn Sie kein *TagPrefix*-Attribut angeben, generiert Visual Studio .NET ein Tagpräfix für Sie. Wenn Sie in diesem Fall ein benutzerdefiniertes Steuerelement auf das Formular ziehen, erhalten Sie das Präfix *cc1*, *cc2* usw. Der Einsatz eines *TagPrefix*-Attributs ermöglicht die Verwendung eines benutzerfreundlicheren Namens für das Tagpräfix. Der folgende Code legt das Tagpräfix für die Klasse *RequiredTextBox* beispielsweise auf *MyControls* fest.

```
[ assembly:TagPrefix("MyControls","RequiredTextBox") ]
```

Dies ist die C#-Syntax. Die Visual Basic .NET-Syntax ist ähnlich, hier wird das Attribut jedoch von spitzen Klammern (<>) umschlossen.

Auf Klassenebene gibt es ein weiteres wichtiges Attribut: *ToolboxData*. Dieses wird von Visual Studio .NET bereitgestellt. Nachfolgend ein Beispiel dieses Attributs bei Einsatz der Visual Studio .NET-Syntax:

```
<ToolboxData("<{0}:WebCustomControl1 runat=server>
</{0}:WebCustomControl1>")>
```

Visual Studio .NET stellt zwar ein Standardtag bereit, wenn ein Steuerelement auf einem Formular platziert wird, das *ToolboxData*-Attribut ermöglicht Ihnen jedoch die Festlegung eines zusätzlichen Attributs, das beim Platzieren von Steuerelementen auf einem Formular gesetzt wird. In diesem Beispiel erscheint standardmäßig das Attribut/Wert-Paar *runat=server*, wenn das durch die Klasse definierte Steuerelement auf dem Formular abgelegt wird. Falls einmal eines Ihrer benutzerdefinierten Steuerelemente nicht funktioniert hat, weil Sie das Attribut/Wert-Paar *runat=server* vergessen hatten, werden Sie es begrüßen, dass alle benutzerdefinierten Steuerelemente mit *runat=server* auf dem Formular abgelegt werden.

Die zur Designzeit verfügbaren Eigenschaftenattribute der Visual Studio .NET-Entwicklungsumgebung sehen Sie in Tabelle 6.2.

Attribut	Beschreibung
Bindable	Gibt an, ob eine Eigenschaft im *DataBindings*-Dialogfeld angezeigt werden soll.
Category	Ist die Eigenschaftentabelle nach Kategorien geordnet, gibt dieses Attribut an, welcher Kategorie die Eigenschaft zugeordnet wird.
DefaultValue	Gibt den Standardwert im Designer an.
PersistenceMode	Gibt an, wie (oder ob) Änderungen an der Eigenschaft gespeichert werden sollen.
Browsable	Gibt an, ob eine Eigenschaft im Designer angezeigt wird.
TypeConverter	Gibt den Typenkonverter zur Konvertierung der Eigenschaft in einen anderen Typ an.
Editor	Erzeugt zum Setzen der Eigenschaft ein Hook für die erweiterte Benutzerschnittstelle.

Tabelle 6.2: *Verfügbare Attribute zur Steuerung der Designzeitumgebung der Eigenschaften eines benutzerdefinierten Steuerelements*

Ein komplizierteres benutzerdefiniertes Steuerelement

Unser einfaches benutzerdefiniertes Steuerelement *CenteredLabel* war ein guter Einstieg zum Verständnis der benutzerdefinierten Steuerelemente. Anhand dieses einfachen Beispiels kann jedoch nicht einmal in Ansätzen die Leistungsfähigkeit benutzerdefinierter Steuerelemente verdeutlicht werden. Im nächsten Beispiel erstellen wir ein komplizierteres benutzerdefiniertes Steuerelement für ein häufig anzutreffendes Szenario.

Bei der Gestaltung eines Webformulars verwenden Sie in fast 100 Prozent der Fälle Textfelder mit Beschriftungen, welche die erforderliche Eingabe beschreiben. Hier stellen sich in der Regel verschiedene Fragen. Soll sich das Textfeld rechts neben dem Label oder unterhalb des Labels in der nächsten Zeile befinden? Verfügt das Textfeld über Standardtext? Wie sollen Stil von Label und Textfeld aussehen?

Genau wie beim benutzerdefinierten Steuerelement *CenteredLabel* besteht die erste und wichtigste Entscheidung darin, die Klasse festzulegen, von der geerbt werden soll. Da C# und Visual Basic .NET nur die Einfachvererbung unterstützen, müssen Sie eine einzelne Klasse auswählen. In diesem Beispiel haben Sie zwei Möglichkeiten: Label oder Textfeld. Wir sollten uns zunächst genau überlegen, welche Art von Element wir erstellen möchten. Handelt es sich um eine Beschriftung mit einem Textfeld oder um ein Textfeld mit einer Beschriftung? Wir wollen natürlich ein Textfeld mit einer Beschriftung erzeugen. Anders gesagt: Das gewünschte Element *ist* ein Textfeld und *besitzt* eine Beschriftung. Dieses Beispiel ist stark vereinfacht, aber auch bei sehr komplizierten Steuerelementen müssen Sie entscheiden, von welcher (einen) Klasse das Steuerelement erben soll.

HINWEIS: Sie haben bei der Erstellung eines benutzerdefinierten Steuerelements eine weitere Alternative: zusammengesetzte Steuerelemente. Diese zusammengesetzten Steuerelemente werden im nächsten Abschnitt besprochen.

Dieses etwas kompliziertere benutzerdefinierte Steuerelement erhält den Namen *LabelTextBox*. Listing 6.6 zeigt *LabelTextBox.vb*, die Deklaration und Implementierung der *LabelTextBox*-Klasse.

```
Imports System.ComponentModel
Imports System.Web.UI

Public Enum LabelLocation As Long
    LabelLeft
    LabelAbove
End Enum

Public Class LabelTextBox
    Inherits System.Web.UI.WebControls.TextBox

    Dim _labelText As String
    Dim _labelStyle As String
    Dim _labelLocation As LabelLocation

    Property [LabelText]() As String
        Get
            Return _labelText
        End Get

        Set(ByVal Value As String)
            _labelText = Value
        End Set
    End Property

    Property [LabelStyle]() As String
        Get
            Return _labelStyle
        End Get

        Set(ByVal Value As String)
            _labelStyle = Value
        End Set
    End Property
    Property [LabelLocation]() As LabelLocation
        Get
            Return _labelLocation
        End Get

        Set(ByVal Value As LabelLocation)
            _labelLocation = Value
        End Set
```

```
        End Property

        Protected Overrides Sub Render(ByVal output As _
            System.Web.UI.HtmlTextWriter)
            If _labelStyle Is DBNull.Value Then
                output.Write("<Span Style=""")
                output.Write(_labelStyle)
                output.Write(""">")
                output.Write([_labelText])
                output.Write("</Span>")
            Else
                output.Write([_labelText])
            End If
            If _labelLocation = LabelLocation.LabelAbove Then
                output.RenderBeginTag(HtmlTextWriterTag.Br)
                output.RenderEndTag()
            End If
            MyBase.Render(output)
        End Sub

End Class
```

Listing 6.6: Das zum Erstellen einer Beschriftung und eines Textfeldes verwendete benutzerdefinierte Steuerelement LabelTextBox

Wie Sie in Listing 6.6 sehen können, wird nach der *Imports*-Liste eine Aufzählung deklariert. Diese Aufzählung ermöglicht dem Benutzer der erstellten Klasse oder Komponente das Festlegen der Beschriftungsposition. Die Aufzählung wird mit dem Standardwert *LabelLeft* deklariert, d.h. die Beschriftung befindet sich links neben dem Textfeld in derselben Zeile.

Nach der Klassendeklaration wird die Vererbung durch *System.Web.UIWebControls.TextBox* deklariert. Als Nächstes werden die drei Datenelemente deklariert, die als Speicherdatenelemente für die drei Eigenschaften der Klasse fungieren. Im Anschluss daran wird die *LabelText*-Eigenschaft deklariert:

```
Property [LabelText]() As String
    Get
        Return _labelText
    End Get

    Set(ByVal Value As String)
        _labelText = Value
    End Set
End Property
```

Das Muster ist, unabhängig vom Eigenschaftentyp, für alle Eigenschaften gleich. In jedem Fall wird die Eigenschaft deklariert. Der *Get*-Abschnitt gibt die zugrunde liegenden Datenelemente zurück. Die Eigenschaft verfügt über keine direkte Zuordnung zu einem Datenelement. In solchen Situationen wird die Eigenschaft *synthetisiert*, d.h. aus einer anderen in der Klasse gespeicherten Information erstellt. Wenn Ihre Klasse beispielsweise eine *StartDate*-Eigenschaft und eine *EndDate*-Eigenschaft aufweist und Sie eine *Duration*-Eigenschaft benötigen, möchten Sie wahrscheinlich kein zusätzliches internes Datenelement namens *_duration* deklarieren. Stattdessen berechnen Sie bei jeder Anforderung der *Duration*-Eigenschaft die Dauer.

Im *Set*-Abschnitt kann die Eigenschaft gesetzt werden. Traditionell wird der Parameter *Value* übergeben, der Typ stimmt mit dem der Eigenschaft überein. In diesem Beispiel wird im *Set*-Abschnitt lediglich dem zugrunde liegenden Datenelement ein Wert zugewiesen, der *Set*-Abschnitt kann jedoch sehr viel mehr leisten.

Der Kern der *LabelTextBox*-Klasse liegt in der *Render*-Methode:

```
Protected Overrides Sub Render(ByVal output As _
  System.Web.UI.HtmlTextWriter)
    If _labelStyle Is DBNull.Value Then
        output.Write("<Span Style=""")
        output.Write(_labelStyle)
        output.Write(""">")
        output.Write([_labelText])
        output.Write("</Span>")
    Else
        output.Write([_labelText])
    End If
    If _labelLocation = LabelLocation.LabelAbove Then
        output.RenderBeginTag(HtmlTextWriterTag.Br)
        output.RenderEndTag()
    End If
    MyBase.Render(output)
End Sub
```

Die *Render*-Methode prüft zunächst, ob *_labelStyle* gesetzt wurde. Ist dies der Fall, wird ein *Span*-Tag mit einem *Style*-Attribut geschrieben, gefolgt von der Zeichenfolge *_labelText* und dem Endtag für *Span*. Wurde *_labelStyle* nicht gesetzt, wird *_labelText* direkt geschrieben.

Der *_labelLocation*-Wert wird dann mit einem Member der *LabelLocation*-Aufzählung verglichen, *LabelLocation.LabelAbove*. Wenn die Beschriftungsposition so gesetzt ist, dass die Beschriftung über dem Textfeld angezeigt werden soll, wird ein
-Tag geschrieben. Abschließend wird das Textfeld ausgegeben, in dem die *Render*-Methode von *MyBase* aufgerufen wird, einem Schlüsselwort für den direkten Zugriff auf Member der unmittelbaren Basisklasse. Ich verwende *MyBase*, um deutlich zu machen, dass ich die Basisimplementierung von *Render* aufrufe.

Listing 6.7 zeigt noch einmal die Klasse aus Listing 6.6, diesmal jedoch in C#.

```
using System;
using System.Web.UI;
using System.Web.UI.WebControls;
using System.ComponentModel;

namespace LabelTextBoxCS
{
    /// <summary>
    /// Zusammenfassungsbeschreibung für WebCustomControl1.
    /// </summary>
    public enum LabelLocationCS
    {
        LabelLeft,
        LabelAbove
    }
    public class LabelTextBox : System.Web.UI.WebControls.TextBox
    {
        private string labelText;
```

```csharp
private string labelStyle;
private LabelLocationCS labelLocation;

public string LabelText
{
    get
    {
        return labelText;
    }
    set
    {
        labelText = value;
    }
}

public string LabelStyle
{
    get
    {
        return labelStyle;
    }
    set
    {
        labelStyle = value;
    }
}

public LabelLocationCS LabelLocation
{
    get
    {
        return labelLocation;
    }
    set
    {
        labelLocation = value;
    }
}

/// <summary>
/// Steuerelement an festgelegten Parameter ausgeben
/// </summary>
/// <param name="output"> HTML-Writer
/// für die Ausgabe </param>
protected override void Render(HtmlTextWriter output)
{
    if ( labelStyle != null )
    {
        output.Write("<Span Style=\"");
        output.Write(labelStyle);
        output.Write("\">");
        output.Write(labelText);
        output.Write("</Span>");
    }
    else
    {
```

```
            output.Write(labelText);
        }
        if ( labelLocation == LabelLocationCS.LabelAbove )
        {
            output.RenderBeginTag(HtmlTextWriterTag.Br);
            output.RenderEndTag();
        }
        base.Render(output);
    }
  }
}
```

Listing 6.7: C#-*Version von* LabelTextBox, LabelTextBoxCS

Sie werden einige kleinere Unterschiede zwischen diesen zwei Klassen entdecken. Zunächst werden für die XML-Dokumentation als Kommentarzeichen drei Schrägstriche verwendet (///). Sie können die von Visual Studio .NET bereitgestellte XML-Dokumentation als Startpunkt für eine weiter gehende Dokumentation Ihrer Klassen und Klassenmember erstellen.

Die C#-Eigenschaftensyntax unterscheidet sich ebenfalls leicht von der Visual Basic .NET-Syntax, Sie sollten aber keinerlei Schwierigkeiten haben, den Codezweck zu erkennen. Sowohl in Visual Basic .NET als auch in C# weisen die Eigenschaften folgendes Merkmal auf: Zugriffsmodifizierer (in den Listings 6.6 und 6.7, *Public*) werden auf die *Get*- und die *Set*-Methode angewendet. Dies ist eine weniger schöne Einschränkung, aber Sie können sie umgehen, indem Sie eine Eigenschaft mit einer geschützen *Get*-Methode definieren und eine separate, nicht eigenschafteneigene *Set*-Methode mit anderer Zugriffsebene bereitstellen – auch wenn dies keine Ideallösung ist. Dieses Fragment einer Klasse ermöglicht beispielsweise allen Klassen das Lesen von *ReadOnlyText*, stellt jedoch eine zusätzliche *Set*-Methode bereit, die der Klasse die Aktualisierung des internen Puffers ermöglicht, der als *ReadOnlyText*-Eigenschaft zurückgegeben wird:

```
private string _readOnlyText;
public string ReadOnlyText
{
    get
    {
        return _readOnlyText;
    }
}
private setReadOnlyText(string Value)
{
    _readOnlyText=Value;
}
```

In einem etwas realistischeren Beispiel würde die Eigenschaft nicht lediglich einen zugrunde liegenden Feldwert abrufen und setzen, sondern diesen auf eine komplexere Weise berechnen.

HINWEIS: Visual Basic .NET- und C#-Eigenschaften unterscheiden sich dahin gehend, dass bei Visual Basic .NET-Eigenschaften der Eigenschaftentyp zweimal vorliegt: einmal in der Eigenschaftendeklaration und einmal als Typ der *Value*-Parameter der *Set*-Methode. Die C#-Syntax erwähnt den Typ nur einmal. Dies ist bequemer, wenn Sie den Typ der Parameter während der Entwicklung nochmals ändern.

Die *Render*-Methode aus Listing 6.7 ähnelt der Visual Basic .NET-Version aus Listing 6.6, von offensichtlichen Syntaxunterschieden einmal abgesehen. Ein auffallenderer Unterschied zwischen den zwei *Render*-Methoden ist die Verwendung unterschiedlicher Schlüsselwörter für den Zugriff auf die Basisimplementierung der Klasse. C# verwendet hierzu *base*, während in Visual Basic .NET das Schlüsselwort *MyBase* zum Einsatz kommt.

Ein zusammengesetztes benutzerdefiniertes Steuerelement

Ein zusammengesetztes benutzerdefiniertes Steuerelement besitzt viele der Vorteile eines Benutzersteuerelements und bietet gleichzeitig die Vorzüge eines normalen benutzerdefinierten Steuerelements. Wenn Sie eine interne Internet- oder Intranetsite entwickeln, ist der funktionelle Unterschied zwischen einem Benutzersteuerelement und einem zusammengesetzten benutzerdefinierten Steuerelement nicht besonders groß. Wenn Sie jedoch eine Komponente an andere Gruppen innerhalb Ihrer Organisation verteilen müssen oder Sie ein Drittherstller sind, der eine Komponente verkaufen möchte, bietet das zusammengesetzte benutzerdefinierte Steuerelemente erhebliche Vorteile. Zunächst ist es vollständig kompiliert, d.h. es muss keine .ascx-Datei für den Benutzer offen gelegt werden. Zweitens bietet Ihre Komponente als benutzerdefiniertes Steuerelement innerhalb einer Entwurfszeitumgebung wie Visual Studio .NET verschiedene Vorzüge.

> **ACHTUNG:** Wenn Sie anstelle eines Dienstprogramms wie dem Editor Tools wie Visual Studio .NET einsetzen, unterliegen Sie damit auch einigen toolspezifischen Beschränkungen und/oder Bugs. Bei der Vorbereitung des Beispiels für ein zusammengesetztes Steuerelement habe ich z.B. dummerweise für Namespace und Klasse denselben Namen verwendet. Beim anfänglichen Test der generierten Seite mithilfe des Editors arbeitete das Steuerelement wie erwartet. Dieses Beispiel sollte jedoch vor allem die Unterstützung für benutzerdefinierte Steuerelemente in Visual Studio .NET verdeutlichen. Ich befolgte alle Anweisungen und konnte das installierte Steuerelement auch abrufen, erhielt aber immer wieder diesen merkwürdigen Fehler: »CS0103: Der Name '__ctrl' besteht nicht in der Klasse oder dem Namespace 'ASP.WebForm1_aspx'«. Ich besaß kein Steuerelement mit dem Namen *__ctrl*, daher war ich etwas verwirrt. Schließlich fand ich heraus, dass der Fehler im Code lag, den Visual Studio .NET zum Generieren des Steuerelements verwendete. Ich konnte das Problem durch eine Umbenennung des Namespace lösen, aber die Stunden bis zur Fehlerdiagnose hätte ich auch gut und gerne anders nutzen können...

Eine gute Sache an ASP.NET ist die Möglichkeit zur Automatisierung einiger der häufigsten und langweiligsten Aufgaben, beispielsweise die Validierung von Textfeldern. Dennoch ist selbst mit Automatisierung noch mehr zu tun als die meisten Visual Basic-Entwickler erwarten würden. Statt eines booleschen *Required* für das Textfeldsteuerelement müssen Sie zwei Steuerelemente auf dem Formular ablegen – ein Textfeld und ein Validierungssteuerelement – und diese miteinander verknüpfen. Eine Alternative ist die Erstellung eines zusammengesetzten Steuerelements, denn damit werden ein Validierungssteuerelement für ein erforderliches Feld und ein Textfeld in einem einzigen Steuerelement kombiniert und automatisch verknüpft.

Listing 6.8 zeigt den Code für ein zusammengesetztes benutzerdefiniertes Steuerelement mit dem Namen *RequiredTextBox*. Dieses Steuerelement wurde in C# geschrieben. Bei diesem Steuerelement muss der Benutzer Text in ein Textfeld eingeben. Das Steuerelement verwendet ein Textfeldsteuerelement und ein Validierungssteuerelement für ein erforderliches Feld.

```
using System;
using System.IO;
using System.Web.UI;
using System.Web.UI.WebControls;
using System.ComponentModel;
using System.Collections;
using System.Collections.Specialized;
```

```csharp
using System.Web.UI.Design;

[ assembly:TagPrefix("MyControls","RequiredTextBox") ]

namespace MyControls
{
    /// <summary>
    /// Zusammenfassungsbeschreibung für WebCustomControl1.
    /// </summary>
    ///
    [DefaultProperty("Text"),
        ToolboxData(
        "<{0}:RequiredTextBox runat=server></{0}:RequiredTextBox>"),
        Designer("MyControls.RequiredTextBoxDesigner, RequiredTextBox") ]
    public class RequiredTextBox : System.Web.UI.Control,
      INamingContainer
    {

        [Bindable(true),
        Category("Appearance"),
        DefaultValue("Text")]
        public string Text
        {
            get {return (string)ViewState["text"]; }
            set {ViewState["text"] = value; }
        }
        [Bindable(false),
        Category("Validator")]
        public string ErrorMessage
        {
            get {return (string)ViewState["errorMessage"]; }
            set {ViewState["errorMessage"]= value; }
        }
        [Bindable(false),
        Category("Validator"),
        DefaultValue("")]
        public string ValidatorText
        {
            get {return (string)ViewState["validatorText"]; }
            set {ViewState["validatorText"]= value; }
        }
        [Bindable(false),
        Category("Validator")]
        public System.Drawing.Color ValidatorColor
        {
            get {
                // Auf diese Weise wird beim ersten Mal eine Ausnahme ausgegeben.
                // Alternativ könnte eine Initialisierung per Konstruktor eingesetzt werden.
                try
                {
                    return (System.Drawing.Color)
                      ViewState["validatorColor"];
                }
                catch (Exception e)
```

```csharp
            {
                return System.Drawing.Color.Red;
            }
        }
        set {ViewState["validatorColor"]= value; }
    }
    protected override void CreateChildControls()
    {
        System.Web.UI.WebControls.TextBox textBox;
        System.Web.UI.WebControls.RequiredFieldValidator
          requiredValidator;

        textBox=new TextBox();
        textBox.ID=UniqueID;
        textBox.Text=this.Text;

        requiredValidator=new RequiredFieldValidator();
        requiredValidator.ErrorMessage=this.ErrorMessage;
        requiredValidator.ForeColor=this.ValidatorColor;
        requiredValidator.Text=this.ValidatorText;
        requiredValidator.ID=UniqueID + "Validator";
        requiredValidator.ControlToValidate=textBox.ID;

        Controls.Add(textBox);
        Controls.Add(new LiteralControl(" "));
        Controls.Add(requiredValidator);

    }
}


public class RequiredTextBoxDesigner : ControlDesigner
{
    public RequiredTextBoxDesigner()
    {
    }
    public override string GetDesignTimeHtml()
    {
        RequiredTextBox rtb = (RequiredTextBox) Component;

        StringWriter sw = new StringWriter();
        HtmlTextWriter tw = new HtmlTextWriter(sw);

        HyperLink placeholderLink = new HyperLink();

        placeholderLink.Text="RequiredTextBox Designer";
        placeholderLink.RenderControl(tw);

        return sw.ToString();
    }
}
```

Listing 6.8: RequiredTextBoxCs.cs, *ein Beispiel für ein zusammengesetztes benutzerdefiniertes Steuerelement*

Zunächst fällt in Listing 6.8 der Einschluss verschiedener Namespaces auf, die ich zuvor noch nicht verwendet habe. *System.IO* und *System.Web.UI.Design* fügen der Komponente Designer-Unterstützung hinzu. *System.Web.UI.Design* erfordert das Hinzufügen eines Verweises auf *System.Design.dll*. Diese und alle weiteren vom System bereitgestellten DLLs befinden sich im Verzeichnis *<windir>/ Microsoft.NET/Framework/<version>*.

Die Attribute für die *RequiredTextBox*-Klasse sind die von Visual Studio .NET bereitgestellten Standardwerte. Hinzu kommt das *Designer*-Attribut, welches im Abschnitt »Erweiterung der Entwurfszeitunterstützung« näher erläutert werden soll. Die Klasse implementiert *INamingContainer*, eine Markierungsschnittstelle. Diese Schnittstelle besitzt keine Methoden, die implementiert werden müssen. Das Implementieren von *INamingContainer* informiert das Framework darüber, dass ein neuer Namespace erstellt werden soll, um die Eindeutigkeit der Namen innerhalb der Anwendung sicherzustellen.

Es werden verschiedene Eigenschaften deklariert, die alle nicht in Klassenmembern, sondern in *ViewState* gespeichert werden. Beachten Sie, dass in den folgenden *get*- und *set*-Methoden beim Werteabruf eine Typumwandlung in den erwarteten Typ erfolgen muss:

```
public string Text
{
    get {return (string)ViewState["text"]; }
    set {ViewState["text"] = value; }
}
```

Verschiedene der Eigenschaften stehen in Beziehung zum Validierungssteuerelement für das erforderliche Feld, daher erstelle ich anhand des *Category*-Attributs eine neue Kategorie namens *Validator*. Auf diese Weise können alle der mit dem Validierungssteuerelement in Beziehung stehenden Eigenschaften zusammen angezeigt werden.

Die Hauptarbeit in der Klasse wird von der *CreateChildControls*-Methode erledigt. Diese Methode wird vom .NET Framework zur Vorbereitung von Postback oder Ausgabe aufgerufen. Die Methode erstellt eigentlich die Instanzen des Textfeldes und der Validierungssteuerelemente für erforderliche Felder. Eine weitere Methode, die hier allerdings nicht zum Einsatz kommt, kann bei der Erstellung zusammengesetzter Steuerelemente nützlich sein: *EnsureChildControls*. Diese Methode prüft, ob die untergeordneten Steuerelemente erstellt wurden, und erstellt sie gegebenenfalls.

Innerhalb von *CreateChildControls* erstelle ich zunächst das *TextBox*-Steuerelement, weise diesem eine eindeutige ID zu und setze dann die *Text*-Eigenschaft auf die *Text*-Eigenschaft des zusammengesetzten Steuerelements. Zum Erhalt der ID verwende ich die *UniqueID*-Eigenschaft von *Control*. Die ID ist erforderlich, weil die *ControlToValidate*-Eigenschaft des nachfolgend erstellten *RequiredFieldValidator*-Steuerelements zugewiesen werden muss. Nach Erstellung der *RequiredFieldValidator*-Instanz weise ich geeignete Eigenschaften aus dem Hauptsteuerelement zu. Zum Setzen der *RequiredFieldValidator.ID* verwende ich die *UniqueID*-Eigenschaft mit angehängtem "Validator"-Literal. C/C++-Programmierer werden bemerken, dass kein Funktionsaufruf wie beispielsweise *strcat* erforderlich ist. Ich verwende einfach den +-Operator zum Verbinden der Zeichenfolgen.

Nach Erstellung der zwei Hauptsteuerelemente füge ich diese mithilfe der *Add*-Methode von *Controls* dem zusammengesetzten Steuerelement hinzu. Ich füge des Weiteren ein literales Steuerelement zwischen Textfeld und Validierungssteuerelement ein, um etwas Leerbereich zwischen Textfeld und Validierungssteuerelement zu schaffen. *LiteralControl* ist eine Klasse, die neben HTML-Elementen Text repräsentiert, der nicht auf dem Server verarbeitet werden muss. Nach dem Hinzufügen dieser Steuerelemente kann ich sie über das 1-basierte *Controls*-Array referenzieren. In diesem Beispiel wäre das Textfeld *Controls[1]*, das literale Steuerelement *Controls[2]* und das Validierungssteuerelement *Controls[3]*. Zur Verwendung des *Controls*-Arrays müssen Sie für das Arrayelement im Allgemeinen eine Typumwandlung in den geeigneten Typ vornehmen. Um beispielsweise einen gültigen Verweis auf das Textfeldsteuerelement zu erhalten, würden Sie *((TextBox)Controls[1])* verwenden.

Komposition vs. Rendering

Bei der Erstellung zusammengesetzter Steuerelemente stehen Ihnen zwei Möglichkeiten offen: Komposition oder Rendering. Bei der Komposition können einzelne Objekte erstellt, Eigenschaften bearbeitet und erzeugte Objekte anschließend zum gewünschten zusammengesetzten Steuerelement zusammengefügt werden. Das Rendering erlaubt lediglich die Ausgabe von willkürlichem HTML-Code, der auf die gewünschte Weise formatiert wird. Im vorliegenden Beispiel wird die Komposition eingesetzt, eine Vorgehensweise, bei der mehrere serverseitige Steuerelemente erzeugt werden, die vom ASP.NET Framework für Sie ausgegeben werden. Erledigt wird dies mit der *CreateChildControls*-Methode.

Alternativ kann auch die *Render*-Methode eingesetzt werden. Wie Sie sich erinnern, haben wir die *Render*-Methode bereits für das benutzerdefinierte Steuerelement *CenteredLabel* verwendet. Genau dieses *Render*-Ereignis kann ebenfalls für zusammengesetzte Steuerelemente eingesetzt werden, auch wenn diese Technik bei einer großen Steuerelementanzahl weniger geeignet ist, da zusätzliche Aufgaben ausgeführt werden müssen.

Wenn Sie sich für die Renderingoption entscheiden, müssen Sie anstelle von Serversteuerelementen zur Festlegung von Eigenschaften Code zur Ausgabe der HTML-Steuerelemente erstellen. Diese Vorgehensweise ähnelt der Erstellung des nicht zusammengesetzten *CenteredLabel*-Steuerelements, ist jedoch etwas komplexer, da Sie u.U. auch Code zur Definition der Steuerelementbeziehungen benötigen. Als Nächstes müssen eventuell zwei zusätzliche Schnittstellen implementiert werden, *IPostBackEventHandler* und *IPostBackDataHandler*. Abschließend müssen Sie die *Render*-Methode überschreiben.

Das *RequiredTextBox*-Beispiel eignet sich nicht besonders für die Renderingmethode, da der serverseitige Code komplexer wäre als der Code für die Komposition. Sie müssten die Validierung der Steuerelemente manuell vornehmen, da Sie nur HTML ausgeben könnten.

Installieren eines Steuerelements in Visual Studio .NET

Bei der Installation eines Steuerelements zur Verwendung in einem Visual Studio .NET-Projekt haben Sie zwei Möglichkeiten. Eine Option besteht darin, das Steuerelement in den *bin*-Ordner des Projekts zu kopieren und dem Formular das @ *Register*-Tag manuell hinzuzufügen. Diese Methode ist nicht übermäßig schwierig, aber wenn Sie schon Visual Studio .NET verwenden möchten, gibt es einen einfacheren Weg.

Öffnen Sie zunächst das Projekt, in dem das Steuerelement Verwendung finden soll. Wechseln Sie für eines der Web Forms im Projekt in den Entwurfsmodus, und klicken Sie auf die Registerkarte *Toolbox*. Klicken Sie mit der rechten Maustaste auf die Toolbox, und wählen Sie im Kontextmenü die Option *Toolbox anpassen*. Aktivieren Sie im Dialogfeld *Toolbox anpassen* die Registerkarte *.NET Framework-Komponenten*, und klicken Sie dort auf die Schaltfläche *Durchsuchen*. Wechseln Sie zu dem Ordner, der die Assembly mit dem hinzuzufügenden Steuerelement enthält. Diese befindet sich häufig im *bin*-Ordner unterhalb des Projekts bzw. für C#-Projekte im Order *bin\Release*. Markieren Sie die Assembly, eine Datei mit einer .dll-Erweiterung. Das Steuerelement sollte nun auf der Registerkarte *.NET Framework-Komponenten* in der Liste der Steuerelemente angezeigt werden.

Stellen Sie sicher, dass neben dem Steuerelement ein Häkchen angezeigt wird (siehe Abbildung 6.6), und klicken Sie dann im Dialogfeld *Toolbox anpassen* auf *OK*.

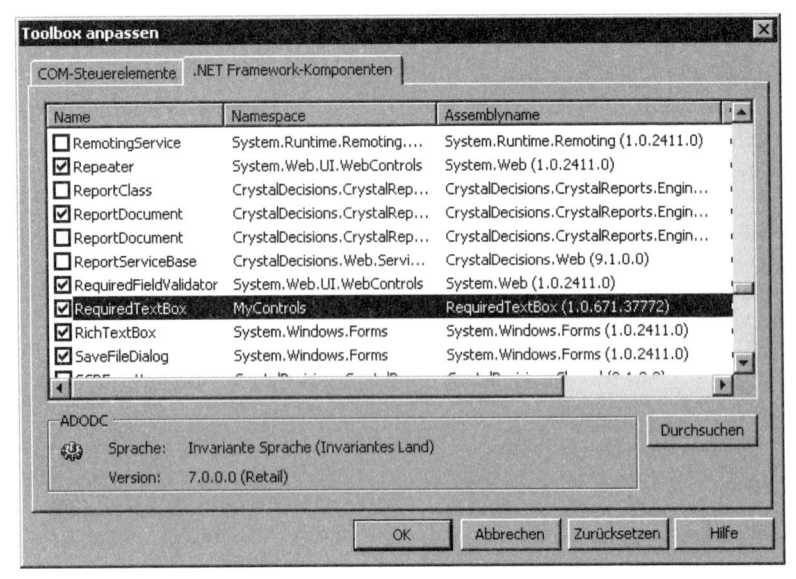

Abbildung 6.6: Hinzufügen des RequiredTextBox-Steuerelements zur Toolbox

Wurde dieses Steuerelement zum ersten Mal hinzugefügt, geschieht Folgendes:

- Die Steuerelementattribute *TagPrefix* und *Namespace* werden der *@ Register*-Direktive der Seite hinzugefügt.
- Der Seite wird ein Tag für das Steuerelement hinzugefügt.
- Dem Projekt wird ein Verweis auf das Steuerelement hinzugefügt. Dies führt zum Kopieren der Assembly in den *bin*-Ordner der Anwendung.
- Sofern verfügbar, wird der Steuerelement-Designer geladen.
- Das Steuerelement wird im Designer angezeigt.

Natürlich ist keine dieser Aufgaben besonders schwierig, aber mit jeder durch die Entwicklungsumgebung automatisierten Aufgabe hat der Entwickler eine Sorge weniger. In den verbleibenden Kapiteln dieses Buches werden die in Beispielen verwendeten Komponenten im Allgemeinen der Toolbox hinzugefügt.

Abbildung 6.7 zeigt ein einfaches Formular, auf dem ein *RequiredTextBox*-Steuerelement abgelegt wurde.

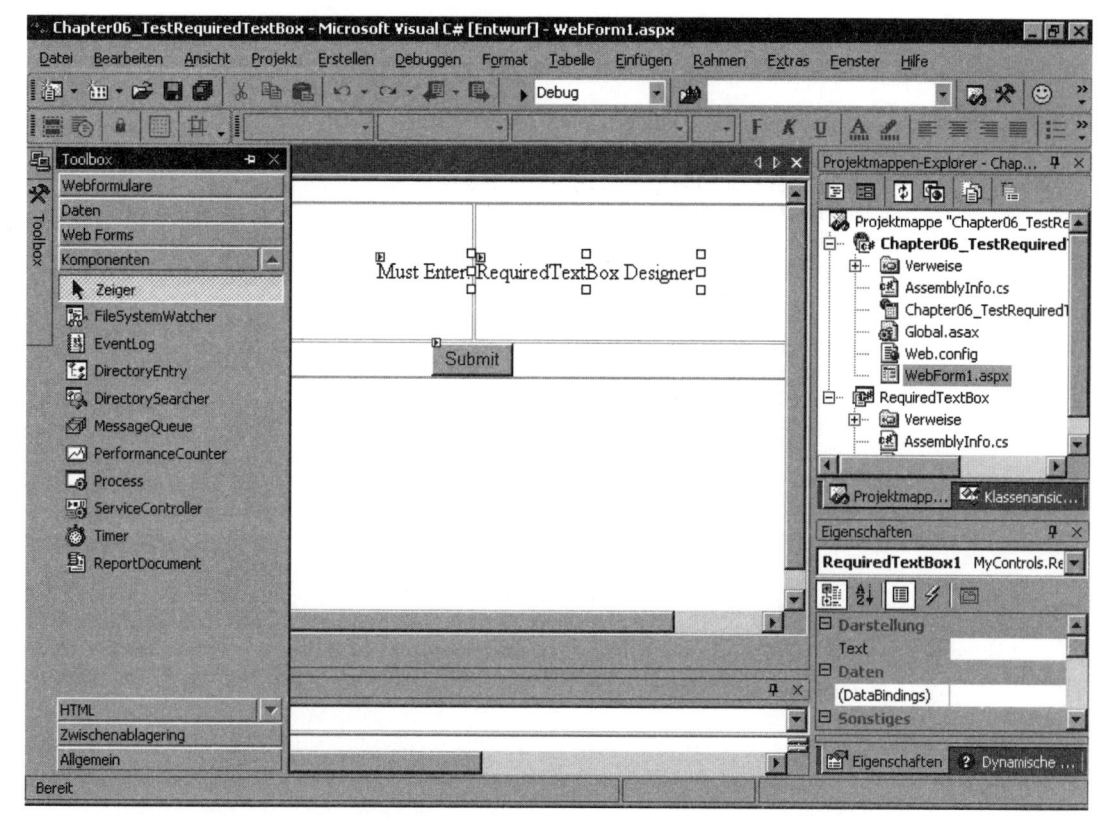

Abbildung 6.7: Das RequiredTextBox-Steuerelement im Visual Studio .NET-Designer

Listing 6.9 zeigt den Code für die Datei *WebForm1.aspx*, in der das *RequiredTextBox*-Steuerelement verwendet wird.

```
<%@ Register TagPrefix="requiredtextbox"
    Namespace="MyControls"
    Assembly="RequiredTextBox" %>
<%@ Page language="c#"
    Codebehind="WebForm1.aspx.cs"
    AutoEventWireup="false"
    Inherits="Chapter06_TestRequiredTextBox.WebForm1" %>
<!DOCTYPE HTML PUBLIC "-//W3C//DTD HTML 4.0 Transitional//EN" >
<HTML>
    <HEAD>
        <meta name="GENERATOR" Content="Microsoft Visual Studio 7.0">
        <meta name="CODE_LANGUAGE" Content="C#">
        <meta name="vs_defaultClientScript"
          content="JavaScript (ECMAScript)">
        <meta name="vs_targetSchema"
          content="http://schemas.microsoft.com/intellisense/ie5">
    </HEAD>
    <body>
        <form id="Form1" method="post" runat="server">
            <TABLE
```

Erstellen von ASP.NET-Komponenten

```
                cellSpacing="1"
                cellPadding="1"
                width="600"
                border="0">
                    <TR height="100">
                        <TD width="50%" align="right">
                            <asp:Label id="Label1"
                                runat="server">
                                Must Enter:
                            </asp:Label>
                        </TD>
                        <TD>
                            <RequiredTextBox:RequiredTextBox
                                id="RequiredTextBox1"
                                runat="server"
                                ErrorMessage="*">
                            </RequiredTextBox:RequiredTextBox>
                        </TD>
                    </TR>
                    <TR>
                        <TD colspan="2" align="middle">
                            <asp:Button
                                Runat="server"
                                Text="Submit"
                                id="Button1">
                            </asp:Button>
                        </TD>
                    </TR>
                </TABLE>
            </form>
        </body>
</HTML>
```

Listing 6.9: WebForm1.aspx, *eingesetzt zum Testen des* RequiredTextBox-*Steuerelements*

Listing 6.10 zeigt die CodeBehind-Datei *WebForm1.aspx.cs*.

```
using System;
using System.Collections;
using System.ComponentModel;
using System.Data;
using System.Drawing;
using System.Web;
using System.Web.SessionState;
using System.Web.UI;
using System.Web.UI.WebControls;
using System.Web.UI.HtmlControls;

namespace Chapter06_TestRequiredTextBox
{
    /// <summary>
    /// Zusammenfassungsbeschreibung für WebForm1.
    /// </summary>
    public class WebForm1 : System.Web.UI.Page
    {
```

```csharp
    protected MyControls.RequiredTextBox RequiredTextBox1;
    protected System.Web.UI.WebControls.Button Button1;
    protected System.Web.UI.WebControls.Label Label1;

    public WebForm1()
    {
        Page.Init += new System.EventHandler(Page_Init);
    }

    private void Page_Load(object sender, System.EventArgs e)
    {
        // Hier Benutzercode zur Seiteninitialisierung einfügen.
    }

    private void Page_Init(object sender, EventArgs e)
    {
        //
        // CODEGEN: Dieser Aufruf ist für den
        // ASP.NET Web Form-Designer erforderlich.
        //
        InitializeComponent();
    }

    #region Vom Web Form Designer generierter Code
    /// <summary>
    /// Erforderliche Methode für die Designer-Unterstützung - Der Inhalt
    /// der Methode darf nicht mit dem Code-Editor geändert werden.
    /// </summary>
    private void InitializeComponent()
    {
        this.Load +=
          new System.EventHandler(this.Page_Load);

    }
    #endregion
  }
}
```

Listing 6.10: *Die in C# geschriebene CodeBehind-Datei* WebForm1.aspx.cs *für den Test des zusammengesetzten Steuerelements* RequiredTextBox

Abbildung 6.8 zeigt die Testseite für das *RequiredTextBox*-Steuerelement vor der Texteingabe.

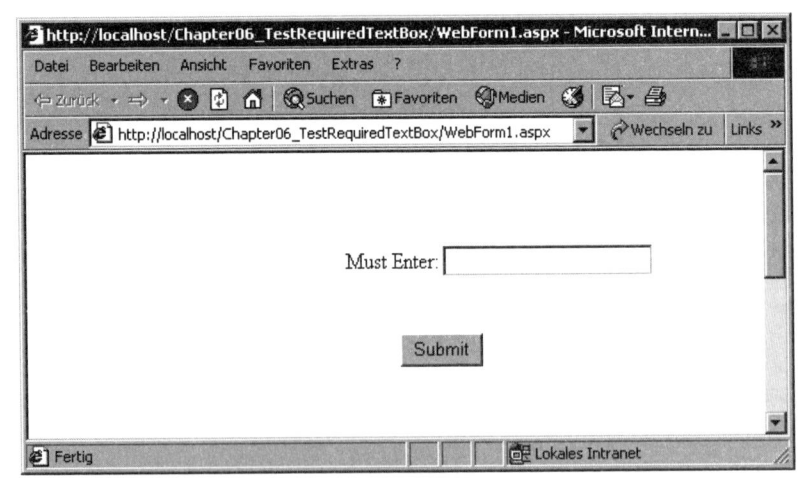

Abbildung 6.8: Die Testseite für das benutzerdefinierte Steuerelement RequiredTextBox

Abbildung 6.9 zeigt die Testseite nach deren Übermittlung. Es wurde ein Validierungssteuerelement ausgelöst, sichtbar am angezeigten Sternchen (*).

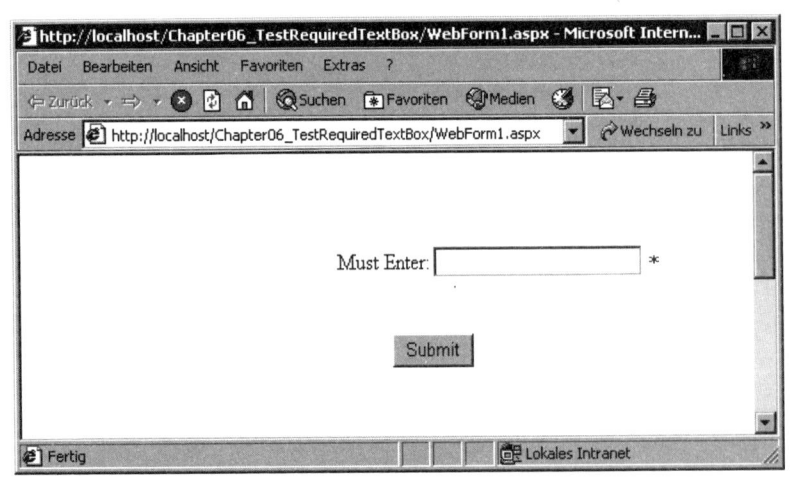

Abbildung 6.9: Die Testseite für RequiredTextBox *nach dem Übermitteln der Seite ohne Feldwert*

Die Validierung aus Abbildung 6.9 findet auf dem Client statt. Wenn Sie der @ *Page*-Direktive das Attribut/Wert-Paar *ClientTarget=Downlevel* hinzufügen, findet bei jedem Klick auf die *Submit*-Schaltfläche ein Roundtrip zum Server statt.

HINWEIS: Es gibt verschiedene andere Methoden zur Deaktivierung der clientseitigen Validierung (ohne die Ausgabe der gesamten Seite zu verlangsamen). Sie können beispielsweise das *Click*-Ereignis einer *Submit*-Schaltfläche auf *Page_ValidationActive=false;* setzen. Diese Vorgehensweise ist sinnvoll, wenn Sie auf dem Formular eine Schaltfläche zum Abbrechen bereitstellen möchten, die das Abbrechen ohne Auslösung einer clientseitigen Validierung ermöglicht. Eine andere, vielleicht sogar noch bessere Alternative besteht darin, das *CausesValidation*-Attribut von <asp:But-

ton> auf *false* zu setzen. Auf diese Weise werden sowohl die clientseitige als auch die serverseitige Validierung außer Kraft gesetzt – genau das, was mit einer Schaltfläche zum Abbrechen normalerweise erreicht werden soll.

Erweiterung der Entwurfszeitunterstützung

Wenn Sie sich erneut Abbildung 6.7 ansehen, bemerken Sie, dass über dem ausgewählten Steuerelement der Text »RequiredTextBox Designer« angezeigt wird. Standardmäßig zeigt ein Steuerelement im Entwurfsmodus das an, was bei einem Aufruf von *RenderControl* angezeigt würde. Führt ein solcher Aufruf zu keiner Anzeige, zeigt Visual Studio .NET stattdessen Typ und ID des Steuerelements an, beispielsweise »RequiredTextBox:RequiredTextBox1«. Wenn Sie eine eigene Designer-Anzeige erstellen möchten, stehen hierzu einige wenige Optionen zur Verfügung.

Die übliche Art der Textanzeige besteht im Einsatz des *Designer*-Attributs der Klasse. In Listing 6.8 wurde das *Designer*-Attribut folgendermaßen angegeben:

```
Designer("MyControls.RequiredTextBoxDesigner, RequiredTextBox")
```

Das *Designer*-Attribut informiert die Entwurfszeitumgebung darüber, dass es sich bei *MyControls.RequiredTextBoxDesigner* um die Designer-Klasse handelt, und dass sich diese Klasse in der *RequiredTextBox*-Assembly befindet. Ich habe auch Beispiele gesehen, in denen zur Identifizierung der Assembly die .dll-Erweiterung explizit angegeben wurde. Diese Erweiterung ist jedoch nicht erforderlich, daher habe ich sie hier aus Konsistenzgründen (z.B. mit anderen ASP.NET-Bestandteilen wie der @ *Register*-Direktive) weggelassen.

Die Designerklasse befindet sich häufig in einem untergeordneten Namespace, z.B. in einem Namespace wie *MyControls.Design*. Das Platzieren von Designer und Komponente in derselben Assembly ist bequemer und vergrößert die Assembly – selbst dann, wenn das Steuerelement niemals im Entwurfsmodus verwendet wird. Dennoch ergibt sich hieraus zur Laufzeit keine Leistungsbeeinträchtigung.

Die *RequiredTextBoxDesigner*-Klasse im unteren Bereich von Listing 6.8 wird von der *ControlDesigner*-Klasse abgeleitet. Ein Designer muss von einer der folgenden drei Klassen abgeleitet sein:

- *System.Web.UI.Design.ControlDesigner* Ein Mehrzweck-Designer, der von *Control* und *WebControl* abgeleitet wird.
- *System.Web.UI.Design.WebControls.TemplatedControlDesigner* Bietet Unterstützung für die Vorlagenbearbeitung. In Kapitel 9 werden weitere Informationen über Steuerelemente mit Vorlagen bereitgestellt.
- *System.Web.UI.Design.WebControls.ReadWriteControlDesigner* Bietet Unterstützung für die direkte Bearbeitung, z.B. im *Panel*-Steuerelement. Auf diese Weise erhalten Sie die Möglichkeit, zur Entwurfszeit weitere Steuerelemente oberhalb eines Steuerelements zu platzieren.

Der parameterlose *RequiredTextBoxDesigner*-Konstruktor wird bereitgestellt, damit die Klasse ohne Parameter erstellt werden kann.

Der Hauptteil der Designerarbeit wird in der *GetDesignTimeHtml*-Methode erledigt. Die erste Methode erzeugt eine Instanz des Steuerelements. Diese Instanz kann zum Abrufen oder Setzen von Parametern verwendet werden. In diesem Fall soll sie lediglich demonstrieren, wie die aktuelle Instanz der Klasse abgerufen wird. Anschließend werden ein *StringWriter* und ein *HtmlTextWriter* erstellt (aus dem *System.IO_namespace*). Ein neues *HyperLink*-Objekt wird erstellt und der Platzhalterlink wird gerendert. Der Text des Hyperlinkobjekts wird auf »RequiredTextBox Designer« festgelegt, aber es könnte hier beliebiger HTML-Code eingefügt werden.

Alternativ kann auch die *CreatePlaceHolderDesignTimeHtml*-Methode verwendet werden, bei der das Entwurfszeitaussehen ein grau hervorgehobenes Feld ist, ähnlich einer Schaltfläche. Bei dieser Methode wird ein Parameter zur Darstellung des grauen Feldes übergeben.

Wenn wir uns erneut Abbildung 6.7 ansehen, müssen zwei Dinge zum Eigenschaftsfenster gesagt werden. Zunächst werden die Elemente im Eigenschaftsfenster nach Kategorien geordnet angezeigt, daher werden die von mir deklarierten Parameter in der *Validator*-Kategorie angezeigt. Des Weiteren muss angemerkt werden, dass es sich bei der *ValidatorColor*-Eigenschaft nicht lediglich um ein Textfeld handelt, in das Namen oder Zahlen für Farben eingegeben werden. Es handelt sich stattdessen um eine vollständige Farbauswahl, wie Sie in Abbildung 6.10 erkennen können.

Das gleiche Verhalten tritt bei jedem Typ mit komplexer Eigenschaftswahl auf. Wenn Sie eine Eigenschaft des richtigen Typs deklarieren, steht ohne zusätzliche Codierung die erweiterte Eigenschaftenauswahl zur Verfügung.

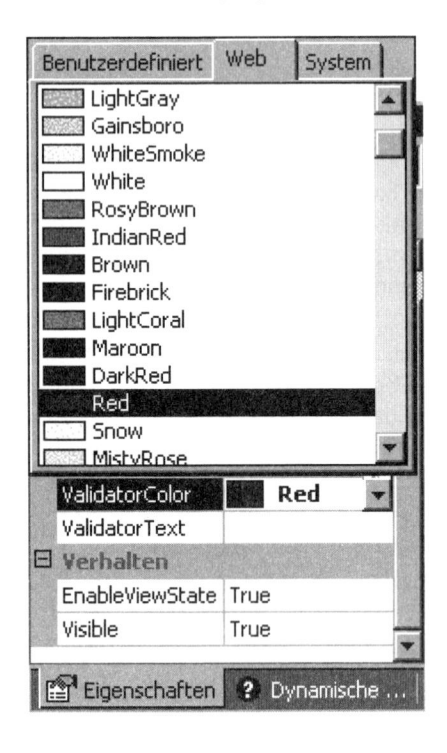

Abbildung 6.10: Die Farbauswahl für das benutzerdefinierte Steuerelement RequiredTextBox

Fazit

Benutzersteuerelemente und benutzerdefinierte Steuerelemente werden hinsichtlich der Akzeptanz von ASP.NET durch das Gros der Visual Basic-Programmierer eine wichtige Rolle spielen. Diese Programmierer konnten immer auf ein großes Angebot an Komponenten zurückgreifen und sich so auf den geschäftsspezifischen Code konzentrieren. Zwischen den Benutzersteuerelementen, die häufig innerhalb eines Unternehmens erstellt werden, und den benutzerdefinierten Steuerelementen, die in der Regel von zentralen Komponenten- oder Drittherstellern angeboten werden, werden sich auf einer Vielzahl von ASP.NET-Seiten auch Komponenten finden.

Ich hoffe, dass diese Einführung verdeutlichen konnte, welche Möglichkeiten sich bei der Verwendung von Steuerelementen bieten. Obwohl in Visual Basic die VBX-Steuerelemente sehr populär waren, liegt der Anteil der ActiveX-Steuerelemente weiterhin sehr hoch – besonders, seit diese mit Visual Basic erstellt werden können. ASP.NET bietet in Version 1.0 ein Tool zur einfachen Steuerelementerstellung.

In den weiteren Kapiteln werden wir verschiedene Aspekte der Benutzersteuerelemente und der benutzerdefinierten Steuerelemente betrachten. In Kapitel 7 lernen Sie zu entscheiden, wann eine client- oder eine serverseitige Verarbeitung (oder eine Kombination aus beidem) angemessen ist. In den Kapiteln 8 und 9 wenden wir uns dem Datenbank- und XML-Zugriff zu. Es gibt viele integrierte Steuerelemente für die Datennutzung, doch es können ebenso viele benutzerdefinierte Steuerelemente erstellt werden, mit denen Daten sehr viel effizienter genutzt werden.

7 Balance zwischen Server- und Clientfunktionalität

185 Clientseitige Skripterstellung
196 Erstellen eines weiter gehenden clientseitigen Websteuerelements
205 Fazit

Wann immer auch Sie nur für kurze Zeit die Diskussion in einer ASP.NET-Newsgroup verfolgen, werden Sie mit Sicherheit auf die Nachricht eines frustrierten Programmierers stoßen, der in Sachen ASP.NET und möglicherweise auch hinsichtlich der Webentwicklung im Allgemeinen ein Neuling ist. Die Nachricht wird in etwa folgendermaßen lauten:

Wenn C# [oder Visual Basic.NET – das Problem ist dasselbe] so leistungsstark ist, wieso kann ich meine ASP.NET-Anwendung dann nicht dazu bewegen, ein einfaches Meldungsfeld zu erstellen?

Erfahrene Entwickler des klassischen ASP werden angesichts einer solchen Frage vielleicht ein wenig schmunzeln, aber für Einsteiger im Bereich der Webentwicklung stellt dieser Sachverhalt ein echtes Problem dar. Warum ist es nicht wie in Visual Basic möglich, ein einfaches Meldungsfeld anzuzeigen? In etwa vergleichbar mit dem *Zauberer von Oz*, in dem Dorothy feststellen musste, dass sie nicht länger in Kansas war, lautet die Antwort hier, dass Sie nicht länger ein clientseitiger Programmierer sind.

ASP.NET ist eine serverbasierte Technologie. ASP.NET eröffnet Ihnen den Zugang zu dem Neuesten und Besten vieler Bereiche der Serverprogrammierung, wenn Sie ASP.NET jedoch zum Anzeigen eines Meldungsfeldes einsetzen möchten, haben Sie Pech gehabt. Es gibt allerdings eine Möglichkeit, mit der Sie Meldungsfelder und ähnliche Benutzerinteraktionen darstellen können. Das Stichwort lautet *clientseitige Skripts*.

HINWEIS: Übrigens ist es in JavaScript die *alert*-Funktion, die dem Benutzer ein Meldungsfeld zur Verfügung stellt. Dieses Kapitel soll eine Einführung in die Erstellung clientseitiger Skripts bieten, dient jedoch weder als Tutorium noch als JavaScript-Referenz. Es gibt eine ganze Reihe guter Bücher zu JavaScript, darunter auch *JavaScript: Das umfassende Referenzwerk* von David Flanagan (O'Reilly, 1997).

Clientseitige Skripterstellung

Es ist wichtig, sich in Bezug auf Webanwendungen vor Augen zu halten, dass während der Zeit, in der der Benutzer innerhalb einer Seite interagiert, zwischen dem Clientbrowser und dem Server im besten Fall eine sehr dünne Verbindung besteht. Das Fehlen einer ständigen Verbindung ist tatsächlich ein Feature des HTTP-Protokolls. Da Client und Server während der Nutzung einer Webanwendung die meiste Zeit nicht miteinander verbunden sind, kann ein einzelner Server Hunderte Benutzer gleichzeitig unterstützen. Abbildung 7.1 zeigt ein Modell einer Webanwendung.

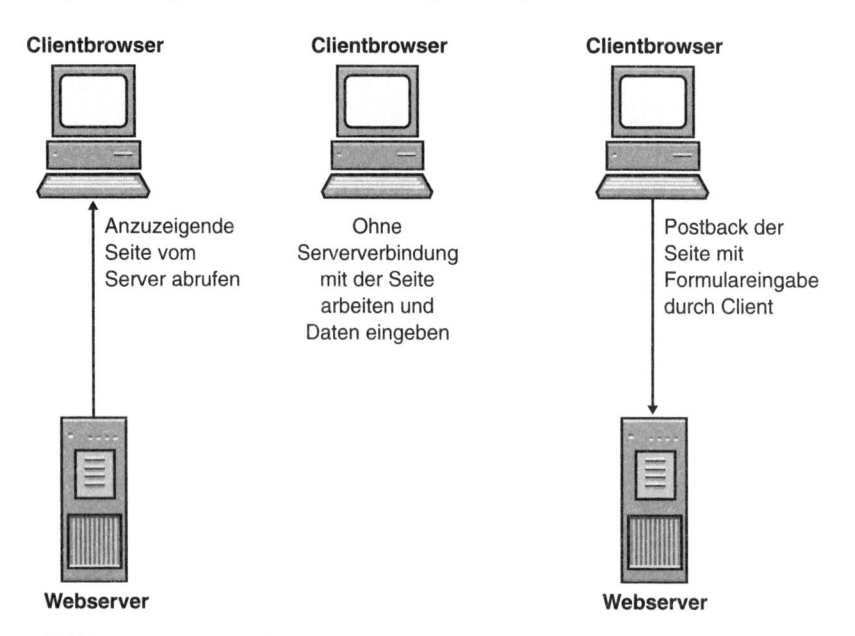

Abbildung 7.1: Beispiel einer Interaktion zwischen einem Webclientbrowser und einem Webserver

Nachdem der Browser sämtliche für das Anzeigen und Formatieren der Seite benötigten Informationen erhalten hat, kann der Benutzer mit der Seite interagieren, also Felder ausfüllen, Elemente aus Listenfeldern auswählen usw. All diese Arbeit wird ohne jegliche Interaktion zwischen dem Client und dem Server ausgeführt. Sobald der Benutzer auf die Schaltfläche zum Senden drückt, werden die Formulardaten an den Server gesendet.

Diese Verbindungslosigkeit kann bei neuen ASP.NET-Benutzern zu Frustrationen führen, die gerne ein Meldungsfeld auf dem Clientrechner anzeigen möchten. Aber glücklicherweise unterstützen heutzutage fast alle Browser clientseitige Skripts.

HINWEIS: Unter manchen Bedingungen ist der clientseitige Einsatz von Visual Basic Scripting Edition (VBScript) zwar möglich, dies gilt jedoch für keine der ASP.NET-Komponenten, und aus diesem Grund werde ich davon in den Beispielen dieses Kapitels auch absehen. Stattdessen verwende ich JScript, also die Microsoft-Implementierung von JavaScript.

TIPP: JavaScript und JScript wurden, zumindest in der ASP.NET-Dokumentation, in ECMAScript umgetauft. Dieser Name ist zwar nicht ganz so griffig wie JavaScript oder JScript, bringt jedoch den Aspekt der browserübergreifenden Kompatibilität zum Ausdruck. Nähere Informationen zur ECMAScript-Skriptsprache finden Sie unter *http://www.ecma.ch/ecma1/STAND/ECMA-262.HTM*. Browser verwenden als Wert für das Attribut *Language* in <SCRIPT>-Tags weiterhin *JavaScript* oder *JScript*.

Nur wenige standardmäßige HTML-Elemente starten eine Verbindung zum Server – eigentlich fallen einem nur die Schaltfläche zum Senden von Informationen sowie Hyperlinks ein. Es kommt nicht von ungefähr, dass lediglich eine begrenzte Anzahl an Steuerelementen Interaktionen mit dem Server auslösen.

Wie Sie im Laufe dieses Kapitels feststellen werden, können neben einer Schaltfläche zum Senden und einem Hyperlink auch andere Steuerelemente Roundtrips zum Server hervorrufen. Für die Erstellung eines solchen Steuerelements ist clientseitiges JavaScript gefordert. Mithilfe von clientseitigem JavaScript könnten Sie beispielsweise einen Roundtrip zum Server starten, sobald der Benutzer eine Dropdownliste verlässt. Dies ist für gewöhnlich keine gute Idee, da es eine größere Belastung für den Server darstellt. Manchmal hingegen ist es durchaus angebracht, ein Formular an den Server zu senden; wann dies der Fall ist, lernen Sie mit der Zeit einzuschätzen. In wenig beanspruchten Intranetanwendungen zahlt sich eine zusätzliche Serverlast eventuell aus, da die umfangreicheren Serverinteraktionen zu einer Erweiterung und Verbesserung der Benutzerschnittstelle führen. In einer viel besuchten Internetsite lohnt sich die Belastung oftmals nicht, da der Roundtrip zum Server die Antwortzeit für den Benutzer verlängert.

Eines der Probleme, die der Einsatz von clientseitigem JavaScript mit sich bringt, ergibt sich daraus, dass der Code nicht länger in der Geborgenheit des Servers, sondern vielmehr in der ungewissen Welt des Clientbrowsers ausgeführt wird. Einer der Gründe für die große Beliebtheit serverbasierter Verarbeitung besteht darin, dass es einfacher ist, eine bedarfsgerechte Einrichtung einer Serverumgebung zu gewährleisten als dafür zu sorgen, dass der Client über die richtige Umgebung verfügt.

WARNUNG: Da Sie keinerlei Kontrolle über clientseitige Skripts haben, sollten Sie diese lediglich zur Vermeidung von Roundtrips zum Server einsetzen. Sie dienen *nicht* als Ersatz für eine serverseitige Validierung. Ihr serverseitiger Code sollte stets solange davon ausgehen, dass die von einem Formular eingehenden Daten, selbst die von einem Formular mit clientseitiger Validierung, ungültig sind, bis der Gegenbeweis erbracht wurde. Handelt es sich darüber hinaus bei dem verwendeten Browser um einen Downlevelbrowser, wird das clientseitige Skript nicht für standardmäßigen Steuerelemente wie beispielsweise die Validierungssteuerelemente ausgeführt.

Verwendung clientseitiger Skripts durch ASP.NET

Ein Steuerelement, das in vielen Formularen eingesetzt wird, ist z.B. eine Dropdownliste mit unterschiedlichen Optionen. Basierend auf der vom Benutzer in der Dropdownliste getätigten Auswahl werden die Formularoptionen entsprechend angepasst. Die Auswahl eines Elements einer Dropdownliste verursacht zwar keinen Roundtrip zum Server, doch clientseitige Skripts können zum Auslösen von Serverroundtrips verwendet werden.

Listing 7.1 zeigt die in Visual Studio .NET erzeugte .aspx-Datei *PostTest.aspx*.

```
<%@ Page Language="vb" AutoEventWireup="false"
Codebehind="PostTest.aspx.vb"
Inherits="Chapter07_DropDownPost.PostTest"%>
<!DOCTYPE HTML PUBLIC "-//W3C//DTD HTML 4.0 Transitional//EN">
<HTML>
    <HEAD>
        <title></title>
        <meta name="GENERATOR" content="Microsoft Visual Studio.NET 7.0">
        <meta name="CODE_LANGUAGE" content="Visual Basic 7.0">
        <meta name="vs_defaultClientScript" content="JavaScript">
        <meta name="vs_targetSchema"
            content="http://schemas.microsoft.com/intellisense/ie5">
    </HEAD>
    <body>
        <form id="Form1" method="post" runat="server">
        <table width="600" border="0">
            <tr>
```

```
            <td align="middle">
            <asp:dropdownlist
                id="DropDownList1"
                runat="server"
                AutoPostBack="True">

                <asp:ListItem Value="Black">
                --Select Color--</asp:ListItem>
                <asp:ListItem Value="Red">Red</asp:ListItem>
                <asp:ListItem Value="Green">Green</asp:ListItem>
                <asp:ListItem Value="Blue">Blue</asp:ListItem>
            </asp:dropdownlist>
            <br>
            <br>
            <asp:Label id="Label1"
                runat="server"></asp:Label>
            <br>
            <br>
            <br>
            </td>
         </tr>
      </table>
      </form>
   </body>
</HTML>
```

Listing 7.1: PostTest.aspx, *eine Seite, die bei Veränderung der Dropdownlistenauswahl ein Postback erzeugt*

Der Code (hier aus Gründen der Darstellung leicht umformatiert) erstellt ein einfaches Formular mit einer Dropdownliste und einem Label. Das Label ist zu Beginn leer. Die Dropdownliste hat den Ausgangswert »--Select Color--« und verfügt über die Listenelemente *Red*, *Green* und *Blue*. Neben den herkömmlichen Attributen im *asp:dropdownlist*-Tag wurde *AutoPostBack* auf *True* gesetzt. Das Attribut *AutoPostBack* gibt es für verschiedene Steuerelemente, u.a. für Dropdownlisten, Listenfelder, Kontrollkästchen und Textfelder. Ist *AutoPostBack* in einem dieser Steuerelemente auf *True* gesetzt und das Steuerelement wird abgeändert (durch Auswahl eines Listenelements, durch das Ändern des Werts eines Kontrollkästchens oder durch die Abänderung von Text in einem Textfeld), wird ein Roundtrip zum Server ausgeführt, damit der Server auf die Änderungen im Steuerelement reagieren kann.

Listing 7.2 zeigt die CodeBehind-Datei *PostText.aspx.vb* für *PostTest.aspx*.

```
Public Class WebForm1
    Inherits System.Web.UI.Page
    Protected WithEvents DropDownList1 _
      As System.Web.UI.WebControls.DropDownList
    Protected WithEvents Label1 As _
      System.Web.UI.WebControls.Label

#Region " Web Form Designer Generated Code "

    "This call is required by the Web Form Designer.
    <System.Diagnostics.DebuggerStepThrough()> _
    Private Sub InitializeComponent()
```

```
        End Sub

    Private Sub Page_Init(ByVal sender As System.Object, _
        ByVal e As System.EventArgs) _
        Handles MyBase.Init
            'CODEGEN: This method call is required by the Web Form Designer
            'Do not modify it using the code editor.
            InitializeComponent()
        End Sub

#End Region

    Private Sub Page_Load(ByVal sender As System.Object, _
        ByVal e As System.EventArgs) _
        Handles MyBase.Load
            'Put user code to initialize the page here.
            If IsPostBack Then
                If DropDownList1.SelectedIndex <> 0 Then
                    Label1.Text = "You selected " + _
                        DropDownList1.SelectedItem.Text
                    Label1.ForeColor = Label1.ForeColor.FromName( _
                        DropDownList1.SelectedItem.Value)
                Else
                    Label1.Text = "Please select a color"
                    Label1.ForeColor = Label1.ForeColor.FromName("Black")
                End If
            End If
        End Sub

End Class
```

Listing 7.2: PostText.aspx.vb, *die CodeBehind-Datei für die Datei* PostTest.aspx *aus Listing 7.1*

Der wichtigste Aspekt des in Listing 7.2 gezeigten Codes ist die Verwendung der *Page_Load*-Methode, mit der auf Postbacks überprüft wird. Handelt es sich hier um ein Postback, hat der Benutzer also ein Element aus der Dropdownliste ausgewählt, zeigt das Label den Namen der ausgewählten Farbe an und nimmt deren Wert an.

Wie Sie im nachfolgenden Code sehen, besteht ein gewisser Unterschied zwischen dem Setzen von Labelfarbe und Labeltext:

```
Label1.ForeColor = Label1.ForeColor.FromName( _
    DropDownList1.SelectedItem.Value)
```

Im Gegensatz zu früheren Versionen von Visual Basic ist die *ForeColor*-Eigenschaft nicht mehr lediglich eine Zahl, die sich aus den Werten rot, grün und blau zusammensetzt. *ForeColor* ist hier vielmehr ein bestimmter Typ, nämlich *System.Drawing.Color*. Es ist beispielsweise nicht möglich, *ForeColor* auf *255* zu setzen, um die Farbe rot zu erhalten. Einige Helferfunktionen ermöglichen die Farbeinstellung mithilfe eines Farbnamens (wie in diesem Beispiel) oder durch Einsatz einer Systemfarbe wie *ActiveBorder*. Sie können auch eine der vordefinierten Farben in der *System.Drawing.Color*-Klasse einsetzen, in der von *SaddleBrown* bis *BlanchedAlmond* alle Farben vertreten sind. Nachdem wir das *Value*-Attribut sämtlicher *asp:ListItem*-Tags auf einen Farbnamen festgesetzt haben, können wir das *Value*-Attribut vom ausgewählten Element an die *FromName*-Methode übergeben und die *ForeColor*-Eigenschaft auf das zurückgegebene *System.Drawing.Color* setzen.

Abbildung 7.2 zeigt die Seite, die nach Auswahl der Option *Green* aus der Dropdownliste angezeigt wird. (Beachten Sie, dass diese Seite nicht über eine Schaltfläche für die Datenübermittlung verfügt.)

Abbildung 7.2: PostTest.aspx, nachdem »Green« aus der Dropdownliste ausgewählt wurde

Wie Sie sehen, wurde von der Seite erkannt, dass Sie *Green* ausgewählt haben. (Sie müssen mir ganz einfach glauben, dass auch der Text in grüner Farbe angezeigt wird.)

Angesichts der Tatsache, dass auf dieser Seite keine Schaltfläche zur Datenübermittlung vorhanden ist und reine HTML-Dropdownlisten kein Postback starten können, wie soll das *AutoPostBackup*-Attribut ein Postback auslösen? Die Antwort liefert Listing 7.3, das den HTML-Code zeigt, den der Browser tatsächlich erhält.

```
<!DOCTYPE HTML PUBLIC "-//W3C//DTD HTML 4.0 Transitional//EN">
<HTML>
    <HEAD>
        <title></title>
        <meta name="GENERATOR" content="Microsoft Visual Studio.NET 7.0">
        <meta name="CODE_LANGUAGE" content="Visual Basic 7.0">
        <meta name="vs_defaultClientScript" content="JavaScript">
        <meta name="vs_targetSchema"
          content="http://schemas.microsoft.com/intellisense/ie5">
    </HEAD>
    <body>
        <form name="Form1" method="post" action="PostTest.aspx" id="Form1">
        <input type="hidden" name="__VIEWSTATE"
            value="dDw4MzQ2Mzg4MzY7dDw7bDxpPDE+Oz47bDx0PDtsPGk8Mz47Pjts
            PHQ8cDxwPGw8VGV4dDtGb3J1Q29sb3I7Pjs+O2w8WW91IHNlbGVjdGV
            kIEdyZWVuOzI8R3J1ZW4+O2w8NT47Pjs7Pjs+Pjs+" />

        <table width="600" border="0">
            <tr>
                <td align="middle">
                    <select name="DropDownList1" id="DropDownList1"
                        onchange="__doPostBack("DropDownList1","")"
```

```
                        language="javascript">
                      <option value="Black">--Select Color--</option>
                      <option value="Red">Red</option>
                      <option selected="selected"
                        value="Green">Green</option>
                      <option value="Blue">Blue</option>
                    </select>
                    <br>
                    <br>
                    <span id="Label1"
                      style="color:Green;">You selected Green
                    </span>
                    <br>
                    <br>
                    <br>
                  </td>
              </tr>
          </table>
<input type="hidden" name="__EVENTTARGET" value="" />
<input type="hidden" name="__EVENTARGUMENT" value="" />
<script language="javascript">
<!--
    function __doPostBack(eventTarget, eventArgument) {
        var theform = document.Form1;
        theform.__EVENTTARGET.value = eventTarget;
        theform.__EVENTARGUMENT.value = eventArgument;
        theform.submit();
    }
// -->
</script>
</form>
    </body>
</HTML>
```

Listing 7.3: *HTML-Ausgabe der Seite aus den Listings 7.1 und 7.2*

Die ausschlaggebenden Elemente, um die die in Listing 7.3 gezeigte HTML-Ausgabe erweitert wurde, sind die JavaScript-Funktion *__doPostBack* innerhalb der *<SCRIPT>*-Tags und das *onchange*-Attribut in *DropDownList1*. In Listing 7.1 war kein *onchange*-Ereignis festgelegt, und JavaScript-Elemente waren weder in Listing 7.1 noch in Listing 7.2 vorhanden. In der Ausgabe an den Browser sind diese Elemente jedoch mit einem Mal zu sehen.

Die Erweiterung um diese JavaScript-Elemente durch ASP.NET macht es der Dropdownliste möglich, bei Auswahl eines Elements aus der Dropdownliste ein Postback zu erzwingen. Die JavaScript-Funktion in Listing 7.3 arbeitet in Verbindung mit den beiden verborgenen Formularfeldern *__EVENTTARGET* und *__EVENTARGUMENT*. Diese verborgenen Felder werden leer versandt und durch die JavaScript-Funktion *__doPostBack* unmittelbar vor Aufruf von *theform.submit* aufgefüllt. Sobald ein Postback ausgeführt wird, kann die Seite mithilfe dieser verborgenen Felder ermitteln, welches Steuerelement bearbeitet wurde und dadurch das Postback ausgelöst hat.

Auslösen von Postbacks durch ein Steuerelement

Einige Steuerelemente unterstützen das *AutoPostBack*-Attribut und können damit nach einer Veränderung der Daten ein Postback herbeiführen. Bedauerlicherweise stammen die von Ihnen erstellten benutzerdefinierten Steuerelemente nicht notwendigerweise immer von Steuerelementen ab, die *AutoPostBack* unterstützen. Doch für dieses Problem gibt es eine Lösung.

Die *Page*-Klasse stellt die Methode *GetPostBackEventReference* zur Verfügung, mit der clientseitiger Skriptcode zur Steuerung von Postbacks ausgegeben werden kann. Der daraus entstehende JavaScript-Code ist mit dem aus Listing 7.3 nahezu identisch. Listing 7.4 zeigt ein Hyperlinksteuerelement in Visual Basic .NET, dessen Anklicken nicht etwa den direkten Aufruf einer anderen Seite zur Folge hat, wie dies bei einem herkömmlichen Hyperlink der Fall wäre, sondern vielmehr zur Ausführung eines Postbacks führt.

```
Imports System.ComponentModel
Imports System.Web.UI
<Assembly:TagPrefix("PostLink", "PostLinkStuff")>

<DefaultProperty("Text"), ToolboxData( _
"<{0}:PostLinkControl runat=server></{0}:PostLinkControl>")> _
Public Class PostLinkControl
    Inherits System.Web.UI.WebControls.WebControl

    Dim _text As String

    <Bindable(True), Category("Appearance"), DefaultValue("")> _
      Property [Text]() As String
        Get
            Return _text
        End Get

        Set(ByVal Value As String)
            _text = Value
        End Set
End Property

    Protected Overrides Sub Render( _
      ByVal output As System.Web.UI.HtmlTextWriter)
        output.Write("<a id=""" + Me.UniqueID + _
          """ href=""javascript: + _
          Page.GetPostBackClientEvent(Me, _text) + """>")
        output.Write(_text + "</a>")
    End Sub

End Class
```

Listing 7.4: PostLink.vb, *ein Steuerelement für einen Postbacklink*

HINWEIS: ASP.NET verfügt über ein *LinkButton*-Steuerelement, das einen Großteil der Arbeit erledigt, die in diesem Beispiel erforderlich ist. Für gewöhnlich würde die hier aufgezeigte Technik für komplexere Steuerelemente verwendet, das Hinzufügen dieser Funktionalität zu einer Hyperlinkschaltfläche macht den Vorgang jedoch verständlicher.

PostLink.vb, das in Listing 7.4 gezeigt wurde, begann als Projekt einer in Visual Studio .NET erstellten Visual Basic Websteuerelementbibliothek. Ich habe die folgende Zeile hinzugefügt:

```
<Assembly: TagPrefix("PostLink", "PostLinkStuff")>
```

Dieser Code weist Visual Studio .NET an, das Tagpräfix *PostLinkStuff* für all jene Steuerelemente im *PostLink*-Namespace zu verwenden, die auf das Entwurfsfenster gezogen werden. Wie Ihnen noch aus Kapitel 6 gegenwärtig sein dürfte, verwendet Visual Studio .NET *cc1*, *cc2* usw. sofern Sie kein *TagPrefix* festlegen.

Der andere Codeabschnitt, der hier von dem Projekt der Websteuerelementbibliothek abgeändert wurde, ist die *Render*-Methode, die Sie nachfolgend sehen:

```
Protected Overrides Sub Render( _
  ByVal output As System.Web.UI.HtmlTextWriter)
    output.Write("<a id=""" + Me.UniqueID + _
    """ href=""javascript:" + _
    Page.GetPostBackClientEvent(Me, _text) + """>")
    output.Write(_text + "</a>")
End Sub
```

Ein Umstand, der bei diesem *Render*-Code möglicherweise zu Verwirrung führt, ist der Einsatz doppelter Anführungszeichen im *output.Write*-Aufruf. Um Anführungszeichen innerhalb einer Zeichenfolge einfügen zu können, muss sämtlichen Anführungszeichen ein Anführungszeichen voraus gehen, damit das Anführungszeichen nicht als das Ende einer Zeichenfolge interpretiert wird.

In C# würde dieselbe Methode folgendermaßen aussehen:

```
protected override void Render(HtmlTextWriter output)
{
    output.Write("<a id=\"" + this.UniqueID +
    "\" href=\"javascript:" +
    Page.GetPostBackClientEvent(this, text) + "\">");
    output.Write(text + "</a>");
}
```

C# folgt der C/C++-Konvention darin, dass einem Anführungszeichen innerhalb einer in Anführungszeichen gesetzten literalen Zeichenfolge ein umgekehrter Schrägstrich vorangestellt wird. Darüber hinaus setzt C# zur Ermittlung der aktuellen Instanz das Schlüsselwort *this*, Visual Basic .NET hingegen *Me* ein.

Die *Render*-Methode erzeugt ein Ankertag, um JavaScript-Code in das *href*-Attribut einzubinden. Das JavaScript beinhaltet einen Aufruf von *Page.GetPostBackClientEvent*, dem ein Verweis auf die aktuelle Instanz (in Visual Basic .NET mittels *Me*, in C# mittels *this*) und der Wert von *_text* übergeben werden. Beide Werte liegen auf dem Server in den Variablen *__EVENTTARGET* und *__EVENTARGUMENT* vor, wie in der *Page_Load*-Methode der *CodeBehind*-Datei *TestPostLink.aspx.vb* in Listing 7.5 verdeutlicht.

```
Public Class WebForm1
    Inherits System.Web.UI.Page
    Protected WithEvents PostLinkControl1 _
      As PostLink.PostLinkControl
    Protected WithEvents Label1 _
      As System.Web.UI.WebControls.Label
```

```
#Region " Web Form Designer Generated Code "

    "This call is required by the Web Form Designer.
    <System.Diagnostics.DebuggerStepThrough()> _
    Private Sub InitializeComponent()

    End Sub

    Private Sub Page_Init(ByVal sender As System.Object, _
      ByVal e As System.EventArgs) _
      Handles MyBase.Init
        "CODEGEN: This method call is required by
        "the Web Form Designer
        "Do not modify it using the code editor.
        InitializeComponent()
    End Sub

#End Region

    Private Sub Page_Load(ByVal sender As System.Object, _
      ByVal e As System.EventArgs) _
      Handles MyBase.Load
        If Me.IsPostBack = True Then
            Label1.Text = "Postback from " + _
            Request("__EVENTTARGET") + " - " + _
            Request("__EVENTARGUMENT")
        End If
    End Sub

End Class
```

Listing 7.5: TestPostLink.aspx.vb, *die CodeBehind-Datei zum Testen des* PostLink-*Steuerelements*

Listing 7.6 zeigt die Datei *TestPostLink.aspx*, mit der das Steuerelement *PostLink* getestet wird.

```
<%@ Register TagPrefix="PostLink"
    Namespace="PostLink"
    Assembly="PostLink" %>
<%@ Page Language="vb"
    AutoEventWireup="false"
    Codebehind="WebForm1.aspx.vb"
    Inherits="Chapter07_PostControl.WebForm1"%>
<!DOCTYPE HTML PUBLIC "-//W3C//DTD HTML 4.0 Transitional//EN">
<HTML>
    <HEAD>
        <title></title>
        <meta name="GENERATOR"
          content="Microsoft Visual Studio.NET 7.0">
        <meta name="CODE_LANGUAGE" content="Visual Basic 7.0">
        <meta name="vs_defaultClientScript"
          content="JavaScript">
        <meta name="vs_targetSchema"
          content="http://schemas.microsoft.com/intellisense/ie5">
    </HEAD>
```

```
<body>
    <form id="Form1" method="post" runat="server">
        <PostLink:PostLinkControl
            id="PostLinkControl1"
            runat="server"
            Text="This is a test">
        </PostLink:PostLinkControl>
        <p>
        </p>
        <asp:Label id="Label1"
            runat="server"></asp:Label>
    </form>
</body>
</HTML>
```

Listing 7.6: TestPostLink.aspx, *die Datei mit der das Steuerelement* PostLink *getestet wird*

Wie Sie anhand von Listing 7.5 sehen, wird der *Page_Load*-Ereignishandler aufgerufen, wenn die Seite geladen wird. Gibt *IsPostback* den Wert *True* zurück, wird der Labeltext dahingehend geändert, dass er den Wert von *__EVENTTARGET* und *_EVENTARGUMENT* widerspiegelt. Beim Klicken auf das Steuerelement *PostLink* wird die in Abbildung 7.3 gezeigte Seite an den Browser zurückgegeben.

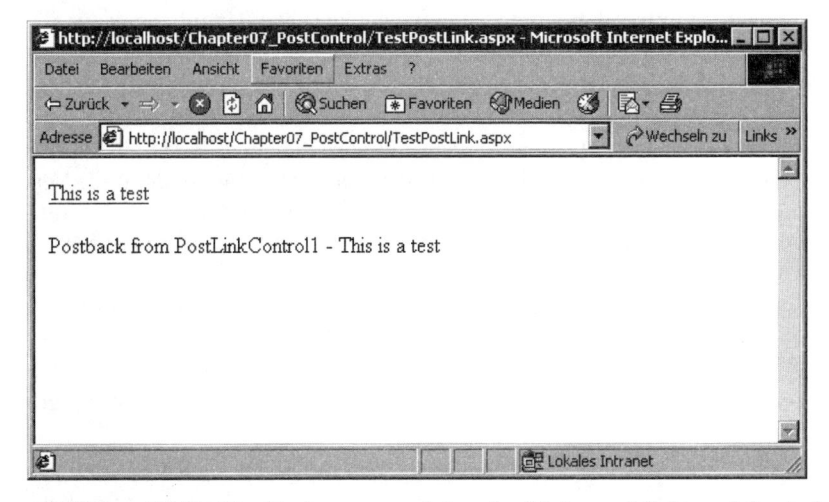

Abbildung 7.3: TestPostBack.aspx, *nachdem der Link angeklickt und das Label durch den Servercode geändert wurde*

Das *PostLink*-Steuerelement wird im Browser folgendermaßen ausgegeben:

```
<a id="PostLinkControl1"
    href="javascript:__doPostBack("PostLinkControl1",
    "This is a test")">
    This is a test
</a>
```

Balance zwischen Server- und Clientfunktionalität

Die Verwendung von *Page.GetPostBackClientEvent* gewährleistet, dass die *__doPostBack*-JavaScript-Funktion an den Browser ausgegeben und lediglich ein einziges Exemplar des Skripts in die HTML-Ergebnisdatei geschrieben wird.

Es gibt noch einige weitere Methoden der *Page*-Klasse, die in Verbindung mit clientseitigem Code Verwendung finden. Der nächste Abschnitt beschreibt mit *RegisterClientScriptBlock* die wichtigste dieser Methoden.

Erstellen eines weiter gehenden clientseitigen Websteuerelements

In den vorangehenden Beispielen dieses Kapitels waren clientseitige Skripts für die Ausführung des Steuerelements nicht von entscheidender Bedeutung. In diesem Abschnitt werden wir ein Steuerelement untersuchen, in dem clientseitiges Skript nicht nur ein unwesentlicher Bestandteil ist, sondern gewissermaßen überhaupt erst die Existenz des Elements ermöglicht.

Ein Problem, mit dem sich Entwickler häufig auseinandersetzen müssen, ergibt sich aus der Notwendigkeit, das Verhalten eines bestehenden Systems zu imitieren. So musste ich neulich beispielsweise ein System für die Registrierung von Patienten erstellen, das immer dann eingesetzt werden sollte, wenn aufgrund geplanter Wartungsarbeiten oder aufgrund eines Systemausfalls nicht auf das Hauptsystem zugegriffen werden kann. Die Benutzer dieses Systems waren bis zu einem bestimmten Grad kompromissbereit, aber in einigen Punkten dafür umso unnachgiebiger. Das Hauptsystem für die Patientenregistierung sah für die Datumseingabe durch die Benutzer die US-Datumsformate *mmddjj* bzw. *mmddjjjj* vor. Nach Verlassen des Datumsfeldes wurde das Datum in das Format *mm/dd/yyyy* umgewandelt, oder es wurde die Meldung angezeigt, dass das eingegebene Datum ungültig sei.

Es ist durchaus möglich, die Formatierung des Datums serverseitig vornehmen zu lassen, indem für jede im Datumsfeld eingegebene Änderung ein Roundtrip zum Server ausgeführt wird, doch die Verarbeitung all dieser Informationen auf Serverseite würde möglicherweise eine umfangreiche Interaktion zwischen dem Client und dem Server nach sich ziehen. Clientseitiges JavaScript kann zur Bewältigung dieser Schwierigkeit eingesetzt werden.

Bei ASP macht der Einsatz von clientseitigem Code einen enormen Koordinierungsaufwand zwischen dem Entwickler der Seite und dem JavaScript-Entwickler erforderlich. Eine bessere Lösung stellt in der Welt von ASP.NET eine Komponente bereit, die die gesamte erforderliche Logik in einem praktischen Paket kapselt. Dies kann dann von der Toolbox auf das Web Form-Entwurfsfenster gezogen werden.

Abbildung 7.4 zeigt das ASP.NET-Steuerelement *ReformatDate*, das ein Datum nach Verlassen des Steuerelements ordnungsgemäß formatiert.

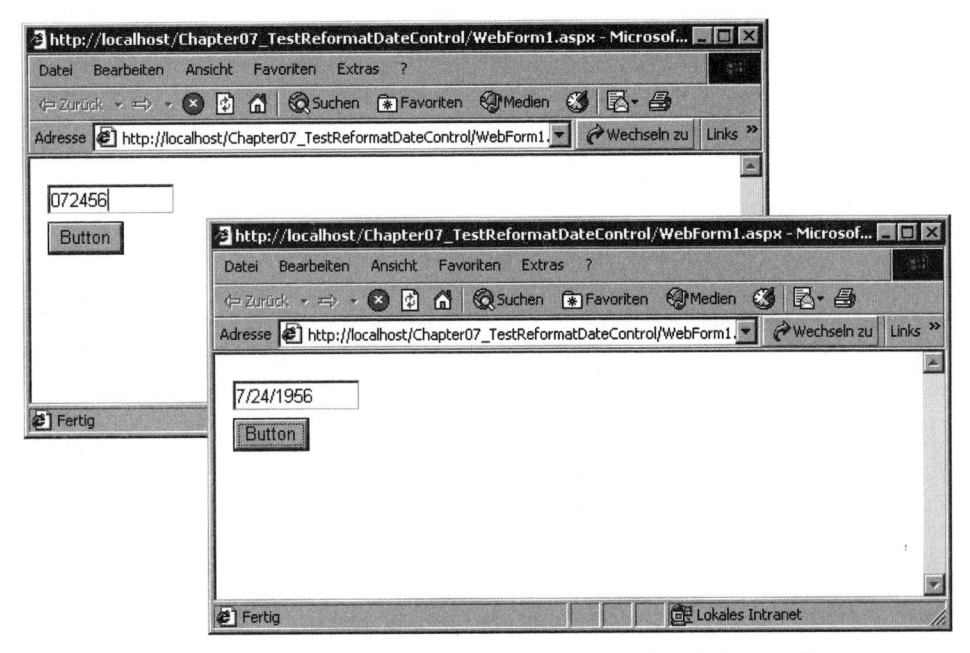

Abbildung 7.4: Das Steuerelement »ReformatDate«, vor und nach dem Verlassen

Listing 7.7 zeigt den Code für das vollständige Steuerelement *ReformatDate*.

```
using System;
using System.Web.UI;
using System.Web.UI.WebControls;
using System.ComponentModel;
using System.Collections.Specialized;

[assembly: TagPrefix("Chapter07_ReformatDate","Chapter07")]
namespace FormatDateControl
{
    /// <summary>
    /// Summary description for WebCustomControl1.
    /// </summary>
    [DefaultProperty("Text"),
    ToolboxData("<{0}:ReformatDate runat=server></{0}:ReformatDate>")]
    public class ReformatDate : System.Web.UI.WebControls.BaseValidator,
        IPostBackDataHandler,IPostBackEventHandler
    {
        private bool bIsValid;

        protected override bool EvaluateIsValid()
        {
            this.ServerFormatDate();
            return bIsValid;
        }

        public ReformatDate()
        {
```

```csharp
        bIsValid=true;
        this.ErrorMessage="*";
    }

    [Bindable(true),
    Category("Appearance"),
    DefaultValue("")]
    override public String Text
    {
        get
        {
            return (String) ViewState["Text"];
        }
        set
        {
            ViewState["Text"] = value;
        }
    }

    protected override void OnLoad(EventArgs e)
    {
        base.OnLoad(e);
        if ( Page.IsPostBack )
        {
            ServerFormatDate();
            IsValid=bIsValid;
        }
        if ( Page.ClientTarget.ToLower()!="downlevel" )
        {
            Page.RegisterClientScriptBlock("FormatDateClientScript",
                "<" + "SCRIPT Language=JavaScript " +
                "SRC=\"FormatDate.js\"></" + "SCRIPT>");
        }
    }

    protected override void OnInit(EventArgs e)
    {

    }

    /// <summary>
    /// Dieses Steuerelement an den festgelegten Ausgabeparameter ausgeben
    /// </summary>
    /// <param name="output"> The HTML writer to write out to </param>
    protected override void Render(HtmlTextWriter output)
    {
        if ( Page.ClientTarget.ToLower()!="downlevel" )
        {
            output.Write("<INPUT TYPE=\"TEXT\" ID=" +
                this.UniqueID + " Name= " +
                this.UniqueID + " Value=\"" +
                Text + "\" OnChange=\"FormatDate('" +
                this.UniqueID + "');\" Size=10 maxlen=10>");
        }
        else
        {
```

```csharp
            output.Write("<INPUT TYPE=\"TEXT\" ID=" +
                this.UniqueID + " Name= " +
                this.UniqueID + " Value=\"" +
                Text + "\" Size=10 maxlen=10>");
        }
//      this.ControlToValidate=this.UniqueID;
        output.Write("<span id=val" + this.UniqueID + ">");
        if ( IsValid==false )
        {
            output.Write("<font color=" + this.ForeColor + ">" +
                this.ErrorMessage + "</font>");
        }
        output.Write("</span>");
    }

    protected void ServerFormatDate()
    {
        string tstr;
        System.DateTime dt;
        bIsValid=false;
        tstr=Text;
        try
        {
            dt=System.DateTime.Parse(tstr);
            Text=dt.ToShortDateString();
            bIsValid=true;
        }
        catch(FormatException fe)
        {
            if ( tstr.Length==6 || tstr.Length==8 )
            {
                int mo,da,yr;
                string dtPart;
                try
                {
                    dtPart=tstr.Substring(0,2);
                    mo=System.Int32.Parse(dtPart);

                    dtPart=tstr.Substring(2,2);
                    da=System.Int32.Parse(dtPart);

                    dtPart=tstr.Substring(4,tstr.Length-4);
                    yr=System.Int32.Parse(dtPart);
                    if ( yr<30 )
                    {
                        yr+=2000;
                    }
                    else
                    {
                        if ( yr<100 )
                        {
                            yr+=1900;
                        }
                    }
                    Text=mo.ToString() +
```

```csharp
                        "/" + da.ToString() +
                        "/" + yr.ToString();
                    bIsValid=true;
                }
                catch (Exception e)
                {
                    bIsValid=false;
                }
            }
        }
    }

    // IPostBackDataHandler-bezogene Elemente
    public event EventHandler TextChanged;

    public virtual bool LoadPostData(string postDataKey,
        NameValueCollection values)
    {
        String presentValue = Text;
        String postedValue = values[postDataKey];
        try
        {
            if (!presentValue.Equals(postedValue))
            {
                Text = postedValue;
                return true;
            }
        }
        catch ( Exception e )
        {
            Text=postedValue;
        }
        return false;
    }

    public virtual void RaisePostDataChangedEvent()
    {
        ServerFormatDate();
        IsValid=bIsValid;
        OnTextChanged(EventArgs.Empty);
    }

    public void RaisePostBackEvent(string EventArgument)
    {
        return;
    }

    protected virtual void OnTextChanged(EventArgs e)
    {
        if (TextChanged != null)
            TextChanged(this,e);
    }
  }
}
```

Listing 7.7: WebCustomControl1.sc, *der Quellcode für das Steuerelement* ReformatDate

Für dieses Beispiel bin ich in Visual Studio .NET nicht auf die Dienste eines Designers angewiesen, da das Steuerelement standardmäßig sinnvoll angezeigt wird, und zwar als Textfeld im Entwurfsfenster, das die *Text*-Eigenschaft widerspiegelt. (In Kapitel 6 erläutere ich, wie die Designerunterstützung zur Anzeige eines benutzerdefinierten Steuerelements im Entwurfsmodus eingesetzt werden kann.)

Der größte Teil der serverseitig auszuführenden Arbeit im *ReformatDate*-Steuerelement wird in der *Render*-Methode erledigt. In *Render* gebe ich einfach den zur Ausgabe eines HTML-Texteingabesteuerelements erforderlichen HTML-Code aus. Ich setze mithilfe von *this.UniqueID* die *ID* für das Textsteuerelement. (In Visual Basic .NET wäre dies *Me.UniqueID*.) Ich lege außerdem die Attribute *Size*, *Maxlen*, und *Value* im HTML-Eingabesteuerelement fest. Darüber hinaus setze ich das *OnChange*-Ereignis auf die JavaScript-Funktion *FormatDate*, und übergebe die *ID* des Steuerelements als einzigen Parameter an die Funktion. Der *OnChange*-Ereignishandler wird immer dann aufgerufen, wenn das Steuerelement verlassen wurde und der Wert von dem Wert abweicht, der vorlag, bevor der Cursor in das Steuerelement gesetzt wurde.

ACHTUNG: Ein Aspekt, der mich bei der Erstellung des *ReformatDate*-Steuerelements unglaublich verwirrt hat, war die Frage der Ausgabe. Ich habe mich so daran gewöhnt, die *ID* der ASP.NET Serversteuerelemente zu setzen, dass ich das *Name*-Attribut ganz vergessen hatte. Damit die Daten ordnungsgemäß gesendet werden können, *müssen* für ein ausgegebenes Steuerelement sowohl das Attribut *ID* als auch das Attribut *Name* gesetzt werden. In diesem Beispiel (und dies gilt gleichermaßen für so ziemlich jeden anderen Fall, den ich mir vorstellen kann) verwende ich für *ID* und *Name* denselben Wert, nämlich die *UniqueID* des Steuerelements.

TIPP: Ein Umstand, der für Verwirrung sorgen könnte, ist der Unterschied zwischen serverseitigen und clientseitigen Ereignissen. Im *ReformatDate*-Steuerelement ist das *OnChange*-Ereignis eindeutig als clientseitig ausgelöstes Ereignis zu identifizieren, in einigen anderen Fällen kann die Unterscheidung jedoch weniger eindeutig sein. Sollten Sie sich nicht sicher sein, ob Sie die Festlegung der clientseitigen Ereignisse aus einem serverseitigen Steuerelement ordnungsgemäß ausgeführt haben, können Sie sich das Steuerelement immer in einem Webbrowser anzeigen lassen und den Quellcode einsehen. Diese Vorgehensweise ist ausgesprochen wirkungsvoll bei der Behebung von Problemen hinsichtlich der Ausgabe eines Steuerelements.

Bei der *OnLoad* serverseitigen Methode von *ReformatDate* rufe ich als Erstes die frühere Version der *OnLoad*-Methode auf, indem ich *base.OnLoad* aufrufe. Wie Sie sicherlich noch wissen, wäre dies in Visual Basic .NET *MyBase.OnLoad*. Da diese Klasse von *BaseValidator* abgeleitet wurde, muss die übergeordnete *OnLoad*-Klasse aufgerufen werden, um der Komponente die Ausgabe des für jedes Validierungssteuerelement benötigten JavaScript zu ermöglichen.

ACHTUNG: Es ist nicht immer die beste Lösung, *BaseValidator* als Ableitungsklasse für *ReformatDrive* zu verwenden. Eventuell empfiehlt sich stattdessen die Erstellung eines Steuerelements, das über zwei serverseitige Steuerelemente verfügt; nämlich ein *TextBox*-Steuerelement und ein *CustomValidator*-Steuerelement. Diese Möglichkeit wäre zwar sinnvoll, letztendlich aber nicht ganz so praktisch wie die Lösung, die die Ableitung von *BaseValidator* vorsieht (insbesondere angesichts dessen, was das Beispiel des *ReformatDate*-Steuerelements demonstrieren soll – nämlich in ein Steuerelement integrierten clientseitigen Code). Die *BaseValidator*-Klasse gestattet dem *ReformatDate*-Steuerelement eine Beteiligung an der Entscheidung, ob die Seite gültig ist oder nicht.

Als Nächstes rufe ich *Page.RegisterClientScriptBlock* auf, um das Clientskript an den Browser zu senden. Sie fragen sich jetzt vielleicht, warum ich das Skript nicht einfach direkt versende. Es muss sichergestellt werden, dass bei mehreren *ReformatDate*-Steuerelementen auf einer Seite lediglich ein Exemplar des Skripts geschrieben wird. *Page.RegisterClientScriptBlock* erwartet zwei Parameter: einen Schlüssel, der zur eindeutigen Identifizierung des Skriptblocks dient und das eigentliche Skript. Beachten Sie, dass ich zum Einfügen einer Datei das *Src*-Attribut des *<SCRIPT>*-Tags verwende, und nicht versuche, das gesamte Skript in eine Zeichenfolge einzubetten. Diese Technik ermöglicht es, Skripts zu zentralisieren und darüber hinaus das clientseitige Skript zu korrigieren, ohne das verwendete Steuerelement neu kompilieren zu müssen.

In Listing 7.8 sehen Sie die JavaScript-Datei *FormatDate.js*.

```
// JScript-Quellcode

function isLeapYear(year)
{
    var bIsLeapYear;

    bIsLeapYear=false;
    if ( year%4 )
    {
        bIsLeapYear=true;
        if ( (year%100) && !(year%400) )
        {
            bIsLeapYear=false;
        }

    }
    return(bIsLeapYear);
}
function FormatDate(ControlName)
{
    var ctrl;
    var text;
    var dt;
    var slash1;
    var slash2;
    var loop;
    var mo;
    var da;
    var yr;
    var bIsDate;
    var arrMonthLen=new Array(-1,31,28,31,30,31,30,31,31,30,31,30,31);

    bIsDate=false;

    slash1=-1;
    slash2=-1;
    ctrl=window.event.srcElement;
    text=ctrl.value;
    dt=Date(text);
    slash1=text.indexOf("/");
    if ( slash1>=0 )
    {
        slash2=text.indexOf("/",slash1+1);
    }
    if ( slash2<0 )
    {
        if ( text.length==6 || text.length==8 )
        {
            tstr=text.substring(0,2);
            mo=parseInt(tstr,10);
```

```
            tstr=text.substring(2,4);
            da=parseInt(tstr,10);

            tstr=text.substring(4,text.length);
            yr=parseInt(tstr,10);
            if ( yr<30 )
            {
                yr+=2000;
            }
            else
            {
                yr+=1900;
            }

            if ( isNaN(yr) || isNaN(mo) || isNaN(da) ||
                 mo<1 || mo>12 || da<1 || da>31 )
            {
                // kein Datum...
            }
            else
            {
                if ( mo==2 && isLeapYear(yr) )
                {
                    arrMonthLen[2]=29;
                }
                if ( da<=arrMonthLen[mo] )
                {
                    text=mo.toString() + "/" +
                      da.toString() + "/" + yr.toString();
                    window.event.srcElement.value=text;
                    bIsDate=true;
                }
            }
        }
    }
    else
    {
        bIsDate=true;
    }

    if ( bIsDate==false )
    {
        alert("Invalid Date");
    }
    return (bIsDate);
}
```

Listing 7.8: FormatDate.js, *das vom* ReformatDate-*Steuerelement eingesetzte JavaScript*

Zweck der in Listing 7.8 angeführten JavaScript-Funktion *FormatDate* ist eine oberflächliche Überprüfung auf Gültigkeit des Datums, wobei unerheblich ist, ob das Datum unter Verwendung von Schrägstrichen eingegeben wurde. Zugriff auf den Inhalt des Steuerelements ermöglicht mir der Einsatz von *window.event.srcElement*, das deshalb zur Verfügung steht, weil diese Funktion als Ereignishandler aufgerufen wird.

Sind in dem eingegebenen Wert keine zwei Schrägstriche enthalten, versuche ich, die Eingabe als Datum ohne Schrägstriche zu interpretieren. Setzt sich die Zeichenfolge aus sechs oder acht Zeichen zusammen, teile ich sie in Monat, Tag und Jahr auf. Einen numerischen Wert (der die später vorzunehmende Formatierung erleichtert) erhalte ich unter Einsatz der JavaScript-Funktion *parseInt*. Interessanterweise interpretiert diese Funktion Zeichenfolgen mit führenden Nullen standardmäßig als Oktalzahlen. Folglich würde *parseInt('09')* nicht als Zahl betrachtet werden, da im oktalen Zahlensystem keine 9 vorgesehen ist. Glücklicherweise gibt es einen zweiten Parameter, der die Zahlenbasis akzeptiert. Der Aufruf der Zeichenfolge *parseInt('09',10)* gibt einen zulässigen Wert zurück. Wenn ich zu dem Schluss gelangt bin, dass die ohne Schrägstriche eingegebene Zeichenfolge ein Datum sein könnte, formatiere ich die Zeichenfolge mit Schrägstrichen erneut und aktualisiere die *value*-Eigenschaft von *window.event.srcElement*. Ist das Datum hingegen ungültig, zeige ich auf dem Clientrechner mithilfe der *alert*-Funktion ein Meldungsfeld an. Diese ganzen Aktivitäten erfolgen ohne jegliche Eingriffe seitens des Clients.

HINWEIS: Wie wichtig ist es, JavaScript-Dateien bearbeiten zu können? In Betaversion 2 von ASP.NET lag in den JavaScript-Dateien ein Bug vor. Glücklicherweise war der Code in den Steuerelementen nicht fest verankert, und so konnte Microsoft Anweisungen bereitstellen, die den Entwicklern eine selbstständige Behebung des Problems gestatteten. Im vorliegenden Beispiel könnte die Datumsformatierung unabhängig vom Steuerelement geändert werden, um so etwa eine Datumseingabe mit dem Format *ttmmjj* zu gestatten.

Kehren wir noch einmal zu Listing 7.7 zurück. Aufgrund der Tatsache, dass *ReformatDate* von *BaseValidator* abgeleitet wurde, muss das *ReformatDate*-Steuerelement nur die Funktion *EvauluateIsValid* implementieren. Meine Implementierung fällt sehr knapp aus:

```
protected override bool EvaluateIsValid()
{
    this.ServerFormatDate();
    return bIsValid;
}
```

Die Methode *EvaluateIsValid* gibt für ein gültiges Formular den Wert *true*, für ein ungültiges den Wert *false* zurück. *ServerFormatDate*, eine Methode von *ReformatDate*, führt so ziemlich dieselben Überprüfungen wie die JavaScript-Funktion *FormatDate* aus. Ist der Browser in der Lage, JavaScript zu verwenden, gelangen im Allgemeinen keine ungültigen Datumsangaben zum Server, diese Funktion wird also als eine Art zweite Abwehrinstanz verwendet.

ACHTUNG: Neben dem Einsatz als letzte Validierungsinstanz bei fehlender JavaScript-Unterstützung durch den Browser kann *ServerFormatDate* auch eine beabsichtigte Eingabe von ungültigen Daten durch den Benutzer verhindern. Bedenken Sie, dass Sie nie *genau* steuern können, auf welchem Weg die Daten Ihren Server erreichen. Jegliche von einem Client an Sie gesandten Daten sollten solange als nicht vertrauenswürdig behandelt werden, bis der Gegenbeweis erbracht wurde!

Das *ReformatDate*-Steuerelement implementiert darüber hinaus die zwei Schnittstellen *IPostBackDataHandler* und *IPostBackEventHandler*. Soll ein Steuerelement bei der Rücksendung von Daten durch den Client benachrichtigt werden, müssen Sie *IPostBackEventHandler* implementieren. Auf dieser Schnittstelle müssen zwei Methoden implementiert werden, und zwar *LoadPostData* und *RaisePostDataChangedEvent*. Die Implementierung dieser Methoden sieht so aus:

```
public virtual bool LoadPostData(string postDataKey,
    NameValueCollection values)
{
```

```
    String presentValue = Text;
    String postedValue = values[postDataKey];
    try
    {
        if (!presentValue.Equals(postedValue))
        {
            Text = postedValue;
            return true;
        }
    }
    catch ( Exception e )
    {
        Text=postedValue;
    }
    return false;
}

public virtual void RaisePostDataChangedEvent()
{
    ServerFormatDate();
    IsValid=bIsValid;
    OnTextChanged(EventArgs.Empty);
}
```

LoadPostData wird in einem *postDataKey*-Parameter als Zeichenfolge übergeben. *PostDataKey* dient als Schlüssel für den zweiten Parameter – in diesem Beispiel benannte Werte –, ein *NameValueCollection*-Objekt. Mithilfe von *postDataKey* können Sie den Wert für das aktuelle Steuerelement ermitteln und auf diesen zugreifen. In diesem Beispiel setze ich die Texteigenschaft auf die von *NameValueCollection* abgerufene Zeichenfolge, sofern der Wert vom aktuellen Wert abweicht. Das *RaisePostDataChanged*-Ereignis wird in diesem Beispiel zum Aufruf von *ServerFormatDate* verwendet. *ServerFormatDate* setzt die Klassenvariable *bIsValid*. Auf diese Weise kann das Steuerelement angeben, dass ein Wert nicht gültig ist, wenn das zurückgegebene Feld nicht als Datum interpretiert werden kann.

IpostBackEventHandler verfügt über eine einzige zu implementierende Methode, nämlich *RaisePostBackEvent*. Dieses Ereignis kann im Falle eines Postbacks ein Ereignis auslösen.

Die *OnTextChanged*-Methode ruft den Ereignishandler *TextChanged* auf, sofern *TextChanged* nicht auf *null* gesetzt ist. *TextChanged* ist ein Ereignishandler, den ich in dieser Klasse deklariert habe. Ein Clientprogramm könnte mithilfe dieses Ereignisses bei Änderung des Textes eine Aktion ausführen. Oftmals ermöglicht das Deklarieren von Ereignishandlern und deren Aufruf dem Consumer des Steuerelements eine Anpassung des Steuerelementverhaltens.

Fazit

Eine Entscheidung darüber, wie eine Anwendung zu partitionieren ist, fällt niemals leicht, und daran ändert auch das Web nichts. Auf Serverseite wird die Frage der Sprachauswahl durch ASP.NET überflüssig. Sie können Visual Basic .NET, C# oder jede beliebige andere vom .NET Framework unterstützte Drittanbietersprache einsetzen. Natürlich müssen Sie gewisse Sprachunterschiede berücksichtigen, doch in der Regel können Sie in Ihrer bevorzugten Sprache arbeiten.

Auf der Clientseite stehen Ihnen nicht ganz so viele Möglichkeiten offen. Beim Client ist die einzig verfügbare Sprache mit browserübergreifender Kompatibilität JavaScript. An JavaScript gibt es nichts auszusetzen, dennoch ist dies der einzige Bereich, in dem Sie keine wirkliche Entscheidungsfreiheit genießen. Wenn Sie nun noch bedenken, dass Sie keinerlei Einfluss auf den Status der clientseitigen JavaScript-Ausführungsumgebung haben, dürfte klar werden, dass die Verarbeitung großer Datenmengen auf Clientseite keine besonders gute Idee ist.

Und dennoch haben auch clientseitige Skripts ihre Daseinsberechtigung. Insbesondere in einer stark frequentierten Internetsite kann die Durchführung einer Erstvalidierung und einiger anderer weniger umfangreicher Verarbeitungsaufgaben auf Clientseite das Benutzererlebnis steigern und gleichzeitig die Serverlast verringern. Dies kann durchaus von Vorteil sein.

Die meisten attraktiven Internet- und Intranetanwendungen basieren auf dynamischen Inhalten, die aus verschiedenen Datenbanken abgerufen werden. In Kapitel 8 werden die Informationen bereitgestellt, die zur Erstellung solcher Anwendungen erforderlich sind. Innerhalb einer ASP.NET-Anwendung erfolgt der Datenabruf über ADO.NET. Lassen Sie sich nicht von der Namensgebung verunsichern: ADO.NET hat weniger mit ADO (ActiveX Data Objects) gemein, als der Name vermuten lässt. Die Neuerungen von ADO.NET zu kennen und für sich zu nutzen, kann entscheidend dafür sein, ob Sie (nur) eine gut strukturierte Anwendung schreiben oder eine Anwendung entwickeln, die auch im Hinblick auf Leistung und Skalierbarkeit überzeugt.

8 Zeit für den Datenabruf

- 207 XML als die universelle Datensprache
- 210 Einsatz der IEnumerator-Schnittstelle
- 214 Einführung in ADO.NET
- 238 Fazit

Eine der wichtigsten Aufgaben jeder Webanwendung besteht darin, Daten abzurufen und anzuzeigen. Die Fähigkeit zur Erstellung datengesteuerter, dynamischer Inhalte war das Erfolgsgeheimis der Active Server Pages (ASP). ASP.NET setzt diese Tradition des problemlosen Datenzugriffs fort. Neben dem einfachen Datenzugriff bietet ASP.NET jedoch auch eine integrierte XML-Unterstützung. XML ist die Datensprache des Internets, daher ist es nicht verwunderlich, dass ASP.NET über das .NET Framework umfassende Unterstützung für XML bietet.

Ein wenig überraschend ist jedoch die Tatsache, dass der Datenbankzugriff im .NET Framework sich *erheblich* von dem Datenbankzugriff unterscheidet, den ASP- und Microsoft Visual Basic 6.0-Programmierer gewohnt sind. Die .NET-Technologie für den Datenbankzugriff heißt ADO.NET. Die an ActiveX Data Objects (ADO) gewöhnten ASP-Programmierer sollten jetzt jedoch nicht davon ausgehen, dass ADO.NET lediglich eine aktualisierte Version des bekannten und geschätzten klassischen ADO-Modells ist. Bei ADO.NET handelt es sich nicht nur um eine Versionsaktualisierung, sondern um eine völlig neue Form des Datenzugriffs.

In diesem Kapitel werde ich eine Einführung in XML bieten und dessen Einsatz erläutern. Darüber hinaus werde ich auf einige Unterschiede zwischen ADO und ADO.NET eingehen und aufzeigen, wie Sie ADO.NET in Ihren ASP.NET-Anwendungen verwenden können.

XML als die universelle Datensprache

In Kapitel 4 wurde im Rahmen der ASP.NET-Konfigurationsdateien *Web.config* und *Machine.config* kurz auf XML eingegegangen. Zusammenfassend gesagt ist XML eine in Klartext vorliegende Datenbeschreibungssprache, die viele Parallelen zu HTML aufweist, einer ebenfalls in Klartext vorliegenden Beschreibungssprache zur Datendarstellung.

Es gibt viele Faktoren, die für XML als universelle Datensprache sprechen. Denken Sie beispielsweise an die Erfordernisse bei der Partitionierung einer Anwendung. Wenn Sie Daten zwischen zwei Anwendungsschichten übermitteln müssen, richtet sich die gewählte Transportmethode danach, ob sich die Schichten auf demselben oder auf unterschiedlichen Computern befinden. Liegen die Schichten darüber hinaus auf zwei Computern mit unterschiedlichen Betriebssystemen vor, sind die Auswahlmöglichkeiten noch begrenzter.

Bei Einsatz von XML für den Datentransport werden viele dieser Probleme beseitigt. Angenommen, Sie müssen Kundeninformationen von einem Computer an einen anderen übermitteln. Hierzu benötigen Sie ein Datenformat, das beide Computer unterstützen. Nachfolgend sehen Sie zwei mögliche Lösungen – Pufferdaten mit fester Länge und Pufferdaten mit Trennzeichen:

```
REILLY      DOUGLAS      1422345819560724DOUG@PROGRAMMINGASP.NET
REILLY,DOUGLAS,14223458,19560724,DOUG@PROGRAMMINGASP.NET
```

Ein zufälliger Beobachter könnte anhand der ersten Datendarstellung verschiedene Schlüsse ziehen. In diesem Beispiel ist leicht erkennbar, dass »Douglas Reilly« ein Name und der letzte Teil des Eintrags sehr wahrscheinlich eine E-Mail-Adresse ist. Im Beispiel mit den Trennzeichen sind Name und E-Mail-Adresse weiterhin erkennbar, zusätzlich könnte aufgrund der getrennten Zeichenfolgen erkennbar werden, dass eines der Felder einen Datumswert beinhaltet. Natürlich ist nicht klar, wofür diese Daten stehen, aber da es sich offensichtlich um einen Kundeneintrag handelt und das Datum 45 Jahre zurückliegt, könnte vielleicht ein Geburtsdatum gemeint sein.

Sehen wir uns ein weiteres Beispiel mit Trennzeichen an, bei dem die Identifizierung der Daten schwerer fällt:

```
LEE,FRANK,22321234,19920403,YELLOWFISH@PROGRAMMINGASP.NET
```

Heißt die Person Frank Lee oder Lee Frank? Beides wäre plausibel. Und handelt es sich bei dem Datum um einen sehr jungen Kunden (19920403) oder um das Datum des erstes Einkaufs eines älteren Stammkunden? Beide Fragen können nicht beantwortet werden.

Aktuelle Lösungen zur Datenformatierung im Vergleich zu XML

Es wurden Dutzende beachtenswerter Versuche durch einzelne Firmen und industrielle Vereinigungen zur Schaffung einer Standardsprache für den Datentransport unternommen. Hierzu zählt beispielsweise auch Health Level 7 (HL7). HL7 ist ein Format zur Handhabung von Patiententransaktionen und wird häufig als gemeinsames Format in Punkt-zu-Punkt-TCP/IP-Übertragungen eingesetzt. Nachfolgend ein einfaches Beispiel einer HL7-Transaktion für die Aufnahme eines Patienten:

```
MSH|^~\&|ADT1|MMC|DTS|MMC|20010828131127||ADT^A01|P|2.3|<cr>
EVN|A01|20010828131127|||<cr>
PID|||0000984249||JONES^BEVERLY^L^||19560214|M||W|
    100 PROSPECT ST^^LAKEWOOD^NJ^08701|OCEA||||M||0400233919||||9
    <cr>
NK1|1|JONES^AMY^|B||||||<cr>
PV1|1|I|B5^551^A||||001218^TEST^DOCTOR^^^MD|||MED||NOF||||<cr>
```

Es ist nicht erforderlich, alle Details dieser Transaktion zu verstehen. Kurz gesagt, ist die erste Zeile ein Meldungsheader (Message Header, *MSH*). In der ersten Zeile wird außerdem das Trennzeichen für die verschiedenen Meldungsebenen festgelegt. Bei der nächsten Zeile handelt es sich um eine Ereignissubmeldung (Event Submessage, *EVN*). Sowohl in der *MSH*- als auch in der *EVN*-Zeile wird gekennzeichnet, dass es sich um die stationäre Patientenaufnahme handelt (ausgewiesen durch den *A01*-Code in beiden Zeilen). Die dritte Zeile enthält Daten zur Patientenidentifikation (Patient Identifying Information, *PID*). (Im obigen Beispiel werden die *PID*-Daten aus Gründen der Übersichtlichkeit umbrochen dargestellt, eigentlich befinden sich diese Informationen jedoch auf einer einzigen Zeile mit abschließendem Wagenrücklaufzeichen.) Diese Zeile enthält den Text *|JONES^BEVERLY^L^|*. Der vertikale Strich (|) wird als äußeres Trennzeichen verwendet, das Zirkumflexzeichen (^) wird innerhalb der einzelnen Segmente zur Abtrennung der nächsten Ebene eingesetzt. Da wir bereits wissen, dass es sich innerhalb der Aufnahmemeldung um die Zeile mit den Patienteninformationen handelt, können wir annehmen, dass dies der Name der Patientin ist. Die vierte Zeile deklariert *Amy* als nächste Verwandte (Next of Kin, *NK1*). In der letzten Codezeile sind Informationen zu Patientenbesuchen enthalten (Patient Visit Information, *PV1*). Jedes einzelne Segment dieser vielen Zeilen ist umfassend dokumentiert, und der HL7-Standard wird in den USA von vielen Krankenhäusern für den Informationsaustausch eingesetzt.

Im Vergleich zum HL7-Beispiel sehen Sie nachfolgend eine mögliche XML-Lösung (lediglich für die Informationen zu den Patientenbesuchen):

```
<patientVisit>
<admissionType>I</admissionType>
<patientLocation>
<unit>B5</unit>
<room>551</room>
<bed>A</bed>
</patientLocation>
<doctor>
<doctorID>001218</doctorID>
<lastName>TEST</lastName>
<firstName>DOCTOR</firstName>
<mi></mi>
</doctor>
<service>MED</service>
<ambulatoryStatus>NOF</ambulatoryStatus>
</patientVisit>
```

Im HL7-Beispiel ist der Zweck der Daten relativ leicht erkennbar, die XML-Darstellung der gleichen Informationen macht die Datenbedeutung jedoch eindeutig. XML ist selbstbeschreibend, und obwohl es Sie ein wenig Zeit kosten könnte, die Daten programmgesteuert auszulesen, werden Sie bei einer solchen Datei auch in 20 Jahren noch genau sagen können, welche Daten sich wo befinden.

Ist XML die perfekte Lösung?

Natürlich gibt es auch hier nichts umsonst. Die Annehmlichkeiten von XML gehen mit einer höheren Verarbeitungslast einher. Die Ausgabe des Beispiels der Patienteninformationen erfordert bei der HL7 etwa 64 Bytes (bei einer Annahme von 1 Byte pro Zeichen). Die XML-Alternative erfordert ca. 308 Bytes. In einer wirklichen Anwendung ist der Größenunterschied jedoch nicht so gravierend und verursacht – obwohl nicht unerheblich – aus verschiedenen Gründen wahrscheinlich keine Probleme. Der erste Grund ist die erhöhte Bandbreite, die den meisten Benutzern heutzutage zur Verfügung steht. Der Unterschied bei der Übermittlung von 64 Bytes gegenüber 308 Bytes ist im Hinblick auf das Benutzererlebnis unerheblich. Des Weiteren können XML-Daten sehr gut komprimiert werden. In Anbetracht der heute verfügbaren Technologien stellt die Komprimierung der XML-Daten für den Transport bei niedriger Bandbreite oder aus Speichergründen eine sinnvolle Option dar.

In Kapitel 10 werden Sie sehen, dass XML ebenfalls Grundlage der XML-Webdienste ist. Der Einsatz von XML zur Informationsbereitstellung ermöglicht es, dass XML-fähige Anwendungen jeglicher Sprache und beliebiger Plattform mit anderen XML-fähigen Anwendungen interagieren können, die in anderen Sprachen geschrieben oder auf anderen Plattformen ausgeführt werden. Die Tatsache, dass XML bei der .NET-Datenverarbeitung und insbesondere bei den XML-Webdiensten eine große

Zeit für den Datenabruf

Rolle spielt, lässt auf eine umfassende XML-Unterstützung durch das .NET Framework schließen – und diese Vermutung ist richtig.

Einsatz der IEnumerator-Schnittstelle

Das Verständnis der .NET Framework-Unterstützung für die Verarbeitung verschiedener Datentypen setzt Kenntnisse zu einigen Implementierungsdetails voraus. Wie Sie sehen werden, können Sie mit dem .NET Framework anhand einer Vielzahl von Objekten auf Daten zugreifen. Diese unterschiedlichen Zugriffsmethoden – ob es sich bei den zugrunde liegenden Daten nun um ein Array, eine SQL Server-Datenbank oder ein XML-Dokument handelt – haben eines gemeinsam: Sie finden allesamt über die *IEnumerator*-Schnittstelle statt.

Wie Sie wissen, handelt es sich bei Schnittstellen um verschiedene Verhaltensweisen, die von einer Klasse unterstützt werden. Obwohl .NET keine Mehrfachvererbung unterstützt, *kann* eine Klasse mehrere Schnittstellen implementieren. *IEnumerator* ist eine einfache Schnittstelle mit einer Eigenschaft und zwei Methoden, siehe hierzu Tabelle 8.1.

Schnittstellenmember	Beschreibung
Current-Eigenschaft	Ruft das aktuelle Element der Auflistung ab.
MoveNext-Methode	Erhöht den Enumerator auf das nächste Element der Auflistung.
Reset-Methode	Setzt den Enumerator auf seine anfängliche Position, logisch gesehen vor das erste Element der Auflistung.

Tabelle 8.1: IEnumerator-*Schnittstellenmember*

Durch die Implementierung dieser relativ einfachen Schnittstelle kann ein Objekt sich selbst befähigen, an ein Objekt gebunden zu werden, welches ein *IEnumerator*-Objekt erwartet. In der Visual Basic 6.0-Welt könnten Sie ein Kombinations- oder Listenfeld an ein Recordset einer Datenbank binden. In der .NET-Welt können Sie beliebige Elemente an ein Kombinations- oder Listenfeld binden, angefangen von Arrays bis hin zu einem XML-Stream.

Zum Offenlegen eines Enumerators und zur Unterstützung des *For Each*-Konstrukts muss die *IEnumerable*-Schnittstelle implementiert werden. *IEnumerable* weist eine einzige Methode auf, die in Tabelle 8.2 gezeigt wird.

Schnittstellenmember	Beschreibung
GetEnumerable-Methode	Gibt eine Instanz der *IEnumerator*-Schnittstelle zurück.

Tabelle 8.2: IEnumerable-*Schnittstellenmember*

Listing 8.1 zeigt die CodeBehind-Datei einer einfachen Seite. Neben der üblichen, von der Seite abgeleiteten Klasse findet sich hier eine weitere Klasse namens *MyEnumerator*. Diese Klasse implementiert sowohl die *IEnumerator*- als auch die *IEnumerable*-Schnittstelle.

```
Using System;
using System.Collections;
using System.ComponentModel;
using System.Data;
using System.Drawing;
```

```csharp
using System.Web;
using System.Web.SessionState;
using System.Web.UI;
using System.Web.UI.WebControls;
using System.Web.UI.HtmlControls;

namespace Chapter08_IEnumerator
{
    public class MyEnumerator : IEnumerator,IEnumerable
    {
        private int what;
        private int whatMax;
        public MyEnumerator()
        {
            what=0;
            whatMax=10;
        }
        // IEnumerator-Methode...
        public IEnumerator GetEnumerator()
        {
            return this;
        }
        // IEnumerator-Eigenschaften und -Methoden
        public object Current
        {
            get
            {
                return what.ToString();
            }
        }
        public bool MoveNext()
        {
            if ( what<whatMax)
            {
                what++;
                return true;
            }
            else
            {
                return false;
            }
        }
        public void Reset()
        {
            what=0;
        }
    }
    /// <summary>
    /// Zusammenfassungsbeschreibung für WebForm1.
    /// </summary>
    public class WebForm1 : System.Web.UI.Page
    {
        protected System.Web.UI.WebControls.ListBox ListBox1;

        public WebForm1()
        {
```

```
            Page.Init += new System.EventHandler(Page_Init);
        }


        private void Page_Load(object sender, System.EventArgs e)
        {
            // Datenquelle auf eine neue Instanz
            // von MyEnumerator setzen
            ListBox1.DataSource=new MyEnumerator();
            ListBox1.DataBind();
        }

        private void Page_Init(object sender, EventArgs e)
        {
            //
            // CODEGEN: Dieser Aufruf ist für den
            // ASP.NET Web Form-Designer erforderlich.
            //
            InitializeComponent();
        }

        #region Vom Web Form Designer generierter Code
        /// <summary>
        /// Erforderliche Methode für die Designer-Unterstützung - Der Inhalt
        /// der Methode darf nicht mit dem Code-Editor geändert werden.
        /// </summary>
        private void InitializeComponent()
        {
            this.Load += new System.EventHandler(this.Page_Load);
        }
        #endregion
    }
}
```

Listing 8.1: *Die CodeBehind-Datei einer Seite, die den Einsatz der* IEnumerator-*Schnittstelle veranschaulicht*

Die *MyEnumerator*-Klasse in Listing 8.1 ist ein einfacher Enumerator, der die Zeichenfolgen mit Werten zwischen *1* und *10* bereitstellt. Das Verhalten der Klasse wird über zwei Variablen gesteuert. Die Variable *what* steuert den aktuellen Wert, die Variable *whatMax* legt den Maximalwert fest.

Die *Current*-Eigenschaft (Teil der *IEnumerator*-Schnittstelle) macht sich die Tatsache zu Nutze, dass für alle Typen ein Boxing durchgeführt werden kann, und ruft für *what* die *ToString*-Methode auf. Die *MoveNext*-Methode der *IEnumerator*-Schnittstelle erhöht den Wert von *what*, sofern dieser größer oder gleich *whatMax* ist. Vorausgesetzt, es ist ein Folgewert vorhanden, gibt *MoveNext* einen Wert vom Typ *bool* zurück. Das abschließende Element der *IEnumerator*-Schnittstelle ist die *Reset*-Methode. In diesem Beispiel setzt *Reset* den Wert von *what* auf *0*. Die Implementierung von *IEnumerable* ist einfach. Die *GetEnumerator*-Methode gibt *this* zurück (in Visual Basic .NET, würde dieser Wert *Me* lauten), da *IEnumerable* und *IEnumerator* dasselbe Objekt implementieren.

Die CodeBehind-Klasse der Seite selbst ähnelt denen früherer Beispiele; der Unterschied liegt hier in der *Page_Load*-Methode. Die Seite verfügt über ein Listenfeld namens *ListBox1*. Beim Laden der Seite führe ich die folgenden zwei Methodenaufrufe aus:

```
private void Page_Load(object sender, System.EventArgs e)
{
    // Datenquelle auf eine neue Instanz
    // von MyEnumerator setzen
    ListBox1.DataSource=new MyEnumerator();
    ListBox1.DataBind();
)
```

Zunächst setze ich die *DataSource*-Eigenschaft auf eine neue Instanz von *MyEnumerator*. Dies funktioniert, da *MyEnumerator IEnumerable* implementiert. Es ist auch möglich, ein Objekt zu übergeben, das *ICollection* implementiert. Durch den Aufruf von *DataBind* wird das Listenfeldsteuerelement mit den Werten der Datenquelle aufgefüllt.

Abbildung 8.1 zeigt die Seite mit den datengebundenen Werten im Listenfeld.

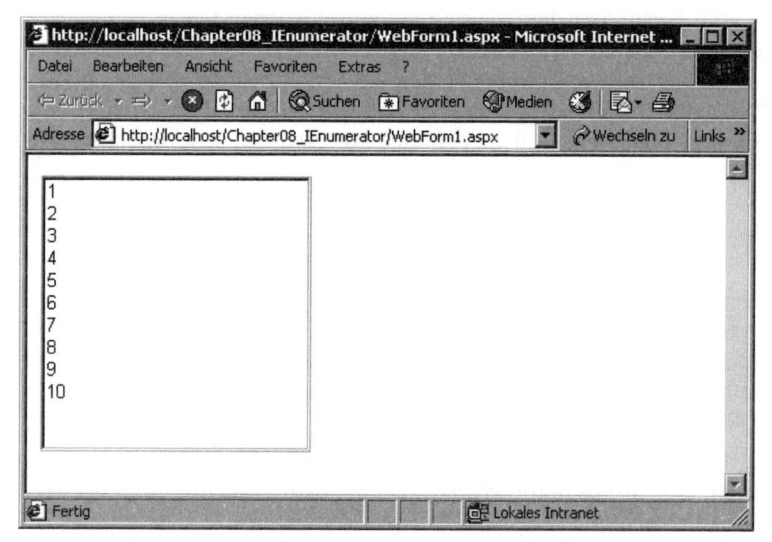

Abbildung 8.1: Ein aufgefülltes Listenfeld mit der MyEnumerator-Klasse als Datenquelle

Dies ist lediglich ein einfaches Anwendungsbeispiel für die leistungsfähigen Schnittstellen *IEnumerator* und *IEnumerable*. In der Realität könnte eine solche einfache Anforderung auch durch eine Schleife zum Hinzufügen von Listenfeldelementen erfüllt werden. Sie könnten auch ein Array auffüllen und dieses folgendermaßen an das Array innerhalb der *Page_Load*-Methode binden:

```
private void Page_Load(object sender, System.EventArgs e)
{
    System.Collections.ArrayList al;
    al=new System.Collections.ArrayList();
    al.Add("One");
    al.Add("Two");
    al.Add("Three");
    ListBox1.DataSource=al;
    ListBox1.DataBind();
}
```

Zeit für den Datenabruf

Es gibt jedoch bestimmt Szenarios, in denen Sie nicht lediglich eine Bindung an ein Array oder eine herkömmliche Datenbank vornehmen möchten. Dank dieser Schnittstellen werden Ihnen in Bezug auf die verwendeten Datenquellen ab sofort keinerlei Grenzen mehr gesetzt.

Einführung in ADO.NET

Ein ASP-Programmierer kann ohne große Umstellung von ASP auf ASP.NET wechseln. Sie können beispielsweise die CodeBehind-Dateien einfach ignorieren und Ihre alten ASP-Gewohnheiten beibehalten, wenn Sie möchten. So geben Sie zwar viele Vorteile von ASP.NET auf, können aber ohne große Schwierigkeiten auf diese neue Technologie umsteigen. Voraussetzung ist allerdings, dass Sie sich ein wenig in die Visual Basic .NET-Änderungen einarbeiten.

Die Verlagerung von ADO auf ADO.NET unterscheidet sich von der Umstellung von ASP auf ASP.NET. Der Einsatz von ADO.NET erfordert, dass Sie sich mit verschiedenen neuen Namespaces vertraut machen. Darüber hinaus gibt es einige wenige Dinge (*sehr wenige* Dinge), die in ADO möglich waren, von ADO.NET jedoch nicht mehr unterstützt werden. Glücklicherweise wird genau diese Funktionalität, die ADO.NET gegenüber ADO nicht bietet, von den meisten Entwicklern – dies schließt praktisch alle ASP.NET-Entwickler ein – nicht benötigt. Aber werfen wir zunächst einen Blick auf ADO.

Überblick über ADO

ADO umfasst drei Hauptobjekte: *Connection*, *Command* und *Recordset*. Das *Connection*-Objekt öffnet einen Kanal zwischen dem Programm und einer Datenquelle. Mithilfe des *Connection*-Objekts können Sie die Verbindungszeichenfolge festlegen, Transaktionen handhaben und den Cursortyp bestimmen. ADO unterstützt neben Server- und Clientcursorn eine Vielzahl weiterer Cursoreigenschaften zum Steuern der Sichtbarkeit bearbeiteter Recordsets usw.

Über das *Command*-Objekt werden Abfragen ausgeführt. Bei diesen Abfragen kann es sich um willkürliche SQL-Zeichenfolgen oder um gespeicherte Prozeduren handeln. Das *Command*-Objekt unterstützt Parameter, mit deren Hilfe eventuelle Probleme bei der Werteübergabe in einer willkürlichen SQL-Zeichenfolge vermieden werden. Sehen Sie sich beispielsweise die folgende SQL-Zeichenfolge an:

```
SELECT * FROM Titles WHERE Title='What's Up Doc?'
```

Diese Zeichenfolge führt zu einem Fehler, da der Apostroph im Titel als Ende der Zeichenfolge betrachtet wird, d.h., der Rest des Titels wird als ungültige Syntax gesehen. In derartigen Zeichenfolgen können die *Command*-Objektparameter eingesetzt werden.

Das *Recordset*-Objekt ruft Daten von der Datenquelle ab und ist für die Recordsetnavigation verantwortlich. Je nach Cursortyp kann das Recordset vorwärts und rückwärts durchlaufen werden und stellt Eigenschaften wie beispielsweise eine Datensatzzählung bereit.

Ein Hauptschwachpunkt von ADO ist die Komplexität bei der Auswahl der richtigen Cursorposition, des Cursortyps und ähnlicher Details. Wie entscheiden Sie beispielsweise, ob ein clientseitiger oder ein serverseitiger Cursor verwendet werden sollte? Welcher Sperrentyp sollte verwendet werden? Sollten Recordsetänderungen anderen Benutzern angezeigt werden, bevor die Änderungen per Commit übernommen werden? Obwohl ADO flexibel ist, fällt den meisten Benutzern – insbesondere den ASP-Programmierern – der richtige Einsatz von ADO relativ schwer.

Unterschiede zwischen ADO und ADO.NET

In Anbetracht der Features von ADO.NET lautet der Kommentar der ADO-Programmierer fast ausnahmslos: »Aber es gibt *so viele* Klassen!« Das ist wahr. Wenn Sie sich das .NET Framework ansehen, werden Sie bemerken, dass der Namespace *System.Data* und sämtliche der darunter befindlichen Namespaces bis an den Rand mit Klassen und Aufzählungen gefüllt sind. Teil des Problems ist, dass die Klassen in drei unterschiedliche Gruppen eingeteilt sind. Eine der Gruppen wurde für ODBC-Datenquellen entworfen, eine für OLE DB-Datenquellen, die dritte macht sich die Vorteile von Microsoft SQL Server zu Nutze. Die drei Klassengruppen ähneln sich, sind jedoch nicht identisch. Abbildung 8.2 zeigt die Klassenstruktur von ADO.NET.

HINWEIS: Zum Zeitpunkt der Entstehung dieses Buches sollten die ODBC-Klassen als Add-On-Komponente für das .NET Framework zur Verfügung gestellt werden. Es ist noch nicht klar, ob die Klassen weiterhin als Add-On bereitgestellt oder in Zukunft in das .NET Framework selbst integriert werden sollen. Falls Sie den ODBC .NET-Datenprovider herunterladen möchten, können Sie dies unter der Adresse *http://www.microsoft.com/downloads/* tun.

Ein Problem, auf das ADO-Programmierer stoßen könnten, ist die fehlende Unterstützung für serverseitige Cursor. Dies ist kein Fehler, sondern eine Designentscheidung. Die Recordsetnavigation wird durch zwei Hauptobjekte ermöglicht. Eines dieser Objekte ist *DataSet*, ein speicherinterner Datensatzcache, den Sie in beliebiger Richtung durchsuchen können (ähnlich einem statischen ADO-Cursor). Das zweite Objekt für den Datenabruf in ADO.NET ist *DataReader*. Das *DataReader*-Objekt ist ein hoch optimierter, schreibgeschützter, vorwärts gerichteter Firehosecursor, der Ihnen das sequenzielle Einlesen von Datensätzen ermöglicht (von Anfang bis Ende).

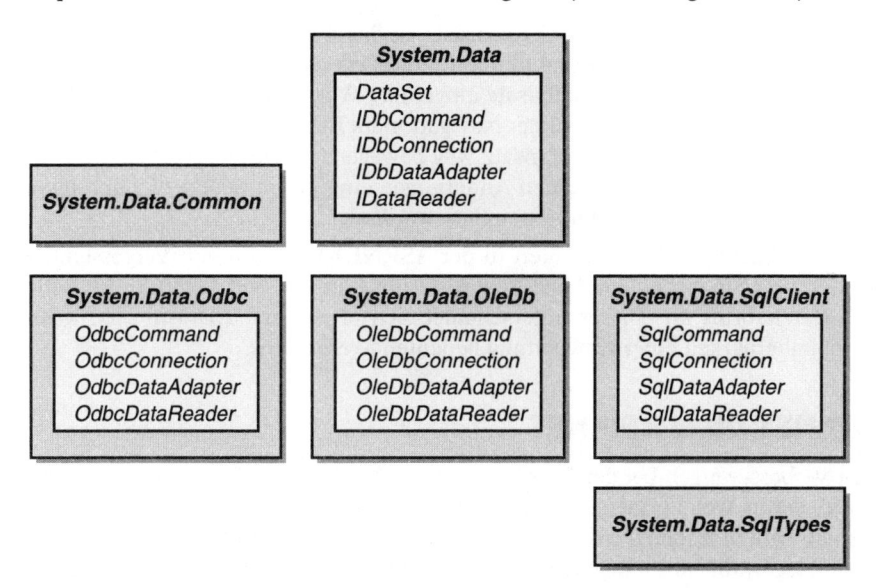

Abbildung 8.2: Die Klassenhierarchie von ADO.NET

Eine der gängigsten Aufgaben einer Webanwendung ist die Anzeige der Ergebnisse einer Abfrage. Bei der großen Mehrheit der Webanwendungen wird keiner der zurückgegebenen Datensätze aktualisiert. Daher ist das schreibgeschützte, vorwärts gerichtete *DataReader*-Objekt wie geschaffen für diese Art von Anwendung.

Das *DataAdapter*-Objekt fungiert als Brücke zwischen dem *DataSet*-Objekt und einer Datenquelle für den Abruf und die Speicherung von Daten. Die *Fill*-Methode von *DataAdapter* (oder *SqlDataAdapter* bei SQL Server-Datenquellen) füllt das *DataSet*-Objekt mit den angeforderten Daten einer Datenquelle. Die *Update*-Methode ändert die Daten in der Datenquelle entsprechend den Daten in *DataSet* ab. Die Natur einer ASP.NET-Anwendung führt nicht unbedingt zur Verwendung dieses Modells. Beim ersten Seitenbesuch werden Daten beispielsweise in der Regel angezeigt, und Änderungen werden angewendet, wenn ein Postback durchgeführt wird. In diesen Situationen reicht ein einzelnes Datenobjekt für den Datentransport von und zu einer Datenquelle häufig nicht aus.

Einer der größten Nachteile von ADO sind die durch den COM-Einsatz auferlegten Beschränkungen. Hervorzuheben ist hier besonders die beschränkte Anzahl unterstützter Datentypen. Wenn ein ADO-Recordset ein Objekt enthalten sollte, musste für dieses ein Marshalling in einen der COM-Datentypen durchgeführt werden. ADO.NET verwendet für den Datentransport XML und kann sich daher die Vorteile der selbstbeschreibenden XML-Daten zu Nutze machen. Eine weitere Einschränkung, die besonders Unternehmensentwickler betrifft, ist die Problematik bei der Übertragung von ADO-Recordsets über Firewalls hinweg, da die meisten Firewalls ein COM-Marshalling verhindern. In ADO.NET stellt diese Übertragung kein Problem dar, da es sich um ein Textprotokoll handelt, das die Vorteile offener Ports nutzen kann.

Da wir gerade von ADO-Recordsets sprechen, wie lautet dessen Äquivalent in ADO.NET? In ADO ist das Recordset sozusagen das Schweizer Messer des Datenbankentwicklers. Sie benötigen Datensätze? Verwenden Sie ein Recordset. Sie möchten Datensätze löschen? Verwenden Sie ein Recordset. Sie möchten Datensätze hinzufügen? Sie wissen schon, was ich meine. Das Recordset wird in jeder dieser Situationen eingesetzt.

Die eheste ADO.NET-Entsprechung zu einem ADO-Recordset ist das *DataSet*-Objekt. Mithilfe dieses Objekts können Sie Datensätze hinzufügen und aktualisieren. Das *DataSet*-Objekt verfolgt den Status jedes einzelnen Datensatzes. Wurde der Datensatz eingefügt? Wurde der Datensatz geändert? Wurde der Datensatz gelöscht? In ADO werden bei der Navigation im Recordset Änderungen an den Datensätzen übernommen, wenn Sie sich vom Datensatz weg bewegen. Im Gegensatz dazu können über das ADO.NET-Objekt *DataSet* alle gewünschten Änderungen eingegeben (jederzeit, auch ohne Verbindung zur Datenquelle) und abschließend übernommen werden.

Das neue Modell des Offlinedatenzugriffs funktioniert in der ASP.NET-Welt sehr gut. Vergessen Sie für einen Augenblick alles, was Sie mit einem ADO-Recordset tun können, und sehen Sie sich die ADO.NET-Technik des Datenabrufs an. Dieser unterscheidet sich etwas vom ADO-Ansatz, kann jedoch die Leistung und Skalierbarkeit einer Anwendung bedeutend verbessern.

Einsatz von ADO.NET über ASP.NET

Zu den interessantesten Verbesserungen bei der Datennutzung in ASP.NET gehören zusätzliche serverseitige Steuerelemente, die in Web Forms eingesetzt werden können. Diese Steuerelemente werden in Kapitel 9 vorgestellt. Im Folgenden werde ich aufzeigen, wie eine Verbindung zu einer Datenquelle hergestellt, Daten ausgewählt und eingefügt und wie Daten mithilfe von SQL-Anweisungen und gespeicherten Prozeduren aktualisiert werden können.

Auswählen von Daten

Listing 8.2 zeigt die CodeBehind-Datei für ein einfaches Beispiel, bei dem Daten aus der Northwind-Datenbank in SQL Server abgerufen werden. Nachfolgend sehen Sie die Auswahlabfrage:

```
SELECT CustomerID,CompanyName,ContactName
FROM Customers WHERE ContactTitle="Owner"
```

Nach dem Abruf werden die Daten in einer HTML-Tabelle angezeigt.

```
Imports System.Data
Imports System.Data.OleDb

Public Class WebForm1
    Inherits System.Web.UI.Page
    Public dr As System.Data.OleDb.OleDbDataReader

#Region " Vom Web Form Designer generierter Code "

    "Dieser Aufruf ist für den Web Form-Designer erforderlich.
    <System.Diagnostics.DebuggerStepThrough()> _
    Private Sub InitializeComponent()

    End Sub

    Private Sub Page_Init(ByVal sender As System.Object, _
      ByVal e As System.EventArgs) Handles MyBase.Init
        "CODEGEN: This method call is required by the Web Form Designer
        "Do not modify it using the code editor.
        InitializeComponent()
    End Sub

#End Region

    Private Sub Page_Load(ByVal sender As System.Object, _
      ByVal e As System.EventArgs) Handles MyBase.Load
        "Put user code to initialize the page here
        Dim cn As System.Data.OleDb.OleDbConnection
        Dim cmd As System.Data.OleDb.OleDbCommand

        cn = New OleDbConnection( _
          "Provider=SQLOLEDB;Data Source=localhost;" + _
          "Integrated Security=SSPI;Initial Catalog=Northwind")
        cn.Open()
        cmd = New OleDbCommand( _
          "SELECT CustomerID,CompanyName,ContactName " + _
          "FROM Customers WHERE ContactTitle=""Owner""")
        cmd.Connection = cn
        dr = cmd.ExecuteReader(CommandBehavior.CloseConnection)
    End Sub

    Private Sub Page_Unload(ByVal sender As System.Object, _
      ByVal e As System.EventArgs) Handles MyBase.Unload
        dr.Close()
    End Sub
End Class
```

Listing 8.2: CodeBehind-Datei SimpleSelect.aspx.vb *zum Anzeigen der Ergebnisse einer einfachen Abfrage*

HINWEIS: Bei diesem Beispiel und bei den weiteren Beispielen in diesem Kapitel ist die Verbindungszeichenfolge in die CodeBehind-Datei eingebettet. Bei den Verbindungszeichenfolgen wird anstelle eines Benutzernamens und -kennworts die Einstellung *Integrated Security=SSPI* verwendet. Bei dieser Einstellung benötigt der Benutzer, in dessen Kontext die Seite ausgeführt wird, Zugriffsrechte für die Datenbank. Bei diesem Benutzer kann es sich (bei Identitätswechsel) um den Endbenutzer oder den IIS-Benutzer (Internet Information Services) handeln (*IUSR_<Computername>*). Eine weitere Alternative ist die Verwendung des *appSettings*-Abschnitts der *Web.config*-Datei, die in Kapitel 4 erläutert wurde.

Listing 8.3 zeigt die Seite zur Anzeige der Abfrageergebnisse. *CustomerID*, *CompanyName* und *ContactName* werden in einer einfachen HTML-Tabelle angezeigt.

```
<%@ Page Language="vb" AutoEventWireup="false"
Codebehind="SimpleSelect.aspx.vb"
Inherits="Chapter08_SimpleData.WebForm1"
debug="true"%>
<!DOCTYPE HTML PUBLIC "-//W3C//DTD HTML 4.0 Transitional//EN">
<HTML>
    <HEAD>
        <title></title>
        <meta name="GENERATOR"
            content="Microsoft Visual Studio.NET 7.0">
        <meta name="CODE_LANGUAGE"
            content="Visual Basic 7.0">
        <meta name="vs_defaultClientScript" content="JavaScript">
        <meta name="vs_targetSchema"
            content="http://schemas.microsoft.com/intellisense/ie5">
    </HEAD>
    <body>
        <form id="Form1" method="post" runat="server">
            <P>
                <FONT face="Verdana" size="4">
                <STRONG>Select Data Example
                </STRONG></FONT>
            </P>
            <P>
                <table width="600">
                    <tr bgcolor="#ffff66">
                        <td>
                            CustomerID
                        </td>
                        <td>
                            Company Name
                        </td>
                        <td>
                            Contact/Owner
                        </td>
                    </tr>
                    <%
                    while dr.Read()
                    %>
                        <tr bgcolor="#ffffd7">
                            <td>
                                <%=dr.GetString(0)%>
                            </td>
```

```
                    <td>
                        <%=dr.GetString(1)%>
                    </td>
                    <td>
                        <%=dr.GetString(2)%>
                    </td>
                </tr>
            <%
            end while
            %>
            </table>
        </P>
    </form>
  </body>
</HTML>
```

Listing 8.3: Datenanzeige der Seite SimpleSelect.aspx *unter Verwendung eines in* SimpleSelect.aspx.vb *(Listing 8.2) erstellten* OleDbDataReader-*Objekts*

HINWEIS: In Listing 8.3 werden die einzelnen Datensätze in separate Tabellenzeilen geschrieben. Dies ist *nicht* die in ASP.NET verwendete Form der Datenanzeige. In Kapitel 9 lernen Sie die fortgeschritteneren Methoden zur Datenanzeige in ASP.NET kennen.

Abbildung 8.3 zeigt die bei Ausführung des Codes aus Listing 8.3 generierte Seite sowie die CodeBehind-Datei aus Listing 8.2.

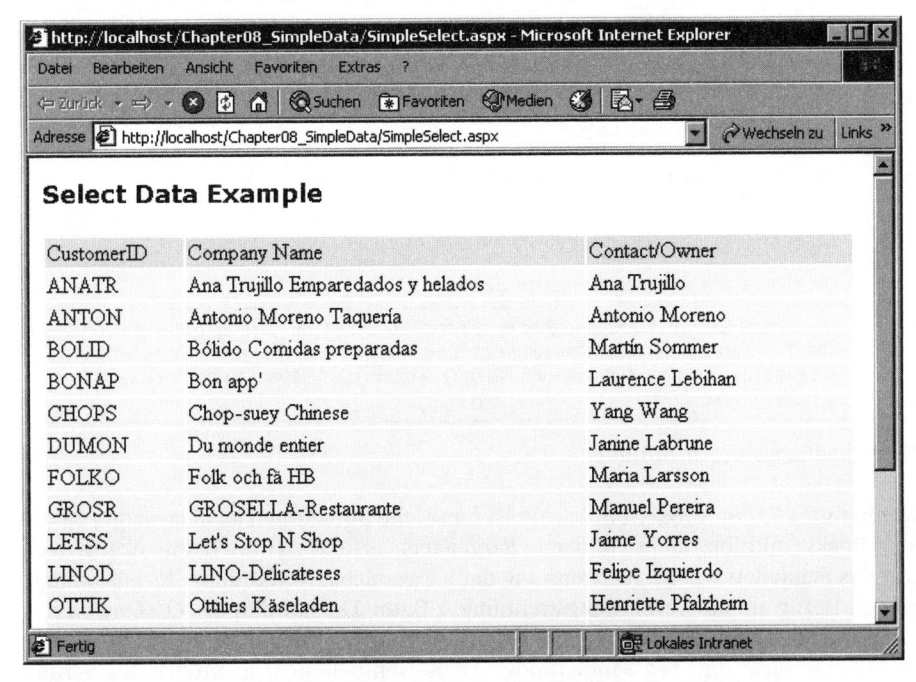

Abbildung 8.3: Ergebnisse der Codeausführung für Listing 8.2 und 8.3

Der Datenabruf findet hauptsächlich in der *Page_Load*-Methode aus Listing 8.2 statt. Ich habe unter Verwendung der lokal erstellten Objekte *OleDbConnection* und *OleDbCommand* sowie eines

Zeit für den Datenabruf

öffentlichen *OleDbDataReader*-Objekts lediglich eine einfache Abfrage der SQL Server-Northwind-Datenbank durchgeführt. Dieses Beispiel wurde in Visual Basic .NET geschrieben, in anderen .NET-Sprachen würden jedoch die gleichen .NET Framework-Objekte verwendet.

TIPP: Frühe Versionen des .NET Frameworks verwendeten für die Nicht-SQL Server-Datenzugriffsklassen einen anderen Namespace. Beispiele anderer Bücher oder Websites, in denen *System.ado* verwendet wird, arbeiten nicht mit der veröffentlichten Version des .NET Frameworks zusammen.

Der Prozess des Datenzugriffs mithilfe von ADO.NET unterscheidet sich nicht wesentlich von dem in ADO. Zunächst wird ein *OleDbConnection*-Objekt erstellt. (Beachten Sie, dass im Gegensatz zu ADO in VBScript (Visual Basic Scripting Edition) bei der Zuweisung einer neuen Instanz zu einer Variablen *Set* nicht verwendet wird.) Bei Erstellung des *OleDbCommand*-Objekts übergebe ich eine SQL-Zeichenfolge an den Konstruktor. Diese SQL-Zeichenfolge wird später ausgeführt. Anschließend setze ich die *Connection*-Eigenschaft des *OleDbCommand*-Objekts auf das ein paar Zeilen höher erstellte *OleDbConnection*-Objekt und rufe abschließend ein *OleDbDataReader*-Objekt ab, indem ich die *ExecuteReader*-Methode des *OleDbCommand*-Objekts aufrufe:

```
dr = cmd.ExecuteReader(CommandBehavior.CloseConnection)
```

Der an *ExecuteReader* übergebene Parameter ist einer von fünf *CommandBehavior*-Werten, der in bitweisen Werten kombiniert werden kann. Die Werte der *CommandBehavior*-Aufzählung werden in Tabelle 8.3 aufgeführt.

Value	Description
CloseConnection	Bei Befehlsausführung wird das verknüpfte Verbindungsobjekt geschlossen, sobald das *DataReader*-Objekt geschlossen wird.
KeyInfo	Die Abfrage gibt Informationen zu Spalten und Primärschlüsseln zurück. Die Abfrage wird ohne Sperrung der ausgewählten Zeilen ausgeführt. Bei Einsatz dieses Wertes hängt der .NET-Provider für SQL Server eine *FOR BROWSE*-Klausel an die Anweisung.
SchemaOnly	Die Abfrage gibt nur Schemainformationen zurück.
SequentialAccess	Ergebnisse werden sequenziell auf Spaltenebene zurückgegeben. Auf diese Weise kann die Anwendung große Binärwerte mithilfe von *GetChars* oder *GetBytes* einlesen.
SingleResult	Die Abfrage gibt ein einziges Ergebnis zurück.
SingleRow	Die Abfrage führt zur Rückgabe einer einzelnen Zeile. Einige .NET-Datenprovider können diese Informationen zur Abfrageoptimierung einsetzen. Beachten Sie, dass eine gespeicherte Prozedur mit Ausgabeparametern in vielen Fällen (z.B. bei Einzelabfragen) zu besseren Leistungsergebnissen führt.

Tabelle 8.3: Die CommandBehavior-*Aufzählung*

Der Parameter *CommandBehavior.CloseConnection* ist für solche Situationen ideal geeignet, da das *OleDbConnection*-Objekt mithilfe eines lokalen Parameters erstellt wird. Beim Aufruf von *Page_Unload* führt das Schließen von *dr* zur Trennung der verwendeten Verbindung. Es gibt weitere bequeme Methoden in Bezug auf die Verbindungstrennung, z.B. die Deklaration des *OleDbConnection*-Objekts als öffentliche Klassenvariable. In anderen Situationen – beispielsweise bei Rückgabe eines *DataReader*-Objekts durch eine Klassenmethode – ist es eventuell nicht so einfach, die Verbindung ohne Übermittlung von *CommandBehavior.CloseConnection* an *ExecuteReader* zu schließen. Hier ein konkretes Beispiel: Angenommen, Sie verfügen über ein *Customer*-Objekt, das eine *GetCustomer*-Methode zur Rückgabe eines *DataReaders* offen legt. Wenn Sie über diese Methode *ExecuteReader* mit *CommandBehavior.CloseConnection* aufrufen, wird die in *GetCustomer* zugewiesene und geöffnete Verbindung geschlossen, sobald der *DataReader* geschlossen wird – obwohl Sie keinen Zugriff auf das von *GetCustomer* erstellte Verbindungsobjekt haben.

Erstellen von Aktionsabfragen

Einfüge-, Aktualisierungs- und Löschoperationen werden in SQL gelegentlich auch als *Aktionsabfragen* bezeichnet, d.h., hier werden nicht nur Daten zurückgegeben, sondern Operationen durchgeführt. In der ADO.NET-Welt wird diese Form der Abfrage auch *Nichtabfrage* (nonquery) genannt.

Der Code zum Ausführen dieser Aktionsabfragen ähnelt dem zum Ausführen der in Listing 8.2 gezeigten Auswahlabfrage. Listing 8.4 zeigt die CodeBehind-Datei *SimpleExecuteNonQuery.aspx.vb*, anhand derer ein einfaches ASP.NET-Formular mit drei Schaltflächen (*Insert*, *Update* und *Delete*) erstellt wird.

```
Imports System.Data
Imports System.Data.OleDb

Public Class SimpleExecuteNonQuery
    Inherits System.Web.UI.Page
    Protected WithEvents Insert As System.Web.UI.WebControls.Button
    Protected WithEvents Update As System.Web.UI.WebControls.Button
    Protected WithEvents Delete As System.Web.UI.WebControls.Button
    Protected WithEvents Label1 As System.Web.UI.WebControls.Label

#Region " Vom Web Form Designer generierter Code "

    "Dieser Aufruf ist für den Web Form-Designer erforderlich.
    <System.Diagnostics.DebuggerStepThrough()> _
    Private Sub InitializeComponent()

    End Sub

    Private Sub Page_Init(ByVal sender As System.Object, _
      ByVal e As System.EventArgs) Handles MyBase.Init
        "CODEGEN: This method call is required by the Web Form Designer
        "Do not modify it using the code editor.
        InitializeComponent()
    End Sub

#End Region

    Private Sub Page_Load(ByVal sender As System.Object, _
      ByVal e As System.EventArgs) Handles MyBase.Load
        "Put user code to initialize the page here
    End Sub

    Private Sub Insert_Click(ByVal sender As System.Object, _
      ByVal e As System.EventArgs) Handles Insert.Click
        Dim cn As OleDb.OleDbConnection
        Dim cmd As OleDb.OleDbCommand
        cn = New OleDbConnection("Provider=SQLOLEDB;" + _
          "Data Source=localhost;Integrated Security=SSPI;" + _
          "Initial Catalog=Northwind")
        cn.Open()
        cmd = New OleDbCommand("INSERT INTO " + _
            "Territories(TerritoryID,TerritoryDescription,RegionID) " + _
            " VALUES(""08724"", ""Brick"", 3)")
        cmd.Connection = cn
```

Zeit für den Datenabruf

```vb
            Try
                cmd.ExecuteNonQuery()
            Catch dbe As System.Data.OleDb.OleDbException
                Label1.Text = "Exception while Inserting Record!   " + _
                    dbe.ToString()
            End Try

        End Sub

        Private Sub Update_Click(ByVal sender As System.Object, _
          ByVal e As System.EventArgs) Handles Update.Click
            Dim cn As OleDb.OleDbConnection
            Dim cmd As OleDb.OleDbCommand
            cn = New OleDbConnection("Provider=SQLOLEDB;" + _
              "Data Source=localhost;Integrated Security=SSPI;" + _
              "Initial Catalog=Northwind")
            cn.Open()
            cmd = New OleDbCommand("UPDATE Territories " + _
                "SET TerritoryDescription=""Brick Township"" " + _
                " WHERE TerritoryID=""08724""")
            cmd.Connection = cn
            Try
                cmd.ExecuteNonQuery()
            Catch dbe As System.Data.OleDb.OleDbException
                Label1.Text = "Exception while Updating Record!   " + _
                    dbe.ToString()
            End Try

        End Sub

        Private Sub Delete_Click(ByVal sender As System.Object, _
          ByVal e As System.EventArgs) Handles Delete.Click
            Dim cn As OleDb.OleDbConnection
            Dim cmd As OleDb.OleDbCommand
            cn = New OleDbConnection("Provider=SQLOLEDB;" + _
              "Data Source=localhost;Integrated Security=SSPI;" + _
              "Initial Catalog=Northwind")
            cn.Open()
            cmd = New OleDbCommand("DELETE FROM Territories " + _
                " WHERE TerritoryID=""08724""")
            cmd.Connection = cn
            Try
                cmd.ExecuteNonQuery()
            Catch dbe As System.Data.OleDb.OleDbException
                Label1.Text = "Exception while Deleting Record!   " + _
                    dbe.ToString()
            End Try

        End Sub
End Class
```

Listing 8.4: CodeBehind-Datei SimpleExecuteNonQuery.aspx.vb *zum Ausführen von Einfüge-, Aktualisierungs- und Löschbefehlen*

Die Ereignishandler für die drei Schaltflächen *Insert*, *Update* und *Delete* sind – abgesehen von dem an den Konstruktor von *OleDbCommand* übergebenen SQL-Code – praktisch identisch. Im oberen Bereich der Auswahlabfrage wurde eine Ausnahmebehandlung eingefügt:

```
Try
    cmd.ExecuteNonQuery()
Catch dbe As System.Data.OleDb.OleDbException
    Label1.Text = "Exception while Inserting Record!  " + _
        dbe.ToString()
End Try
```

Ein häufig auftretendes Problem beim Einfügen von Daten sind doppelte Datensätze. Wenn Sie in diesem Beispiel auf die *Insert*-Schaltfläche klicken und anschließend erneut auf *Insert* klicken, ohne den Datensatz zuvor mithilfe der Schaltfläche *Delete* gelöscht zu haben, erhalten Sie eine Fehlermeldung. Anstelle des standardmäßigen Fehlers bei nicht behandelten Ausnahmen erhalten Sie bei dem Versuch, doppelte Datensätze einzugeben, die in Abbildung 8.4 gezeigte Fehlermeldung.

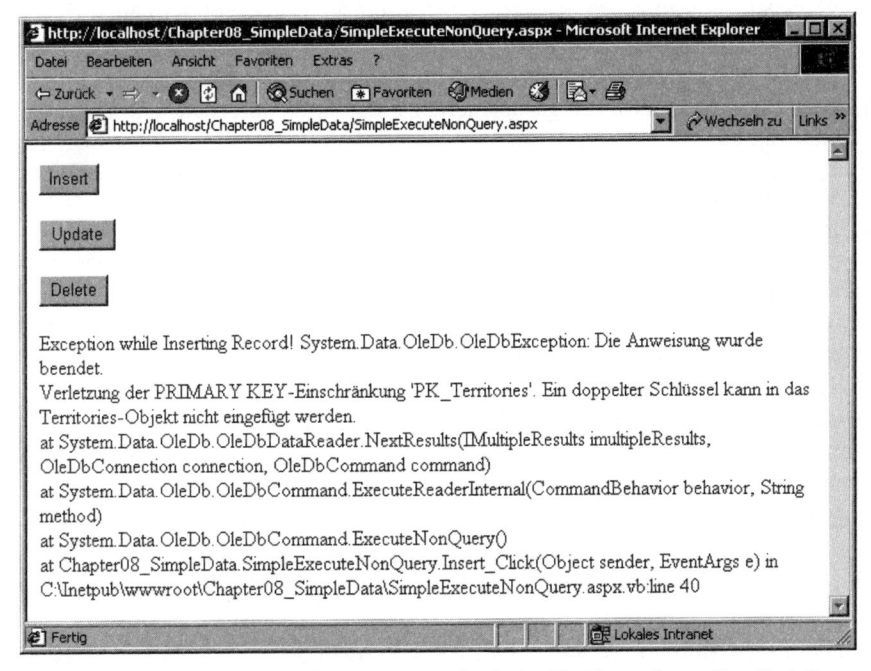

***Abbildung 8.4**: Ausnahmeinformationen, die beim Einfügen doppelter Einträge von SimpleExecuted-NonQuery.aspx angezeigt werden*

Da für die meisten Anwendungen wahrscheinlich nur Teile dieser Informationen angezeigt werden sollen, verfügt das *OleDbException*-Objekt über eine Vielzahl von Eigenschaften, mit denen Sie eine individuelle Fehlermeldung erzeugen können.

TIPP: Sie können das Layout der angezeigten Fehlerinformationen verändern, indem Sie die Wagenrücklaufzeichen (die in einem HTML-Dokument als Leerbereich interpretiert werden) durch *
*-Tags ersetzen. Die Änderung dieser Zeile

```
dbe.ToString()
```

in

```
dbe.ToString().Replace(Chr(13), "<BR>")
```

führt zu einer etwas übersichtlicheren Anzeige.

Zeit für den Datenabruf

Verwenden gespeicherter Prozeduren

Die meisten relationalen Datenbanksysteme gestatten die Verwendung gespeicherter Prozeduren. Gespeicherte Prozeduren sind SQL-Codeblöcke, die ähnlich wie die Funktionen einer normalen Prozeduralsprache aufgerufen werden. Gespeicherte Prozeduren werden beim Speichern analysiert und validiert, der Abfrageplan für eine gespeicherte Prozedur wird nur einmal berechnet. Allein diese zwei Features rechtfertigen die Verwendung gespeicherter Prozeduren.

Darüber hinaus können gespeicherte Prozeduren Ergebnisse in einem effizienten Format zurückgeben. Wenn Sie beispielsweise einen einzelnen Datensatz abrufen, könnten Sie eine Abfrage schreiben, die den Einzeldatensatz als Recordset zurückgibt. Stattdessen können Sie aber auch eine gespeicherte Prozedur schreiben, welche die erforderlichen Felder mithilfe von Ausgabeparametern zurückgibt. Selbst das Abrufen eines Recordsets mit nur einem Datensatz kann erheblichen Overhead bedeuten. Bei der Rückgabe eines Recordsets werden nicht nur die Daten, sondern auch Daten *zu* den Daten (so genannte *Metadaten*) zurückgegeben. In diesen Fällen kann der Einsatz von Ausgabeparametern erheblich effizienter sein.

Es gibt weitere Gründe, die für den Einsatz von gespeicherten Prozeduren sprechen, z.B. die möglichst datennahe Durchführung komplexer datenbezogener Funktionen. Eine Datenbearbeitung, die mehrere SQL-Anweisungen umfasst, kann mit einer gespeicherten Prozedur wahrscheinlich effizienter ausgeführt werden. Wenn Sie viele Daten auf den Clientcomputer übertragen müssen und Daten lokal gefiltert werden, ist dies die ideale Situation zur Verwendung gespeicherter Prozeduren. Ich kenne mich am besten mit der Transact SQL-Version von Microsoft SQL Server aus, einer nicht prozedural angelegten Sprache. Dennoch bietet auch diese Sprache viele der Konstrukte (z.B. IF und WHILE), die einen prozeduralen Programmierer glücklich machen. Die Leistungsfähigkeit der gespeicherten Prozeduren leitet sich jedoch aus der Verwendung der satzorientierten, nicht prozeduralen SQL-Sprache ab.

In einem weiteren Szenario möchten Sie vielleicht Rechte für einzelne Spalten einer Tabelle erteilen. Auch hier können Sie anstelle einer Rechtevergabe für die Tabelle Rechte für eine gespeicherte Prozedur erteilen und so einen sicheren Datenzugriff gewährleisten.

TIPP: Eine weitere Alternative (die jedoch den Rahmen dieses Buches sprengen würde) ist das Erstellen einer SQL Server-*Sicht*, mit der nur die Tabellenspalten angezeigt werden, auf die der Benutzer Zugriff erhalten soll. In diesem Fall werden Rechte nicht für die zugrunde Tabelle, sondern für die Sicht vergeben.

Das Ausführen gespeicherter Prozeduren in ADO.NET ähnelt dem Ausführen normaler SQL-Anweisungen. In fast allen Fällen übergeben Sie Parameter an die gespeicherten Prozeduren. Obwohl im nächsten Beispiel keine Parameter verwendet werden, sind nur wenige gespeicherte Prozeduren auch ohne Parameter nützlich.

Im folgenden *SimpleSPSelect*-Beispiel wird die einfache gespeicherte Prozedur mit dem Namen »Ten Most Expensive Products« ohne Parameter aufgerufen, die einige Datensätze zurückgibt. Die Datensätze werden in ein *DataReader*-Objekt eingelesen und anschließend genau wie bei der Auswahlabfrage in *SimpleSelect.aspx.vb* (Listing 8.3) angezeigt. Listing 8.5 zeigt *SimpleSPSelect.aspx*, die CodeBehind-Datei *SimpleSPSelect.aspx.cs* wird in Listing 8.6 abgebildet.

```
<%@ Page language="c#"
Codebehind="SimpleSPSelect.aspx.cs"
AutoEventWireup="false"
Inherits="Chapter08_SimpleSPSelect.WebForm1" %>
<!DOCTYPE HTML PUBLIC "-//W3C//DTD HTML 4.0 Transitional//EN" >
<HTML>
    <HEAD>
```

```
            <meta name="GENERATOR" Content="Microsoft Visual Studio 7.0">
            <meta name="CODE_LANGUAGE" Content="C#">
            <meta name="vs_defaultClientScript"
               content="JavaScript (ECMAScript)">
            <meta name="vs_targetSchema"
               content="http://schemas.microsoft.com/intellisense/ie5">
    </HEAD>
    <body>
        <form id="Form1" method="post" runat="server">
            <TABLE WIDTH="300" BORDER="0" CELLSPACING="1" CELLPADDING="1">
                <TR bgcolor="#ffff66">
                    <TD>
                        Product
                    </TD>
                    <TD>
                        Unit Price
                    </TD>
                </TR>
                <%
                while ( dr.Read() )
                {
                %>
                <TR bgcolor="#ffffc3">
                    <TD>
                        <%=dr.GetString(0)%>
                    </TD>
                    <TD align="right">
                        <%=dr.GetDecimal(1).ToString("C")%>
                    </TD>
                </TR>
                <%
                }
                %>
                <TR>
                    <TD colspan="2" align="middle">
                        <asp:Label
                            id="Label1"
                            runat="server">
                        </asp:Label>
                    </TD>
                </TR>
            </TABLE>
        </form>
    </body>
</HTML>

using System;
using System.Collections;
using System.ComponentModel;
using System.Data;
using System.Data.SqlClient;
using System.Drawing;
using System.Web;
using System.Web.SessionState;
using System.Web.UI;
```

Zeit für den Datenabruf

```csharp
using System.Web.UI.WebControls;
using System.Web.UI.HtmlControls;
```

Listing 8.5: *SimpleSPSelect.aspx mit Anweisungen für die Anzeige der Ergebnisse der gespeicherten Prozedur »Ten Most Expensive Products« aus der Northwind-Datenbank*

```csharp
namespace Chapter08_SimpleSPSelect
{
    /// <summary>
    /// Zusammenfassungsbeschreibung für WebForm1
    /// </summary>
    public class WebForm1 : System.Web.UI.Page
    {
        protected System.Web.UI.WebControls.Label Label1;
        protected System.Data.SqlClient.SqlDataReader dr;
        public WebForm1()
        {
            Page.Init += new System.EventHandler(Page_Init);
        }

        private void Page_Load(object sender, System.EventArgs e)
        {
            // Hier Benutzercode zur Seiteninitialisierung einfügen
            System.Data.SqlClient.SqlConnection cn;
            System.Data.SqlClient.SqlCommand cmd;
            cn=new SqlConnection("server=localhost;" +
                "Integrated Security=SSPI;Initial Catalog=Northwind");
            cmd=new SqlCommand("Ten Most Expensive Products",cn);
            cmd.CommandType=CommandType.StoredProcedure;
            try
            {
                cn.Open();
                dr=cmd.ExecuteReader(CommandBehavior.CloseConnection);
            }
            catch (System.Data.SqlClient.SqlException sqle)
            {
                Label1.Text=sqle.ToString().Replace("\n","<BR>");
            }

        }
        private void Page_Unload(object sender, EventArgs e)
        {
            dr.Close();  // Schlie:t ebenfalls die Verbindung
        }


        private void Page_Init(object sender, EventArgs e)
        {
            //
            // CODEGEN: Dieser Aufruf ist für den
            // ASP.NET Web Form-Designer erforderlich.
            //
            InitializeComponent();
        }
```

```
        #region Vom Web Form Designer generierter Code
        /// <summary>
        /// Erforderliche Methode für die Designer-Unterstützung - Der Inhalt
        /// dieser Methode darf nicht mit dem Code-Editor geändert werden.
        /// </summary>
        private void InitializeComponent()
        {
            this.Load += new System.EventHandler(this.Page_Load);
            this.Unload += new System.EventHandler(this.Page_Unload);
        }
        #endregion
    }
}
```

Listing 8.6: SimpleSPSelect.aspx.cs, *CodeBehind-Datei zum Aufruf einer gespeicherten Prozedur aus ASP.NET*

Abbildung 8.5 zeigt die bei Ausführung von *SimpleSPSelect* zurückgegebene Seite.

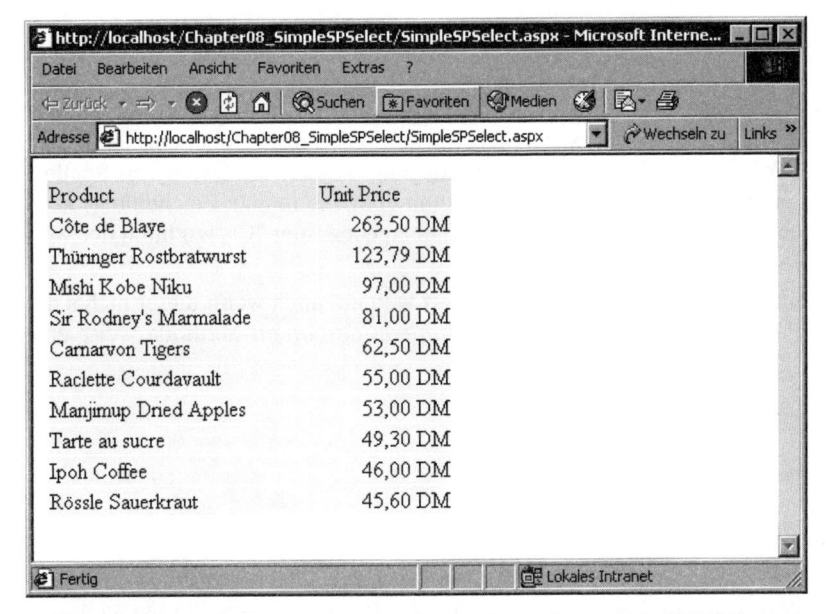

Abbildung 8.5: *Ergebnisse der gespeicherten Prozedur in SimpleSPSelect.aspx zur Anzeige der teuersten Produkte*

Die folgenden zwei Zeilen der CodeBehind-Datei *SimpleSPSelect.aspx.cs* aus Listing 8.6 richten den Aufruf der gespeicherten Prozedur ein:

```
cmd=new SqlCommand("Ten Most Expensive Products",cn);
cmd.CommandType=CommandType.StoredProcedure;
```

Anstelle einer SQL-Anweisung übergebe ich den Namen der gespeicherten Prozedur an den Konstruktor für *SqlCommand*. Als Nächstes setze ich die *CommandType*-Eigenschaft für den Befehl auf *CommandType.StoredProcedure*. In den vorangegangenen Beispielen war bei Ausführung von SQL-

Zeit für den Datenabruf

Befehlen das Setzen von *CommandType* nicht erforderlich, da der Standardwert von *CommandType* für die jeweilige Aufgabe ausreichte. Nach dem Setzen der Eigenschaft rufe ich die *ExecuteReader*-Methode für das *SqlCommand*-Objekt auf und speichere das zurückgegebene *SqlDataReader*-Objekt, ähnlich wie in vorherigen Beispielen.

HINWEIS: Genaue Beobachter werden bemerken, dass in den vorangegangenen Beispielen in diesem Kapitel für den Datenzugriff die Klasse *OleDbConnection* sowie ähnliche, mit einem *OleDb*-Präfix versehene Klassen eingesetzt wurden. Die gespeicherten Prozeduren verwenden *SqlConnection* und ähnliche Klassen mit *Sql*-Präfix. Die Unterschiede zwischen diesen Klassen sowie deren Einsatz werden im nächsten Abschnitt, »*SqlClient*- im Vergleich zu *OleDb*-Klassen« näher beleuchtet.

In Listing 8.5 habe ich erneut eine ASP-ähnliche Methode zum Anzeigen der Datentabelle verwendet.

```
<TD>
    <%=dr.GetString(0)%>
</TD>
<TD align="right">
    <%=dr.GetDecimal(1).ToString("C")%>
</TD>
```

Die Verwendung von *GetString* mit einer Ordinalzahl (einer 0-basierten Zahl, welche die relative Spaltenzahl im Resultset angibt) ist Ihnen wahrscheinlich vertraut. Die zweite Tabellenzelle enthält den Wert *dr.GetDecimal(1).ToString("C")*. Durch diese Festlegung werden die Daten von Spalte 1 (der zweiten Spalte) als Dezimalzahl abgerufen und mithilfe von *ToString* in eine Zeichenfolge konvertiert. Der *ToString*-Methode wird eine Formatzeichenfolge übergeben, hier "C", wodurch der Wert als Währungswert formatiert wird.

Ein kleiner Codeabschnitt muss eventuell noch weiter erläutert werden, auch wenn dieser nichts mit dem Aufruf gespeicherter Prozeduren zu tun hat. Die *InitializeComponent*-Methode weist eine zusätzliche Zeile auf:

```
private void InitializeComponent()
{
    this.Load += new System.EventHandler(this.Page_Load);
    // Folgende Zeile wurde hinzugefügt
    this.Unload += new System.EventHandler(this.Page_Unload);
}
```

Ich habe diese Codezeile mit dem +=-Operator eingefügt, um die *Page_Unload*-Methode als Ereignishandler für das *Unload*-Ereignis in diesem Formular hinzuzufügen. Visual Basic .NET verwendet eine *Handles MyBase.Unload*-Syntax, die an die Methodendeklaration angehängt wird, um einer Methode die Behandlung von Ereignissen im Lebenszyklus der Seite zu ermöglichen. Dies ist lediglich einer der vielen Bereiche, in denen sich C# und Visual Basic .NET voneinander unterscheiden.

Die Beispiele zu den gespeicherten Prozeduren in der Northwind-Datenbank reichen zur Veranschaulichung von Einfüge-, Aktualisierungs- und Löschvorgängen für Zeilen nicht aus, daher habe ich ein paar eigene gespeicherte Prozeduren geschrieben. Die erste dieser gespeicherten Prozeduren trägt den Namen *spSaveTerritory*, die zweite heißt *spDeleteTerritory*. Listing 8.7 zeigt ein Skript zum Erstellen dieser Prozeduren.

```
USE Northwind
SET QUOTED_IDENTIFIER OFF
```

```sql
GO
SET ANSI_NULLS OFF
GO

CREATE PROCEDURE spDeleteTerritory
    @TerritoryID nvarchar(20)
AS
SET NOCOUNT ON
    DELETE FROM Territories WHERE TerritoryID=@TerritoryID
GO
SET QUOTED_IDENTIFIER OFF
GO
SET ANSI_NULLS ON
GO

SET QUOTED_IDENTIFIER OFF
GO
SET ANSI_NULLS OFF
GO

CREATE PROCEDURE spSaveTerritory
    @TerritoryID nvarchar(20),
    @TerritoryDescription nvarchar(128),
    @RegionID int
AS
SET NOCOUNT ON
    DECLARE @Existing nvarchar(20)

SELECT @Existing=TerritoryID
FROM Territories
WHERE TerritoryID=@TerritoryID

    IF IsNull(@Existing,"")<>@TerritoryID -- Then, INSERT
    BEGIN
        INSERT INTO
            Territories(TerritoryID,
            TerritoryDescription,RegionID)
            VALUES(@TerritoryID, @TerritoryDescription,@RegionID)
        return(1)
    END
    ELSE
    BEGIN
        UPDATE Territories SET
            TerritoryDescription=@TerritoryDescription,
            RegionID=@RegionID
        WHERE TerritoryID=@TerritoryID
        return(0)
    END
GO
SET QUOTED_IDENTIFIER OFF
GO
SET ANSI_NULLS ON
GO
```

Listing 8.7: *Gespeicherte Prozeduren zum Speichern oder Löschen von* Territory*-Werten in der Northwind-Datenbank*

Beide dieser gespeicherten Prozeduren sind relativ leicht verständlich, daher werde ich nicht detailliert auf das obige Skript eingehen. Die gespeicherte Prozedur *spSaveTerritory* fügt einen Gebietswert (*Territory*) ein oder löscht diesen, mithilfe der *TerritoryID* wird ermittelt, welche Werte bereits vorhanden sind.

Beim Aufruf dieser gespeicherten Prozeduren müssen Parameter festgelegt werden. Die Parameterobjekte weisen verschiedene Eigenschaften auf. Die wichtigsten dieser Eigenschaften werden in Tabelle 8.4 aufgeführt.

Eigenschaft	Beschreibung
DbType	Der Parametertyp, zugeschnitten auf den .NET-Datenprovider.
Direction	Ein Aufzählungstyp, der den Wert *Input* (Standard), *Output*, *InputOutput* oder *ReturnValue* annehmen kann. Es kann ein einzelner *ReturnValue* für jede gespeicherte Prozedur vorliegen, für SQL Server lautet der *ReturnValue* immer *int*.
ParameterName	Der Name des Parameters. Im Gegensatz zu ADO ist das Standardverhalten (und, soweit ich weiß, das *einzige* Verhalten) die Anforderung, dass Parameternamen *exakt* mit den Namen der im SQL-Code oder den gespeicherten Prozeduren übergebenen Parametern übereinstimmen müssen.
Size	Die Größe der Daten innerhalb des Parameters (in Bytes). Wird diese Eigenschaft weggelassen, werden zu große Zeichenfolgen bei Überschreiten des Maximalwertes abgeschnitten. Falls *Size* angegeben wurde und die erlaubte Parametergröße überschritten wird, tritt eine Ausnahme auf.
SqlDbType	Der SQL-Typ, steht in direktem Zusammenhang zu *DbType*. Falls einer der Werte sich ändert, wird der andere ebenfalls entsprechend geändert. Im Allgemeinen sollten Sie nur eine der Eigenschaften setzen.
Value	Ruft den Wert des Parameters ab oder legt diesen fest. Bei *Input*- oder *InputOutput*-Parametern ist es wichtig, die *Value*-Eigenschaft vor Ausführung des Befehls zu setzen.

Tabelle 8.4: Parameterobjekteigenschaften

Listing 8.8 zeigt die CodeBehind-Datei *SimpleSPActionQueries.aspx.cs*. Dieser Code erstellt die geeigneten Parameter für den Aufruf der gespeicherten Prozeduren *spSaveTerritory* und *spDeleteTerritory*.

```
using System;
using System.Collections;
using System.ComponentModel;
using System.Data;
using System.Data.SqlClient;
using System.Drawing;
using System.Web;
using System.Web.SessionState;
using System.Web.UI;
using System.Web.UI.WebControls;
using System.Web.UI.HtmlControls;

namespace SimpleSPActionQueries
{
    /// <summary>
    /// Zusammenfassungsbeschreibung für WebForm1.
    /// </summary>
    public class WebForm1 : System.Web.UI.Page
    {
```

```csharp
protected System.Web.UI.WebControls.Button Save;
protected System.Web.UI.WebControls.Button Delete;
protected System.Web.UI.WebControls.Label Label1;

public WebForm1()
{
    Page.Init += new System.EventHandler(Page_Init);
}

private void Page_Load(object sender, System.EventArgs e)
{
    // Hier Benutzercode zur Seiteninitialisierung einfügen
}

private void Page_Init(object sender, EventArgs e)
{
    //
    // CODEGEN: Dieser Aufruf ist für den
    // ASP.NET Web Form-Designer erforderlich.
    //
    InitializeComponent();
}
#region Vom Web Form Designer generierter Code
/// <summary>
/// Erforderliche Methode für die Designer-Unterstützung - Die Inhalte
/// dieser Methode dürfen nicht mit dem Code-Editor geändert werden.
/// </summary>
private void InitializeComponent()
{
    this.Save.Click += new System.EventHandler(this.Save_Click);
    this.Delete.Click += new System.EventHandler(this.Delete_Click);
    this.Load += new System.EventHandler(this.Page_Load);

}
#endregion

private void Save_Click(object sender, System.EventArgs e)
{
    System.Data.SqlClient.SqlConnection cn;
    System.Data.SqlClient.SqlCommand cmd;
    System.Data.SqlClient.SqlParameter prm;

    cn=new SqlConnection("server=localhost;" +
        "Integrated Security=SSPI;Initial Catalog=Northwind");
    cmd=new SqlCommand("spSaveTerritory",cn);
    cmd.CommandType=CommandType.StoredProcedure;

    prm=new System.Data.SqlClient.SqlParameter("@ReturnValue",3);
    prm.Direction=ParameterDirection.ReturnValue;
    cmd.Parameters.Add(prm);

    cmd.Parameters.Add("@TerritoryID","08724");
    cmd.Parameters.Add("@TerritoryDescription","Brick");
    cmd.Parameters.Add("@RegionID",3);
    try
    {
```

```
            cn.Open();
            cmd.ExecuteNonQuery();
            Label1.Text="Returned " +
                cmd.Parameters["@ReturnValue"].Value.ToString();
        }
        catch ( System.Data.SqlClient.SqlException sqle )
        {
            Label1.Text=sqle.ToString().Replace("\n","<BR>");
        }
        finally
        {
            cn.Close();
        }
    }

    private void Delete_Click(object sender, System.EventArgs e)
    {
        System.Data.SqlClient.SqlConnection cn;
        System.Data.SqlClient.SqlCommand cmd;

        cn=new SqlConnection("server=localhost;" +
            "Integrated Security=SSPI;Initial Catalog=Northwind");
        cmd=new SqlCommand("spDeleteTerritory",cn);
        cmd.CommandType=CommandType.StoredProcedure;

        cmd.Parameters.Add("@TerritoryID","08724");
        try
        {
            cn.Open();
            cmd.ExecuteNonQuery();
            Label1.Text="Delete Successful";
        }
        catch ( System.Data.SqlClient.SqlException sqle )
        {
            Label1.Text=sqle.ToString().Replace("\n","<BR>");
        }
        finally
        {
            cn.Close();
        }
    }
  }
}
```

Listing 8.8: CodeBehind-Datei SimpleSPActionQueries.aspx.cs *zur Verdeutlichung des Aufrufs von gespeicherten Prozeduren mit Parametern*

Die *Save_Click*-Methode ruft die gespeicherte Prozedur *spSaveTerritory* auf, die *Delete_Click*-Methode führt zum Aufruf von *spDeleteTerritory*. Beide gespeicherten Prozeduren verwenden Parameter, daher werde ich nur auf die *Save_Click*-Methode eingehen.

Save_Click erstellt (wie in den vorangegangenen Beispielen) zunächst ein *SqlConnection*- und ein *SqlCommand*-Objekt. Als Nächstes werden die Parameter erstellt.

Parameter können auf verschiedene Weise erstellt werden. Es gibt sechs Überladungen für den Konstruktor von *SqlParameter*. In der IntelliSense-Dokumentation von Visual Studio .NET und in der

.NET Framework-Dokumentation werden die möglichen Varianten detaillierter erläutert. Jede der Konstruktorüberladungen enthält eine Kombination aus Argumenten, die Ihnen das bequeme Erstellen eines Parameters ermöglichen. Es ist ebenfalls möglich, bei der Parametererstellung zusätzliche Eigenschaften festzulegen. Zur Erstellung des Parameters für die Behandlung des Rückgabewertes der gespeicherten Prozedur verwende ich beispielsweise den folgenden Code:

```
prm=new System.Data.SqlClient.SqlParameter("@ReturnValue",3);
prm.Direction=ParameterDirection.ReturnValue;
cmd.Parameters.Add(prm);
```

Wie das Leben so spielt, können Parametername (in diesem Beispiel *@ReturnValue*), tatsächlicher Wert (3) und Richtung des Parameters (*ParameterDirection.ReturnValue*) nicht über einen einfachen Konstruktor sauber angegeben werden. Ich habe also den geeignetsten Parameter gewählt und über diesen die *Direction*-Eigenschaft gesetzt, da der Standardwert hier nicht geeignet war. Beachten Sie, dass ich weder in diesem Beispiel noch in den weiteren Beispielen dieses Kapitels einen Datentyp festgelegt habe. Das .NET Framework kann den Typ des übergebenen Wertes identifizieren, daher ist eine explizite Typendeklaration nicht erforderlich. Nach der Parametererstellung rufe ich *Add* für die *Parameters*-Auflistung des *SqlCommand*-Objekts auf.

Die verbleibenden Parameter werden folgendermaßen hinzugefügt:

```
cmd.Parameters.Add("@TerritoryID","08724");
cmd.Parameters.Add("@TerritoryDescription","Brick");
cmd.Parameters.Add("@RegionID",3);
```

Der bereits zuvor gezeigte *SqlParameter*-Konstruktor sorgt für das Hinzufügen des *@ReturnValue*-Parameters zur *Parameters*-Auflistung. In diesem Codeabschnitt rufe ich für die verbleibenden drei Parameter die *Add*-Methode der *Parameters*-Auflistung mit dem Parameternamen und -wert auf.

HINWEIS: Bedenken Sie, dass im Gegensatz zu ADO in ADO.NET die Parameternamen *exakt* mit den Namen in der gespeicherten Prozedur übereinstimmen müssen. Im Falle der gespeicherten SQL Server-Prozeduren schließt dies das für Variablen erforderliche vorangestellte at-Zeichen (@) ein. In ADO spielten die Namen der Parameter per Standarddefinition keine Rolle. Die Reihenfolge beim Hinzufügen von Parametern zur *Parameters*-Auflistung bestimmte, welches Parameterobjekt sich auf welchen Parameter bezog; die Parameternamen wurden lediglich zum Abrufen der Ausgabeparameter eingesetzt.

Nachdem alle Parameter gesetzt sind, rufe ich *ExecuteNonQuery* für das *SqlCommand*-Objekt auf. Nach erfolgreicher Ausführung rufe ich den Rückgabecode ab, wie nachfolgend gezeigt:

```
Label1.Text="Returned " +
    cmd.Parameters["@ReturnValue"].Value.ToString();
```

Ich greife auf die richtigen Parameter zu, indem ich unter Verwendung der abzurufenden Parameter eine Indizierung der *Parameters*-Auflistung vornehme. Beachten Sie, dass die folgende Syntax nicht verwendet werden kann:

```
Label1.Text="Returned " +
    cmd.Parameters["@ReturnValue"].ToString();
```

Dieser Code würde anstelle des Wertes das Literal "*@ReturnValue*" zurückgeben – eine *1*, wenn der Datensatz eingefügt wird, eine *0*, wenn der Datensatz aktualisiert wird. In vielen Bereichen des .NET

Frameworks führt die Bestimmung eines Objekts über *.Value* aber wahrscheinlich nicht zur Rückgabe einer Darstellung des Objektnamens, sondern zum richtigen Ergebnis.

Ich verwende den abschließenden *finally*-Abschnitt in der Struktur für die Ausnahmebehandlung, um sicherzustellen, dass die Verbindung getrennt wird. In einem *try/catch/finally*-Block wird der Code im *try*-Block entweder in seiner Gesamtheit ausgeführt, oder die Ausführung erfolgt bis zu dem Punkt, an dem die Ausnahme aufgetreten ist. Der *catch*-Block wird ausgeführt, wenn die Ausnahme den richtigen Typ aufweist (wie im Prädikat des *catch*-Blocks angegeben). Der *finally*-Block wird *immer* ausgeführt, daher ist dies der ideale Platz zur Freigabe kostenintensiver Ressourcen, z.B. Datenbankverbindungen.

SqlClient- im Vergleich zu OleDb-Klassen

In den zu Beginn dieses Kapitels angeführten Beispielen wurden verschiedene Klassen des *OleDb*-Namespace für den Datenzugriff eingesetzt, in den Beispielen zu gespeicherten Prozeduren kamen Klassen aus dem *SqlClient*-Namespace zum Einsatz. Gibt es hier Unterschiede? Viele.

Die *OleDb*-Klassen sind der etwas generischere Klassentyp. Sie können mit diesen Klassen jede OLE DB-Datenquelle ansprechen, Microsoft SQL Server eingeschlossen. Darüber hinaus bieten diese Klassen akzeptable Leistungsergebnisse. Es ist schwierig, die in ASP.NET gegenüber ASP erzielten Gewinne in der Gesamtleistung isoliert an der Datenbankleistung zu messen.

Die *SqlClient*-Klassen stellen in den meisten Fällen das Gegenstück zu den *OleDb*-Klassen dar, werden jedoch ausschließlich für Microsoft SQL Server verwendet. Die *SqlDataReader*-Klasse verwendet das SQL Server-eigene Datenübertragungsformat zum direkten Lesen der Daten aus der Datenbankverbindung. Ich habe einen Geschwindigkeitsvergleich zwischen den *OleDb*- und den *SqlClient*-Klassen durchgeführt, bei dem die *SqlClient*-Klassen im Allgemeinen besser abgeschnitten haben.

Wie entscheide ich also, wann ich welche Klassenfamilie einsetze? Wenn Sie als Backenddatenbank immer Microsoft SQL Server 7.0 oder eine höhere Version verwendet haben, fällt die Auswahl leicht: Verwenden Sie die *SqlClient*-Klassen. Mit den *SqlClient*-Klassen lassen sich aufgrund der Übertragung über weniger Schichten fast ausnahmslos bessere Leistungsergebnisse erzielen als mit den *OleDb*-Klassen.

Wenn Sie allerdings gelegentlich Oracle- oder Jet-Datenbanken (Microsoft Access) verwenden, müssen Sie – wenigstens für Nicht-Microsoft-SQL Server-Datenquellen – die *OleDb*-Klassen einsetzen. Obgleich Sie erwarten könnten, dass der Datenzugriff über jede OLE DB-Datenquelle erfolgen kann, ist dies nicht richtig. Insbesondere die *OleDb*-Klassen bieten *keine* Unterstützung für den Zugriff auf OLE DB-Provider für ODBC (Open Database Connectivity). Zum Zeitpunkt der Entstehung dieses Buches gab es jedoch in frühen Betatests einen separaten ODBC .NET-Datenprovider (wie bereits in diesem Kapitel erwähnt).

Wie wär's mit einer Wrapperklasse?

Wenn ich in eine Situation gerate, in der ich die Wahl zwischen einer *OleDb*- und einer *SqlClient*-Klasse habe, neige ich persönlich dazu, einer Wrapperklasse zu schreiben, anhand derer mein Programm zur Laufzeit entscheiden kann, welcher Klassensatz zum Einsatz kommen soll. Bei dieser Vorgehensweise müssen allerdings einige Hindernisse aus dem Weg geräumt werden. Zunächst unterstützt das .NET Framework keine Mehrfachvererbung. Genauso wichtig ist, dass *OleDb*- und *SqlClient*-Klassen als *sealed* deklariert sind, d.h., Sie können nicht von diesen Klassen erben.

Eine Alternative ist die *Komposition*. Bei dieser Vorgehensweise wird eine Klasse erstellt, die potenziell eine Instanz einer der in Frage kommenden Klassen enthält und zur Laufzeit entscheidet, welche Klasse verwendet wird. Ein Problem bei dieser Lösung besteht darin, dass die von der jeweiligen Klasse unterstützten Daten möglicherweise nicht genau übereinstimmen. In nahezu allen Fällen können diese Typen jedoch einem Standardtypensatz zugeordnet werden.

Ein zweites Problem ist Folgendes: In einen Standardklassensatz müssten *sehr viele* Klassen eingebunden werden. Die Klassensätze sind zwar weitest gehend identisch, aber eben nicht ganz. *OleDbCommand* verfügt beispielsweise über eine *Dispose*-Methode, *SqlCommand* dagegen nicht. Auch wenn die Unterschiede nur klein sind, wäre das Einbinden aller Klassen relativ aufwändig.

Generieren einer XML-Datei

Im .NET Framework wird die Sammlung der verfügbaren Datenquellen mithilfe der XML-Klassen erweitert. Listing 8.9 zeigt den Code, der basierend auf den Ergebnissen einer Datenbankabfrage zum Erstellen einer XML-Datei benötigt wird. Dieser Code führt eine Abfrage der Northwind-Datenbank durch, mit der alle Informationen in der *Territories*-Tabelle abgerufen und in einer XML-Datei namens *Territories.xml* zurückgegeben werden.

```
using System;
using System.Collections;
using System.ComponentModel;
using System.IO;
using System.Data;
using System.Data.SqlClient;
using System.Drawing;
using System.Web;
using System.Web.SessionState;
using System.Web.UI;
using System.Web.UI.WebControls;
using System.Web.UI.HtmlControls;
namespace SimpleXML
{
    /// <summary>
    /// Zusammenfassungsbeschreibung für WebForm1.
    /// </summary>
    public class WebForm1 : System.Web.UI.Page
    {
        public string xmlStr;
        public WebForm1()
        {
            Page.Init += new System.EventHandler(Page_Init);
        }

        private void Page_Load(object sender, System.EventArgs e)
        {
            // Hier Benutzercode zur Seiteninitialisierung einfügen
            System.Data.SqlClient.SqlConnection cn;
            System.Data.SqlClient.SqlDataAdapter da;
            System.Data.DataSet ds;
            System.IO.StreamWriter sr;
```

Zeit für den Datenabruf

```csharp
            cn=new SqlConnection("server=localhost;" +
                "Integrated Security=SSPI;Initial Catalog=Northwind");
            da=new SqlDataAdapter("SELECT * FROM Territories",cn);
            try
            {
                cn.Open();
                ds = new System.Data.DataSet();
                da.Fill(ds,"Territories");
                xmlStr=ds.GetXml();

                FileStream fs = new FileStream(
                    "territories.xml", FileMode.OpenOrCreate);
                fs.SetLength(0);

                sr=new StreamWriter(fs);
                sr.Write(xmlStr);
                sr.Close();
            }
            catch (  System.Exception sqle )
            {
                sqle.ToString().Replace("\n","<BR>");
            }
            finally
            {
                cn.Close();
            }
        }

        private void Page_Init(object sender, EventArgs e)
        {
            //
            // CODEGEN: Dieser Aufruf ist für den
            // ASP.NET Web Form-Designer erforderlich.
            //
            InitializeComponent();
        }

        #region Vom Web Form Designer generierter Code
        /// <summary>
        /// Erforderliche Methode für die Designer-Unterstützung - Der Inhalt
        /// dieser Methode darf nicht mit dem Code-Editor geändert werden.
        /// </summary>
        private void InitializeComponent()
        {
            this.Load += new System.EventHandler(this.Page_Load);

        }
        #endregion
    }
}
```

Listing 8.9: *Die zum Schreiben einer XML-Datei aus der* Territories-*Tabelle der Northwind-Datenbank verwendete Datei* SimpleXML.FileSave.aspx.cs

Den Hauptteil der Arbeit für diese Seite übernimmt die *Page_Load*-Methode. Das *SqlDataSet*-Objekt stellt eine *GetXml*-Methode bereit, die eine Zeichenfolge mit den XML-Daten für den Datensatz zurückgibt. Zum Erstellen eines *SqlDataSet*-Objekts verwende ich die *SqlDataAdapter*-Klasse, die als Brücke zwischen der zugrunde liegenden SQL Server-Datenbank und einem *SqlDataSet* fungiert. Das *SqlDataSet*-Objekt wird über die *Fill*-Methode von *SqlDataAdapter* aufgefüllt.

Nach Erhalt eines *SqlDataSet*-Objekts rufe ich *GetXML* auf und speichere den zurückgegebenen Wert in einer Zeichenfolgenvariable mit dem Namen *xmlStr*. Beachten Sie, dass ich der *using*-Klausel den *System.IO*-Namespace hinzugefügt habe. ASP.NET-Anwendungen verwenden diesen Namespace in der Regel nicht; dieser ist jedoch zum Schreiben von Dateien erforderlich. Die *FileStream*-Klasse bietet Zugriff auf Dateien. Nach dem Erstellen eines *FileStream*-Objekts für die XML-Datei übergebe ich das *FileStream*-Objekt und erstelle ein neues *StreamWriter*-Objekt. Wenn Sie sich die Klassenhierarchie ansehen, sind Sie vielleicht versucht, die *TextWriter*-Klasse einzusetzen. Dies ist jedoch nicht möglich, da *TextWriter* eine abstrakte Klasse ist, die nicht direkt instanziiert werden kann. Ich rufe die *Write*-Methode für das *StreamWriter*-Objekt auf und übergebe die XML-Zeichenfolge. Nach Beendigung der *Write*-Methode schließe ich das *StreamWriter*-Objekt. Die *finally*-Klausel sorgt dafür, dass die Datenbankverbindung getrennt wird.

Die XML-Datei wird relativ zum *System32*-Verzeichnis ausgegeben, wenn der übergebene Pfad nicht absolut angegeben wird. Dies ist zunächst etwas überraschend, macht aber nach einiger Überlegung Sinn. Das aktuelle Arbeitsverzeichnis des ASP.NET-Prozesses ist das *System32*-Verzeichnis.

Abbildung 8.6 zeigt die Anzeige der *Territories*-XML-Datei im Internet Explorer.

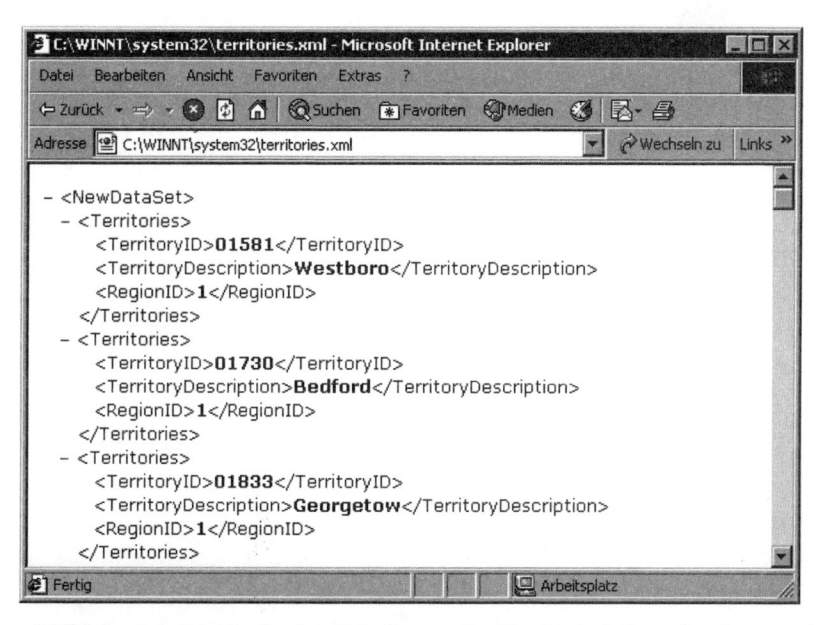

Abbildung 8.6: *Die Territories-Tabelle aus der Northwind-Datenbank, gespeichert in einer über SimpleXML.FileSave.aspx.cs erzeugten XML-Datei*

Die Fähigkeit, XML-Daten mithilfe von .NET Framework-Klassen einzulesen und auszugeben, eröffnet in Bezug auf den Datenzugriff ganz neue Möglichkeiten. Im Hinblick auf die unterstützten Datenbanken weist das .NET Framework einige Beschränkungen auf. Teilweise liegt dies an der begrenzten ODBC-Unterstützung und an der Tatsache, dass sehr wenige ODBC-Datenquellen mit dem ODBC .NET-Datenprovider getestet wurden. Da XML sich jedoch zunehmend zur bevorzugten Datensprache entwickelt, kann eine .NET-Anwendung, selbst bei fehlender Unterstützung eines direkten Zugriffs auf bestimmte Datenquellen in .NET, über die Möglichkeit zur Datenübertragung mithilfe von XML auf praktisch jede beliebige Datenbank zugreifen.

Fazit

Der Datenzugriff in ASP.NET wurde gegenüber dem Datenzugriff in ASP erheblich verbessert. Das ADO.NET-Modell ist sehr viel sorgfältiger ausgearbeitet, und obwohl es komplexer ist, stellt es eine ideale Umgebung für den Webentwickler dar. Die *DataReader*-Klasse bietet schnellen, skalierbaren Zugriff auf Daten und eignet sich für praktisch jede Form des Webdatenzugriffs. Für andere Situationen stehen ebenfalls leistungsfähigere, etwas weniger skalierbare Klassen zur Verfügung. Das Fehlen einer Cursorbibliothek bedeutet für einige Entwickler möglicherweise eine Umstellung. Viele Entwickler haben jedoch die Zusammenhänge bei der Cursorplatzierung nie ganz verstanden und trafen diesbezüglich daher nicht immer die optimale Entscheidung. Dieses Kapitel kann nur eine kurze Einführung in die Verwendung von ADO.NET innerhalb von ASP.NET bieten. ADO.NET ist ein weit reichendes Thema, über das sicherlich noch separate Bücher geschrieben werden.

In Kapitel 9 wenden wir uns den Features zu, die ASP.NET für den Datenzugriff innerhalb von Web Forms bietet. ASP.NET stellt verschiedene Serversteuerelemente bereit, mit denen Daten einfacher als jemals zuvor angezeigt werden können.

9 Daten und ASP.NET-Formulare

239 Datenzugriff über ASP-Formulare
241 Datenzugriff über ASP.NET-Formulare
242 Das DataGrid-Serversteuerelement
255 Das Repeater-Serversteuerelement
266 Erstellen von Seiten für die Dateneingabe
284 Fazit

Wären die ADO.NET-Änderungen die einzigen Änderungen hinsichtlich der Datenbehandlung in ASP.NET, wären die meisten Entwickler wohl nicht besonders beeindruckt. ASP.NET wartet aber mit noch sehr viel attraktiveren Änderungen auf, die im Kontext von ASP.NET-Formularen Verwendung finden. ASP.NET-Formulare bieten dem Entwickler durch eine unidirektionale, schreibgeschützte Datenbindung zusätzliche Unterstützung.

Wie bei vielen der Zaubertricks von ASP.NET stehen auch bei der Datenbehandlung die serverseitigen Steuerelemente im Vordergrund. Das »Schweizer Messer« der Microsoft Visual Basic 6.0-Entwickler ist die *Datentabelle*. Eine Datentabelle ist eine Komponente, die Daten in tabellarischer Form anzeigt, mit Datenzeilen und -spalten. Eine Datentabelle ähnelt vom Aussehen her einer Kalkulationstabelle. Ob dies nun gut oder schlecht ist, viele Visual Basic 6.0-Benutzerschnittstellen werden über Datentabellen gesteuert. In ASP.NET wird dieser Ansatz beibehalten, indem eine Datentabelle bereitgestellt wird, die gleichzeitig alle Vorteile der Datenbindung von ASP.NET bietet.

Zusätzlich gibt es verschiedene andere Serversteuerelemente, die zwar ein wenig schwieriger zu handhaben, dafür jedoch sehr viel flexibler sind. Diese Steuerelemente gestatten dem Entwickler die Erstellung einer Vorlage für die Benutzerschnittstelle und überlassen dem Framework die Handhabung der Recordsetnavigation. Um die ASP.NET-Verbesserungen richtig verstehen zu können, werfen wir zunächst einen Blick auf den Datenzugriff in ASP.

Datenzugriff über ASP-Formulare

Sie haben vielleicht bemerkt, dass der Datenzugriff in Active Server Pages (ASP) nach einem gewissen Muster verläuft. Dieses Muster entspricht in etwa dem der Beispiele aus Kapitel 8. Zunächst wird ein Recordset erstellt, dann wird ein Codeabschnitt wie der folgende in die ASP-Datei geschrieben:

```
<%
    while rs.EOF <> True
%>
```

```
        <TR bgcolor="#ffffc3">
            <TD>
                <%=rs("Name")%>
            </TD>
            <TD align="right">
                <%=rs("Cost")%>
            </TD>
        </TR>
<%
    rs.MoveNext
    Wend
%>
```

Diese Art von Code kann verschiedene Probleme aufwerfen. Zunächst wird der vom Benutzerschnittstellendesigner entwickelte HTML-Code mit dem Code des Datenbankdesigners vermischt. Wenn dieselbe Person beide Aufgaben übernimmt, wie dies bei kleineren Sites häufig der Fall ist, stellt diese Überschneidung kein Hindernis dar. Wenn das Anwendungsdesign jedoch auf zwei Teams aufgeteilt wird, bei denen die Schnittstellendesigner in HTML und die Datenbankdesigner in VBScript (Visual Basic Scripting Edition) arbeiten, führt dies häufig zu Problemen. Während der Entwicklung einer umfangreichen Anwendung ist es beispielsweise möglich, dass Benutzerschnittstelle und Datenbankdesign parallel entwickelt werden. Ein Tool zur Quellcodeverfolgung kann hier zwar Konflikte minimieren, aber auch zu Verzögerungen führen, z.B. wenn ein Entwickler an einer einzelnen Datei mit beiden Codetypen arbeitet.

Das zweite Problem ist eigentlich eher eine lächerliche Kleinigkeit, aber ich selbst habe oft genug damit zu kämpfen gehabt. Während der Anfangsphase eines großen Projekts habe ich etwa einmal pro Woche statt des oben aufgeführten Beispiels Code wie den folgenden verwendet:

```
<%
    while rs.EOF <> True
%>
        <TR bgcolor="#ffffc3">
            <TD>
                <%=rs("Name")%>
            </TD>
            <TD align="right">
                <%=rs("Cost")%>
            </TD>
        </TR>
<%
    Wend
%>
```

Der Unterschied zwischen diesem Codesegment und dem zuvor gezeigten ist sehr fein und wird erst bei Ausführung der Seite offensichtlich: In diesem Beispiel fehlt der Code für den Wechsel zum nächsten Datensatz. Diese eine fehlende Zeile führt dazu, dass die Seite niemals wirklich angezeigt wird, da das Prädikat der *while*-Anweisung (*rs.EOF <> True*) immer *True* lautet und das Programm in einer Schleife gefangen ist – wenigstens so lange, bis Sie die Internet-Informationsdienste (IIS) anhalten oder eine Zeitüberschreitung für die Seite auftritt.

ADO.NET löst dieses Problem vergessener Anweisungen zur Datensatznavigation, indem die *Read*-Methode eines *DataReader*-Objekts ebenfalls zum nächsten Datensatz wechselt und dann Code zum Erfolg der Navigation zurückgibt. Das ASP.NET-Beispiel aus Kapitel 8 lautet daher (in C#) folgendermaßen:

```
<%
while ( dr.Read() )
{
%>
    <TR bgcolor="#ffffc3">
        <TD>
            <%=dr.GetString(0)%>
        </TD>
        <TD align="right">
            <%=dr.GetDecimal(1).ToString("C")%>
        </TD>
    </TR>
<%
}
%>
```

In diesem ASP.NET-Beispiel liest *dr.Read* den nächsten Datensatz ein und navigiert gleichzeitig durch das *DataReader*-Objekt. Allein diese Änderung wird mir einen oder zwei Neustarts pro Woche ersparen.

TIPP: Im vorstehenden Codesnippet habe ich die sehr effiziente *GetString*-Methode des *DataReader*-Objekts verwendet. Es gibt viele *Get*-Methoden zum Abruf der unterstützten Variablentypen. Alternativ kann beispielsweise eine Syntax wie *dr["FieldName"]* oder *dr.GetBoolean(dr.GetOrdinal("BoolFieldName"))* verwendet werden. Das Problem bei der *dr["FieldName"]*-Syntax liegt darin, dass der Rückgabewert ein Objekt ist und daher in den richtigen Typ umgewandelt werden muss. In diesem Beispiel waren mir die Feldordinale bereits bekannt, daher erspare ich mir durch den Aufruf von *GetString* einen Suchlauf nach den Feldnamen.

Datenzugriff über ASP.NET-Formulare

Im vorliegenden Kapitel und in Kapitel 10 werden wir ein Beispielsystem zur Bereitstellung von Golfartikeln entwickeln. Ich bin sehr häufig für die Golf Society of the U.S. und die vereinseigene Zeitschrift, das *Player*-Magazin, tätig. Bei dieser Arbeit war es ein lang gehegter Wunsch, zusätzliche Möglichkeiten für das Content Syndication-Modell zu schaffen. Wenn einer unserer Partner an einem Artikel auf der Golf Society-Website interessiert ist, kann er einen Link zu einem virtuellen Verzeichnis auf unserer Website einrichten. Die virtuellen Verzeichnisse haben dasselbe Layout wie die Partnersites, wenn sich jedoch an »Look and Feel« der Partnersite etwas ändert, müssen diese Änderungen auch an unserer Site vorgenommen werden.

Eine Lösung bieten hier die XML-Webdienste. (Die XML-Webdienste werden in Kapitel 10 besprochen.) Bei Einsatz eines solchen Dienstes können die Content Syndication-Partner einfach mithilfe eines SOAP-fähigen Clients (Simple Object Access Protocol) eine Verbindung zum XML-Webdienst herstellen und Artikel nach Bedarf abrufen. Sobald der XML-Webdienst verfügbar ist, können verschiedene weitere Arten von Service angeboten werden. Viele Content Syndication-Partner möchten beispielsweise aktuelle Berichte zu den verschiedenen Golfturnieren bereitstellen. Auch hier stellen XML-Webdienste die ideale Lösung dar.

Zur Unterstützung eines solchen XML-Webdienstes werden wir in diesem Kapitel eine kleine Datenbank mit dem Namen *GolfArticles* verwenden. Neben den Artikeln wird die *GolfArticles*-Datenbank Kundeninformationen enthalten, die Auskunft über die Zugriffsberechtigung des Benutzers auf den fraglichen Artikel geben. Sie finden diese Datenbank auf der Begleit-CD-ROM.

Das DataGrid-Serversteuerelement

Das ASP.NET-Serversteuerelement *DataGrid* ist ein relativ flexibles Steuerelement, mit dem Tabellen zum Anzeigen, Bearbeiten und Löschen von Datenzeilen erstellt werden können. Abbildung 9.1 zeigt eine einfache Tabelle zur Anzeige einiger Daten aus der *Customer*-Tabelle.

Neben den Datenspalten (*CustomerID*, *CompanyName*, *UserName*, *Password* und *DateEntered*) sind zwei zusätzliche Spalten vorhanden. Die erste Spalte enthält in jeder Zeile einen Link zur Bearbeitung (*Edit*), in der zweiten Spalte befindet sich in jeder Zeile ein Link zum Löschen (*Delete*). In einer herkömmlichen Visual Basic 6.0-Datentabelle navigieren Sie üblicherweise einfach zur gewünschten Zeile und nehmen die Änderungen direkt vor. Die *Edit*- und *Delete*-Links sind dafür vorgesehen, eine einzelne Zeile in den Bearbeitungsmodus zu versetzen und eine einzelne Zeile zu löschen. Wenn Sie auf einen der *Edit*-Links klicken, wechselt die Datentabelle in den Bearbeitungsmodus, wie dargestellt in Abbildung 9.2.

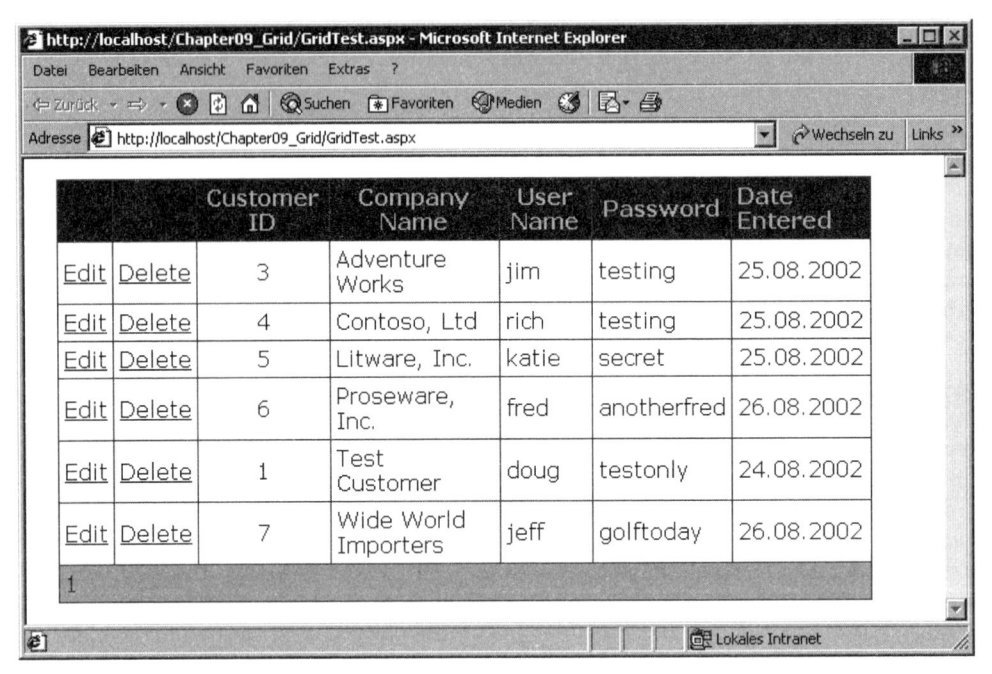

		Customer ID	Company Name	User Name	Password	Date Entered
Edit	Delete	3	Adventure Works	jim	testing	25.08.2002
Edit	Delete	4	Contoso, Ltd	rich	testing	25.08.2002
Edit	Delete	5	Litware, Inc.	katie	secret	25.08.2002
Edit	Delete	6	Proseware, Inc.	fred	anotherfred	26.08.2002
Edit	Delete	1	Test Customer	doug	testonly	24.08.2002
Edit	Delete	7	Wide World Importers	jeff	golftoday	26.08.2002

Abbildung 9.1: Die durch GridTest.aspx *erzeugte Seite, ein Beispiel für eine ASP.NET-Datentabelle*

Sie können nun Änderungen an allen datengebundenen Spalteneinträgen in dieser Zeile vornehmen. Ausgenommen hiervon sind die Spalten *CustomerID* und *DateEntered*, da diese als schreibgeschützt deklariert wurden.

In diesem Beispiel ist das Aussehen der Links *Edit*, *Delete*, *Update* und *Cancel* noch recht unansehnlich. Sehen wir uns an, wie diese Seite im Entwurfsmodus von Visual Studio .NET aussieht und wie wir das Layout weiter verbessern können. Abbildung 9.3 zeigt *GridTest.aspx* in Visual Studio .NET.

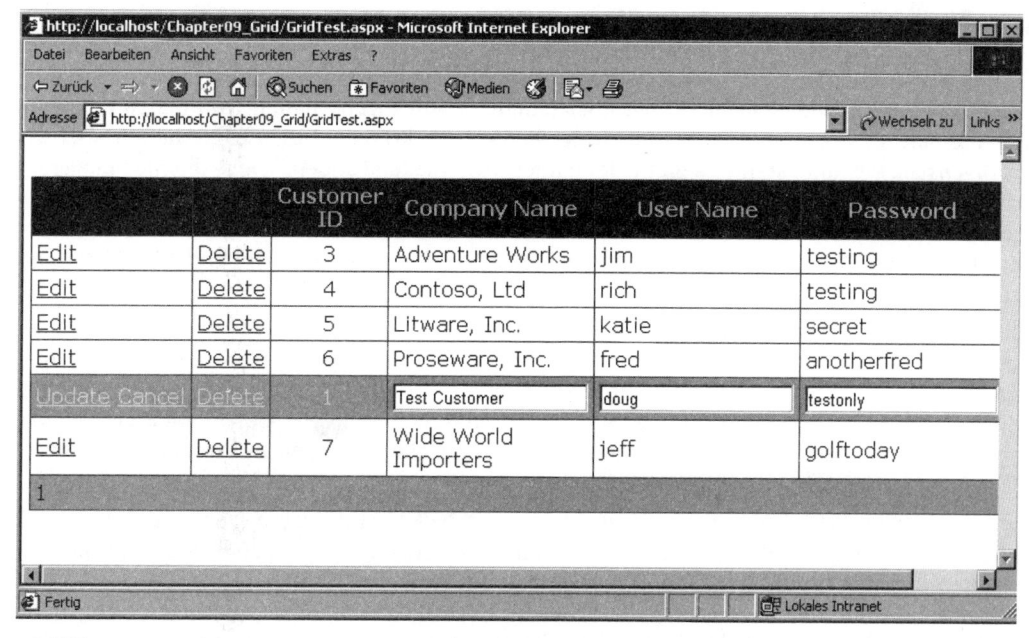

Abbildung 9.2: GridTest.aspx *mit einer Zeile im Bearbeitungsmodus*

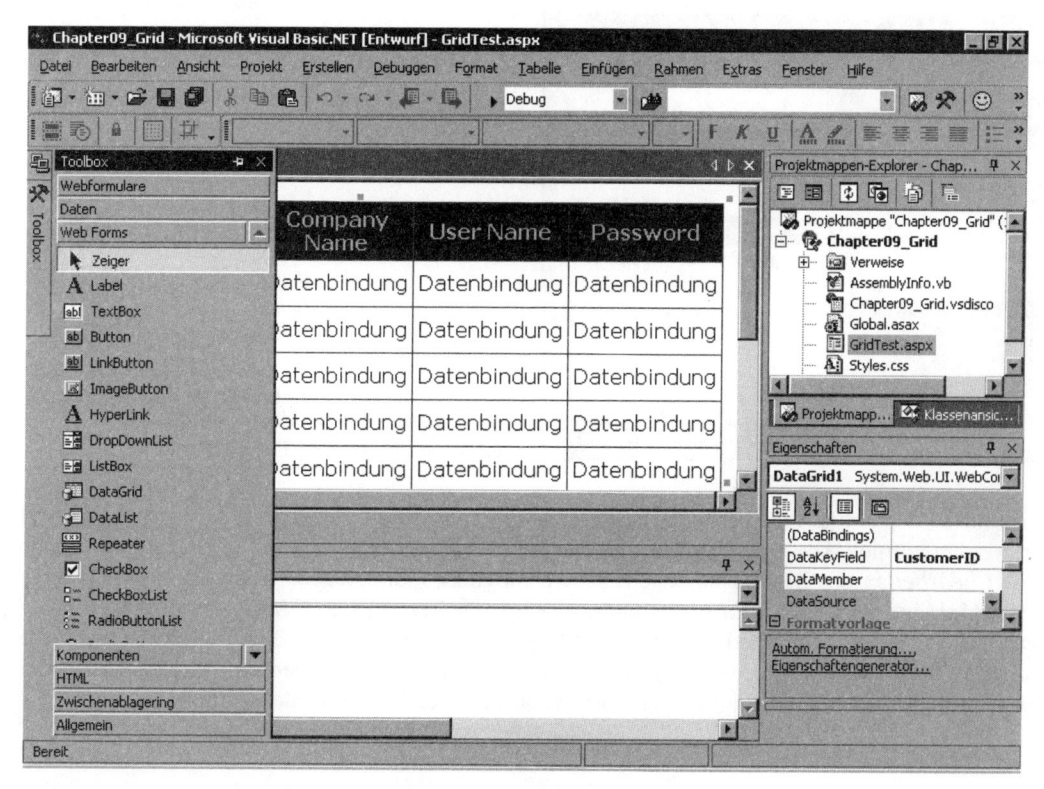

Abbildung 9.3: GridTest.aspx *im Entwurfsmodus von Visual Studio .NET*

Bearbeiten einer Datentabelle mithilfe des Visual Studio .NET-Designers

Das *DataGrid*-Serversteuerelement verfügt über Hunderte von Eigenschaften, von denen einige im Eigenschaftenfenster von Abbildung 9.3 angezeigt werden. Sie können diese Eigenschaften über das Fenster *Eigenschaften* anpassen. Es gibt jedoch auch verschiedene andere Tools, die Sie zur Veränderung von Look und Feel der Datentabelle einsetzen können. Wenn Sie im Designer mit der rechten Maustaste auf die Datentabelle klicken, wird ein Kontextmenü geöffnet, das verschiedene Optionen enthält. Zu den interessantesten dieser Optionen zählen *Autom. Formatierung* und *Eigenschaftengenerator*.

Abbildung 9.4 zeigt das Dialogfeld *Autom. Formatierung*. In diesem Dialogfeld kann der Entwickler aus Dutzenden von Optionen auswählen, indem er eines der vordefinierten Farbschemas auswählt. Die Eigenschaften *ItemStyle*, *AlternatingItemStyle* und *EditItemStyle* umfassen jeweils verschiedene Einstellungen zu Steuerelementfarbe, Schriftarten, Rahmen und CSS (Cascading Style Sheets). Durch die Auswahl eines Schemas werden alle diese Stileinstellungen in einem Arbeitsschritt festgelegt.

Ein weiteres interessantes Tool zur Erstellung von Datentabellen ist der Eigenschaftengenerator, der in Abbildung 9.5 gezeigt wird. Im Dialogfeld des Eigenschaftengenerators können Sie nicht nur einzelne Spalten erstellen, sondern auch den Headertext, das Datenfeld zum Auffüllen der Spalte, und das Format von Header oder Elementspalten anpassen. Ich habe anhand des Eigenschaftengenerators den Text aller Header sowie der Datenspalte *Customer ID* zentriert formatiert.

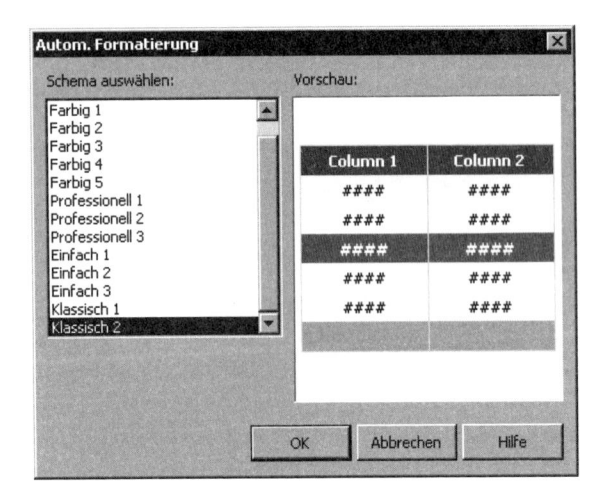

Abbildung 9.4: *Das Visual Studio .NET-Dialogfeld »Autom. Formatierung«*

Aus diesem Dialogfeld ist nicht ersichtlich, wie die *Edit*-, *Update*- und *Cancel*-Links durch Bilder ersetzt werden können. Die noch weniger offensichtliche Lösung besteht darin, einen Bildlink in das Feld *Text bearbeiten* des Eigenschaftengenerator-Dialogfeldes einzufügen. Wenn Sie beispielsweise den *Edit*-Link in *<IMG SRC=Edit.jpg>* ändern, wird der Text in der *Edit*-Spalte durch ein Bild namens *Edit.jpg* ersetzt. Die Ergebnisseite sehen Sie in Abbildung 9.6. Die Bilder könnten durch die Einstellung *Border=0* für das *<IMG>*-Tag auch ohne Rahmen dargestellt werden. Durch Bearbeitung des *<IMG>*-Tags können auch alle sonstigen Erweiterungen für HTML-Bilder genutzt werden.

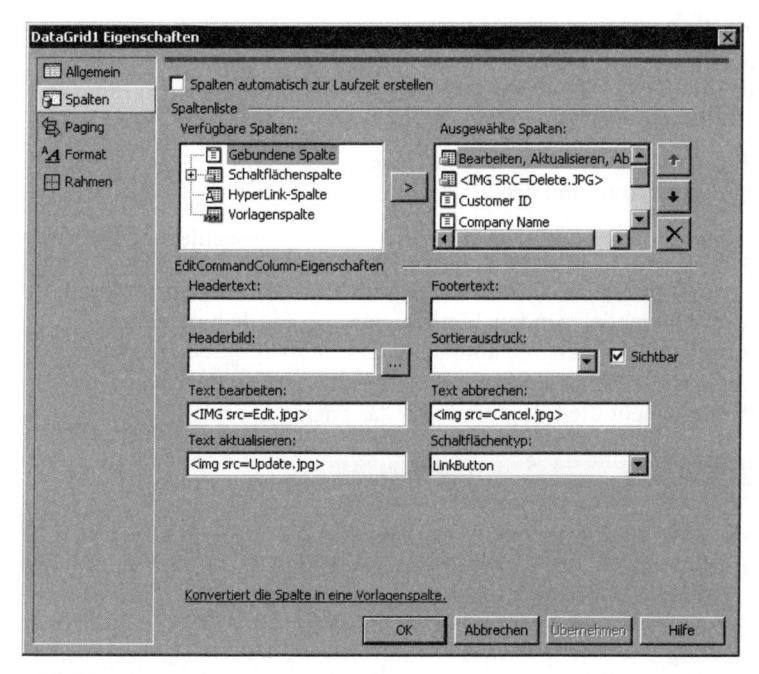

Abbildung 9.5: *Der Eigenschaftengenerator von Visual Studio .NET zur Anpassung von Datentabellenkomponenten*

TIPP: Wenn Sie über den Eigenschaftengenerator dem *EditText*-Attribut und den verbleibenden Textattributen ein *<IMG>*-Tag hinzufügen, hat dies den Vorteil, dass der Eigenschaftengenerator nicht in Attributen erlaubte Zeichen durch entsprechende Escapezeichen ersetzt. *<IMG SRC=Edit.jpg>* wird beispielsweise automatisch durch *<IMG SRC=Edit..JPG>* ersetzt.

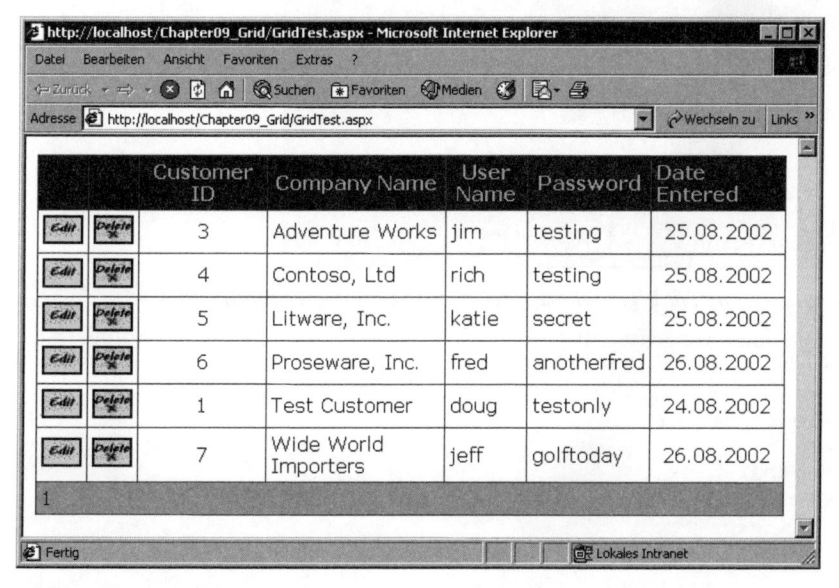

Abbildung 9.6: GridTest.aspx *mit Bildern zur Ersetzung der Textlinks*

Daten und ASP.NET-Formulare

HINWEIS: Die kleinen Bilder, die Abbildung 9.6 hinzugefügt wurden, sollen lediglich veranschaulichen, dass es *möglich* ist, einer Datentabelle Bilder hinzuzufügen. Wenn es mit Ihrer künstlerischen Begabung nicht weit her ist, machen Sie es wie ich: Heuern Sie für die Bilder in Ihren Produktionsanwendungen einen Grafikdesigner an.

Im linken Fensterbereich des Eigenschaftengenerators steht eine *Paging*-Option zur Verfügung. Abbildung 9.7 zeigt diesen Dialogfeldausschnitt mit den verfügbaren Pagingoptionen für die Datentabelle.

Auf dieser Seite können Sie angeben, wie und ob ein Paging stattfinden soll. Sie haben die Auswahl zwischen den Optionen *Paging zulassen* oder *Benutzerdef. Paging*, und Sie können festlegen, ob Seitenzahlen für die Seitenauswahl verwendet werden können oder ob Sie Schaltflächen für die nächste bzw. die vorherige Seite anzeigen möchten. Sie können darüber hinaus die Anzahl zugelassener Datensätze festlegen. Wenn Sie das Paging zulassen und kein benutzerdefiniertes Paging einrichten, übernimmt das *DataGrid*-Steuerelement die Hauptarbeit für das Paging.

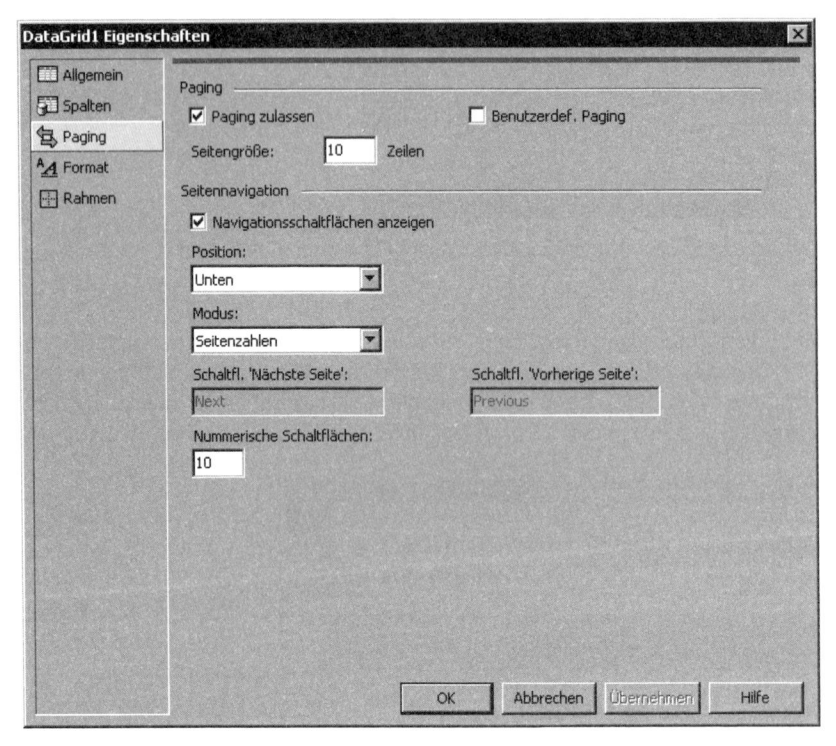

Abbildung 9.7: Der Paging-Abschnitt im Eigenschaftengenerator von Visual Studio .NET

Die finale *GridTest.aspx*-Datei sehen Sie in Listing 9.1.

```
<%@ Page Language="vb" AutoEventWireup="false"
Codebehind="GridTest.aspx.vb"
Inherits="Chapter09_Grid.WebForm1"%>
<!DOCTYPE HTML PUBLIC "-//W3C//DTD HTML 4.0 Transitional//EN">
<HTML>
    <HEAD>
        <title></title>
        <meta content="Microsoft Visual Studio.NET 7.0" name="GENERATOR">
```

```
        <meta content="Visual Basic 7.0" name="CODE_LANGUAGE">
        <meta content="JavaScript" name="vs_defaultClientScript">
        <meta content="http://schemas.microsoft.com/intellisense/ie5"
            name="vs_targetSchema">
</HEAD>
<body>
    <form id="Form1" method="post" runat="server">
        <asp:datagrid id="DataGrid1"
            runat="server"
            Font-Names="Verdana,Arial"
            AllowPaging="True"
            BorderStyle="None"
            BorderWidth="1px"
            BorderColor="#3366CC"
            BackColor="White"
            CellPadding="4"
            AllowSorting="True"
            OnDeleteCommand="OnDelete"
            DataKeyField="CustomerID"
            OnUpdateCommand="OnUpdate"
            OnEditCommand="OnEdit"
            AutoGenerateColumns="False"
            OnCancelCommand="OnCancel">
            <FooterStyle
                ForeColor="#003399"
                BackColor="#99CCCC">
            </FooterStyle>
            <HeaderStyle Font-Bold="True"
                ForeColor="#CCCCFF"
                BackColor="#003399">
            </HeaderStyle>
            <PagerStyle NextPageText="Next"
                PrevPageText="Previous"
                HorizontalAlign="Left"
                ForeColor="#003399"
                BackColor="#99CCCC"
                Mode="NumericPages">
            </PagerStyle>
            <SelectedItemStyle Font-Bold="True"
                ForeColor="#CCFF99"
                BackColor="#009999">
            </SelectedItemStyle>
            <EditItemStyle ForeColor="Yellow"
                BackColor="#99CCCC">
            </EditItemStyle>
            <ItemStyle ForeColor="#003399"
                BackColor="White">
            </ItemStyle>
            <Columns>
                <asp:EditCommandColumn
                    ButtonType="LinkButton"
                    UpdateText="&lt;img src=Update.jpg&gt;"
                    CancelText="&lt;img src=Cancel.jpg&gt;"
                    EditText="&lt;IMG src=Edit.jpg&gt;">
                </asp:EditCommandColumn>
                <asp:ButtonColumn
```

```
                        Text="&lt;IMG SRC=Delete.JPG&gt;"
                        CommandName="Delete">
                        <HeaderStyle HorizontalAlign="Center">
                        </HeaderStyle>
                    </asp:ButtonColumn>
                    <asp:BoundColumn
                        DataField="CustomerID"
                        ReadOnly="True"
                        HeaderText="Customer ID">
                        <HeaderStyle HorizontalAlign="Center">
                        </HeaderStyle>
                        <ItemStyle HorizontalAlign="Center">
                        </ItemStyle>
                    </asp:BoundColumn>
                    <asp:BoundColumn
                        DataField="CompanyName"
                        HeaderText="Company Name">
                        <HeaderStyle HorizontalAlign="Center">
                        </HeaderStyle>
                    </asp:BoundColumn>
                    <asp:BoundColumn
                        DataField="UserName"
                        HeaderText="User Name">
                        <HeaderStyle HorizontalAlign="Center">
                        </HeaderStyle>
                        <ItemStyle Width="60px">
                        </ItemStyle>
                    </asp:BoundColumn>
                    <asp:BoundColumn
                        DataField="Password"
                        HeaderText="Password">
                        <HeaderStyle HorizontalAlign="Center">
                        </HeaderStyle>
                    </asp:BoundColumn>
                </Columns>
            </asp:datagrid>
        </form>
    </body>
</HTML>
```

Listing 9.1: GridTest.aspx, *die Quelldatei für die in Abbildung 9.6 gezeigte Datentabelle*

Jedes der über die automatische Formatierung bzw. den Eigenschaftengenerator konfigurierten Elemente ist im .aspx-Code enthalten. Die folgenden Zeilen erzeugen beispielsweise die *Customer ID*-Spalte in der Datentabelle:

```
<asp:BoundColumn
    DataField="CustomerID"
    ReadOnly="True"
    HeaderText="Customer ID">
    <HeaderStyle HorizontalAlign="Center">
    </HeaderStyle>
    <ItemStyle HorizontalAlign="Center">
    </ItemStyle>
</asp:BoundColumn>
```

Das Aussehen der Spalte wird über die Attribute des *<asp:BoundColumn>*-Tags gesteuert. Das *DataField*-Attribut, der Name des Datenfeldes in der Datenquelle der Tabelle, legt das Spaltenfeld fest. Anhand des *HeaderText*-Attributs können die Spalten benutzerfreundlicher benannt werden. Die *Customer ID*-Spalte ist schreibgeschützt, wie durch das Attribut/Wert-Paar *ReadOnly="True"* festgelegt. Die *HeaderStyle*- und *ItemStyle*-Tags steuern das Aussehen der Header und der einzelnen Elemente. Für jedes dieser Stiltags können Dutzende von Attributen konfiguriert werden. Details zu diesen Attributen finden Sie in der MSDN-Dokumentation.

Es gibt in Visual Studio .NET keine einfache Methode zum Setzen der Ereignishandler, die das Verhalten beim Klicken auf die *Edit*-, *Update*- und *Cancel*-Links bzw. -Bilder steuern. Der erforderliche Code befindet sich im *<asp:datagrid>*-Tag, wie in den letzten drei Attributen des folgenden Codesnippets gezeigt wird:

```
<asp:datagrid id="DataGrid1"
    Runat="server"
    Font-Names="Verdana,Arial"
    AllowPaging="True"
    BorderStyle="None"
    BorderWidth="1px"
    BorderColor="#3366CC"
    BackColor="White"
    CellPadding="4"
    AllowSorting="True"
    AutoGenerateColumns="False"
    DataKeyField="CustomerID"
    OnDeleteCommand="OnDelete"
    OnUpdateCommand="OnUpdate"
    OnEditCommand="OnEdit"
    OnCancelCommand="OnCancel">
```

Dieses Tag enthält zwei weitere wichtige Attribute: *AutoGenerateColumns* und *DataKeyField*. Wenn *AutoGenerateColumns* auf den Wert *True* gesetzt wird, werden basierend auf der *DataSource*-Eigenschaft des *DataGrid*-Steuerelements automatisch Tabellenspalten erstellt. Dies ist fast nie eine gute Idee, da der Standardwert für die *HeaderText*-Eigenschaft der Spaltenname ist. Obwohl Microsoft SQL Server 6.5 und höhere Versionen die Verwendung von Spaltennamen mit Leerzeichen wie beispielsweise »Name Firma« erlauben, verursacht die Verwendung von Feldnamen mit Leerzeichen bei der Arbeit mit solchen Tabellen viele kleinere Probleme. SQL Server-intern sollten deshalb eher Namen wie »NameFirma« verwendet werden. Das *DataKeyField*-Attribut steuert die eindeutige Tabellenspalte, die über das *DataGrid*-Steuerelement angezeigt wird. Wenn dieses Attribut gesetzt wurde, ist es bequemer, den zu bearbeitenden oder zu löschenden Datensatz in den Ereignishandlern zu referenzieren.

Bearbeiten einer Datentabelle mit Visual Basic .NET

Listing 9.2 zeigt die CodeBehind-Datei *GridTest.aspx.vb* für *GridTest.aspx*. Dieser Code ist für die Handhabung der *GolfArticles*-Datenbankverbindung sowie für das Aktualisieren und Löschen von Datensätzen verantwortlich.

```
Imports System.Data
Imports System.Data.SqlClient

Public Class WebForm1
```

```vb
    Inherits System.Web.UI.Page
    Protected WithEvents DataGrid1 _
      As System.Web.UI.WebControls.DataGrid
    Protected cn As System.Data.SqlClient.SqlConnection
    Protected da As System.Data.SqlClient.SqlDataAdapter

#Region " Web Form Designer Generated Code "

    "This call is required by the Web Form Designer.
    <System.Diagnostics.DebuggerStepThrough()> _
    Private Sub InitializeComponent()

    End Sub

    Private Sub Page_Init(ByVal sender As System.Object, _
    ByVal e As System.EventArgs) Handles MyBase.Init
        "CODEGEN: This method call is required
        "by the Web Form Designer
        "Do not modify it using the code editor.
        InitializeComponent()
    End Sub

#End Region

    Private Sub Page_Load(ByVal sender As System.Object, _
    ByVal e As System.EventArgs) Handles MyBase.Load
        "Put user code to initialize the page here
        If Me.IsPostBack <> True Then
            doDataBind()
        End If
    End Sub

    Protected Overridable Sub OnDelete( _
    ByVal Sender As Object, ByVal e As DataGridCommandEventArgs)
        Dim dr As DataRow
        Dim item As String
        Dim cmd As SqlCommand
        Me.cn = New SqlConnection("server=localhost;" + _
          "Integrated Security=SSPI;Initial Catalog=GolfArticles")
        Try
            Me.cn.Open()
            item = e.Item.Cells(2).Text
            cmd = New SqlCommand( _
              "Delete FROM Customer WHERE CustomerID=" + item, cn)
            cmd.ExecuteNonQuery()
        Catch eDelete As Exception
            " Should handle error
        Finally
            cn.Close()
        End Try
        doDataBind()
    End Sub

    Protected Overridable Sub OnEdit(ByVal sender As Object, _
    ByVal e As DataGridCommandEventArgs)
        DataGrid1.EditItemIndex = e.Item.ItemIndex
```

```vb
        doDataBind()
End Sub

Protected Overridable Sub OnUpdate( _
ByVal sender As Object, _
ByVal e As DataGridCommandEventArgs)
    Dim UserName As String
    Dim password As String
    Dim companyName As String
    Dim CustomerID As String

    companyName = Request.Form.Item(1).ToString()
    UserName = Request.Form.Item(2).ToString()
    password = Request.Form.Item(3).ToString()

    Dim cmd As SqlCommand
    Me.cn = New SqlConnection("server=localhost;" + _
      "Integrated Security=SSPI;Initial Catalog=GolfArticles")
    Try
        Me.cn.Open()
        CustomerID = e.Item.Cells(2).Text

        cmd = New SqlCommand( _
          "UPDATE Customer SET CompanyName=""" + _
          companyName + _
          """, UserName=""" + UserName + _
          """, Password=""" + password + _
          """ WHERE CustomerID=" + CustomerID, cn)
        cmd.ExecuteNonQuery()
    Catch eUpdate As Exception
        ' Should handle error

    Finally
        cn.Close()
    End Try
    DataGrid1.EditItemIndex = -1

    doDataBind()
End Sub

Protected Overridable Sub OnCancel( _
ByVal sender As Object, _
ByVal e As DataGridCommandEventArgs)
    DataGrid1.EditItemIndex = -1
    doDataBind()
End Sub

' Centralized method to do data binding, when required.
Protected Sub doDataBind()
    Dim ds As DataSet
    Dim bc As BoundColumn
    Me.cn = New SqlConnection("server=localhost;" + _
        "Integrated Security=SSPI;Initial Catalog=GolfArticles")
    Me.cn.Open()
    Me.da = New SqlDataAdapter( _
    "Select * from Customer ORDER BY CompanyName", cn)
```

```
        ds = New DataSet("Customers")
        da.Fill(ds, "Customers")
        Me.DataGrid1.DataSource = _
            ds.Tables("Customers").DefaultView
        bc = New BoundColumn()
        bc.DataField = "DateEntered"
        bc.HeaderText = "Date Entered"
        bc.ReadOnly = True
        bc.ItemStyle.HorizontalAlign = HorizontalAlign.Center
        bc.DataFormatString = "{0:d}"
        Me.DataGrid1.Columns.Add(bc)
        Me.DataGrid1.DataBind()

    End Sub
End Class
```

Listing 9.2: GridTest.aspx.vb, *die CodeBehind-Datei von* GridTest.aspx

Der *Page_Load*-Ereignishandler ist eine einfache Methode. Falls die Seite das erste Mal geladen wird (es sich also *nicht* um ein Postback handelt), ruft die Seite die *dbDataBind*-Methode der Klasse auf. Diese sehen Sie im unteren Bereich von Listing 9.2. Ein Großteil des Codes der *doDataBind*-Methode sorgt für die Erstellung und Einrichtung der Datenquelle für das *DataGrid*-Steuerelement. Genaue Beobachter werden in Abbildung 9.7 und Listing 9.1 bemerken, dass die Spalte *Date Entered* nicht in *GridTest.aspx* erstellt wird. Die *doDataBind*-Methode zeigt, wie die zusätzliche Spalte erscheint:

```
bc = New BoundColumn()
bc.DataField = "DateEntered"
bc.HeaderText = "Date Entered"
bc.ReadOnly = True
bc.ItemStyle.HorizontalAlign = HorizontalAlign.Center
bc.DataFormatString = "{0:d}"
Me.DataGrid1.Columns.Add(bc)
Me.DataGrid1.DataBind()
```

In diesem Codeabschnitt habe ich zunächst eine neue Instanz des *BoundColumn*-Objekts erstellt. Anschließend habe ich verschiedene Eigenschaften gesetzt, von denen *DataFormatString* die interessanteste ist. Standardmäßig werden Datenfelder in der Form *mm/dd/yyyy hh:mm:ss XM* angezeigt. In vielen Fällen ist die Anzeige des Datums mit einer bis auf die Sekunde genauen Uhrzeit des Guten zuviel. In diesem Beispiel habe ich als Formatzeichenfolge *{0:d}*. Die *0* bezieht sich auf den ersten und einzigen Wert, der an die Formatzeichenfolge übergeben wird – das Datum. Das *d* nach dem Semikolon weist das .NET Framework an, das Datum im kurzen Datumsformat anzuzeigen: *mm/dd/yyyy*. Das *BoundColumn*-Objekt ist einer von verschiedenen Spaltentypen, die einem *Data-Grid*-Steuerelement hinzugefügt werden können. Beim programmgesteuerten Hinzufügen der neuen Zeile setze ich auch die *ReadOnly*-Eigenschaft auf *True*, da das *DateEntered*-Feld nicht verändert werden sollte. Tabelle 9.1 enthält eine vollständige Liste der verfügbaren Spaltentypen.

Spaltentyp	Beschreibung
BoundColumn	Zeigt eine an ein Feld der *DataSource*-Eigenschaft des *DataGrid*-Steuerelements gebundene Spalte an.
ButtonColumn	Zeigt eine Befehlsschaltfläche für jedes Element in der Spalte an. Über diesen Spaltentyp können Spalten mit benutzerdefinierten Schaltflächen wie z.B. eine *Hinzufügen*-Schaltfläche angezeigt werden.
EditCommandColumn	Zeigt eine Spalte wie die *Edit-* oder *Delete*-Spalte des vorangegangenen Beispiels an.
HyperLinkColumn	Zeigt die Inhalte jedes Spaltenelements als Hyperlink an. Mithilfe dieses Spaltentyps können beispielsweise weiter gehende Informationen zu einer bestimmten Zeile verknüpft werden.
TemplateColumn	Zeigt jedes Spaltenelement gemäß einer festgelegten Vorlage an. Über diesen Spaltentyp kann das Tabellenaussehen angepasst werden.

Tabelle 9.1: Spaltentypen für das DataGrid-*Steuerelement*

Nachdem das Spaltenobjekt erstellt wurde und die erforderlichen Eigenschaften gesetzt sind, wird die Spalte als Nächstes anhand der *Add*-Methode der *Columns*-Auflistung des *DataGrid*-Objekts hinzugefügt.

Abschließend findet der eigentliche Aufruf der *DataBind*-Methode des *DataGrid*-Objekts statt. Auf der Seite selbst ist ebenfalls eine *DataBind*-Methode vorhanden. Wenn mehrere datengebundene Steuerelemente vorliegen, wird eher diese Methode als die Methode des *DataGrid*-Objekts aufgerufen. Es ist wichtig, dass beim ersten Laden der Seite (und wenn *IsPostBack* innerhalb des *Page_Load*-Ereignisses den Wert *false* aufweist) sowie bei jeder Datenquellenänderung die datengebundenen Steuerelemente neu gebunden werden. Diese Bindung wird *nicht* automatisch durch das .NET Framework oder Visual Studio .NET vorgenommen. Die Daten *müssen* explizit gebunden werden.

HINWEIS: Ich habe hier nicht die Visual Studio .NET-Tools zum Generieren der Datenquellen und Verbindungen eingesetzt. Zwar bietet der Einsatz der Visual Studio .NET-Tools verschiedene Vorteile, u.a. die Erstellung vollständig typensicherer Datensätze. Der Nachteil ist jedoch, dass Teile des generierten Codes leicht bizarr sind. So werden möglicherweise Dutzende von SQL-Codezeilen von Visual Studio .NET erzeugt, die am rechten Rand willkürlich abgeschnitten werden. Der verbleibende Code wird in den folgenden Zeilen angezeigt, d.h. es gibt Zeilen, in denen Spaltennamen oder SQL-Schlüsselwörter mitten im Wort getrennt werden. Die von Visual Studio .NET erstellte Ergebniszeichenfolge enthält nach Verkettung gültige SQL-Anweisungen, aber diese sind weder verständlich noch verwaltbar. Für die Beispiele in diesem Buch verwende ich daher nicht die Visual-Tools zum Erstellen der Datenquellen und Verbindungen. Ich finde diesen zusätzlichen Aufwand im Vergleich zu der Notwendigkeit einer kontinuierlichen Codeaktualisierung im Visual-Designer jedoch erträglich.

Die CodeBehind-Datei enthält Ereignishandler für jede der Aktionsschaltflächen. Nachfolgend sehen Sie *OnDelete*, den Ereignishandler für die *Delete*-Schaltfläche:

```
Protected Overridable Sub OnDelete( _
ByVal Sender As Object, ByVal e As DataGridCommandEventArgs)
    Dim dr As DataRow

    Dim item As String
    Dim cmd As SqlCommand
    Me.cn = New SqlConnection("server=localhost;" + _
      "Integrated Security=SSPI;Initial Catalog=GolfArticles")
```

Daten und ASP.NET-Formulare

```
Try
    Me.cn.Open()
    item = e.Item.Cells(2).Text
    cmd = New SqlCommand( _
      "Delete FROM Customer WHERE CustomerID=" + item, cn)
    cmd.ExecuteNonQuery()
Catch eDelete As Exception
    " Should handle error
Finally
    cn.Close()
End Try
doDataBind()

End Sub
```

Beachten Sie, dass die ASP.NET-Datenbindung schreibgeschützt ist. Die Fähigkeit zur Datenänderung erfordert relativ viel Code in der CodeBehind-Datei.

Der erste Punkt auf der Tagesordnung lautet, eine Verbindung herzustellen, genau wie in den Beispielen aus Kapitel 8. Als Nächstes wird ein *SqlCommand*-Objekt erstellt und eine SQL-Anweisung übergeben. Im vorliegenden Fall muss die in der Datentabelle aktuell ausgewählte Zeile gelöscht werden. Hierzu wird im Parameter *e* ein *DataGridCommandEventArgs*-Objekt an den *OnDelete*-Handler übergeben. Dieses Objekt weist eine Eigenschaft *Item* auf, *Item* verfügt über eine Auflistung namens *Cells*. Bei *Cells* handelt es sich um eine 0-basierte Auflistung aus *TableCell*-Objekten, die ein Element für jede Zelle der ausgewählten Zeile enthält. Anhand dieser Informationen kann ich das *CustomerID*-Feld der ausgewählten Zeile abrufen, das sich in der dritten Spalte befindet und daher als *e.Item.Cells(2)* referenziert wird. Diesen Wert verwende ich zum Erstellen der SQL-Löschanweisung, die an das *SqlCommand*-Objekt übergeben wird.

TIPP: In der wirklichen Welt kann es eventuell besser sein, Objekte zur Verbindungserstellung für Klassen zu entwerfen, die verschiedene Methoden für die Verbindungseinrichtung aufweisen. So könnte eine Klasse beispielsweise über eine *GetConnection*-Methode verfügen, die je nach Situation ein *SqlConnection*- oder ein *OleDbConnection*-Objekt zurückgibt. Wenn man dieses Konzept noch etwas weiter ausführt, kann es in einem großen System sinnvoll sein, sämtliche Klassen für den Datenzugriff in einer Datenzugriffsschicht (Data Access Layer, DAL) zu isolieren. In der COM-Welt befand sich diese DAL häufig getrennt von IIS auf einem anderen Rechner. In ASP.NET besteht hierzu eigentlich kein Grund. Im Allgemeinen würde ich in einem großen System wahrscheinlich zu einer separaten DAL tendieren, ich würde es jedoch nicht befürworten, diese auf einem separaten Rechner einzurichten. Die Handhabung der ASP.NET-DAL ist eine Kunst für sich, bisher gibt es hier noch kein optimales Verfahren.

Nach der Einrichtung des *SqlCommand*-Objekts rufe ich die *ExecuteNonQuery*-Methode auf (Kennzeichen dafür, dass der Befehl keine Datensätze zurückgibt). Abschließend erfolgt der Aufruf von *doDataBind*, da die Seite eine aktuelle Datensicht liefern soll. Dies ist besonders wichtig, denn bei einer Aktualisierung könnte ich z.B. das Feld für die Sortierung und damit die Position der Datensätze in der Tabelle ändern. Die Ereignisprozedur *OnUpdate* folgt einem ähnlichen Muster wie *OnDelete*: Sie übergibt wie *OnDelete* eine SQL-Löschanweisung einen SQL-Aktualisierungsbefehl an den *SqlCommand*-Konstruktor.

HINWEIS: Ich hätte genauso auch die Objekte *OleDbConnection* und *OleDbCommand* sowie die zugehörigen Objekte verwenden können. Da ich jedoch mit SQL Server-Daten arbeite, fand ich es angebrachter, die Objekte des *SqlClient*-Namespace zu verwenden.

Die verbleibenden zwei Ereignishandler, *OnEdit* und *OnCancel*, unterscheiden sich recht stark von *OnDelete* und *OnUpdate*. *OnEdit* ist ein eher kurzer Ereignishandler:

```
Protected Overridable Sub OnEdit(ByVal sender As Object, _
ByVal e As DataGridCommandEventArgs)
    DataGrid1.EditItemIndex = e.Item.ItemIndex
    doDataBind()
End Sub
```

Ich habe in diesem Handler die *EditItemIndex*-Eigenschaft des *DataGrid*-Objekts auf die *ItemIndex*-Eigenschaft der *Item*-Eigenschaft des *DataGridCommandEventArgs*-Objekts gesetzt, das an den Ereignishandler übergeben wird. Abschließend rufe ich *doDataBind* auf. *OnCancel* dient zum Beenden des Bearbeitungsmodus. Der Handler ist identisch, abgesehen davon, dass *EditItemIndex* auf –1 gesetzt ist, um anzuzeigen, dass kein Element ausgewählt ist. *OnUpdate* setzt *EditItemIndex* ebenfalls auf –1, wenn die Aktualisierung abgeschlossen ist, damit nach einer Aktualisierung keine Zeile im Bearbeitungsmodus angezeigt wird.

> **HINWEIS:** Es gibt ein Problem mit dem Code in *OnUpdate*. Können Sie es sehen? Wenn ich die SQL-Zeichenfolge für den Aktualisierungsbefehl erstelle, schließe ich die in der UPDATE-Anweisung erhaltenen Zeichenfolgen ordnungsgemäß in einfache Anführungszeichen ein. Was geschieht jedoch, wenn eine der Zeichenfolgen bereits über einfache Anführungszeichen verfügt – z.B. innerhalb des Unternehmensnamens: »O'Reilly's Golf«? Diese internen einfachen Anführungszeichen verursachen einen Fehler, da SQL Server davon ausgeht, dass der Firmenname nach dem ersten »O« endet, und den verbleibenden Teil der Zeichenfolge nicht analysiert. Eine Lösung besteht darin, alle einfachen Anführungszeichen durch zwei einfache Anführungszeichen zu ersetzen, da SQL Server diese als einfache Anführungszeichen innerhalb der Zeichenfolge interpretiert. Eine bessere Lösung stellt die Verwendung von Parametern dar; das nächste Beispiel verdeutlicht den Einsatz gespeicherter Prozeduren und Parameter.

Das Repeater-Serversteuerelement

Das *DataGrid*-Steuerelement ist für die Anzeige von Suchergebnissen oder für die Anzeige einfacher Datensätze sicherlich gut geeignet. Als Bearbeitungstool weist *DataGrid* jedoch einige Nachteile auf. Betrachten Sie zunächst den Unterschied in der Gesamtbreite der Datentabellen aus Abbildung 9.1 und Abbildung 9.2. Dieser Unterschied ist weniger problematisch, wenn Sie nur mit der Feldanzahl aus dem *DataGrid*-Beispiel arbeiten, kann aber bei einer großen Anzahl an Feldern schnell zu einem schwer wiegenden Problem werden.

Der zweite Nachteil ist die fehlende Steuerung über die Art und Weise der Bearbeitung. Eine Lösung für dieses Problem besteht darin, mithilfe von *TemplateColumn*-Objekten zu beschreiben, wie die Spalte bei Anzeige und Bearbeitung aussehen soll. Der Einsatz eines *TemplateColumn*-Objekts und das Festlegen der *EditItemTemplate*-Eigenschaft ist ein sinnvoller Ansatz, wenn lediglich eine oder zwei Spalten eines Datensatzes bearbeitet werden sollen.

Bei der zuvor bearbeiteten *Customer*-Tabelle treten beide Nachteile zu Tage. Zunächst umfasst die *Customer*-Tabelle neben mehreren Datenspalten auch eine E-Mail-Spalte. Diese Spalten erfordern eine besondere Validierung – im Falle des *ContractEnds*-Feldes muss die Gültigkeit des Datums überprüft werden, das *ContactEMail*-Feld erfordert eine Plausibilitätsprüfung der E-Mail-Adresse. Außerdem weist die *Customer*-Tabelle relativ viele Spalten auf, sodass die Anzeige aller Spalten auf einer Seite nicht ohne weiteres möglich ist. Listing 9.3 zeigt die SQL-Anweisung zum Erstellen der vollständigen *Customer*-Tabelle.

```
CREATE TABLE [dbo].[Customer] (
    [CustomerID] [int] IDENTITY (1, 1) NOT NULL ,
    [CompanyName] [nvarchar] (50) NOT NULL ,
    [Address] [nvarchar] (50) NULL ,
    [City] [nvarchar] (50) NULL ,
    [State] [nvarchar] (10) NULL ,
    [PostalCode] [nvarchar] (20) NULL ,
    [ContactFirstName] [nvarchar] (50) NULL ,
    [ContactLastName] [nvarchar] (50) NULL ,
    [ContactEMail] [nvarchar] (128) NULL ,
    [ContractEnds] [datetime] NOT NULL ,
    [ContractLevel] [int] NOT NULL ,
    [UserName] [nvarchar] (50) NULL ,
    [Password] [nvarchar] (50) NULL ,
    [DateEntered] [datetime] NOT NULL ,
    [DateModified] [datetime] NULL
) ON [PRIMARY]
```

Listing 9.3: *SQL-Anweisung zum Erstellen der vollständigen* Customer-*Tabelle*

Selbst wenn die Felder *DateEntered* und *DateModified* über die Datenbank verwaltet werden, bleiben noch viele Felder zu verwalten. Allein die Anzeige der Felder in einer Tabelle wäre problematisch. Glücklicherweise stehen noch andere Alternativen zur Verfügung. Abbildung 9.8 zeigt eine Darstellung, die mithilfe eines anderen Serversteuerelements erzeugt wurde, dem *Repeater*-Steuerelement.

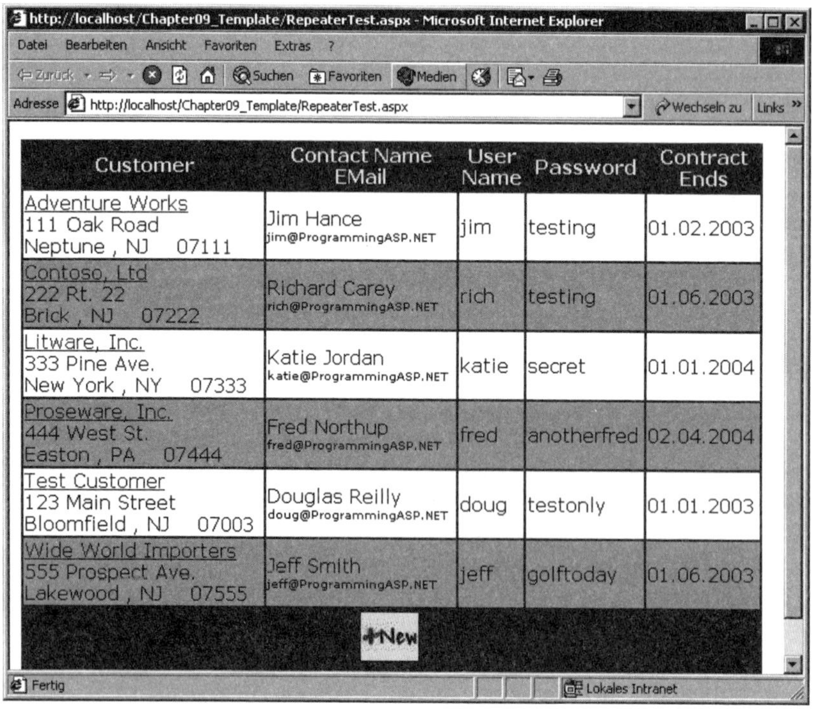

Abbildung 9.8: *Eine andere Möglichkeit zur Anzeige der Customer-Tabellendaten mithilfe eines Repeater-Steuerelements*

Auf dieser Listingseite stehen eindeutig mehr Informationen zur Verfügung als in Abbildung 9.1. In dieser Sicht werden sämtliche verwaltbaren Informationen (alle Tabellenspalten, ausgenommen die automatisch verwalteten Datumsfelder) angezeigt. Ich habe die Schriftart der E-Mail-Adressen geändert, da die Beispieladressen in der Regel sehr viel länger sind als die darüber angezeigten Kontaktnamen. Die ersten beiden Spalten enthalten viele unterschiedliche Felder, die hier in übersichtlicher Form angezeigt werden. Beispielsweise werden der Firmenname (*CompanyName*) und die zugehörigen Adressinformationen genau im erwarteten Format angezeigt. Auch wenn diese Flexibilität mit ein wenig mehr Aufwand verbunden ist als beim *DataGrid*-Steuerelement, haben Sie bei Verwendung des *Repeater*-Steuerelements doch die vollständige Kontrolle über das Aussehen der Tabelle. Genauso wichtig: Wenn Sie mit einem HTML-Schnittstellendesigner zusammenarbeiten, kann diese Zusammenarbeit mit dem *Repeater*-Steuerelement einfacher sein als mit dem *DataGrid*-Steuerelement.

Grundlegende Informationen zum Repeater-Steuerelement

Das *Repeater*-Steuerelement verhält sich in vielerlei Hinsicht wie das *DataGrid*-Steuerelement, erhöht jedoch Ihre Flexibilität auf Spaltenebene. Es gibt keinerlei Beschränkungen hinsichtlich der verwendeten Spaltenanzahl und technisch gesehen ist es nicht einmal erforderlich, eine tabellarische Ansicht zu verwenden. Die Informationen, die für jeden der an ein *Repeater*-Steuerelement gebundenen Datensätze angezeigt werden, könnten z.B. ganz ohne Formatierung angezeigt oder nur mithilfe von *
*- und *<P>*-Tags formatiert werden. Die meisten Beispiele für das *Repeater*-Steuerelement – das hier gezeigte Beispiel eingeschlossen – verwenden tatsächlich HTML-Tabellen zur Datenanzeige. Das *Repeater*-Steuerelement stellt manche der Annehmlichkeiten des *DataGrid*-Steuerelements nicht bereit, z.B. das Paging. Das *Repeater*-Steuerelement bietet jedoch einige Unterstützung für Ereignisse, die im Steuerelement ausgelöst werden; diese Unterstützung findet im vorliegenden Beispiel jedoch keine Verwendung.

TIPP: Das *DataList*-Steuerelement ähnelt dem *Repeater*-Steuerelement. Das *DataList*-Steuerelement bietet ein nettes Feature: die Fähigkeit zum Rendern mehrspaltiger Datendarstellungen. Hierbei können Sie mithilfe der Eigenschaften *RepeatColumns*, *RepeatDirection* und *RepeatLayout* steuern, wie viele Spalten angezeigt werden. Die *RepeatLayout*-Eigenschaft steuert, ob das Steuerelement die Daten in Form von Tabellen oder als Flowlayout ohne Tabellen ausgibt.

Das *Repeater*-Steuerelement unterstützt fünf Vorlagen. Jede dieser Vorlagen gibt an, wie ein bestimmter Teil der in das *Repeater*-Steuerelement eingespeisten Daten formatiert werden soll. Diese Vorlagen werden in Tabelle 9.2 beschrieben.

Wie auch *DataGrid* verfügt das *Repeater*-Steuerelement über eine *DataSource*-Eigenschaft. Es ist wichtig, diese Eigenschaft zu setzen und sicherzustellen, dass sie gelesen werden kann, denn ohne Daten kann der *Repeater*-Code nicht ausgegeben werden.

TIPP: Wenngleich nicht erforderlich, so ist es doch häufig nützlich, das *Repeater*-Steuerelement zunächst nur mit definierten *HeaderTemplate*-, *ItemTemplate*- und *FooterTemplate*-Vorlagen zu erstellen. Sobald Sie mit der Anzeige zufrieden sind – insbesondere mit der Anzeige von *ItemTemplate* – können Sie den Renderingcode von *ItemTemplate* in die Vorlage *AlternatingItemTemplate* kopieren. Andernfalls müssen Sie sowohl *ItemTemplate* als auch *AlternatingItemTemplate* debuggen und Änderungen parallel in beiden Vorlagen vornehmen, was leicht zu Fehlern führen kann.

Vorlage	Beschreibung
ItemTemplate	Elemente, die einmal pro Element in der Datenquelle gerendert werden. Dieser Vorlage können sowohl Webserver- als auch HTML-Serversteuerelemente hinzugefügt werden.
AlternatingItemTemplate	Falls angegeben, verwenden alle weiteren Elemente anstelle von *ItemTemplate* diese Vorlage. Diese Vorlage kann beispielsweise eingesetzt werden, um Farbunterschiede zu erzielen, indem die Elemente alternierend eines von zwei Farbschemas verwenden. (In Abbildung 9.8 wird *AlternatingItemTemplate* verwendet, um eine Zeile mit weißem Hintergrund und die nächste Zeile mit einer leichten Blauschattierung als Hintergrundfarbe zu erzeugen.)
HeaderTemplate	Nach einmaligem Rendern enthält diese Vorlage häufig Code zur Ausgabe des Tabellenanfangs und des Tabellenheaders. Folgendes ist zu beachten: Das schließende Element der Tabelle ist kein Bestandteil dieses Tags, daher muss ein *Repeater*-Steuerelement mithilfe der HTML-Sicht in Visual Studio .NET entworfen werden.
FooterTemplate	Sozusagen die »Buchstütze« für die andere Seite des *Repeater*-Steuerelements. Tags, die in *HeaderTemplate* geöffnet, aber nicht geschlossen wurden, sollten hier geschlossen werden.
SeparatorTemplate	Diese Vorlage wird zur Ausgabe von Text zwischen Elementen eingesetzt. Wenn beispielsweise mit dem *Repeater*-Steuerelement komplexer HTML-Code zwischen jeder Zeile ausgegeben werden soll, wird dieser komplexe Code nur einmalig angezeigt, wenn er in dieser Vorlage platziert wird.

Tabelle 9.2: *Vom* Repeater-*Steuerelement unterstützte Vorlagen*

Listing 9.4 zeigt den Code für *RepeaterTest.aspx*.

```
<%@ Page language="c#"
Codebehind="RepeaterTest.aspx.cs"
AutoEventWireup="false"
Inherits="Chapter09_Template.WebForm1" %>
<!DOCTYPE HTML PUBLIC "-//W3C//DTD HTML 4.0 Transitional//EN" >
<HTML>
    <HEAD>
        <meta name="GENERATOR" Content="Microsoft Visual Studio 7.0">
        <meta name="CODE_LANGUAGE" Content="C#">
        <meta name="vs_defaultClientScript"
          content="JavaScript (ECMAScript)">
        <meta name="vs_targetSchema"
          content="http://schemas.microsoft.com/intellisense/ie5">
    </HEAD>\
    <body>
    <form id="Form1" method="post" runat="server">
        <asp:Repeater id="Repeater1" runat="server">
            <HeaderTemplate>
                <table width="640" bgcolor="#0033ff">
                    <tr bgcolor="#0033ff">
                        <td align="center">
                            <font
                                face="Verdana,Arial"
                                color="#ffff99">
                                <b>Customer</b>
                            </font>
                        </td>
                        <td align="center">
                            <font
```

```
                        face="Verdana,Arial"
                        color="#ffff99">
                        <b>Contact Name
                        <br>
                        EMail</b></font>
                </td>
                <td align="center">
                    <font
                        face="Verdana,Arial"
                        color="#ffff99">
                        <b>User
                        <BR>
                        Name</b></font>
                </td>
                <td align="center">
                    <font
                        face="Verdana,Arial"
                        color="#ffff99">
                        <b>Password</b>
                    </font>
                </td>
                <td align="center">
                    <font
                        face="Verdana,Arial"
                        color="#ffff99">
                        <b>Contract
                        <br>
                        Ends</b></font>
                </td>
            </tr>
    </HeaderTemplate>
    <ItemTemplate>
        <tr bgcolor="#ffffff" width="200">
            <td>
                <font face="Verdana,Arial">
                    <a href="EditCustomer.aspx?CustomerID=
                        <%# DataBinder.Eval(Container.DataItem,
                        "CustomerID") %>">
                        <%# DataBinder.Eval(Container.DataItem,
                        "CompanyName") %>
                    </a>
                    <br>
                    <%# DataBinder.Eval(Container.DataItem,
                    "Address") %>
                    <br>
                    <%# DataBinder.Eval(Container.DataItem,
                    "City") %>,
                    <%# DataBinder.Eval(Container.DataItem,
                    "State") %>
                      
                    <%# DataBinder.Eval(Container.DataItem,
                    "PostalCode") %>
                </font>
            </td>
            <td>
                <font face="Verdana,Arial">
                    <%# DataBinder.Eval(Container.DataItem,
```

```
                    "ContactFirstName") %>
                    <%# DataBinder.Eval(Container.DataItem,
                    "ContactLastName") %>
                    <br>
                    <font size="1">
                        <%# DataBinder.Eval(Container.DataItem,
                        "ContactEMail") %>
                    </font></font>
            </td>
            <td>
                <font face="Verdana,Arial">
                    <%# DataBinder.Eval(Container.DataItem,
                    "UserName") %>
                </font>
            </td>
            <td>
                <font face="Verdana,Arial">
                    <%# DataBinder.Eval(Container.DataItem,
                    "Password") %>
                </font>
            </td>
            <td>
                <font face="Verdana,Arial">
                    <%# DataBinder.Eval(Container.DataItem,
                    "ContractEnds","{0:d}") %>
                </font>
            </td>
        </tr>
</ItemTemplate>
<AlternatingItemTemplate>
    <tr bgcolor="#66ccff">
        <td>
            <font face="Verdana,Arial">
                <a href="EditCustomer.aspx?CustomerID=
                    <%# DataBinder.Eval(Container.DataItem,
                    "CustomerID") %>">
                    <%# DataBinder.Eval(Container.DataItem,
                    "CompanyName") %>
                </a>
                <br>
                <%# DataBinder.Eval(Container.DataItem,
                "Address") %>
                <br>
                <%# DataBinder.Eval(Container.DataItem,
                "City") %>,
                <%# DataBinder.Eval(Container.DataItem,
                "State") %>
                  
                <%# DataBinder.Eval(Container.DataItem,
                "PostalCode") %>
            </font>
        </td>
        <td>
            <font face="Verdana,Arial">
                <%# DataBinder.Eval(Container.DataItem,
                "ContactFirstName") %>
                <%# DataBinder.Eval(Container.DataItem,
```

```
                    "ContactLastName") %>
                    <br>
                    <font size="1">
                        <%# DataBinder.Eval(Container.DataItem,
                            "ContactEMail") %>
                        </font></font>
                </td>
                <td>
                    <font face="Verdana,Arial">
                        <%# DataBinder.Eval(Container.DataItem,
                            "UserName") %>
                    </font>
                </td>
                <td>
                    <font face="Verdana,Arial">
                        <%# DataBinder.Eval(Container.DataItem,
                            "Password") %>
                    </font>
                </td>
                <td>
                    <font face="Verdana,Arial">
                        <%# DataBinder.Eval(Container.DataItem,
                            "ContractEnds","{0:d}") %>
                    </font>
                </td>
            </tr>
        </AlternatingItemTemplate>
        <FooterTemplate>
            <tr>
                <td colspan=5 align=center>
                    <a href="EditCustomer.aspx?CustomerID=0">
                    <img src="AddNew.jpg"
                    Alt="Add New"></a>
                </td>
            </tr>
            </table>
        </FooterTemplate>
    </asp:Repeater>
    <p>
    </p>
    <asp:Label id="Label1" runat="server"></asp:Label>
    </form>
    </body>
</HTML>
```

Listing 9.4: RepeaterTest.aspx *mit einer komplizierteren Darstellung der* Customer-*Tabelle*

ACHTUNG: Das *Repeater*-Steuerelement erlaubt die Verwendung unvollständiger HTML-Tags innerhalb einzelner Elemente, z.B. die Definition eines *<TABLE>*-Starttags ohne ordnungsgemäß geschachteltes Enddtag. Aus diesem Grund ist es eventuell nicht möglich, eine Seite mit einem *Repeater*-Steuerelement in der Visual Studio .NET-Entwurfsansicht anzuzeigen. Aufgrund der Art und Weise, in der *Repeater*-Steuerelemente bei Ausführung gerendert werden, erhalten Sie dennoch eine korrekte HTML-Ausgabe. Seiten mit *Repeater*-Steuerelementen können in der HTML-Ansicht bearbeitet werden. Bei dem Versuch, in den Entwurfsmodus zu wechseln, erhalten Sie oft Fehlermeldungen, die nicht auf das eigentliche Problem hinweisen.

Bei dem in *RepeaterTest.aspx* verwendeten Code handelt es sich um relativ einfachen HTML-Code mit gelegentlich eingestreuten ASP.NET-Tags. Anders in diesem Beispiel ist die Methode zur Datenbindung an das *Repeater*-Steuerelement. Alle Daten werden mithilfe der *Eval*-Methode der *DataBinder*-Klasse gebunden. Darüber hinaus findet die gesamte Datenbindung innerhalb der <%# %>-Trennzeichen statt.

HINWEIS: Die <%# %>-Trennzeichen werden ausschließlich für die Datenbindung eingesetzt. Der Ausdruck innerhalb der Trennzeichen wird bei jedem Aufruf von *DataBind* ausgewertet. Diese Syntax unterscheidet sich von der ASP-Syntax zur Anzeige der Inhalte einer Variablen – z.B. <%=foo%>. Die <%= %>-Trennzeichen werden weiterhin unterstützt, aber nicht bei der Datenbindung verwendet.

Die *Eval*-Methode weist zwei Überladungen auf, die im vorliegenden Beispiel beide zum Einsatz kommen. Die Syntax der ersten Überladung wird nachfolgend gezeigt:

```
[Visual Basic.NET]
Overloads Public Shared Function Eval( _
    ByVal container As Object, _
    ByVal expression As String _
) As Object
[C#]
public static object Eval(
    object container,
    string expression
);
```

Der *container*-Parameter ist die Objektreferenz für die Ausdrucksauswertung. Bei jedem Auftreten von *Eval* in Listing 9.4 lautet der *container*-Wert *Container.DataItem*. Dieser enthält einen Rückverweis auf die *DataSource*-Eigenschaft des *Repeater*-Steuerelements. Der zweite Parameter, *expression*, ist der Feldname, wie angegeben in der Datenquelle. Die Schreibung spielt eine Rolle, und die Ausdruckssyntax kann komplexer sein, wenn Sie anstelle eines *DataReader*-Objekts ein *DataSet*-Objekt verwenden. Die Syntax könnte beispielsweise statt *CompanyName* auch *Tables[0].DefaultView.[0].CompanyName* lauten, da *DataSet*-Objekte mehrere Tabellen referenzieren können.

Die zweite Überladung der *Eval*-Methode (mit einer zusätzlichen Zeichenfolge) sieht so aus:

```
[Visual Basic.NET]
Overloads Public Shared Function Eval( _
    ByVal container As Object, _
    ByVal expression As String, _
    ByVal format As String _
) As String
[C#]
public static string Eval(
    object container,
    string expression,
    string format
);
```

Der zusätzliche Parameter *format* ist eine standardmäßige .NET Framework-Formatzeichenfolge. Das folgende Codesnippet aus Listing 9.4 verwendet beispielsweise die *DataSource*-Eigenschaft des *Repeater*-Steuerelements, ruft das *ContractEnds*-Feld auf und formatiert es als Datum:

```
<%# DataBinder.Eval(Container.DataItem,
"ContractEnds","{0:d}") %>
```

Die MSDN-Dokumentation enthält eine vollständige Dokumentation der Formatzeichenfolgen.
Listing 9.4 verwendet, abgesehen von *SeparatorTemplate*, sämtliche der in Tabelle 9.2 beschriebenen Vorlagen. *ItemTemplate* und *AlternatingItemTemplate* sind hierbei – abgesehen von der Hintergrundfarbe der <tr>-Tags – identisch. Die *HeaderTemplate*-Vorlage enthält das Starttag des HTML-Tabellenelements sowie eine Headerzeile. Die *FooterTemplate*-Vorlage umfasst die Zeile mit dem Bild für das Hinzufügen neuer Datensätze sowie das HTML-Tabellenendtag. *RepeaterTest.aspx* beinhaltet verschiedene HTML-Ankertags zur Verknüpfung mit einem weiteren Formular namens *EditCustomer.aspx*. Im Abschnitt »Erstellen von Seiten für die Dateneingabe« weiter unten erfahren Sie mehr über dieses Formular.

TIPP: Ein Problem, auf das ich in der Datei *RepeaterTest.aspx* anfänglich stieß, war die Tatsache, dass Visual Studio .NET meinen Code in einer Art umformatierte, die zu Problemen führte. Beispielsweise wurde ein zusätzliches Leerzeichen zwischen Vor- und Nachname angezeigt. Ursache für dieses Verhalten war ein unerwünschter Zeilenumbruch zwischen dem Bindungscode für Vor- und Nachname, der irgendwie zu einem zusätzlichen Leerzeichen in der Ausgabe führte. Die Lösung für dieses Problem bestand darin, im Menü *Extras* auf *Optionen* zu klicken. Wechseln Sie im Dialogfeld *Optionen* erst zum Text-Editor und dann zum Ordner *HTML/XML*, und klicken Sie dann auf *Format*. Deaktivieren Sie im Abschnitt *Automatische Formatierung übernehmen* die Optionen *Wenn das Dokument gespeichert wird* und *Wenn von Entwurfs- in HTML/XML-Ansicht gewechselt wird*. Dies war das erste Projekt, bei dem mir die automatische Formatierung Kopfschmerzen bereitet hat, aber seitdem verwende ich sie sicherheitshalber nicht mehr. Es gibt verschiedene Einstellungen im Dialogfeld *Optionen*, welche die Verwendung des Text-Editors vereinfachen, deshalb lohnt ein Blick in die Einstellungen.

RepeaterTest.aspx besitzt ebenfalls eine CodeBehind-Datei. Diese trägt den Namen *RepeaterTest.aspx.cs* und wird in Listing 9.5 gezeigt.

```
using System;
using System.Collections;
using System.ComponentModel;
using System.Data;
using System.Data.SqlClient;
using System.Drawing;
using System.Web;
using System.Web.SessionState;
using System.Web.UI;
using System.Web.UI.WebControls;
using System.Web.UI.HtmlControls;

namespace Chapter09_Template
{
    /// <summary>
    /// Zusammenfassungsbeschreibung für WebForm1.
    /// </summary>
    public class WebForm1 : System.Web.UI.Page
    {
        protected System.Web.UI.WebControls.Repeater Repeater1;
        protected System.Web.UI.WebControls.Label Label1;
        protected System.Data.SqlClient.SqlCommand cmd;
```

```csharp
public WebForm1()
{
    Page.Init += new System.EventHandler(Page_Init);
}

private void Page_Load(object sender, System.EventArgs e)
{
    SqlConnection cn = new SqlConnection("server=localhost;" +
        "Integrated Security=SSPI;Initial Catalog=GolfArticles");
    SqlCommand cmd;
    cmd=new SqlCommand(
        "Select * from Customer Order By CompanyName",cn);
    try
    {
        cn.Open();
        Repeater1.DataSource=
            cmd.ExecuteReader(
            CommandBehavior.CloseConnection);

        this.DataBind();
    }
    catch (System.Exception eLoad)
    {
        Label1.Text=eLoad.Message;
    }
}

private void Page_Init(object sender, EventArgs e)
{
    //
    // CODEGEN: Dieser Aufruf ist für den
    // ASP.NET Web Form-Designer erforderlich.
    //
    InitializeComponent();
}

#region Web Form Designer generated code
/// <summary>
/// Erforderliche Methode für die Designer-Unterstützung - Der Inhalt
/// der Methode darf nicht mit dem Code-Editor geändert werden.
/// </summary>
private void InitializeComponent()
{
    this.Load += new System.EventHandler(this.Page_Load);

}
#endregion
    }
}
```

Listing 9.5: RepeaterTest.aspx.cs, *die CodeBehind-Datei für die Testseite der* Repeater-*Klasse*

RepeaterTest.aspx.cs weist eine einzige Methode auf, die für das *Repeater*-Steuerelement wichtigen Code enthält. In der *Page_Load*-Methode sind folgende Zeilen besonders wichtig:

```
cn.Open();
Repeater1.DataSource=
    cmd.ExecuteReader(
    CommandBehavior.CloseConnection);

this.DataBind();
```

Zunächst öffne ich das zuvor erstellte Verbindungsobjekt. Als Nächstes setze ich die *DataSource*-Eigenschaft des *Reader*-Objekts auf den Rückgabewert der *ExecuteReader*-Methode des *SqlCommand*-Objekts. *ExecuteReader* gibt ein *DataReader*-Objekt zurück, und da ich *CommandBehavior.CloseConnection* angebe, wird die Verbindung beendet, wenn das *DataReader*-Objekt geschlossen wird. Abschließend rufe ich *DataBind* auf. Auch bei diesem Aufruf findet keine Datenbindung statt, im *Repeater*-Steuerelement werden keine Daten angezeigt. Und auch dieser Code wird weder durch das .NET Framework noch durch Visual Studio .NET hinzugefügt. Wann immer gebundene Daten nicht angezeigt werden, sollten Sie prüfen, ob *DataBind* tatsächlich (und auf der richtigen Ebene) aufgerufen wurde.

Einsatz der Zwischenspeicherung zur Optimierung von Leistung und Skalierbarkeit

Ein Feature von ASP.NET zur Verbesserung der Leistung und Skalierbarkeit von Anwendungen mit dynamischer Datenanzeige ist die *Ausgabezwischenspeicherung*. Angenommen, Sie fügen einer .aspx-Seite die folgende Zeile hinzu:

```
<%@ OutputCache Duration="20" VaryByParam="None" %>
```

Bei Anforderung der Seite wird statt Ausführung des zugrunde liegende Codes die Seite aus dem ASP.NET-Cache geladen. Für weniger häufig geänderte Seiten, deren Generierung kostenintensiv ist, kann so eine erhebliche Leistungssteigerung erzielt werden.

In der *OutputCache*-Direktive des obigen Beispiels führt das .NET Framework bei der ersten Seitenanforderung den zur Seitengenerierung erforderlichen Code aus. Bei jeder nachfolgenden Seitenanforderung innerhalb der nächsten 20 Sekunden (festgelegt durch das *Duration*-Attribut) wird die zwischengespeicherte Kopie abgerufen, statt den zugrunde liegenden Code erneut auszuführen. Für die erste Seitenanforderung nach Ablauf dieser 20 Sekunden wird die Seite neu erstellt.

Häufig wird eine Seite mit mindestens einem Parameter abgerufen, und diese Parameter können sich auf die angezeigten Inhalte auswirken. Für dieses häufig auftretende Szenario können Sie mithilfe des *VaryByParam*-Attributs eine durch Semikola getrennte Parameterliste oder über die Einstellung »*« alle Parameter festlegen. Wenn für *VaryByParam* Parameter festgelegt werden oder »*« angegeben wird, wird für jeden Parametersatz eine separate Seitenkopie zwischengespeichert – bzw. für alle Parameter, falls »*« angegeben wurde.

Die gleiche Logik kann zum Zwischenspeichern von Seitenfragmenten verwendet werden. Die *OutputCache*-Direktive steht auch für Benutzersteuerelemente zur Verfügung.

Die ASP.NET-Zwischenspeicherung funktioniert nur, wenn die ASP.NET Premium Edition auf dem Server installiert wurde.

Erstellen von Seiten für die Dateneingabe

Obwohl *RepeaterTest.aspx* eine komfortablere Anzeige der Kunden in der *Customers*-Tabelle ermöglicht, ist eine Bearbeitung dieser Daten nicht möglich. Ich habe dennoch den Kundennamen und die Schaltfläche zum Hinzufügen neuer Kunden (*Add New*) in *RepeaterTest.aspx* als Hyperlinks formatiert. Erinnern Sie sich noch an die Links auf *EditCustomer.aspx*, die ich im vorangegangenen Abschnitt erwähnte? Durch das Klicken auf diese Links gelangen Sie zu der in Abbildung 9.9 gezeigten Seite.

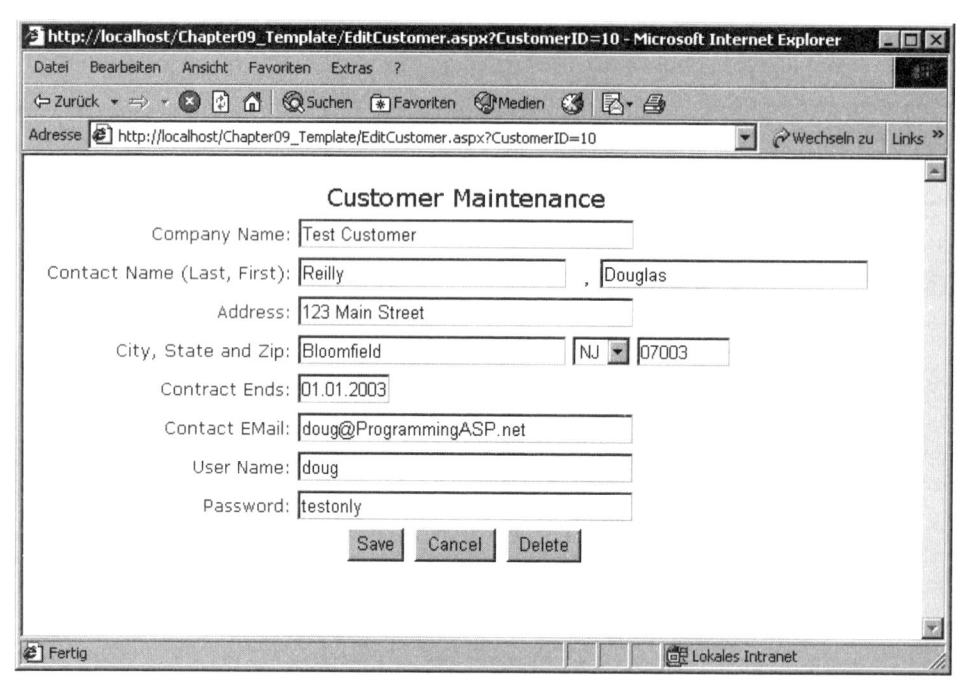

Abbildung 9.9: Die Seite EditCustomer.aspx, die das Bearbeiten ausgewählter Kundendatensätze aus RepeaterTest.aspx ermöglicht

Auf der in Abbildung 9.9 gezeigten Seite können Sie den aktuell ausgewählten Kundendatensatz bearbeiten oder löschen. Diese Seite wurde nicht für die Navigation von einem Kundendatensatz zum nächsten entworfen, wie dies in einer herkömmlichen Microsoft Access- oder Visual Basic 6.0-Anwendung möglich ist. Dennoch bietet diese Seite bei geringem Codeumfang eine beachtliche Funktionalität. Nehmen wir beispielsweise an, ich würde das *ContractEnds*-Datum in 1/32/2003 ändern und das at-Zeichen (@) aus der *ContactEmail*-Adresse entfernen. Abbildung 9.10 zeigt die Ergebnisse.

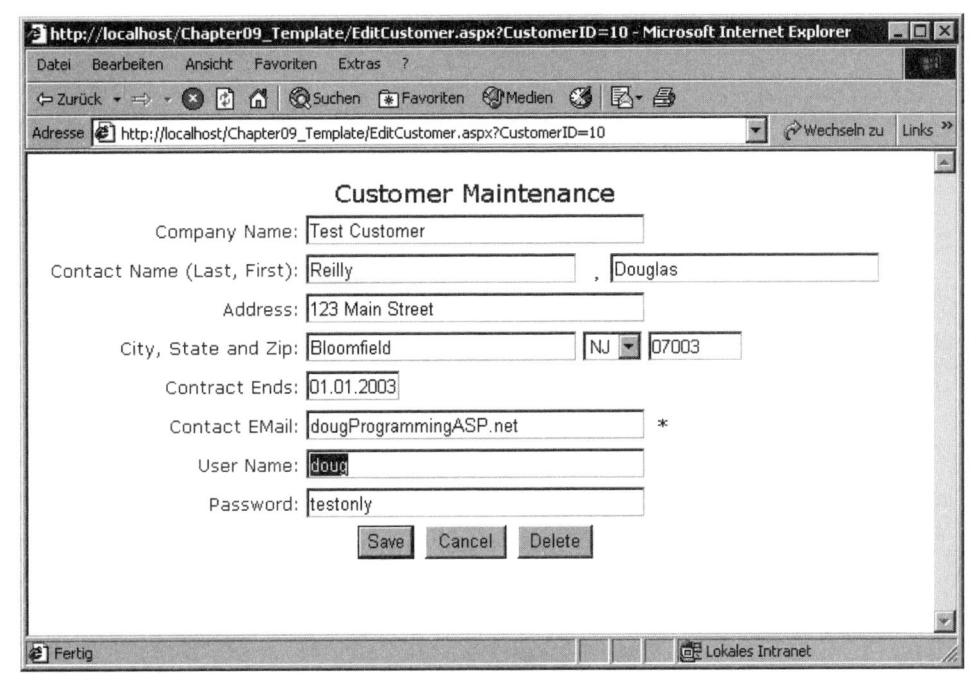

Abbildung 9.10: *Die Seite zur Verwaltung der Kundendatensätze mit Kennzeichnung unzulässiger Eingaben für ContractEnds und ContactEmail*

Wie Sie sehen können, wird neben den zwei Feldern, die nicht erfolgreich validiert werden konnten, ein Sternchen angezeigt. Das Datum ist offensichtlich nicht zulässig, die E-Mail-Adresse wurde aufgrund des fehlenden @-Zeichens nicht validiert. Zu beachten ist hier, dass die Validierung auf dem Client stattfindet, und dass selbst bei nicht aktiviertem JavaScript auf dem Client der Fehler durch die serverseitige Validierung aufgefangen worden wäre. Wichtig ist auch die Tatsache, dass jedes der Felder auf dieser Seite mit mindestens einem Validierungssteuerelement verknüpft ist. Die Dropdownliste *State* ist mit einer Datenbanktabelle der Bundesstaaten verknüpft, die sich (wie die *Customer*-Tabelle) in der *GolfArticles*-Datenbank befindet.

Erstellen der Benutzerschnittstelle

Listing 9.6 zeigt die Datei *EditCustomer.aspx*, die zum Generieren der Seiten aus Abbildung 9.9 und 9.10 verwendet wurde.

```
<%@ Page Debug="true"
language="c#"
Codebehind="EditCustomer.aspx.cs"
AutoEventWireup="false"
Inherits="Chapter09_Template.EditCustomer" %>
<!DOCTYPE HTML PUBLIC "-//W3C//DTD HTML 4.0 Transitional//EN" >
<HTML>
    <HEAD>
        <META http-equiv=Content-Type
            content="text/html; charset=windows-1252">
        <meta content="Microsoft Visual Studio 7.0" name=GENERATOR>
```

```
        <meta content=C# name=CODE_LANGUAGE>
        <meta content="JavaScript (ECMAScript)"
            name=vs_defaultClientScript>
        <meta content=http://schemas.microsoft.com/intellisense/ie5
            name=vs_targetSchema>
    </HEAD>
<body>
<form id=EditCustomer method=post runat="server">
<table width=640>
    <tr>
        <td colspan=2 align=middle>
        <p><font face=Verdana,Arial
        color=#3300ff size=4>
        Customer Maintenance
        </font></p>
        </td>
    </tr>
    <tr>
        <td width="30%" align=right>
        <font face="Verdana,Arial" size=2 color="#3300ff">
        Company Name:
        </font>
        </td>
        <td>
        <asp:TextBox
            id=CompanyName
            runat="server"
            MaxLength="50"
            Width="250px"
            ></asp:TextBox>
        <asp:RequiredFieldValidator
            id=RequiredFieldValidator2
            runat="server"
            ControlToValidate="CompanyName"
            ErrorMessage="*">
        </asp:RequiredFieldValidator>
        </td>
    </tr>
    <tr>
        <td width="30%" align=right>
        <font face="Verdana,Arial" size=2 color="#3300ff">
        Contact Name (Last, First):
        </font>
        </td>
        <td>
        <asp:TextBox
            id="ContactLastName"
            runat="server"
            MaxLength="50"
            Width="200px"
            ></asp:TextBox>
        <asp:RequiredFieldValidator
            id="Requiredfieldvalidator7"
            runat="server"
            ControlToValidate="ContactLastName"
            ErrorMessage="*">
```

```
        </asp:RequiredFieldValidator>, 
        <asp:TextBox
            id="ContactFirstName"
            runat="server"
            MaxLength="50"
            Width="200px"
            ></asp:TextBox>
        <asp:RequiredFieldValidator
            id="Requiredfieldvalidator8"
            runat="server"
            ControlToValidate="ContactFirstName"
            ErrorMessage="*">
        </asp:RequiredFieldValidator>
        </td>
</tr>

<tr>
    <td width="30%" align=right>
    <font face="Verdana,Arial" size=2 color="#3300ff">
    Address:
    </font>
    </td>
    <td>
    <asp:TextBox
        id="Address"
        runat="server"
        MaxLength="50"
        Width="250px"
        ></asp:TextBox>
    <asp:RequiredFieldValidator
        id=RequiredFieldValidator3
        runat="server"
        ControlToValidate="Address"
        ErrorMessage="*">
    </asp:RequiredFieldValidator>
    </td>
</tr>
<tr>
    <td width="30%" align=right>
    <font face="Verdana,Arial" size=2 color="#3300ff">
    City, State and Zip:
    </font>
    </td>
    <td>
    <asp:TextBox
        id="City"
        runat="server"
        MaxLength="50"
        Width="200px"
        ></asp:TextBox>
    <asp:DropDownList
        id=ddlState
        runat="server">
    </asp:DropDownList>
    <asp:TextBox
        id="PostalCode"
```

```
                runat="server"
                MaxLength="10"
                Width="70px"
                ></asp:TextBox>
            <asp:RequiredFieldValidator
                id=RequiredFieldValidator4
                runat="server"

                Display="Dynamic"
                ControlToValidate="City"
                ErrorMessage="*">
            </asp:RequiredFieldValidator>
            <asp:RequiredFieldValidator
                id=RequiredFieldValidator5
                runat="server"
                Display="Dynamic"
                ControlToValidate="PostalCode"
                ErrorMessage="*">
            </asp:RequiredFieldValidator>
            <asp:RegularExpressionValidator
                id=RegularExpressionValidator1
                runat="server"
                ControlToValidate="PostalCode"
                ErrorMessage="*"
                ValidationExpression="\d{5}(-\d{4})?">
            </asp:RegularExpressionValidator>
            </td>
    </tr>
    <tr>
        <td width="30%" align=right>
        <font face="Verdana,Arial" size=2 color="#3300ff">
        Contract Ends:
        </font>
        </td>
        <td>
        <asp:TextBox
            id="ContractEnds"
            runat="server"
            MaxLength="10"
            Width="70px"
            ></asp:TextBox>
        <asp:RequiredFieldValidator
            id=RequiredFieldValidator1
            runat="server"
            ErrorMessage="*"
            ControlToValidate="ContractEnds"
            Display="Dynamic">
        </asp:RequiredFieldValidator>
        <asp:CompareValidator
            ID=CompareValidator1
            Runat=server
            ErrorMessage="*"
            Type=Date
            Display=Dynamic
            ControlToValidate="ContractEnds"
            Operator="DataTypeCheck">
```

```
            </asp:CompareValidator>
        </td>
</tr>
<tr>
        <td width="30%" align=right>
        <font face="Verdana,Arial" size=2 color="#3300ff">
        Contact EMail:
        </font>
        </td>
        <td>
        <asp:TextBox
            id="ContactEmail"
            runat="server"
            MaxLength="50"
            Width="250px"
            ></asp:TextBox>
        <asp:RequiredFieldValidator
            id="Requiredfieldvalidator6"
            runat="server"
            ControlToValidate="ContactEMail"
            ErrorMessage="*"
            Display="Dynamic">
        </asp:RequiredFieldValidator>
        <asp:RegularExpressionValidator
            id=RegularExpressionValidator2
            runat="server"
            Display="Dynamic"
            ControlToValidate="ContactEmail"
            ErrorMessage="*"
            ValidationExpression=
            "\w+([-+.]\w+)*@\w+([-.]\w+)*\.\w+([-.]\w+)*">
        </asp:RegularExpressionValidator>
        </td>
</tr>
<tr>
        <td width="30%" align=right>
        <font face="Verdana,Arial" size=2 color="#3300ff">
        User Name:
        </font>
        </td>
        <td>
        <asp:TextBox
            id="UserName"
            runat="server"
            MaxLength="50"
            Width="250px"
            ></asp:TextBox>

        <asp:RequiredFieldValidator
            id="Requiredfieldvalidator9"
            runat="server"
            ControlToValidate="UserName"
            ErrorMessage="*">
        </asp:RequiredFieldValidator>
        </td>
</tr>
```

```
        <tr>
            <td width="30%" align=right>
            <font face="Verdana,Arial" size=2 color="#3300ff">
            Password:
            </font>
            </td>
            <td>
            <asp:TextBox
                id="Password"
                runat="server"
                MaxLength="50"
                Width="250px"
                ></asp:TextBox>
            <asp:RequiredFieldValidator
                id="Requiredfieldvalidator10"
                runat="server"
                ControlToValidate="Password"
                ErrorMessage="*">
            </asp:RequiredFieldValidator>
            </td>
        </tr>
        <tr>
            <td colspan=2 align=middle>
            <asp:Button id=BtnSave
                runat="server"
                Text="Save">
            </asp:Button> 
            <asp:Button id=BtnCancel
                runat="server"
                Text="Cancel"
                CausesValidation="False" >
            </asp:Button> 
            <asp:Button id=btnDelete
                runat="server"
                Text="Delete"
                Visible="False"
                CausesValidation="False">
            </asp:Button>
            </td>
        </tr>

</table>
<asp:Label id=Label1 runat="server"
    ForeColor="Red"
    Font-Names="Verdana,Arial">
</asp:Label></form>

</body>
</HTML>
```

Listing 9.6: *Die Datei* EditCustomer.aspx, *die zum Generieren der Seite für die Kundenverwaltung aus Abbildung 9.9 und 9.10 verwendet wurde*

Die allgemeine Struktur von *EditCustomers.aspx* entspricht einer HTML-Tabelle mit zwei Spalten. Die linke Spalte enthält die Feldnamen, die rechte Spalte beinhaltet die Steuerelemente, die eine Dateneingabe und -bearbeitung für die Felder ermöglichen.

Mit Ausnahme der Dropdownliste *State* sind alle Felder mit einem *RequiredFieldValidator*-Steuerelement verknüpft. Wie Sie sich erinnern, handelt es sich bei *RequiredFieldValidator* um ein einfaches Validierungssteuerelement. Für die meisten der *RequiredFieldValidator*-Steuerelemente wurden nur das *ControlToValidate*-Attribut (für jedes Steuerelement ein anderer Wert) und das *ErrorMessage*-Steuerelement (hier ein Sternchen) gesetzt. Einige der *RequiredFieldValidator*-Steuerelemente – beispielsweise das mit dem *ContractEnds*-Textfeld verknüpfte Steuerelement – weisen darüber hinaus den *Display*-Attributwert *Dynamic* auf. Wie Sie aus Kapitel 5 wissen, belegen Validierungssteuerelemente, die nicht auf *Display=Dynamic* gesetzt sind, selbst dann Speicher, wenn sie nicht ausgelöst werden. Wenn für ein einziges Steuerelement verschiedene Validierungssteuerelemente vorliegen und diese auf *Display=Dynamic* gesetzt sind, belegen nicht ausgelöste Validierungssteuerelemente keinen Speicher. Dies bedeutet, dass bei zwei Validierungssteuerelementen für ein Feld die Fehlermeldung an derselben Speicheradresse beginnt, unabhängig davon, welches Validierungssteuerelement ausgelöst wurde.

Verschiedene Steuerelemente sind mit *RegularExpressionValidator*-Steuerelementen verknüpft. Das *PostalCode*-Textfeld verwendet z.B. die folgende *RegularExpressionValidator*-Deklaration:

```
<asp:RegularExpressionValidator
    id=RegularExpressionValidator1
    runat="server"
    ControlToValidate="PostalCode"
    ErrorMessage="*"
    ValidationExpression="\d{5}(-\d{4})?">
</asp:RegularExpressionValidator>
```

Das *ValidationExpression*-Attribut gibt an, dass ein fünfstelliger Wert vorliegen muss, optional gefolgt von einem Bindestrich und vier weiteren Stellen. Darüber hinaus enthält das obige Codesegment ein mit dem *ContactEmail*-Feld verknüpftes *RegularExpressionValidator*-Steuerelement, und das *ValidationExpression*-Attribut ist sogar noch komplexer. Auch in diesem Fall finden Sie eine recht vollständige Dokumentation der Syntax regulärer Ausdrücke auf der MSDN-Website.

Warum wird in EditCustomers.aspx keine Datenbindung eingesetzt?

In Listing 9.6 sehen Sie verschiedene Textfeldsteuerelemente, einschließlich des nachstehend gezeigten *CompanyName*-Textfeldsteuerelements:

```
<asp:TextBox
    id=CompanyName
    runat="server"
    MaxLength="50"
    Width="250px"
></asp:TextBox>
```

Hier scheint der Code zum Binden der Daten an die Steuerelemente zu fehlen. Dies ist kein Versehen, sondern eine interessante Entwurfsentscheidung. Als ich mit der Programmierung dieser Seite begann, *habe* ich den Textwert für das Steuerelement per Datenbindung festgelegt. Dieser Ansatz funktionierte, führte aber zu verschiedenen Problemen. ▶

> Zunächst werden durch die Datenbindung Details der Datenverknüpfung in der .aspx-Datei platziert. Dies ist noch kein Beinbruch, tatsächlich wird bei *RepeaterTest.aspx* der Bindungscode mit dem Benutzerschnittstellencode vermischt. Das *DataGrid*-Objekt im *GridTest.aspx*-Beispiel bietet eine Art Mittelweg, bei dem Sie den Namen des zu bindenden Feldes in jeder Spalte deklarieren, in der .aspx-Datei jedoch keine <%# %>-Tags zur Codebindung angeben.
>
> Das interessantere Problem ergibt sich, wenn Sie versuchen, eine Datenbindung an das *DataReader*-Objekt vorzunehmen, und feststellen, dass keine Daten vorhanden sind. Wie kann das passieren? Es gibt verschiedene mögliche Ursachen. Zunächst wird die *CustomerID*-Eigenschaft als Parameter im URL übergeben. Ein Benutzer könnte ein Lesezeichen für die Seite speichern und damit auch den *CustomerID*-Wert. Besucht der Benutzer die Seite erneut, ist der *CustomerID*-Wert möglicherweise nicht mehr gültig, und es tritt ein Fehler auf. Ich kann auch ohne gültige *CustomerID* zu dieser Seite gelangen, wenn ich versuche, einen Kunden hinzuzufügen. Der +*New*-Link im unteren Seitenbereich von Abbildung 9.8 stellt eine Verknüpfung zu *EditCustomer.aspx* mit dem *CustomerID*-Wert *0* her, eine Kennzeichnung dafür, dass ich einen neuen Datensatz hinzufügen möchte. Das manuelle Setzen des Textfeldsteuerelements in der CodeBehind-Datei funktioniert prima, und da die Datenbindung schreibgeschützt ist, muss für jedes Textfeld ohnehin Code für die Speicherung von Aktualisierungen vorhanden sein.

Der letzte Validierungstyp ist das *CompareValidator*-Steuerelement. Das *ContractEnds*-Feld enthält ein Datum. Obwohl ich nicht sicher sein kann, ob das Datum in der Vergangenheit oder in der Zukunft liegt, weiß ich doch, dass es sich um ein gültiges Datum handeln *muss*. Hier besteht die Lösung in der Verwendung des *CompareValidator*-Steuerelements mit einem bestimmten Attributsatz:

```
<asp:CompareValidator
    ID=CompareValidator1
    Runat=server
    ErrorMessage="*"
    Type=Date
    Display=Dynamic
    ControlToValidate="ContractEnds"
    Operator="DataTypeCheck">
</asp:CompareValidator>
```

Die wichtigsten Attribute sind hier *Type=Date* zur Kennzeichnung des Datumswertes, *ControlToValidate="ContractEnds"*, das auf das Steuerelement mit dem Datum verweist, und schließlich *Operator="DataTypeCheck"*, mit dem das .NET Framework angewiesen wird, den Eingabewert nur auf einen gültigen Typ zu prüfen.

Gegen Ende der Seite werden verschiedene Schaltflächensteuerelemente angezeigt. Ein Problem mit Validierungssteuerelementen besteht darin, die Vorgehensweise festzulegen, wenn die Seite lediglich verlassen werden soll. Wenn der Benutzer beispielsweise auf die *Cancel*-Schaltfläche klickt, möchten Sie ihn bestimmt nicht dazu zwingen, vorher noch Daten für die Felder mit erforderlicher Dateneingabe (und Validierungssteuerelementen) einzugeben. Zur Beseitigung dieses Problems setzen Sie das *CausesValidation*-Attribut der *Cancel*-Schaltfläche auf *False*. Auf diese Weise werden sowohl Client- als auch Servervalidierung deaktiviert, und der serverseitige Handler für das Schaltflächenklickereignis kann die ihm zugedachte Aufgabe erfüllen. In diesem Beispiel sorgt der Handler für die *Cancel*-Schaltfläche lediglich für eine Umleitung des Benutzers zurück auf die Seite *RepeaterTest.aspx*.

Verarbeiten einer Dateneingabe

Listing 9.7 zeigt die CodeBehind-Datei *EditCustomer.aspx.cs* für die Seite *EditCustomer.aspx*.

```csharp
using System;
using System.Collections;
using System.ComponentModel;
using System.Data;
using System.Drawing;
using System.Web;
using System.Web.SessionState;
using System.Web.UI;
using System.Web.UI.WebControls;
using System.Web.UI.HtmlControls;
namespace Chapter09_Template
{
    /// <summary>
    /// Zusammenfassungsbeschreibung für EditCustomer.
    /// </summary>
    public class EditCustomer : System.Web.UI.Page
    {
        protected DropDownList ddlState;
        protected TextBox CompanyName;
        protected TextBox Address;
        protected TextBox City;
        protected TextBox PostalCode;
        protected Label Label1;
        protected TextBox ContractEnds;
        protected RequiredFieldValidator RequiredFieldValidator1;
        protected CompareValidator CompareValidator1;
        protected RequiredFieldValidator RequiredFieldValidator2;
        protected RequiredFieldValidator RequiredFieldValidator3;
        protected RequiredFieldValidator RequiredFieldValidator4;
        protected RequiredFieldValidator RequiredFieldValidator5;
        protected RegularExpressionValidator RegularExpressionValidator1;
        protected TextBox ContactEmail;
        protected RequiredFieldValidator Requiredfieldvalidator6;
        protected RegularExpressionValidator RegularExpressionValidator2;
        protected TextBox ContactLastName;
        protected RequiredFieldValidator Requiredfieldvalidator7;
        protected TextBox ContactFirstName;
        protected TextBox UserName;
        protected TextBox Password;
        protected RequiredFieldValidator Requiredfieldvalidator8;
        protected RequiredFieldValidator Requiredfieldvalidator9;
        protected RequiredFieldValidator Requiredfieldvalidator10;
        protected Button BtnSave;
        protected Button BtnCancel;
        protected Button btnDelete;
        protected SqlDataReader dr;

        public int CustomerID
        {
            get { return (int)ViewState["CustomerID"]; }
            set { ViewState["CustomerID"]=value; }
        }
```

```csharp
public EditCustomer()
{
    Page.Init += new System.EventHandler(Page_Init);
}

private void doDataBind()
{
    System.Data.SqlClient.SqlConnection cn;
    System.Data.SqlClient.SqlConnection cnState;
    System.Data.SqlClient.SqlCommand cmd;
    System.Data.SqlClient.SqlCommand cmdState;
    cn=new System.Data.SqlClient.SqlConnection(
        "server=localhost;" +
        "Integrated Security=SSPI;Initial Catalog=GolfArticles");
    cnState=new System.Data.SqlClient.SqlConnection(
        "server=localhost;" +
        "Integrated Security=SSPI;Initial Catalog=GolfArticles");
    cmd=new System.Data.SqlClient.SqlCommand(
        "spSelectCustomer",cn);
    cmd.CommandType=CommandType.StoredProcedure;
    cmd.Parameters.Add("@CustomerID",
        Request.QueryString["CustomerID"]);
    cmdState=new System.Data.SqlClient.SqlCommand(
        "SELECT StateAbbreviation FROM " +
        "States ORDER BY StateAbbreviation",
        cnState);
    try
    {
        cn.Open();
        dr=cmd.ExecuteReader(
            CommandBehavior.CloseConnection);
        cnState.Open();
        ddlState.DataTextField="StateAbbreviation";
        ddlState.DataSource=cmdState.ExecuteReader(
            CommandBehavior.CloseConnection);
        if ( dr.Read() )
        {
            this.DataBind();
            ddlState.SelectedIndex=ddlState.Items.IndexOf(
                ddlState.Items.FindByText(dr.GetString(4)));
            CompanyName.Text=(string)dr["CompanyName"];
            Address.Text=(string)dr["Address"];
            City.Text=(string)dr["City"];
            PostalCode.Text=(string)dr["PostalCode"];
            ContractEnds.Text=
                ((DateTime)dr["ContractEnds"]).ToShortDateString();
            ContactEmail.Text=(string)dr["ContactEmail"];
            ContactFirstName.Text=(string)dr["ContactFirstName"];
            ContactLastName.Text=(string)dr["ContactLastName"];
            UserName.Text=(string)dr["UserName"];
            Password.Text=(string)dr["Password"];

            // DataReder-Objekt und damit Verbindung schließen
            dr.Close();
        }
        else
```

```csharp
            {
                this.DataBind();
            }
        }
        catch ( System.Exception eLoad)
        {
            // Behandlung...
            Label1.Text=eLoad.Message;
            btnDelete.Visible=false;
        }

    }
    private void Page_Load(object sender, System.EventArgs e)
    {
        // Hier Benutzercode zur Seiteninitialisierung einfügen

        if ( !(this.IsPostBack) )
        {
            CustomerID=System.Convert.ToInt32(
                (string)Request["CustomerID"]);
            doDataBind();
        }
        if ( CustomerID!=0 )
        {
            btnDelete.Visible=true;
        }
        else
        {
            btnDelete.Visible=false;
        }

    }
    private void Page_Init(object sender, EventArgs e)
    {
        //
        // CODEGEN: Dieser Aufruf ist für den
        // ASP.NET Web Form-Designer erforderlich.
        //
        InitializeComponent();
    }

    #region Web Form Designer generated code
    /// <summary>
    /// Erforderliche Methode für die Designer-Unterstützung - Der Inhalt
    /// der Methode darf nicht mit dem Code-Editor geändert werden.
    /// </summary>
    private void InitializeComponent()
    {
        this.BtnSave.Click +=
            new System.EventHandler(this.BtnSave_Click);
        this.BtnCancel.Click +=
            new System.EventHandler(this.BtnCancel_Click);
        this.btnDelete.Click +=
            new System.EventHandler(this.btnDelete_Click);
        this.Load +=
```

```csharp
            new System.EventHandler(this.Page_Load);

}
#endregion

private void BtnCancel_Click(object sender, System.EventArgs e)
{
    Response.Redirect("RepeaterTest.aspx");
}

private void BtnSave_Click(object sender, System.EventArgs e)
{
    System.Data.SqlClient.SqlConnection cn;
    System.Data.SqlClient.SqlCommand cmd;
    System.Data.SqlClient.SqlParameter prm;
    if ( this.IsValid )
    {
        cn=new System.Data.SqlClient.SqlConnection(
            "server=localhost;" +
            "Integrated Security=SSPI;Initial Catalog=GolfArticles");
        cmd=new System.Data.SqlClient.SqlCommand(
            "spSaveCustomer",cn);
        cmd.CommandType=CommandType.StoredProcedure;

        try
        {
            prm=new System.Data.SqlClient.SqlParameter(
                "@ReturnValue",0);
            prm.Direction=ParameterDirection.ReturnValue;
            cmd.Parameters.Add(prm);
            cmd.Parameters.Add("@CustomerID",CustomerID);
            cmd.Parameters.Add("@CompanyName",CompanyName.Text);

            cmd.Parameters.Add("@Address",Address.Text);
            cmd.Parameters.Add("@City",City.Text);
            cmd.Parameters.Add("@State",
                ddlState.SelectedItem.Text);
            cmd.Parameters.Add("@PostalCode",PostalCode.Text);
            cmd.Parameters.Add("@ContractEnds",
                System.DateTime.Parse(
                ContractEnds.Text));
            cmd.Parameters.Add("@ContactFirstName",
                ContactFirstName.Text);
            cmd.Parameters.Add("@ContactLastName",
                ContactLastName.Text);
            cmd.Parameters.Add("@ContactEMail",
                ContactEmail.Text);
            cmd.Parameters.Add("@UserName",UserName.Text);
            cmd.Parameters.Add("@Password",Password.Text);

            cn.Open();

            cmd.ExecuteNonQuery();
            int prmNum;
            prmNum=cmd.Parameters.IndexOf("@ReturnValue");
            if ( Convert.ToInt64(
```

```csharp
                    cmd.Parameters[prmNum].Value)!=0 )
                {
                    Label1.Text="Customer " +
                        cmd.Parameters["@ReturnValue"].Value.ToString()+
                        " Saved!";
                    CustomerID=Convert.ToInt32(
                        cmd.Parameters["@ReturnValue"].Value);
                    // Benutzerfreundlichen Schaltflächennamen festlegen
                    this.BtnCancel.Text="Close";
                }
            }
            catch ( System.Exception eSave )
            {
                Label1.Text=eSave.Message;
            }
            finally
            {
                cn.Close();
            }
        }


}

    private void btnDelete_Click(object sender, System.EventArgs e)
    {
        System.Data.SqlClient.SqlConnection cn;
        System.Data.SqlClient.SqlCommand cmd;
        if ( CustomerID!=0 )
        {
            cn=new System.Data.SqlClient.SqlConnection(
              "server=localhost;" +
              "Integrated Security=SSPI;Initial Catalog=GolfArticles");
            cmd=new SqlCommand("spDeleteCustomer",cn);
            cmd.CommandType=CommandType.StoredProcedure;

            try
            {
                cmd.Parameters.Add("@CustomerID",CustomerID);
                cn.Open();
                cmd.ExecuteNonQuery();
                // Benutzerfreundlichen Schaltflächennamen festlegen
                this.BtnCancel.Text="Close";
                // Bestätigung anzeigen...
                Label1.Text="Customer " +
                    CustomerID + " Deleted!";
                // Kein Kunde mehr...
                CustomerID=0;
                doDataBind();
                btnDelete.Visible=true;
            }
            catch ( System.Exception eDelete )
            {
                Label1.Text=eDelete.Message;
            }
            finally
```

Daten und ASP.NET-Formulare

```
            {
                cn.Close();
            }
        }
    }
}
```

Listing 9.7: *EditCustomer.aspx.cs, die CodeBehind-Datei für die Seite zur Kundenverwaltung*

Im oberen Bereich von Listing 9.7 deklariere ich eine Eigenschaft namens *CustomerID*, die als Bestandteil von *ViewState* gespeichert wird. Ich hätte auch ein verborgenes Formularfeld verwenden können (die übliche Vorgehensweise in ASP), aber der Einsatz von *ViewState* ist hier bequemer.

Der nächste interessante Teil von *EditCustomer.aspx.cs* ist die *doDataBind*-Methode. Zunächst erstelle ich zwei Verbindungs- und zwei Befehlsobjekte. Ich verwende die Ergebnisse beider Befehlsobjekte zur gleichen Zeit, daher benötige ich zwei Verbindungsobjekte. Beachten Sie auch hier, dass ich *SqlConnection*-Objekte verwende, da ich eine Verbindung zu Microsoft SQL Server herstelle.

Nach Einrichtung der Verbindungen erstelle ich die Befehlsobjekte. Für die Hauptverbindung zur *Customer*-Tabelle richte ich einen Befehl zum Aufruf der gespeicherten Prozedur *spSelectCustomer* ein. Für die Verbindung zur *State*-Tabelle rufe ich eine standardmäßige SQL-Auswahlanweisung auf. Nachdem beide Verbindungsobjekte geöffnet wurden und ich das *ExecuteReader*-Objekt für das Befehlsobjekt der *Customer*-Tabelle (dieses trägt den Namen *cmd*) aufgerufen habe, gehe ich wie folgt vor:

```
ddlState.DataTextField="StateAbbreviation";
ddlState.DataSource=cmdState.ExecuteReader(
    CommandBehavior.CloseConnection);
```

Die *DataTextField*-Eigenschaft weist die *State*-Dropdownliste (*ddlState*) an, das Feld *StateAbbreviation* als anzeigbaren Text zu verwenden. Die *States*-Tabelle beinhaltet die Felder *StateID*, *StateAbbreviation* und *StateName*. Die Dropdownlistenkomponente weist außerdem eine *DataValueField*-Eigenschaft auf, daher hätte ich diese Eigenschaften auf unterschiedliche Werte setzen können. Wenn ich so vorgehe, weisen die ausgegebenen <OPTION>-Tags für jedes Element die *DataValueField*-Eigenschaft als *Value*-Attribut des <OPTION>-Tags und die *DataTextField*-Eigenschaft zwischen dem <OPTION>-Starttag und dem </OPTION>-Endtag auf. Aufgrund der Bildschirmbeschränkungen in diesem Beispiel zeige ich jedoch lediglich die Abkürzungen für die Bundesstaaten an und verwende diese sowohl für den Text als auch für den Wert.

Der folgende Code legt den Auswahlindex für die Dropdownliste *State* fest.

```
if ( dr.Read() )
{
    this.DataBind();
    ddlState.SelectedIndex=ddlState.Items.IndexOf(
        ddlState.Items.FindByText(dr.GetString(4)));
```

Wenn *dr.Read* den Wert *true* zurückgibt, rufe ich *DataBind* auf und setze den Auswahlindex für die *ddlState*-Dropdownliste. Der Auswahlindex sollte gesetzt werden, damit der Wert in der Dropdownliste mit dem Wert übereinstimmt, der in der *Customer*-Tabelle für diesen Kunden angegeben ist.

Diese Vorgehensweise sieht vielleicht ein wenig gequält aus, und bestimmt ist es mehr Code als tatsächlich erforderlich – aber es funktioniert.

TIPP: Keiner der Codeabschnitte nach dem Aufruf von *dr.Read* würde ohne diesen Aufruf funktionieren. Im Gegensatz zu einem ADO-Recordset (ActiveX Data Objects), das beim Öffnen auf den ersten Datensatz im Recordset zeigt, zeigt das *DataReader*-Objekt in ADO.NET vor den ersten Datensatz. Daher muss die *Read*-Methode aufgerufen werden, um den ersten Datensatz (sofern vorhanden) verfügbar zu machen. Ich habe ein oder zwei Stunden versucht, Daten ohne das *DataReader*-Objekt abzurufen. Diese Versuche schlugen nicht fehl, es gab nur einfach nichts anzuzeigen.

Nach dem Setzen des Auswahlindexes für die *State*-Dropdownliste setzt der Code die *Text*-Eigenschaft des *CompanyName*-Textfeldes auf das *CompanyName*-Feld *dr*, das *DataReader*-Objekt mit dem anzuzeigenden Kundendatensatz. Ich muss den Wert in eine Zeichenfolge umwandeln, da der Rückgabewert ein Objekt ist.

```
CompanyName.Text=(string)dr["CompanyName"];
```

HINWEIS: Die hier für die Typumwandlung verwendete Syntax wird C- und C++-Programmierern bekannt vorkommen, Visual Basic-Programmierern aber eher nicht. In Visual Basic .NET kann dasselbe Ziel durch Aufruf der *CType*-Funktion – z.B. *CompanyName.Text = CType(dr("CompanyName"),String)* – erreicht werden.

Nach Festlegung des *CompanyName*-Textfeldes wird die Codevearbeitung mit einigen ähnlichen Codezeilen fortgesetzt, bei der jede der Zeilen eines der auf der *EditCustomer.aspx*-Seite angezeigten Textfelder setzt. Die Zeile zum Festlegen des *ContractEnds*-Textfeldes unterscheidet sich ein wenig von den anderen, da der zugrunde liegende Typ keine Zeichenfolge, sondern ein *DateTime*-Objekt ist:

```
ContractEnds.Text=
    ((DateTime)dr["ContractEnds"]).ToShortDateString();
```

In diesem Fall wandle ich das zurückgegebene Objekt in ein *DateTime*-Objekt um und rufe anschließend die *ToShortDateString*-Methode für das *DateTime*-Objekt auf.

Wenn der gesuchte Datensatz nicht eingelesen werden kann (*dr* gibt *false* zurück), kann ich dennoch *DataBind* aufrufen – in diesem Fall, um sicherzustellen, dass die *State*-Dropdownliste aufgefüllt wird. Tritt eine Ausnahme auf, setze ich *Label1* auf die *Message*-Eigenschaft der Ausnahme und blende die *Delete*-Schaltfläche aus. Etwas, das nicht da ist, kann nicht gelöscht werden. Die *Save*-Schaltfläche ist weiterhin aktiv, da der Benutzer theoretisch immer noch die erforderlichen Daten eingeben und den Datensatz speichern kann.

Da sich der gesamte Code zum Auffüllen der Textfelder in *doDataBind* befindet, ist die *Page_Load*-Methode recht einfach:

```
if ( !(this.IsPostBack) )
{
    CustomerID=System.Convert.ToInt32(
        (string)Request["CustomerID"]);
    doDataBind();
}
if ( CustomerID!=0 )
{
    btnDelete.Visible=true;
```

```
}
else
{
    btnDelete.Visible=false;
}
```

Falls es sich *nicht* um ein Postback – also daher um den ersten Besuch auf dieser Seite – handelt, setze ich die *CustomerID*-Eigenschaft anhand des Wertes im *Request*-Objekt und rufe *doDataBind* auf, um die Dropdownliste und die Textfelder mit Daten aufzufüllen. Lautet der Wert für die *CustomerID* nicht Null (0), zeige ich die *Delete*-Schaltfläche an, andernfalls blende ich die Schaltfläche aus. Das ist für *Page_Load* auch schon alles.

Der *BtnCancel_Click*-Handler umfasst nur eine Zeile, in der der Benutzer auf die Seite *RepeaterTest.aspx* umgeleitet wird – die Seite, die bei normalem Lauf der Dinge zur Seite *EditCustomer.aspx* führt. Die Ereignishandler für die Schaltflächen *Save* und *Delete* sind etwas komplizierter. Hier werde ich nur auf die Details des komplizierteren Ereignishandlers, *BtnSave_Click*, eingehen. Anschließend können Sie *btnDelete_Click* selbst untersuchen.

Nach Herstellung der Verbindung richte ich das Befehlsobjekt zum Ausführen der gespeicherten Prozedur *spSaveCustomer* ein. Als Nächstes füge ich einen Parameter für den Rückgabewert ein, indem ich ein *SqlParameter*-Objekt erstelle und die erforderlichen Eigenschaften festlege. Zusätzliche Parameter werden an die *Parameters*-Auflistung angehängt. Hierbei ist der interessanteste Parameter der für das *ContractEnds*-Datumsfeld:

```
cmd.Parameters.Add("@ContractEnds",
    System.DateTime.Parse(ContractEnds.Text));
```

Da ich weiß, dass es sich bei *ContractEnds* um ein *DateTime*-Objekt handelt, analysiere ich das Datum mithilfe der Methode *System.DateTime.Parse*. In den meisten Fällen platziere ich diesen Code in einem Ausnahmehandler, da eine Ausnahme auftreten könnte. Hier kann ich allerdings ziemlich sicher sein, dass keine Ausnahme auftritt, da ich erst hierher gelange, wenn das Validierungssteuerelement das eingegebene Datum akzeptiert hat. Nachdem alle Parameter gesetzt sind, öffne ich die Verbindung und rufe *ExecuteNonQuery* für das Befehlsobjekt auf. Im Anschluss an die Befehlsausführung prüfe ich den Rückgabewert, der auf die *CustomerID* festgelegt ist. Hierbei handelt es sich entweder um den übergebenen Wert (im Falle eines gespeicherten Datensatzes) oder um eine neue *CustomerID* (falls dies ein neuer Datensatz ist).

HINWEIS: Wie bei ADO ist es auch hier nicht möglich, bei einem Befehl zur Ausführung einer Abfrage mit Datensatzrückgabe – z.B. eine gespeicherte Prozedur mit Datensatzrückgabe, die mithilfe der *ExecuteReader*-Methode des *SqlCommand*-Objekts aufgerufen wird – Rückgabecodes oder Ausgabeparameter abzurufen, bevor das Objekt geschlossen wurde, mit dem die Datensätze abgerufen werden (z.B. das *DataReader*-Objekt).

Ich lasse mich durch die gespeicherte Prozedur darüber informieren, ob es sich um einen neuen Datensatz handelt, wie aus dem Code für *spSaveCustomer* in Listing 9.8 hervorgeht.

```
CREATE PROCEDURE spSaveCustomer
    @CustomerID int,
    @CompanyName nvarchar(50),
    @Address nvarchar(50),
    @City nvarchar(50),
    @State nvarchar(10),
    @PostalCode nvarchar(20),
    @ContractEnds datetime,
```

```sql
        @ContactFirstName nvarchar(50),
        @ContactLastName nvarchar(50),
        @ContactEMail nvarchar(128),
        @UserName nvarchar(50),
        @Password nvarchar(50)
AS
SET NOCOUNT ON
DECLARE @Ret int
    SELECT @Ret=CustomerID FROM Customer WHERE CustomerID=@CustomerID
    IF IsNull(@Ret,0)=0
    BEGIN
        INSERT INTO Customer(
            CompanyName ,
            Address ,
            City ,
            State ,
            PostalCode ,
            ContractEnds ,
            ContactFirstName ,
            ContactLastName ,
            ContactEMail ,
            UserName ,
            [Password] )
        VALUES(
            @CompanyName ,
            @Address ,
            @City ,
            @State ,
            @PostalCode ,
            @ContractEnds ,
            @ContactFirstName ,
            @ContactLastName ,
            @ContactEMail ,
            @UserName ,
            @Password )
        -- Vorsicht mit Triggern und @@Identity
        SET @Ret=@@Identity
    END
    ELSE
    BEGIN
        UPDATE Customer SET
            CompanyName=@CompanyName ,
            Address=@Address ,
            City=@City ,
            State=@State ,
            PostalCode=@PostalCode ,
            ContractEnds=@ContractEnds ,
            ContactFirstName=@ContactFirstName ,
            ContactLastName=@ContactLastName ,
            ContactEMail=@ContactEMail ,
            UserName=@UserName ,
            [Password]=@Password ,
            -- Set modified date conveniently
            DateModified=GetDate()
        WHERE
            CustomerID=@Ret
```

```
END
IF @@Error=0
BEGIN
    Return(@Ret)
END
ELSE
BEGIN
    Return(0)
END
```

Listing 9.8: Die gespeicherte Prozedur spSaveCustomer *zum Speichern einer Zeile in der* Customer-*Tabelle*

Die gespeicherte Prozedur aus Listing 9.8 ist relativ leicht verständlich. Statt zwei separate gespeicherte Prozeduren zu verwenden (eine für das Einfügen, die andere für die Aktualisierung), entscheidet *spSaveCustomer* zur Laufzeit, ob eine *INSERT-* oder eine *UPDATE-*Anweisung angebracht ist. Handelt es sich um einen neuen Kunden, füge ich den neuen Datensatz ein und gebe den @@IDEN-TITY-Wert zurück, den zuletzt eingegebenen Wert.

TIPP: Wenn Sie SQL Server 2000 verwenden, können Sie, je nach Situation, auch *IDENT_CURRENT* oder *SCOPE_IDENTITY* nutzen. Der @@IDENTITY-Wert kann irreführend sein, wenn die Tabelle (in die der Datensatz eingefügt wurde) über einen Trigger verfügt, mit dem ein Datensatz in eine andere Tabelle mit einer *Identity*-Spalte eingefügt wird.

Wenn die Speicherung erfolgreich war, ändere ich die *Text*-Eigenschaft von *Label1* entsprechend ab und ändere die Beschriftung der *Cancel*-Schaltfläche in *Schließen*. Auf diese Weise wird für den Benutzer erkennbar, dass die Änderung übernommen wurde und die vorhandene Seite keine Änderungen verwerfen wird.

Innerhalb der *InitializeComponent*-Methode fügt Visual Studio .NET den Code zum Hinzufügen der Ereignishandler für die Schaltflächen ein. Wenn Sie sich im Designer befinden, wird über einen Doppelklick auf die Schaltfläche der Code zum Hinzufügen eines *Click*-Handlers eingefügt und die neu erstellte Methode wird im Code-Editor angezeigt.

Wenn diese Anwendung in einer Produktionsumgebung entwickelt würde, müssten sicherlich noch einige kleinere Verbesserungen vorgenommen werden. Über ein *ValidationSummary*-Steuerelement könnten Sie dem Benutzer deutlich machen, was in Bezug auf die einzelnen Felder berücksichtigt werden muss. Sie können des Weiteren clientseitigen Code für eine Bestätigungsmeldung einfügen, die angezeigt wird, wenn der Benutzer auf die *Delete*-Schaltfläche klickt. Eine zusätzliche Fehlerbehandlung sowie eine Fehler- und Ereignisprotokollierung wären in einem Produktionssystem ebenfalls hilfreich.

Fazit

Von allen Bereichen in ASP.NET wird der Datenzugriff wahrscheinlich am häufigsten zum Durchführen einer Aufgabe eingesetzt. Die in diesem Kapitel vorgestellten Beispiele beinhalten viele der in ADO.NET verfügbaren Objekte, aber im Hinblick auf die Vielfalt von ADO.NET konnten nicht alle Möglichkeiten berücksichtigt werden. ADO.NET liefert genügend Stoff für ein eigenes Buch, und eine umfassende Dokumentation steht auf der MSDN-Website zur Verfügung.

Ich habe die Objektauswahl darüber hinaus nach den zu erzielenden Ergebnissen getroffen. Beispielsweise habe ich ein *DataSet*-Objekt eingesetzt, wenn ich XML-Daten zur Darstellung eines Datensatzes benötigte, denn dieses Objekt unterstützt die *GetXml*-Methode. Normalerweise reicht das *DataReader*-Objekt für die von mir geschriebenen Anwendungen aus, daher findet sich dieses Objekt in vielen der verwendeten Beispiele. Das *DataReader*-Objekt ist schnell und effizient, und da praktisch der gesamte Webdatenzugriff auf eine Datenanzeige ausgerichtet ist, die unidirektional verläuft, wird sich die Verwendung von *DataReader*-Objekten meiner Meinung nach zu einer Standardvorgehensweise entwickeln. Wir werden sehen.

In Kapitel 10 werde ich die hier genannten Beispiele erweitern. Der nächste Schritt bei der Realisierung eines Content Syndication-Modells für die Partner (Kunden) besteht in der Erstellung eines XML-Webdienstes. Hierbei handelt es sich um den zweiten wichtigen ASP.NET-Anwendungstyp. Die Erstellung und Nutzung von XML-Webdiensten spielt im ständig wachsenden Internet eine wichtige Rolle und ermöglicht darüber hinaus eine reibungslose Zusammenarbeit unternehmensinterner Anwendungen.

10 XML-Webdienste

288 Standards für XML-Webdienste
289 Erstellen eines einfachen XML-Webdienstes
296 Nutzen eines einfachen XML-Webdienstes
305 Ein echter XML-Webdienst: Artikelbereitstellung
315 Fazit

ASP.NET-Anwendungen werden die Art und Weise verändern, in der Webentwickler Webanwendungen schreiben. Die XML-Webdienste dagegen werden die Art und Weise ändern, in der Webanwendungen Informationen gemeinsam nutzen und Funktionalität bereitstellen. DCOM (Distributed COM) war einer von vielen Versuchen, die Bereitstellung der Programmfunktionalität innerhalb eines Netzwerks zu ermöglichen und gleichzeitig die Verfügbarkeit für alle interessierten Systeme zu erhalten. DCOM setzte auf der Architektur der Remoteprozeduraufrufe auf (Remote Procedure Call, RPC). DCOM war *sehr viel* einfacher zu handhaben als RPC, wies aber weiterhin viele der Defizite von RPC auf.

Einer dieser Nachteile ist, dass sich sowohl RPC als auch DCOM eher für das Intranet als das Internet eigneten. Es ist in einer Unternehmensfirewall eher unüblich, dass die von RPC und DCOM benötigten Ports verfügbar sind. Vor dem Internetboom stellte die Unfähigkeit zur Ressourcennutzung über das öffentliche Internet kein großes Problem dar, aber diese Einschränkung hat sich in den letzten Jahren zu einer großen Belastung entwickelt.

Der zweite Nachteil bestand in der Auswirkung von RPC bzw. DCOM auf die Anwendung. Bei DCOM sind diese Auswirkungen weniger umfangreich als bei RPC, aber dennoch sind erhebliche Programm- und Architekturänderungen erforderlich, wenn diese Technologien genutzt werden sollen. DCOM ist des Weiteren ein COM übergeordneter Satz, und obwohl der Einsatz von COM in Microsoft Visual Basic weniger kompliziert ist als in anderen Sprachen (z.B. in C++), ist die Verwendung dennoch nicht als einfach zu bezeichnen. Hinzu kommt der Mehraufwand für die ordnungsgemäße Komponentenregistrierung – DCOM ist also nicht gerade die perfekte Lösung.

Eine zusätzliche Einschränkung von DCOM ist die fehlende Plattformneutralität. DCOM war im Grunde eine Option, die nur für Microsoft Windows eingesetzt werden konnte, und das verwirrende Angebot an Windows-Versionen machte die Wartung eines hochwertigen DCOM-Systems zu einer Herausforderung.

> **HINWEIS:** Die COM Internet Services (CIS) sind eine Möglichkeit für DCOM-Benutzer, den HTTP-Port zu nutzen und einen HTTP-basierten »Handshake« auszuführen. Obwohl jedoch mit CIS das Firewallproblem gelöst werden kann, ändert es nichts an der Tatsache, dass DCOM plattformspezifisch ist.

Glücklicherweise gibt es für ASP.NET-Entwickler eine neue Lösung für dieses alte Problem. Wie Sie im vorliegenden Kapitel erfahren werden, bieten die XML-Webdienste die Möglichkeit zum Offenlegen einer Anwendung, damit diese prozessübergreifend und – was viel wichtiger ist – computerübergreifend genutzt werden kann. Aufgrund der Verwendung von Standardprotokollen und -datenformaten gestatten die XML-Webdienste eine Computerkommunikation über das Internet oder ein Intranet.

Standards für XML-Webdienste

Es gibt nicht viele Technologien, die plattform- und sprachunabhängig eingesetzt werden können. Zwei dieser Technologien mit universeller Akzeptanz sind XML und HTTP. Beide Protokolle setzen hierbei mit einem »einfach ist besser«-Ansatz an.

XML entwickelt sich zunehmend zur Verkehrssprache im Datenbereich. Obwohl nicht alle Normungsorganisationen nachgezogen haben und weiterhin verschiedene Nicht-XML-Formate Anwendung finden, gab es die meisten dieser Standards (z.B. HL7, erwähnt in Kapitel 8) bereits vor Einführung von XML. Die neuen Standards für praktisch alle Industriebereiche machen, in jeweils angepasster Form, von XML Gebrauch.

HTTP ist allgegenwärtig. HTTP wird auf jedem Computer mit Webbrowser verwendet – was mittlerweile praktisch jeden Gerätetyp einschließt, sogar Mobiltelefone. Da Browser auf die von HTTP verwendeten Ports zugreifen müssen, öffnen die meisten Unternehmensfirewalls die regulären HTTP-Ports sowie die Ports für die sichere HTTP-Variante (HTTPS) mit Verwendung des SSL-Protokolls (Secure Sockets Layer).

Das Zusammenbringen von XML und HTTP erscheint daher natürlich. 1999 wurde dem World Wide Web Consortium (W3C) ein neues Protokoll vorgestellt, das auf XML und HTTP basierte – das Simple Object Access Protocol (SOAP). SOAP verwendet XML über HTTP, um eine Anforderung zu senden und eine Antwort zu empfangen. Da es sich bei XML und HTTP um Standards handelt, können Anwendungen, die XML-Webdienste bereitstellen oder nutzen, in beliebiger Sprache geschrieben und plattformunabhängig ausgeführt werden.

Neben XML und HTTP können mit SOAP verschiedene andere Protokolle verwendet werden: WSDL (Web Services Description Language), UDDI (Universal Description, Discovery, and Integration) sowie Discovery. WSDL wurde von Microsoft, IBM und anderen Firmen entwickelt. Bei WSDL handelt es sich um ein XML-*Schema*, das die Methoden und Parameter eines Webdienstes beschreibt. Ein XML-Schema ist die Grammatik, mit welcher der in einem XML-Dokument verwendbare Tagsatz beschrieben wird. Anhand eines XML-Schemas kann exakt bestimmt werden, welche Daten ein XML-konformes Dokument enthält, und natürlich können XML-Dokumente auch validiert werden.

UDDI ist ein plattformunabhängiges, offenes Framework für die Beschreibung von Diensten, das Auffinden neuer Geschäftsmöglichkeiten und die Integration von Diensten im Web. UDDI wurde von IBM und Microsoft entwickelt. Weitere Informationen zu UDDI finden Sie unter der Adresse *http://www.uddi.org*.

Discovery bezeichnet ein von Microsoft gefördertes, proprietäres Protokoll für die Ermittlung von XML-Webdiensten. Discovery verwendet eine .disco-Datei zum Auffinden und Abfragen von XML-Webdiensten. Bei einer .disco-Datei handelt es sich um ein einfaches XML-Dokument mit Links zu weiteren Ressourcen, die den XML-Webdienst beschreiben. Hier ein Beispiel:

```
<?xml version="1.0" encoding="utf-8"?>
<discovery xmlns:xsi="http://www.w3.org/2001/XMLSchema-instance"
```

```
        xmlns:xsd="http://www.w3.org/2001/XMLSchema"
        xmlns="http://schemas.xmlsoap.org/disco/">
    <contractRef
        ref="http://localhost/Chapter10_SimpleService/Simple.asmx?wsdl"
        docRef="http://localhost/Chapter10_SimpleService/Simple.asmx"
        xmlns="http://schemas.xmlsoap.org/disco/scl/" />
    <soap address="http://localhost/Chapter10_SimpleService/Simple.asmx"
        xmlns:q1="http://tempuri.org/" binding="q1:SimpleSoap"
        xmlns="http://schemas.xmlsoap.org/disco/soap/" />
</discovery>
```

Dieses Beispiel gibt an, dass die Dienstbeschreibung unter *http://localhost/Chapter10_SimpleService/Simple.asmx?wsdl* abgerufen werden kann.

SOAP gibt es zwar seit 1999, bisher verwenden es aber nicht viele Entwickler zum Programmieren von SOAP-Anwendungen. Diese fehlende Popularität ist zum großen Teil darauf zurückzuführen, dass es relativ kompliziert ist, eine SOAP-fähige Anwendung zu schreiben. Eine SOAP-Anwendung ist zwar sicherlich einfacher zu schreiben als eine DCOM-Anwendung, aber es bleibt dennoch relativ schwierig. Für die Windows-Entwickler spielte hierbei in Bezug auf Entwicklungstools für Windows-Entwickler auch die lange Ruhe vor dem großen .NET-Sturm eine wesentliche Rolle. Das Copyright-Datum für Microsoft Visual InterDev 6.0 lautet beispielsweise 1997-98 – und liegt damit noch vor der Einführung von SOAP. Microsoft hat verschiedene SOAP-Toolkits herausgebracht, aber diese Toolkits fanden keinen besonders großen Anklang.

Erstellen eines einfachen XML-Webdienstes

Es wird Sie wahrscheinlich nicht überraschen, dass Microsoft Visual Studio .NET leistungsstarke Tools zum Erstellen von XML-Webdiensten bereitstellt. Die Leichtigkeit, mit der XML-Webdienste erstellt werden können, wird Sie jedoch überraschen.

Die XML-Webdienste befinden sich in einem Ordner, der in IIS (Internet-Informationsdienste) gleichzeitig als virtuelles Verzeichnis eingerichtet ist. Die XML-Webdienste können mit den gleichen Sicherheitseinstellungen versehen werden wie herkömmliche Webordner. Sie müssen jedoch sicherstellen, dass XML-Webdienste, auf die von anderen Programmen aus zugegriffen wird, diesen Anwendungen eine andere Möglichkeit zur Übergabe von Anmeldeinformationen bietet als nur die Umleitung auf eine Anmeldeseite.

XML-Webdienste werden im .NET Framework als Dateien mit der Erweiterung .asmx gekennzeichnet. Diese Erweiterung ist, wie die Erweiterungen .aspx und .ascx, in IIS registriert und wird speziell gehandhabt, statt (wie beispielsweise eine HTML-Datei) einfach direkt an den Browser übergeben zu werden. Eine .asmx-Datei kann Code enthalten, beinhaltet in der Regel aber nur einen Zeiger auf den Code, wie im nachfolgenden Beispiel:

```
<%@ WebService Language="vb"
Codebehind="Simple.asmx.vb"
Class="Chapter10_SimpleService.Simple" %>
```

Die *WebServices*-Direktive ähnelt der *Page*-Direktive in .aspx-Dateien. *Language* bezieht sich auf die im Code verwendete Sprache. *Codebehind* wird erneut nur von Visual Studio .NET und ähnlichen Designern verwendet. Das *Class*-Attribut gibt den Namen der Klasse an. Neben dem Klassennamen – in diesem Beispiel *Chapter10_SimpleService.Simple* – hätte ich im *Class*-Attribut auch den

Assemblynamen angegeben können. Da der Assemblyname *Chapter10_SimpleService* lautet, könnte ich eine *WebService*-Direktive wie diese zur Angabe der Assembly verwenden:

```
<%@ WebService Language="vb"
Codebehind="Simple.asmx.vb"
Class="Chapter10_SimpleService.Simple,Chapter10_SimpleService"
%>
```

Ohne explizite Angabe der Assembly durchsucht ASP.NET erst beim ersten Zugriff auf den XML-Webdienst die Assemblys im *bin*-Ordner unterhalb des Speicherortes der .asmx-Datei nach der entsprechenden Assembly. Diese Suche kann zu Leistungseinbußen führen, und wenn der *bin*-Ordner viele Assemblys enthält, sollte die Suchzeit nicht unterschätzt werden.

In Visual Studio .NET bekommen Sie den Code in der .asmx-Datei wahrscheinlich nie zu Gesicht. Visual Studio .NET sorgt standardmäßig für die Erstellung des erforderlichen CodeBehind-Dateicodes. In diesem Beispiel wäre der Code in einer Datei mit dem Namen *Simple.asmx.vb* enthalten.

Wie bei allen Visual Studio-Projekten besteht auch der erste Schritt bei der Entwicklung eines XML-Webdienstes darin, ein neues Projekt anzulegen. Abbildung 10.1 zeigt das eingeblendete Dialogfeld mit ausgewähltem Visual Basic .NET-XML-Webdienst.

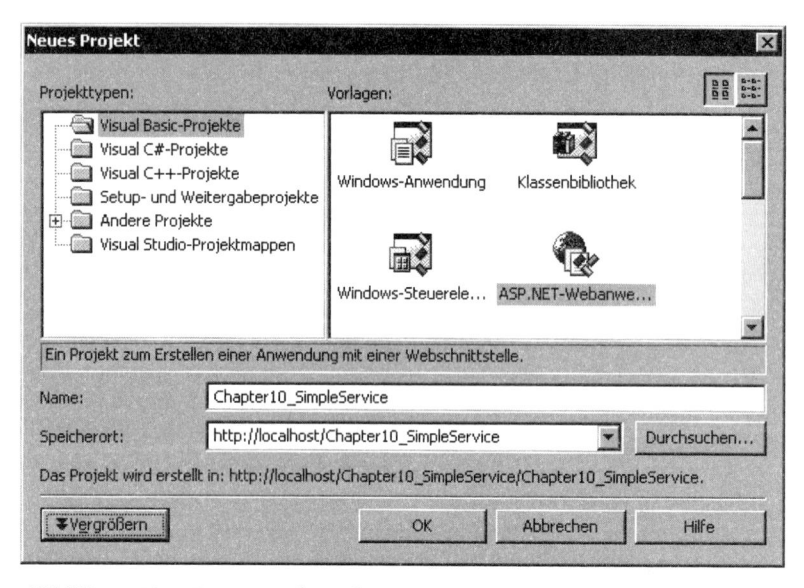

Abbildung 10.1: Das Visual Studio .NET-Dialogfeld »Neues Projekt« mit ausgewähltem Visual Basic .NET-XML-Webdienst

Erweitern und Testen des XML-Webdienstes

Nach Erstellung des neuen Projekts verfügen Sie über einen grundlegenden XML-Webdienst. Visual Studio .NET platziert Kommentare in einer Datei, die bei Auskommentierung zu einem einfachen »Hello World«-XML-Webdienst führen. Ich habe diesen Dienst leicht abgewandelt, die entsprechende CodeBehind-Datei sehen Sie in Listing 10.1.

```
Imports System.Web.Services
```

```
Public Class Simple
    Inherits System.Web.Services.WebService

#Region " Web Services Designer Generated Code "

    Public Sub New()
        MyBase.New()

        'This call is required by the Web Services Designer.
        InitializeComponent()

        'Add your own initialization code after the
        'InitializeComponent() call

    End Sub

    'Required by the Web Services Designer
    Private components As System.ComponentModel.Container
    'NOTE: The following procedure is required by the
    'Web Services Designer
    'It can be modified using the Web Services Designer.
    'Do not modify it using the code editor.
    <System.Diagnostics.DebuggerStepThrough()> _
    Private Sub InitializeComponent()
        components = New System.ComponentModel.Container()
    End Sub

    Protected Overloads Overrides Sub Dispose(ByVal disposing As Boolean)
        'CODEGEN: This procedure is required by the Web Services Designer
        'Do not modify it using the code editor.
        If disposing Then
            If Not (components Is Nothing) Then
                components.Dispose()
            End If
        End If
        MyBase.Dispose(disposing)
    End Sub

#End Region

    <WebMethod()> _
    Public Function HelloWorld( _
    ByVal Language As String) As String
        Select Case Language
            Case "Norwegian"
                HelloWorld = "God dag Verden"
            Case "Spanish"
                HelloWorld = "Hola Mundo"
            Case "German"
                HelloWorld = "Hallo Welt"
            Case Else
                HelloWorld = "Hello World"
        End Select
    End Function

End Class
```

Listing 10.1: Simple.asmx.vb, *ein einfacher, mehrsprachiger* »Hello World«*-XML-Webdienst*

Die *Simple*-Klasse erbt von *System.Web.Services.WebService*. Die *WebService*-Klasse weist viele Member auf, von denen die meisten von übergeordneten Objekten geerbt werden. Zu den wichtigsten gehört hierbei ein *HttpContext*-Objekt mit dem Namen *Current*. Mithilfe des *Current*-Objekts können Sie ermitteln, ob die Ablaufverfolgung aktiviert ist. Hier ein Beispiel:

```
HttpContext.Current.Trace.IsEnabled;
```

Die *WebService*-Klasse legt außerdem eine Eigenschaft offen, die ein *Session*-Objekt zurückgibt. Das *Session*-Objekt kann für eine Einzelbenutzersitzung spezifische Werte speichern und abrufen. Hierzu muss der Sitzungsstatus aktiviert sein, wie beschrieben in Tabelle 10.1.

TIPP: Obwohl in einem Cluster über mehrere Webserver auf den ASP.NET-Sitzungsstatus zugegriffen werden kann, schränkt die Verwendung des Sitzungsstatus die Skalierbarkeit der Anwendung ein. Nach einer Skalierung auf mehrere Webserver erfordert jeder Zugriff auf den Sitzungsstatus einen computerübergreifenden Aufruf. Dies ist eine *sehr* kostenintensive Operation, die häufig durch andere ASP.NET-Features umgangen werden kann. Die Verwendung des Sitzungsstatus in einem XML-Webdienst ist fast immer eine schlechte Idee.

Eine weitere interessante Eigenschaft der *WebService*-Klasse ist *User*. Die *User*-Eigenschaft ist besonders bei der Verwendung von XML-Webdiensten in Organisationen nützlich, die mit Windows 2000 Active Directory und der Windows-Authentifizierung arbeiten. Es gibt gebräuchlichere Möglichkeiten zur Handhabung der Authentifizierung, einige davon werde ich im Abschnitt »Sicherheitsoptionen« weiter unten in diesem Kapitel erläutern.

Die *Server*-Eigenschaft der *WebService*-Klasse gibt ein *HttpServerUtility*-Objekt zurück, das zum Abrufen des Rechnernamens, zum Setzen und Abrufen der Zeitüberschreitung für Skripts sowie zur Bereitstellung verschiedener Pfadzuordnungen eingesetzt werden kann. Die *Server*-Eigenschaft legt darüber hinaus zwei Methoden offen, die IIS 5.0-Benutzern bekannt sein werden, *Execute* und *Transfer*.

Der XML-Webdienst aus Listing 10.1 weist die folgende *HelloWorld*-Funktion auf:

```
<WebMethod()> _
Public Function HelloWorld( _
ByVal Language As String) As String
    Select Case Language
        Case "Norwegian"
            HelloWorld = "God dag Verden"
        Case "Spanish"
            HelloWorld = "Hola Mundo"
        Case "German"
            HelloWorld = "Hallo Welt"
        Case Else
            HelloWorld = "Hello World"
    End Select
End Function
```

Das interessanteste an dieser Funktion ist, dass sie sehr einfach strukturiert ist. Anhand einer *Select/Case*-Anweisung wähle ich die richtige Übersetzung aus und gebe den entsprechenden Funktionswert zurück. Der einzige Hinweis darauf, dass diese Funktion etwas Besonderes an sich hat, ist das <WebMethod()>-Attribut. (In einem C#-Modul würde dieses Attribut als *[WebMethod()]* deklariert werden.) Diese Version von *HelloWorld* ist international angehaucht, da der angeforderte Zeichenfolgenparameter *Language* das »Hello World« in der ausgewählten Sprache zurückgibt (falls es sich bei der gewählten Sprache um Norwegisch, Spanisch oder Deutsch handelt; andernfalls wird die Zeichenfolge in Englisch zurückgegeben).

Eine der historischen Schwierigkeiten beim Testen eines XML-Webdienstes – oder eines ähnlichen Dienstes – ist die Notwendigkeit, ein Clientframework zur tatsächlichen Anwendung des Dienstes bereitzustellen. XML-Webdienste besitzen zum Glück die Fähigkeit, einen Selbsttest durchzuführen. Wenn Sie den in Listing 10.1 gezeigten XML-Webdienst ausführen, erhalten Sie eine Seite, die der in Abbildung 10.2 ähnelt.

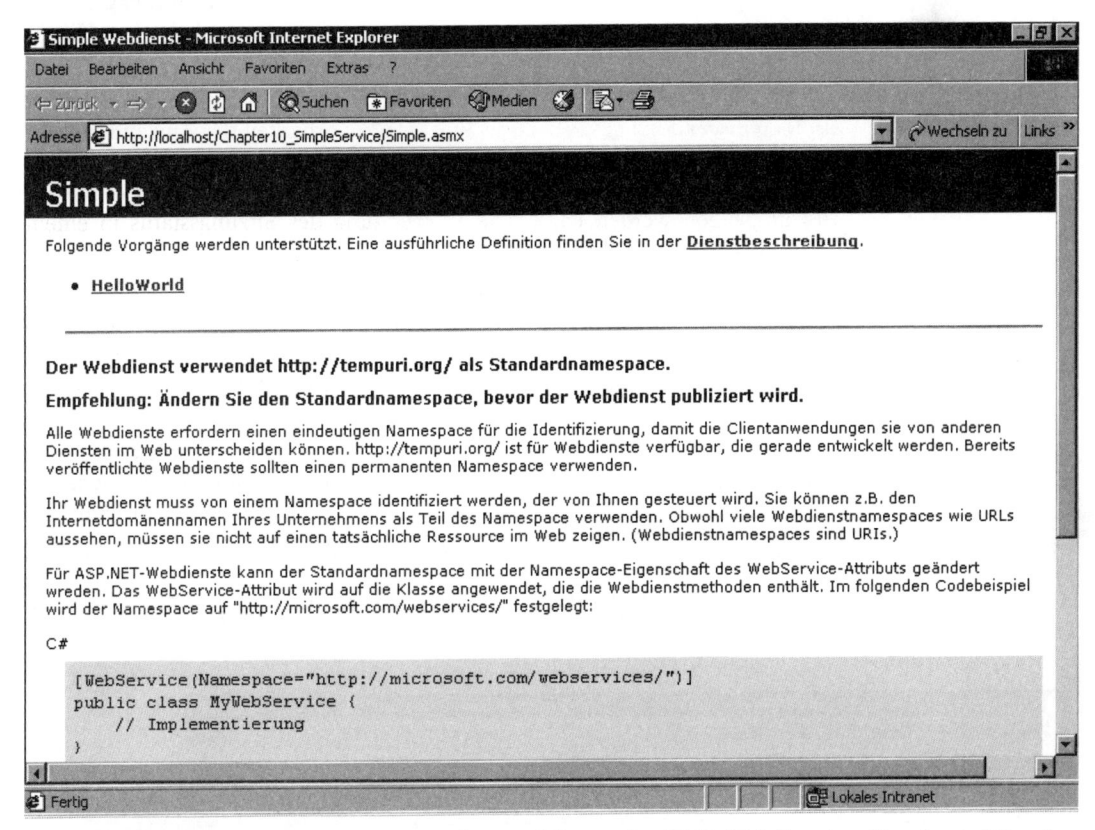

Abbildung 10.2: Die zurückgegebene Seite bei Ausführung des XML-Webdienstes »Simple« in Visual Studio .NET

Diese Seite enthält einen Link auf die einzige von dieser Klasse offen gelegten Methode: *HelloWorld*. Das Klicken auf diesen Link führt zur Anzeige einer Seite ähnlich der in Abbildung 10.3.

Der einzige Parameter, *Language*, kann im Textfeld oberhalb der *Invoke*-Schaltfläche angegeben werden. Wenn Sie nicht mehr wüssten, welchen Datentyp *Language* aufweist, könnten Sie sich die Details zur SOAP-Anforderung ansehen, um zu ermitteln, dass eine Zeichenfolge erwartet wird. Wenn Sie in das Textfeld den Wert »Spanish« eingeben und auf *Invoke* klicken, wird eine Seite ähnlich der in Abbildung 10.4 angezeigt.

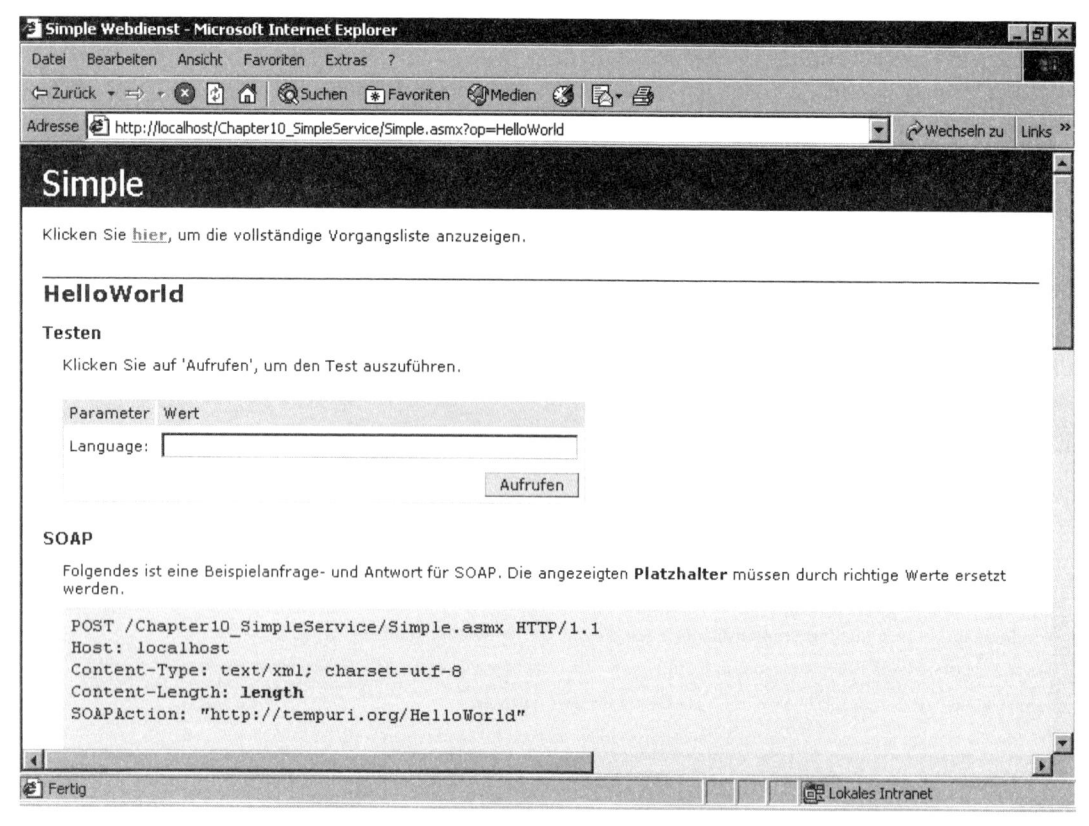

Abbildung 10.3: Die Seite, auf der Sie die HelloWorld-Methode des XML-Webdienstes »Simple« testen können

Abbildung 10.4: Die durch einen Aufruf der HelloWorld-Methode mit dem Wert »Spanish« erzeugte Ausgabe

Beachten Sie, dass es sich bei dem in Abbildung 10.4 in der Adressleiste angezeigten URL lediglich um einen Pfad zur .asmx-Datei sowie um einen Parameter handelt, der genau wie in einer ASP.NET-Web Forms-Seite übergeben wird.

Beachten Sie in Abbildung 10.2 die Warnung, dass der XML-Webdienst den Namespace *http://tempuri.org* verwendet. Dieser Namespace wird in Visual Studio .NET standardmäßig für XML-Webdienste verwendet. Der Namespace eignet sich prima für das Testen von XML-Webdiensten, sollte in einem echten XML-Webdienst jedoch nicht verwendet werden. Zur Angabe eines anderen Namespace für den XML-Webdienst fügen Sie genau vor der Klassendeklaration eine Codezeile wie die folgende ein:

```
<WebService(Namespace:="http://ProgrammingASP.NET/webservices/")>
```

Der URL muss kein spezieller sein, er muss noch nicht einmal existieren.

Verwenden der WebMethod-Attributeigenschaften

Das *WebMethod*-Attribut weist sechs Eigenschaften zur Steuerung des XML-Webdienstes auf. Diese Eigenschaften werden in Tabelle 10.1 beschrieben.

Eigenschaft	Beschreibung

BufferResponse	Aktiviert die Pufferung von Antworten des XML-Webdienstes. Der Standardwert lautet *true*, dies ist fast immer die optimale Einstellung. Wird dieser Wert auf *false* gesetzt, werden Antworten des XML-Webdienstes in 16-KB-Blöcken an den anfordernden Client gesendet. Die Syntax für diesen Parameter wird nachfolgend gezeigt:
	
	[Visual Basic.NET]
	`<WebMethod(BufferResponse:=False)>`
	[C#]
	`[WebMethod(BufferResponse=false)]`

CacheDuration	Aktiviert die Zwischenspeicherung der Ergebnisse für eine XML-Webdienstmethode. ASP.NET speichert die Ergebnisse für jeden Parametersatz zwischen. Der Wert dieser Eigenschaft legt fest, wie lange (in Sekunden) die Ergebnisse von ASP.NET zwischengespeichert werden. Der Standardwert lautet 0, d.h. die Zwischenspeicherung ist deaktiviert. Diese Eigenschaft sollte häufig gesetzt werden, insbesondere wenn die Zahl der Parametersätze nicht sehr hoch ist und die zugrunde liegende Antwort keiner häufigen Änderung unterliegt. Die Syntax für diese Eigenschaft wird nachfolgend gezeigt:
	
	[Visual Basic.NET]
	`<WebMethod(CacheDuration:=60)>`
	[C#]
	`[WebMethod(CacheDuration=60)]`

Description	Stellt eine Beschreibung für eine XML-Webdienstmethode bereit, die auf der Hilfeseite für den Dienst angezeigt wird. Die Syntax für diese Eigenschaft wird nachfolgend gezeigt:
	
	[Visual Basic.NET]
	`<WebMethod(Description:="Text")>`
	[C#]
	`[WebMethod(Description="Text")]`

EnableSession	Aktiviert den Sitzungsstatus für eine XML-Webdienstmethode. Nach der Aktivierung kann der XML-Webdienst über *HttpContext.Current.Session* oder *WebService.Session* direkt auf den Sitzungsstatus zugreifen. Die Syntax für diese Eigenschaft wird nachfolgend gezeigt:
	
	[Visual Basic.NET]
	`<WebMethod(EnableSession:=True)>`
	[C#]
	`[WebMethod(EnableSession=true)]`

MessageName	Weist den XML-Webdienst an, überladene Methoden durch einen Alias eindeutig zu kennzeichnen. Der Standardwert für *MessageName* ist der Methodenname. Diese Eigenschaft wird (klar!) mit überladenen Methoden verwendet. Die Syntax für diese Eigenschaft wird nachfolgend gezeigt:
	
	[Visual Basic.NET]
	`<WebMethod(MessageName:="AddDouble")>`
	[C#]
	`[WebMethod(MessageName="AddDouble")]`

Eigenschaft	Beschreibung

TransactionOption	Ermöglicht der XML-Webdienstmethode, als Stammobjekt an einer Transaktion beteiligt zu sein. Sie können den Wert dieser Eigenschaft auf eine beliebige der *TransactionOption*-Aufzählungen setzen, aber tatsächlich werden für XML-Webdienste nur zwei Verhaltensweisen unterstützt: Entweder kann der XML-Webdienst nicht an einer Transaktion teilhaben (*Disabled, NotSupported* oder *Supported*), oder es wird eine neue Transaktion erstellt (*Required, RequiresNew*). Der Standardwert lautet *TransactionOption.Disabled*. Zur Aktivierung der Transaktionsunterstützung müssen Sie einen Verweis auf *System.EnterpriseServices.dll* hinzufügen. Die Syntax für diese Eigenschaft wird nachfolgend gezeigt:
	``
	[Visual Studio.NET]
	<WebMethod(TransactionOption:=
	   TransactionOption.RequiresNew)>
	[C#]
	[WebMethod(TransactionOption=
	   TransactionOption.RequiresNew)]
	``

Tabelle 10.1: *Eigenschaften des* WebMethod-*Attributs*

Zur Veranschaulichung des Einsatzes der *WebMethod*-Attributeigenschaften könnte ich das *HelloWorld*-Beispiel folgendermaßen abwandeln:

```
<WebMethod(CacheDuration:=600)> _
Public Function HelloWorld( _
ByVal Language As String) As String
" Und so weiter...
```

Da sich die Antwort auf die *HelloWorld*-Anforderung mit großer Wahrscheinlichkeit nicht ändert, ist ein Wert von 600 Sekunden (10 Minuten) für die Zwischenspeicherung der Antwort nicht unvernünftig. Wird *HelloWorld* bei der ersten Anforderung mit dem Parameter »Spanish« abgerufen, wird dieser Wert zwischengespeichert. Für alle weiteren Anforderungen innerhalb der nächsten 10 Minuten erfolgt keine Ausführung von *HelloWorld*; stattdessen greift ASP.NET auf die zwischengespeicherte Antwort der ersten Anforderung zurück.

Nutzen eines einfachen XML-Webdienstes

Das Schreiben eines XML-Webdienstes ist eine wunderbare Sache, ihn jedoch zu nutzen ist noch viel besser. Es gibt verschiedene Möglichkeiten, einen XML-Webdienst zu nutzen. Die einfachste hiervon ist, dem Dienst mithilfe von Visual Studio einen Webverweis hinzuzufügen. (Befehlszeilenpuristen sollten den nächsten Abschnitt lesen, »XML-Webdienste und Befehlszeilentools«.)

Der erste Schritt besteht darin, eine neue Webanwendung mit einer neuen Web Forms-Seite zu erstellen. Klicken Sie im Projektmappen-Explorer mit der rechten Maustaste auf den Projektnamen, und wählen Sie aus dem Kontextmenü die Option *Webverweis hinzufügen* aus. Das Dialogfeld *Webverweis hinzufügen* wird angezeigt. In diesem Dialogfeld können Sie die Adresse des XML-Webdienstes manuell eingeben oder mithilfe von UDDI nach einem XML-Webdienst suchen. Das Dialogfeld *Webverweis hinzufügen* verfügt außerdem über einen Link zur Anzeige der XML-Webdienste auf dem lokalen Webserver. Abbildung 10.5 zeigt das Dialogfeld *Webverweis hinzufügen* mit ausgewähltem *Simple*-XML-Webdienst. Die Dokumentation zu *Simple* wird im linken Fensterausschnitt angezeigt.

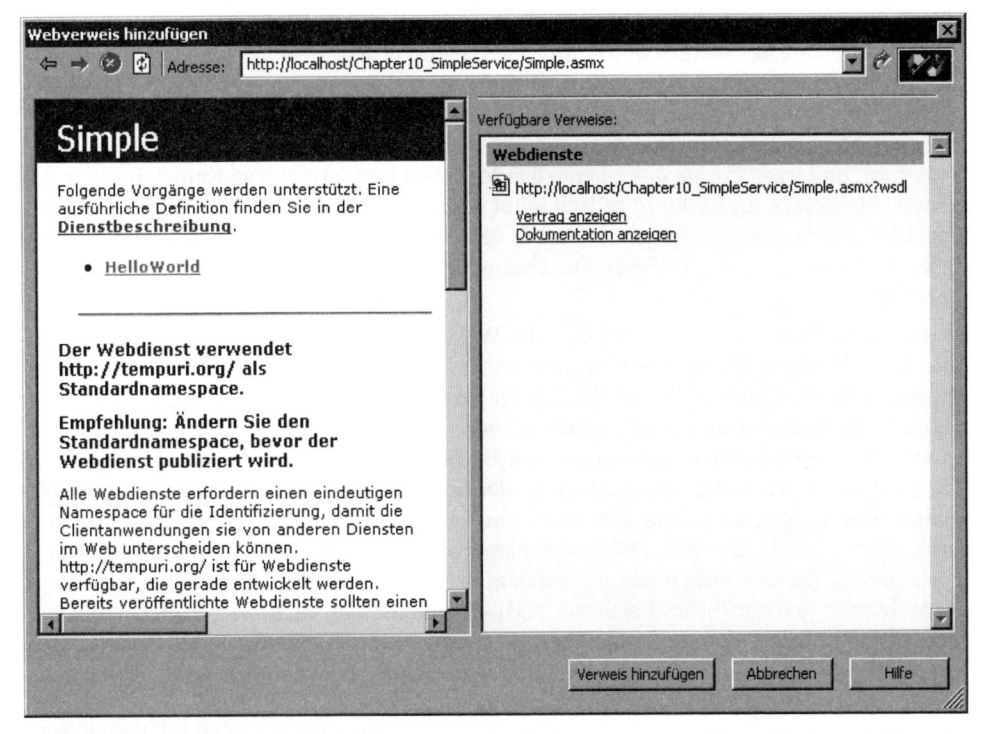

Abbildung 10.5: Das Visual Studio .NET-Dialogfeld »Webverweis hinzufügen« mit Verweis auf den Simple-XML-Webdienst

Nachdem Sie im Dialogfeld *Webverweis hinzufügen* auf die Schaltfläche *Verweis hinzufügen* geklickt haben, wird im Projektmappen-Explorer der zusätzliche Knoten *Webverweise* angezeigt. Abbildung 10.6 zeigt den erweiterten Knoten *Webverweise*.

Abbildung 10.6: Projektmappen-Explorer mit dem neu hinzugefügten Webverweis auf den Simple-Dienst

Das Standardverhalten des Dialogfeldes *Webverweis hinzufügen* hat zu leichter Verwirrung geführt. Beachten Sie, dass der Name des Webverweises im Projektmappen-Explorer *localhost* lautet. Zufälligerweise hatte ich mit einem URL auf den XML-Webdienst verwiesen, der *localhost* enthielt. Ich denke, das ist *nicht* der Name, den Sie für den Webverweis erwartet hätten! Wenn Sie wie ich denken, gehen Sie normalerweise davon aus, dass *localhost* sich auf den Server bezieht, auf dem der Dienst gespeichert ist, und dass *Simple* das zu erstellende Objekt bezeichnet. Tatsächlich bezieht sich *localhost* auf den Namespace und *Simple* ist in der Tat das zu erstellende Objekt. Sie sollten *localhost* in der Regel mit einem aussagekräftigeren Namen versehen. Ich habe deshalb in diesem Beispiel den Namespace von *localhost* in *HelloWorld* umbenannt und werde diesen Namen für den Rest des Kapitels beibehalten.

TIPP: Mein erster Gedanke nach dem Hinzufügen des Webverweises anhand des URLs *http://localhost/Chapter10_SimpleService/Simple.asmx* war: »Mist, hätte ich im URL doch bloß den vollständigen Rechnernamen verwendet, nicht *localhost*.« Meine Sorge war, dass ich vielleicht nicht in der Lage sein könnte, die Seite mit dem XML-Webdienst von meiner Arbeitsstation *Dual* aus zu testen, da sich der XML-Webdienst auf dem Testrechner *Test933* befand. Ein Verweis auf *localhost* von *Dual* würde nicht funktionieren, denn auf *Dual* war weder der XML-Webdienst noch das .NET Framework installiert. Der Test funktionierte von *Dual* aus jedoch problemlos. Im Nachhinein ist der Grund hierfür offensichtlich: Der XML-Webdienstname wurde auf dem Webserver aufgelöst, *nicht* auf der Arbeitsstation. Daher wurde *localhost* auf dem Server auch ordnungsgemäß aufgelöst, denn relativ zum Webserver gesehen befand sich der XML-Webdienst auf *localhost*. In der wirklichen Welt legt der XML-Webdienst Funktionalität über das Internet offen. Wenn Sie Funktionalität offen legen möchten, die auf demselben Computer genutzt wird, ist der Einsatz eines XML-Webdienstes aufgrund des Overheads bei dessen Aufruf nicht besonders effizient.

Nun, da der Webverweis hinzugefügt wurde, kann ich auf den XML-Webdienst verweisen, als handele es sich um eine beliebige Klasse. Wie kann das funktionieren? Wenn Sie sich das Verzeichnis auf dem Webserver ansehen, in der sich die Testseite mit dem hinzugefügten Webverweis befindet, sehen Sie dort ein neues Verzeichnis mit dem Namen *Webverweise*. In diesem Verzeichnis befindet sich ein Unterordner namens *HelloWorld*, d.h., dieser Ordner trägt den Namen des Namespace für den Webverweis. In diesem Verzeichnis finden Sie eine C#-Datei mit Code, der dem in Listing 10.2 ähnelt. Auf meinem System trägt diese Datei den Namen *Reference.cs*.

```
//------------------------------------------------------------------------
// <autogenerated>
//     This code was generated by a tool.
//     Runtime Version: 1.0.3307.0
//
//     Changes to this file may cause incorrect
//     behavior and will be lost if
//     the code is regenerated
// </autogenerated>
//------------------------------------------------------------------------

//
// This source code was auto-generated by Microsoft.VSDesigner,
// Version 1.0.3307.0.
//
namespace Chapter10_TestSimpleService.HelloWorld {
    using System.Diagnostics;
    using System.Xml.Serialization;
    using System;
    using System.Web.Services.Protocols;
```

```
using System.Web.Services;

/// <remarks/>
[System.Diagnostics.DebuggerStepThroughAttribute()]
[System.ComponentModel.DesignerCategoryAttribute("code")]
[System.Web.Services.WebServiceBindingAttribute(
  Name="SimpleSoap", Namespace="http://tempuri.org/")]
public class Simple :
  System.Web.Services.Protocols.SoapHttpClientProtocol {

    /// <remarks/>
    public Simple() {
        this.Url =
          "http://localhost/Chapter10_SimpleService/Simple.asmx";
    }
    /// <remarks/>
    [System.Web.Services.Protocols.SoapDocumentMethodAttribute(
      "http://tempuri.org/HelloWorld",
      RequestNamespace="http://tempuri.org/",
      ResponseNamespace="http://tempuri.org/",
      Use=System.Web.Services.Description.SoapBindingUse.Literal,
      ParameterStyle=
      System.Web.Services.Protocols.SoapParameterStyle.Wrapped)]
    public string HelloWorld(string Language) {
        object[] results = this.Invoke("HelloWorld", new object[] {
                    Language});
        return ((string)(results[0]));
    }

    /// <remarks/>
    public System.IAsyncResult BeginHelloWorld(
      string Language, System.AsyncCallback callback,
      object asyncState) {
        return this.BeginInvoke("HelloWorld", new object[] {
                    Language}, callback, asyncState);
    }

    /// <remarks/>
    public string EndHelloWorld(System.IAsyncResult asyncResult) {
        object[] results = this.EndInvoke(asyncResult);
        return ((string)(results[0]));
    }
  }
}
```

Listing 10.2: Reference.cs, der Proxycode zur Nutzung des Simple-XML-Webdienstes

Bei Listing 10.2 handelt es sich um eine C#-Datei, die eine *Proxyklasse* darstellt. (Eine Proxyklasse fungiert wie eine echte Klasse, ist aber eigentlich nur eine Vertretung einer Klasse.) Diese Proxydatei ist eine C#-Datei, da ich für deren Erzeugung ein C#-Testprojekt verwendet habe. Glücklicherweise ist es kein Problem, einen XML-Webdienst innerhalb einer Visual Basic .NET-Web Forms-Seite zu nutzen, die unter Verwendung von C# geschrieben wurde. Wie Sie sehen, übernimmt der Code in der *Simple*-Klasse keinerlei Aufgaben in Bezug auf die Interpretation der als Parameter übergebenen Zeichenfolge bzw. in Bezug auf die Rückgabe einer auf den Parametern basierenden Zeichenfolge. Lässt man die komplexen Attribute der vorangehenden Proxyklassenfunktion *HelloWorld* außer Acht, ist die Funktion selbst recht einfach:

```
public string HelloWorld(string Language) {
    object[] results = this.Invoke("HelloWorld", new object[] {
        Language});
    return ((string)(results[0]));
}
```

Die *Invoke*-Methode wird aufgerufen, der Rückgabewert ist ein Array aus Objekten. In diesem Beispiel wird das erste Element des Objektarrays zurückgegeben, umgewandelt in *string*.

Ihnen erscheint der Code in Listing 10.2 vielleicht ein wenig komplex (aufgrund von Elementen wie *BeginInvoke*, asynchronen Rückrufen usw.). Programmierer mit RPC-Erfahrung werden jedoch erkennen, dass es sich im Grunde um einen relativ kompakten und einfachen Codeabschnitt handelt. Es ist nicht erforderlich, den Code bis in das kleinste Detail zu verstehen; wenn Sie jedoch gern mehr erfahren würden, sehen Sie sich die *.Web.Services.Protocols.SoapHttpClientProtocol*-Klasse in der MSDN-Dokumentation an. Diese Proxyklasse ist von *SoapHttpClientProtocol* abgeleitet. Der Code in Listing 10.2 wird automatisch generiert und sollte deshalb nicht direkt bearbeitet werden. Werden Änderungen am XML-Webdienst vorgenommen, muss der Proxycode neu generiert werden.

Zur Verwendung des XML-Webdienstes *Simple* habe ich die in Abbildung 10.7 gezeigte Seite erstellt. Diese Seite zeigt im Dropdownlistenfeld zunächst die Aufforderung »–Pick Language–« an. Sie können also in der Dropdownliste eine Sprache auswählen, und der *SelectedIndexChanged*-Ereignishandler ändert den Text unterhalb des Dropdownlistenfeldes in die gewählte Übersetzung von »Hello World«. Was hier eigentlich geschieht, ist Folgendes: Für die Seite wird ein Postback auf dem Webserver ausgeführt, und anschließend wird der XML-Webdienst *Simple* von dieser Seite aufgerufen. Wenn ich die *CacheDuration*-Eigenschaft des *WebMethod*-Attributs auf den Wert *600* setze, wird (je nach Anforderung) entweder der XML-Webdienst ausgeführt oder der angeforderte Wert aus dem Cache zurückgegeben. Dieser Vorgang verläuft für den XML-Webdienst-Consumer transparent.

Abbildung 10.7: Ein einfaches Testformular zur Veranschaulichung des Zugriffs auf den XML-Webdienst von einer Web Forms-Seite aus

Die zur Erstellung der in Abbildung 10.7 dargestellten Seite verwendete *TestWebServices.aspx*-Datei sehen Sie in Listing 10.3. Zur Ausführung des Postbacks der Dropdownliste auf dem Server wird das *AutoPostBack*-Attribut auf *True* gesetzt. Ich habe für die Sprachauswahl die *<asp:ListItem>*-Tags verwendet, Sie können aber genauso auch die *Add*-Methode des *DropDownList1*-Objekts in der CodeBehind-Datei verwenden.

```
<%@ Page language="c#"
Codebehind="TestWebService.aspx.cs"
AutoEventWireup="false"
Inherits="Chapter10_TestSimpleService.TestWebService" %>
<!DOCTYPE HTML PUBLIC "-//W3C//DTD HTML 4.0 Transitional//EN" >
<HTML>
    <HEAD>
        <meta name="GENERATOR" content="Microsoft Visual Studio 7.0">
        <meta name="CODE_LANGUAGE" content="C#" >
        <meta name="vs_defaultClientScript" content="JavaScript">
        <meta name="vs_targetSchema"
            content="http://schemas.microsoft.com/intellisense/ie5">
    </HEAD>
    <body>
        <form id="TestWebService" method="post" runat="server">
            <p align="center">
                <asp:DropDownList
                id="DropDownList1"
                runat="server"
                AutoPostBack="True">
                    <asp:ListItem Value="-- Pick Language --">
                    --Pick Language --</asp:ListItem>
                    <asp:ListItem Value="Spanish">
                    Spanish</asp:ListItem>
                    <asp:ListItem Value="Norwegian">
                    Norwegian</asp:ListItem>
                    <asp:ListItem Value="German">
                    German</asp:ListItem>
                    <asp:ListItem Value="English">
                    English</asp:ListItem>
                </asp:DropDownList></p>
            <p align="center">
                <asp:Label id="Label1" runat="server"
                Font-Size="Medium"
                Font-Bold="True"
                ForeColor="Red">
                </asp:Label></p>
        </form>
    </body>
</HTML>
```

Listing 10.3: TestWebService.aspx, *eine Web Forms-Seite zum Testen des XML-Webdienstes* Simple

Listing 10.4 zeigt die CodeBehind-Datei für *TestWebService.aspx*.

```
using System;
using System.Collections;
using System.ComponentModel;
using System.Data;
using System.Drawing;
using System.Web;
using System.Web.SessionState;
```

```csharp
using System.Web.UI;
using System.Web.UI.WebControls;
using System.Web.UI.HtmlControls;

namespace Chapter10_TestSimpleService
{
    /// <summary>
    /// Summary description for WebForm1.
    /// </summary>
    public class TestWebService : System.Web.UI.Page
    {
        protected System.Web.UI.WebControls.DropDownList DropDownList1;

        protected System.Web.UI.WebControls.Label Label1;

        private void Page_Load(object sender, System.EventArgs e)
        {
            // Put user code to initialize the page here.
        }

        #region Web Form Designer generated code
        override protected void OnInit(EventArgs e)
        {
            //
            // CODEGEN: This call is required by the ASP.NET
            // Web Form Designer.
            //
            InitalizeComponent();
            base.OnInit(e);
        }
        /// <summary>
        /// Required method for Designer support - do not modify
        /// the contents of this method with the code editor.
        /// </summary>
        private void InitializeComponent()
        {
            this.DropDownList1.SelectedIndexChanged +=
                new System.EventHandler(
                this.DropDownList1_SelectedIndexChanged);
            this.Load += new System.EventHandler(this.Page_Load);

        }
        #endregion

        private void DropDownList1_SelectedIndexChanged
        (object sender, System.EventArgs e)
        {
            HelloWorld.Simple Hello;
            Hello=new HelloWorld.Simple();

            Label1.Text=Hello.HelloWorld(DropDownList1.SelectedItem.Text);
        }
    }
}
```

Listing 10.4: Die CodeBehind-Datei TestWebService.aspx.cs, *die als Consumer des XML-Webdienstes* Simple *fungiert*

Die drei Zeilen des *DropDownList1_SelectedIndexChanged*-Handlers sehen trügerischerweise recht einfach aus. Als Erstes deklariere ich ein Objekt vom Typ *Simple*. Als Nächstes erstelle ich das *Simple*-Objekt. Da ich diesem Projekt einen Webverweis hinzugefügt habe, werde ich *nicht* versuchen, die eigentliche *Simple*-Klasse zu instanziieren, sondern werde stattdessen die in Listing 10.2 gezeigte Proxyklasse verwenden. Abschließend setze ich die *Label1.Text*-Eigenschaft auf die durch den *HelloWorld*-Methodenaufruf zurückgegebene Zeichenfolge.

Was tatsächlich hinter den Kulissen geschieht, ist etwas interessanter. Die Proxyklasse ruft den XML-Webdienst auf (der sich überall befinden könnte, auf einem beliebigen zugänglichen Server). Bei Erhalt einer Antwort wird die Zeichenfolge aus dem zurückgegebenen Objektarray abgerufen. Anschließend erfolgt eine Seitenaktualisierung, und das Label wird auf den Text der *HelloWorld*-Methode gesetzt.

XML-Webdienste und Befehlszeilentools

Wie bereits erwähnt, werden viele Entwickler es vorziehen, Webverweise innerhalb von Visual Studio hinzuzufügen. Diejenigen unter Ihnen, die gern mehr über die tatsächlichen Abläufe hinter den Kulissen erfahren möchten, können mithilfe des WSDL-Befehlszeilentools (*Wsdl.exe*) den Proxycode explizit generieren. Die Befehlszeilenoptionen für WSDL werden in Tabelle 10.2 beschrieben.

Befehl oder Option	Beschreibung
wsdl.exe	Dienstprogramm zum Generieren von Code für XML-Webdienstclients und XML-Webdienste unter Verwendung von ASP.NET aus WSDL-Dateien, XSD-Schemas und .discomap-Discoverydokumenten. Dieses Tool kann zusammen mit *disco.exe* verwendet werden.
	wsdl.exe <optionen> <url oder pfad> <url oder pfad> ...
<url oder pfad>	Ein URL oder Pfad zu einer WSDL-Datei, einem XSD-Schema oder einem .discomap-Dokument.
/nologo	Unterdrückt das Banner.
/language:<sprache>	Die für die generierte Proxyklasse verwendete Sprache. Wählen Sie zwischen 'CS', 'VB' oder 'JS', oder geben Sie einen vollqualifizierten Namen für eine Klasse an, die *System.CodeDom.Compiler.CodeDomProvider* implementiert. Der Standardwert lautet 'CS' (CSharp). Die Kurzform lautet '/l:'.
/server	Generiert eine abstrakte Klasse für eine XML-Webdienstimplementierung unter Verwendung von ASP.NET, basierend auf den Verträgen. Standardmäßig werden Clientproxyklassen generiert.
/namespace:<namespace>	Der Namespace für Proxy oder Vorlage. Der Standardnamespace ist der globale Namespace. Die Kurzform lautet '/n:'.
/out:<dateiname>	Der Dateiname für den generierten Proxycode. Der Standardname wird vom Dienstnamen abgeleitet. Die Kurzform lautet '/o:'.
/protocol:<protokoll>	Setzt das zu implementierende Standardprotokoll außer Kraft. Wählen Sie zwischen 'SOAP', 'HttpGet' oder 'HttpPost', oder geben Sie ein benutzerdefiniertes Protokoll gemäß Konfigurationsdatei an.
/username:<benutzername>	
/password:<kennwort>	
/domain:<domäne>	Die Anmeldeinformationen für die Verbindungsherstellung zu einem Server, der eine Authentifizierung erfordert. Die Kurzformen lauten '/u:', '/p:' und '/d:'. ▶

Befehl oder Option	Beschreibung
/proxy:<url>	Der URL des Proxyservers für die HTTP-Anforderungen. Standardmäßig werden die Systemproxyeinstellungen verwendet.
/proxyusername:<benutzername>	
/proxypassword:<kennwort>	
/proxydomain:<domäne>	Die Anmeldeinformationen für die Verbindungsherstellung zu einem Proxyserver, der eine Authentifizierung erfordert. Die Kurzformen lauten '/pu:', '/pp:' und '/pd:'.
Befehl oder Option	Beschreibung
/appsettingurlkey:<schlüssel>	Der bei der Codegenerierung verwendete Konfigurationsschlüssel zum Einlesen der Standardwerte der *Url*-Eigenschaft. Standardmäßig wird nicht aus der *config*-Datei gelesen. Die Kurzform lautet '/urlkey:'.
/appsettingbaseurl:<basisurl>	Der Basis-URL für die Berechnung des *url*-Fragments. Die *appsettingurlkey*-Option muss ebenfalls angegeben werden. Das *url*-Fragment ist das Ergebnis der Berechnung des relativen URLs aus *appsettingbaseurl* gegenüber dem URL aus dem WSDL-Dokument. Die Kurzform lautet '/baseurl:'.

Tabelle 10.2: *Hilfe zum WSDL-Befehlszeilentool*

Viele dieser Optionen sind bei normalem Gebrauch nicht erforderlich, im Allgemeinen geben Sie jedoch zumindest die Sprache und den URL des Dienstes an. Zum Generieren einer Proxyklasse für den XML-Webdienst *Simple* würde ich beispielsweise das WSDL-Befehlszeilentool einsetzen. Nachfolgend der Befehl:

```
C:\>wsdl.exe
    /l:VB
    http://localhost/Chapter10_SimpleService/Simple.asmx
    /n:HelloWorld.Simple
```

Nach Befehlsausführung müssen Sie den Visual Basic .NET-Quellcode in eine DLL kompilieren. Nachfolgend sehen Sie den minimalen Befehlscode zur Ausführung dieser Operation:

```
C:\>vbc.exe simple.vb
    /target:library
    /reference:System.dll
    /reference:System.Web.Services.dll
    /reference:System.Xml.dll
    /out:Simple.dll
```

Nach dem Erstellen der DLL können Sie diese im *bin*-Ordner des Projekts platzieren, von dem aus Sie auf den XML-Webdienst verweisen möchten. Außerdem fügen Sie die DLL den *Imports*- oder *using*-Anweisungen zu Beginn der Codedatei hinzu.

Nach der Kompilierung von *Simple.dll* erstelle ich ein virtuelles Verzeichnis mit dem Namen *TestCommandLineTools*, um die DLL zu testen. Im *TestCommandLineTools*-Ordner erstelle ich ein *bin*-Verzeichnis und verschiebe die mit dem oben angezeigten *vbc*-Befehl erzeugte *Simple.dll* in diesen Ordner. Abschließend erstelle ich eine einfache Seite, um sicherzustellen, dass ich auch über die manuell erzeugte DLL auf den XML-Webdienst zugreifen kann. Diese Datei namens *TestCommandLineTools.aspx* sehen Sie in Listing 10.5.

```
<%@ Page language="C#" %>
<%@ Import Namespace="HelloWorld.Simple" %>

<html>
    <script language="C#" runat=server>
    public void Page_Load(object sender,EventArgs e)
    {
        Simple Hello=new Simple();
        Response.Write(Hello.HelloWorld("Spanish"));
    }
    </script>

<body>

</body>
</html>
```

Listing 10.5: *Die Datei* TestCommandLineTools.aspx, *eine Seite zum Testen des XML-Webdienstes* Simple

Bei Ausführung dieser Seite wird die spanische Version von »Hello World«, »Hola Mundo«, angezeigt.

Dieser Ansatz ist erheblich unkomfortabler als der Einsatz von Visual Studio. Auf der anderen Seite kann dieser Test auch auf einem Rechner durchgeführt werden, auf dem lediglich das .NET Framework und der Editor installiert sind. Darüber hinaus muss dieser Vorgang immer dann wiederholt werden, wenn Änderungen vorgenommen werden, die sich auf die durch den XML-Webdienst offen gelegte Schnittstelle auswirken. Auch hier bietet Visual Studio .NET eine sehr viel bequemere Option namens *Webverweis aktualisieren*.

TIPP: Bei dem .NET Framework-Build, der zum Testen dieses Beispiels eingesetzt wurde, scheinen viele der Befehlszeilendienstprogramme in verschiedenen Verzeichnissen verstreut zu sein, von denen keines im standardmäßigen Suchpfad angezeigt wird. Wenn Sie diese Befehlszeilendienstprogramme einsetzen möchten, sollten Sie die häufig genutzten Tools ausfindig machen und deren Verzeichnisse Ihrem Suchpfad hinzufügen. Beachten Sie, dass einige Dienstprogramme sich in Ordnern befinden, deren Name die Buildnummer einschließt. Wenn Sie also auf eine andere Version wechseln, müssen Sie daran denken, den Pfad zu aktualisieren.

Ein echter XML-Webdienst: Artikelbereitstellung

Das XML-Webdienstbeispiel *Simple* ist technisch gesehen sicherlich interessant, aber in anderer Hinsicht weniger zufrieden stellend. Was könnte man in der wirklichen Welt mit einem XML-Webdienst anstellen? Eine Möglichkeit ist die gemeinsame Nutzung von Inhalten durch Contentprovider und Content Syndication-Partner. Wie bereits erwähnt, war ich auf diesem Gebiet bereits für die Golf Society of the U.S. tätig. Neben den Inhalten, die auf der Golf Society-eigenen Webseite angezeigt werden, bietet die Golf Society den Partnern die Möglichkeit, ihre Sites mit der Golf Society-Site zu verlinken. Dies bedeutet, dass die Golf Society-Site Dutzende virtueller Verzeichnisse umfasst, die mit dem jeweiligen »Look and Feel« der verschiedenen Partner ausgestattet sind. Bisher gab es keine bessere Möglichkeit zur gemeinsamen Nutzung von Inhalten. Jetzt bietet sich mit den XML-Webdiensten eine Alternative.

Stellen Sie sich einen XML-Webdienst vor, der Zugriff auf eine Artikeldatenbank besitzt, die nach Autor oder Veröffentlichungsdatum indiziert ist. Der XML-Webdienst könnte mit minimaler HTML-

Codierung geeignete Inhalte für die Partner bereitstellen. Die am Content Syndication-System beteiligten Partner könnten auf den XML-Webdienst zugreifen und die Inhalte auf ihren eigenen Seiten platzieren – im Idealfall mit Stylesheets oder Schriftartentags, die für die optimale Anpassung der Golf Society-Inhalte sorgen.

Die Entwicklung eines solchen XML-Webdienstes erfordert die folgenden Schritte:

- Prüfen der Sicherheitsoptionen
- Erstellen und Testen des XML-Webdienstes
- Erstellen einer Webanwendung, die als Consumer (Nutzer) des XML-Webdienstes auftritt

Sicherheitsoptionen

Das Erstellen eines XML-Webdienstes zur Bereitstellung von Artikeln ähnelt unserem vorherigen XML-Webdienst, weist aber einige interessante Unterschiede auf. Zunächst erstellen wir einen XML-Webdienst als Geschäftskomponente, daher muss wahrscheinlich eine Benutzervalidierung durchgeführt werden. Für den Schutz eines XML-Webdienstes stehen zwei Optionen zur Verfügung. Die erste Option sind die integrierten IIS-Sicherheitsoptionen. Die IIS-Sicherheitsoptionen haben zwar den Vorteil, dass keine zusätzliche Benutzerdatenbank erforderlich ist, bei einer Internetanwendung ist es jedoch wenig wünschenswert, für jeden Kunden einen Domänenbenutzerdatensatz erstellen zu müssen. Die zweite Sicherheitsoption ist die benutzerdefinierte Authentifizierung, die folgende Möglichkeiten einschließt:

- Übergabe von Benutzername und Kennwort als Parameter für den Methodenaufruf.
- Bereitstellen einer *Login*-Methode, die vor allen weiteren Methoden aufgerufen werden muss. Anschließend können Sie mithilfe von Cookies sicherstellen, dass der anfordernde Benutzer authentifiziert wurde.
- Verwenden von SOAP-Headern oder dem SOAP-Hauptabschnitt zum Speichern von Anmeldeinformationen.
- Erstellen eines benutzerdefinierten HTTP-Headers zum Speichern der Anmeldeinformationen.

Die erste dieser Optionen für die benutzerdefinierte Authentifizierung ist die einfachste. Gleichzeitig ist bei dieser Option das Fehlschlagen der Authentifizierung aufgrund von Clientkonfigurationsproblemen am unwahrscheinlichsten. Ein kleines Problem ergibt sich bei der Übergabe der Anmeldeinformationen an den Methodenaufruf: Die auf den Übergabeparametern basierende Zwischenspeicherung ist oft weniger effektiv. In diesem Beispiel werden Benutzername und Kennwortinformationen als Parameter für den Methodenaufruf verwendet. Diese Informationen werden anschließend mit den in einer Datenbank gespeicherten Benutzernamen und Kennwörtern verglichen.

Die *Customer*-Tabelle in der *GolfArticles*-Datenbank verfügt über zwei Felder, die in diesem XML-Webdienstbeispiel verwendet werden können: *UserName* und *Password*. Die einfache gespeicherte Prozedur aus Listing 10.6 wählt alle auf den *UserName* und *Password*-Parametern basierenden Felder aus und kann damit zur Benutzervalidierung eingesetzt werden. Diese gespeicherte Prozedur könnte noch um eine Informationsprotokollierung und vielleicht eine Prüfung erweitert werden, mit der sichergestellt wird, dass der angeforderte Artikel in den Vertragszeitraum fällt.

```
CREATE PROCEDURE spSelectCustomerByUsername
    @UserName nvarchar(128),
    @Password nvarchar(128)
AS
SET NOCOUNT ON
SELECT CustomerID, CompanyName, Address, City, State, PostalCode,
```

```
            ContactFirstName, ContactLastName, ContactEMail,
            ContractEnds, ContractLevel,
            UserName, [Password], DateEntered, DateModified
FROM dbo.Customer
WHERE UserName=@UserName AND [Password]=@Password
```

Listing 10.6: *Eine gespeicherte Prozedur zum Abrufen von Kundeninformationen, basierend auf den Parametern* UserName *und* Password

Erstellen und Testen des XML-Webdienstes

Der XML-Webdienst zum Abrufen der Artikel aus der *GolfArticles*-Datenbank heißt *GetGolfArticle*. Die Codedatei für diesen XML-Webdienst trägt den Namen *GetGolfArtikel.asmx.vb* und wird in Listing 10.7 gezeigt.

```
Option Strict On
Option Explicit On

Imports System.Web.Services
Imports System.Data.SqlClient


Public Class GetGolfArticle
    Inherits System.Web.Services.WebService

#Region " Web Services Designer Generated Code "

    Public Sub New()
        MyBase.New()

        'This call is required by the Web Services Designer.
        InitializeComponent()

        'Add your own initialization code after the
        'InitializeComponent() call

    End Sub

    'Required by the Web Services Designer
    Private components As System.ComponentModel.Container

    'NOTE: The following procedure is required by the
    'Web Services Designer
    'It can be modified using the Web Services Designer.
    'Do not modify it using the code editor.
    <System.Diagnostics.DebuggerStepThrough()> _
    Private Sub InitializeComponent()
        components = New System.ComponentModel.Container()
    End Sub

    Protected Overloads Overrides Sub Dispose( _
    ByVal disposing As Boolean)
        'CODEGEN: This procedure is required by the Web Services Designer
        'Do not modify it using the code editor.
```

```vbnet
        If disposing Then
            If Not (components Is Nothing) Then
                components.Dispose()
            End If
        End If
        MyBase.Dispose(disposing)
    End Sub

#End Region
    <WebMethod(CacheDuration:=3600)> _
    Public Function GetArticle(ByRef ArticleDate As String, _
    ByVal Author As String, ByVal UserName As String, _
    ByVal Password As String) As String
        Dim cn As SqlConnection
        Dim cmd As SqlCommand
        Dim dr As SqlDataReader
        Dim userDr As SqlDataReader
        Dim dt As Date

        If Me.ValidateUser(UserName, Password, userDr) = False Then
            GetArticle = "Sorry, User Information passed is invalid."
            Exit Function
        End If
        " Wenn die Benutzerinformationen gültig sind, könnten wir protokollieren,         " dass der Benutzer hier war...Diese Implementierung wird dem Leser
        " zur Übung überlassen
        Try
            cn = Me.GetConnection()
            cmd = New SqlCommand("spSelectArticle", cn)
            cmd.CommandType = CommandType.StoredProcedure
            cmd.Parameters.Add("@Author", Author)
            Try
                dt = Date.Parse(ArticleDate)
                cmd.Parameters.Add("@ArticleDate", dt)
            Catch edt As Exception
                " Ignorieren...Dies ist eine erwartete Ausnahme
            Finally
                dr = cmd.ExecuteReader()
                dr.Read()
                GetArticle = CType(dr("ArticleText"), String)
                ArticleDate = _
                    CType(dr("ArticleDate"), Date).ToShortDateString()
            End Try
        Catch e As Exception
            GetArticle = "An exception occured " + _
            "retrieving the requested article: " + _
            e.Message
        Finally
            If cn.State = ConnectionState.Open Then
                cn.Close()
            End If
        End Try
    End Function
    Protected Function GetConnection() As SqlConnection
```

```
            GetConnection = New SqlConnection("server=localhost;" + _
                "Integrated Security=SSPI;Initial Catalog=GolfArticles")

            GetConnection.Open()
        End Function

        Protected Function ValidateUser(ByVal UserName As String, _
        ByVal Password As String, ByRef dr As SqlDataReader) _
        As Boolean
            Dim cn As SqlConnection
            Dim cmd As SqlCommand
            cn = GetConnection()
            Try
                cmd = New SqlCommand("spSelectCustomerByUsername", cn)
                cmd.CommandType = CommandType.StoredProcedure
                cmd.Parameters.Add("@UserName", UserName)
                cmd.Parameters.Add("@Password", Password)
                dr = cmd.ExecuteReader(CommandBehavior.CloseConnection)
                " dr.Read will return true if data exists.
                ValidateUser = dr.Read()
            Catch e As Exception
                ValidateUser = False
            End Try
        End Function
End Class
```

Listing 10.7: GetGolfArticle.asmx.vb, *die Quelldatei für einen XML-Webdienst zur Bereitstellung von Golfartikeln*

Der XML-Webdienst *GetGolfArticle* legt nur eine Methode offen: *GetArticle*. Diese Methode akzeptiert die vier Parameter *ArticleDate*, *Author*, *UserName* und *Password*. Der Parameter *ArticleDate* wird nicht als *Date*, sondern als *String* deklariert. Auf diese Weise kann der Dienst ungültige Datumswerte als Eingabe akzeptieren und unterstützt so ein sinnvolles Verhalten. Der *ArticleDate*-Parameter ist ein *ByRef*-Parameter, da Sie das Datum eventuell bearbeiten möchten.

Die gespeicherte Prozedur zum eigentlichen Abrufen des Artikels aus der Datenbank kann entweder ein gültiges Datum oder einen *null*-Wert tragen; der Standardwert lautet *null*. Wenn das an die gespeicherte Prozedur übergebene Datum den Wert *null* aufweist, ruft die gespeicherte Prozedur den aktuellsten Artikel des angegebenen Autors auf. Die gespeicherte Prozedur *spSelectArticle* sehen Sie in Listing 10.8.

HINWEIS: Die *CacheDuration*-Eigenschaft der *GetArticle*-Methode wurde auf 60 Minuten gesetzt. Artikel unterliegen keiner häufigen Änderung, daher können sie bis zu einer Stunde zwischengespeichert werden. Das Setzen von *CacheDuration* hat den Nebeneffekt, dass Änderungen an Benutzername oder Kennwort für den festgelegten Zeitraum nicht erkannt werden. Wenn der Benutzername oder das Kennwort eines Kunden geändert wird, werden sowohl die alten als auch die neuen Benutzernamen- und Kennwortinformationen für die Dauer von *CacheDuration* erkannt. Werden Benutzername und Kennwort häufig geändert, sollte *CacheDuration* auf einen niedrigeren Wert oder überhaupt nicht gesetzt werden.

```
CREATE PROCEDURE spSelectArticle
    @Author nvarchar(50),
    @ArticleDate datetime = null
AS
```

```
SET NOCOUNT ON

    -- Bei Übergabe von NULL Folgendes tun
    IF IsNull(@ArticleDate,"19000101")="19000101"
    BEGIN
        SET @ArticleDate=GetDate()
    END

    SELECT TOP 1 ArticleDate, Author, ArticleText FROM Article
        WHERE Author=@Author AND ArticleDate<=@ArticleDate
        ORDER BY ArticleDate DESC
```

Listing 10.8: *Gespeicherte Prozedur zur Artikelauswahl nach Datum oder zur Auswahl des aktuellsten Artikels*

Innerhalb der *GetArticle*-Methode rufe ich als Erstes die *ValidateUser*-Methode auf. *ValidateUser* ruft die in Listing 10.5 gezeigte gespeicherte Prozedur auf und gibt einen booleschen Wert (*Boolean*) zurück. Einer der an *ValidateUser* übergebenen Parameter ist ein *ByRef*-Parameter vom Typ *SqlDataReader*. In einem realistischeren Beispiel könnte eine zusätzliche Aktion für einen speziellen Kunden ausgeführt werden, daher ist die Rückgabe von *SqlDataReader* als *ByRef*-Parameter eventuell nützlich.

Nach der Benutzervalidierung erstelle ich die erforderlichen *SqlConnection*- und *SqlCommand*-Objekte. Die Verbindung wird von einer *protected*-Methode mit dem Namen *GetConnection* zurückgegeben. Sobald Verbindung und Befehl eingerichtet sind, füge ich dem Befehlsobjekt Parameter hinzu, wie nachfolgend gezeigt:

```
cmd.Parameters.Add("@Author", Author)
Try
    dt = Date.Parse(ArticleDate)
    cmd.Parameters.Add("@ArticleDate", dt)
Catch edt As Exception
    " Ignorieren. Dies ist eine erwartete Ausnahme.
Finally
    dr = cmd.ExecuteReader()
    dr.Read()
    GetArticle = CType(dr("ArticleText"), String)
    ArticleDate = _
        CType(dr("ArticleDate"), Date).ToShortDateString()
End Try
```

Der erste Parameter, *@Author*, ist ein erforderlicher Prozedurparameter. Der Prozedurparameter *@ArticleDate* wird innerhalb eines *Try/Catch/Finally*-Blocks eingefügt, da es möglich ist, dass der an die *GetArticle*-Methode übergebene *ArticleDate*-Parameter ungültig ist. Ist der Parameter ungültig, wird er einfach ignoriert, und die Verarbeitung wird im *Finally*-Block fortgesetzt, um *ExecuteReader* für das *SqlDataReader*-Objekt aufzurufen. Für das zurückgegebene *SqlDataReader*-Objekt wird *Read* aufgerufen, der Rückgabewert wird auf den in *SqlDataReader* zurückgegebenen *ArticleText*-Parameter gesetzt. Anschließend wird der *ArticleDate*-Parameter von *GetArticle* auf den von *SqlDataReader* zurückgegebenen *ArticleDate*-Parameter gesetzt, in den Typ *Date* umgewandelt und als *short string* formatiert. Das hier gezeigte Codefragment ist von einem *Try/Catch*-Block umgeben, wenn also das *SqlDataReader*-Objekt keine Ergebnisse enthält, wird die zurückgegebene Zeichenfolge auf den Standardwert gesetzt.

Das Testen dieses XML-Webdienstes fällt weniger leicht als im vorherigen *Simple*-Beispiel. Der an *GetArticle* übergebene *ByRef*-Parameter verhindert die Verwendung der HTTP-Methode *Get*, daher können Sie den XML-Webdienst nicht wie in Abbildung 10.3 per Seitenausführung testen. Ich habe den Code getestet, indem ich den *ByRef*-Parameter für den Testzeitraum in einen *ByVal*-Parameter umgeschrieben habe.

Nutzen des XML-Webdienstes

Der nächste Schritt ist die Erstellung eines neuen Projekts zum Testen des XML-Webdienstes *GetArticle* – auch hier wird eine C#-Webanwendung gewählt. Und auch hier ist der Aufruf eines Visual Basic .NET-XML-Webdienstes über ein C#-Programm kein Problem. Ich habe hierzu dem *GetGolfArticle*-Dienst einen Webverweis hinzugefügt, wie in Abbildung 10.5 zu sehen ist. Anschließend habe ich den im Projektmappen-Explorer angezeigten Namespace von *localhost* in *GolfArticle* umbenannt.

Zur Simulierung einer echten Seite habe ich eine Web Forms-Seite erstellt. Diese enthält auf der linken Seite einen Navigationsbereich, im rechten Seitenbereich habe ich mithilfe einer HTML-Standardtabelle einen Inhaltsbereich geschaffen. Das Navigationsmenü habe ich mit statischem Inhalt versehen, in den Hauptinhaltsbereich habe ich ein Label eingefügt, und anschließend habe ich noch verschiedene Farben und Schriftarten auf beide Bereiche der Web Forms-Seite angewendet. Listing 10.9 zeigt den Code für *GetArticleTest.aspx*.

```
<%@ Page language="c#"
Codebehind="GetArticleTest.aspx.cs"
AutoEventWireup="false"
Inherits="Chapter10_TestArticleService.GetArticleTest" %>
<!DOCTYPE HTML PUBLIC "-//W3C//DTD HTML 4.0 Transitional//EN" >
<HTML>
    <HEAD>
        <meta name="GENERATOR" Content="Microsoft Visual Studio 7.0">
        <meta name="CODE_LANGUAGE" Content="C#">
        <meta name="vs_defaultClientScript" content="JavaScript">
        <meta name="vs_targetSchema"
            content="http://schemas.microsoft.com/intellisense/ie5">
    </HEAD>
    <body >
    <form id="GetArticleTest" method="post" runat="server">
        <table width="640">
            <tr>                <td width=30%  bgcolor="#333399" valign=top>
                <font face="Verdana, Arial" color="#ffff33"><b>
                This is the normal side navigation text. The
                article text to the right is retrieved from the
                Web Service.</b><br>
                This is the article for
                <asp:Label id=Label2 runat="server"></asp:Label>
                </font>
                </td>
                <td>
                <asp:Label id="Label1"
                    runat="server"
                    Font-Names="Verdana,Arial"
                    ForeColor="Blue"></asp:Label>
                </td>
```

```
            </tr>
         </table>
      </form>
   </body>
</HTML>
```

Listing 10.9: GetArticleTest.aspx, *der Benutzerschnittstellenanteil eines Formulars, das den* GetGolf-Article-*XML-Webdienst nutzt*

Sämtliche Arbeit auf dieser Seite (eine bescheidene Menge) wird in der zugehörigen CodeBehind-Datei *GetArticleTest.aspx.cs* erledigt, die Sie in Listing 10.10 sehen.

```
using System;
using System.Collections;
using System.ComponentModel;
using System.Data;
using System.Drawing;
using System.Web;
using System.Web.SessionState;
using System.Web.UI;
using System.Web.UI.WebControls;
using System.Web.UI.HtmlControls;

namespace Chapter10_TestArticleService
{
    /// <summary>
    /// Summary description for WebForm1
    /// </summary>
    public class WebForm1 : System.Web.UI.Page
    {
        protected System.Web.UI.WebControls.Label Label2;

        protected System.Web.UI.WebControls.Label Label1;

        private void Page_Load(object sender, System.EventArgs e)
        {
            // Put user code to initialize the page here.
            string strDate;
            string strRet;
            strDate="";
            GolfArticle.GetGolfArticle Article;
            Article=new GolfArticle.GetGolfArticle();
            strRet=Article.GetArticle(
                ref strDate,"Ragone, Nick",
                "Doug","Testonly");
            Label1.Text=strRet;
            Label2.Text=strDate;
        }

        #region Web Form Designer generated code
        override protected void OnInit(EventArgs e)
        {
            //
            // CODEGEN: This call is required by the ASP.NET
            // Web Form Designer.
```

```
            //
            InitializeComponent();
            base.OnInit(e);
        }

        /// <summary>
        /// Required method for Designer support - do not modify
        /// the contents of this method with the code editor.
        /// </summary>
        private void InitializeComponent()
        {
            this.Load += new System.EventHandler(this.Page_Load);
        }
        #endregion
    }
}
```

Listing 10.10: GetArticleTest.aspx.cs, *die CodeBehind-Datei zum Anzeigen des vom XML-Webdienst* GetGolfArticle *bereitgestellten Textes*

Bis jetzt sollte Ihnen der größte Teil des Codes vertraut vorkommen. Der Zweck des nachfolgenden Listingauszugs ist unter Umständen jedoch weniger augenfällig:

```
strRet=Article.GetArticle(
    ref strDate,"Ragone, Nick",
    "Doug","Testonly");
```

Wenn in C# eine Methode aufgerufen wird, die ein Element erwartet, welches in Visual Basic .NET als *ByRef*-Parameter bezeichnet wird, muss diesem Parameter das Schlüsselwort *ref* vorangestellt werden. C#-Methoden können auch *out*-Modifizierer verwenden. Der *out*-Modifizierer gibt an, dass der Parameter zwar geändert werden kann, aber erst verwendet wird, wenn er durch die Methode gesetzt wurde, an die der *out*-Parameter übergeben wird. Das Angeben von *ref* bedeutet, dass der Parameter geändert wird, und dass der an die Methode übergebene Parameter in der Methode verwendet wird. Aus diesem Grund muss der Parameter in der Aufrufroutine initialisiert werden.

Beachten Sie, dass der Aufruf von *GetArticle* für eine Hartcodierung der Parameter *UserName* und *Password* sorgt. In diesem Fall lautet der Benutzername »Doug«, das Kennwort ist »Testonly«. Wenn Sie einen ungültigen Benutzernamen oder ein falsches Kennwort eingeben, gibt *GetArticle* eine Meldung aus, in der Sie über die unzulässige Dateneingabe informiert werden. Wenn Sie diesen Test ausführen, zeigt *GetArticleTest.aspx* die in Abbildung 10.8 gezeigte Seite an.

Der eigentliche Artikeltext in der Datenbank weist neben einigen einfachen Umbrüchen und einem *<H1>*-Tag für den Titel kaum Merkmale einer HTML-Direktive auf. Die *GetArticleTest.aspx*-Seite steuert Farbe und Stil der Schriftart. In der Realität bringt uns dieser Entwurfstyp dem heiligen Gral des Websitedesigns ein Stückchen näher – der Trennung von Inhalt und Darstellung.

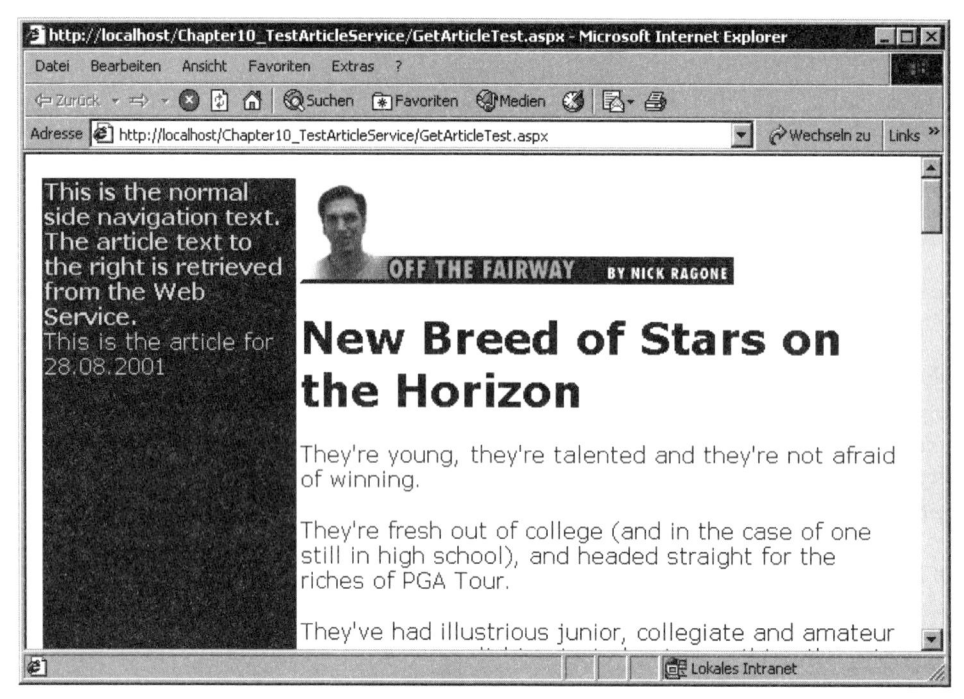

Abbildung 10.8: Der durch den XML-Webdienst »GetGolfArticle« zurückgegebene Inhalt

Mögliche Erweiterungen

Die Rückgabe mehrerer Werte eines XML-Webdienstes kann einige Schwierigkeiten hervorrufen, wie unsere Erfahrung mit dem *ByRef*-Parameter zeigt. In anderen Szenarios müssen häufig viele Werte zurückgegeben werden.

Das Veröffentlichen von Artikeln mithilfe eines XML-Webdienstes ist sicherlich nützlich, durch die Offenlegung zusätzlicher Methoden könnte die Nutzung des *GetArticle*-XML-Webdienstes jedoch mit Sicherheit vereinfacht werden. Mit einer Methode zum Veröffentlichen eines Autorenkatalogs sowie einer Methode zum Abrufen der Datumswerte aller Artikel könnte ein Benutzer dieses Content Syndication-Systems dynamisch Seiten erstellen, die dem Benutzer neben allen Autoren auch eine Liste mit den vorhandenen Veröffentlichungsdaten und Titeln für den jeweiligen Autor anzeigen. Dieser XML-Webdienst müsste nicht durch Benutzernamen und Kennwörter geschützt werden, denn so können auch Nichtkunden sehen, welche Artikel aus dem Angebot für sie möglicherweise interessant wären. Nachfolgend sehen Sie beispielsweise eine einfache XML-Webdienstmethode zum Abrufen aller vorhandenen, nach Datum sortierten Artikel:

```
<WebMethod(CacheDuration:=3600)> _
Public Function GetArticleList() As DataSet
    Dim cn As SqlConnection
    Dim da As SqlDataAdapter
    Dim ds As DataSet
    cn = GetConnection()

    Try
        da = New SqlDataAdapter( _
```

```
            "SELECT * FROM Article ORDER BY ArticleDate", cn)
        ds = New DataSet()
        da.Fill(ds, "Article")
        GetArticleList = ds
    Catch e As Exception

    Finally
        cn.Close()
    End Try
End Function
```

In diesem Beispiel gibt die *GetArticleList*-Methode anstelle eines *DataReader*-Objekts ein *DataSet*-Objekt oder ein anderes Objekt zurück, das mehrere Datensätze enthalten kann. Warum ein *DataSet*-Objekt? Wenn Daten computer- oder prozessübergreifend verschoben werden, bezeichnet man diese Daten als *gemarshallte* Daten. Die Daten müssen hierbei vom internen Typ in ein Format konvertiert werden, das über eine Leitung gesendet werden kann. Im Falle des XML-Webdienstes ist das Übertragungsformat XML, daher muss das Objekt in irgendeiner Form in Text konvertierbar sein.

Die *GetArticleList*-Methode gibt ein *DataSet*-Objekt zurück, da ein *DataSet*-Objekt durch ASP.NET gemarshallt werden kann. Alle weiteren Alternativen (z.B. *SqlDataReader*) können *nicht* durch einen XML-Webdienst gemarshallt werden. Alle Standardtypen, beispielsweise *int* und *double*, *Enum*-Typen, Klassen und Strukturen, *XmlNode*-Objekte und *DataSet*-Objekte, können von ASP.NET gemarshallt werden. Für Arrays der unterstützten Typen kann ebenfalls ein Marshalling durchgeführt werden. Obwohl nicht jedes Objekt durch einen XML-Webdienst gemarshallt werden kann, sind die Typen, für die ein Marshalling möglich ist, sehr viel leistungsfähiger als die für DCOM-Objekte bereitgestellten Typen – ohne Einsatz des benutzerdefinierten Marshallings.

Fazit

HTML hat unsere Arbeitsgewohnheiten tief greifender verändert, als es sich die Erfinder von HTML hätten träumen lassen. Die XML-Webdienste werden mit großer Wahrscheinlichkeit eine ebenso starke Auswirkung auf unsere Arbeitsgewohnheiten haben. Das unternehmenseigene Intranet ist nicht länger eine Insel, die von allen Daten und Prozessen außerhalb ihrer Grenzen isoliert ist. Mit den XML-Webdiensten kann eine Aufgabenteilung in beinahe jeder vorstellbaren sinnvollen Weise erfolgen, unabhängig vom Betriebssystem oder den Tools, die zum Erstellen des XML-Webdienstes eingesetzt wurden.

Besonders wichtig ist hierbei für Entwickler von Anwendungen für das Microsoft .NET Framework, dass Visual Studio .NET das Erstellen und Nutzen von XML-Webdiensten unglaublich einfach macht. Als ich am ersten Entwurf für dieses Buch arbeitete, habe ich angenommen, dass dieses Kapitel zu einer Herausforderung würde. Diese Erwartung stützte sich auf meine Erfahrung mit Vorgängertechnologien wie beispielsweise RPC und DCOM. Überraschenderweise waren jedoch sämtliche der in diesem Kapitel vorgestellten Beispiele recht einfach zu realisieren.

Dieses Buch hat den Grundstein für das Sammeln eigener Erfahrungen mit dem .NET Framework im Allgemeinen und ASP.NET im Besonderen gelegt. ASP.NET ist für Webentwickler *die* Möglichkeit zum Erstellen skalierbarer, dynamischer Webanwendungen. Von den Web Forms bis zu den XML-Webdiensten bietet ASP.NET dem versierten Entwickler ungeahnte Möglichkeiten. Ich hoffe, dass ich Ihnen mit diesem Buch einige dieser Möglichkeiten näher bringen konnte.

A Konfiguration von ASP.NET-Anwendungen in IIS

317 ASP.NET-Benutzerauthentifizierung
318 Einrichten eines neuen virtuellen Verzeichnisses in IIS

Einer der Aspekte, die bei der Arbeit in ASP.NET für sehr viel Verwirrung sorgen, ist die Einrichtung der Sicherheit für eine Webanwendung. Die Sicherheitskonfiguration kann für die Lebensdauer der Anwendung und sogar für den gesamten Geschäftsbetrieb äußerst wichtig sein. Bedauerlicherweise hat ein großer Teil dessen, wie eine ASP.NET-Webanwendung konfiguriert wird, unter Umständen gar nichts mit ASP.NET, sondern hauptsächlich mit IIS (Internet-Informationsdienste) zu tun.

In diesem Anhang leite ich Sie Schritt für Schritt durch die Einrichtung Ihrer ASP.NET-Anwendungen in IIS. Sie sollten sich dabei stets vergegenwärtigen, dass die Ausführung von ASP.NET nie vollkommen unabhängig von IIS erfolgt. Wie Sie feststellen werden, müssen ASP.NET und IIS in einigen Fällen – besonders im Hinblick auf die Authentifizierung – gemeinsam konfiguriert werden, um den größtmöglichen Nutzen aus ASP.NET und IIS ziehen zu können.

ASP.NET-Benutzerauthentifizierung

ASP.NET gestattet die Konfiguration einer der drei folgenden Typen der Benutzerauthentifizierung: *Formularauthentifizierung*, *Passportauthentifizierung* und *Windows-Authentifizierung*. Die Formularauthentifizierung wird von fast allen Internetanwendungen eingesetzt. Mit der Formularauthentifizierung haben Sie relativ freie Hand bei der Identifizierung autorisierter Benutzer. Sie können darüber hinaus festlegen, welche Seiten eine Sicherheitskonfiguration benötigen. Zudem wird ein Benutzer, der auf eine Seite mit erforderlicher Authentifizierung gelangt, transparent auf eine vorgegebene Anmeldeseite umgeleitet. Diese Anmeldeseite kann jede beliebige Informationsquelle zur Authentifizierung des Benutzers einsetzen. Sobald der Benutzer authentifiziert wurde, kann er an die ursprünglich angeforderte Seite weitergeleitet werden. Die Authentifizierung eines Benutzers mithilfe eines benutzerdefinierten Formulars ist in ASP.NET sehr viel einfacher als dies in ASP der Fall war.

Bei der Passportauthentifizierung erfolgt die Ermittlung autorisierter Benutzer durch einen Passportserver. Das Passport-SDK (Software Development Kit) ermöglicht Ihnen die Entwicklung mit Passport, darüber hinaus gibt es jedoch auch noch innerhalb des .NET Frameworks eine Unterstützung für diese Art der Authentifizierung. Das Passport-SDK kann unter *http://msdn.microsoft.com/downloads/* heruntergeladen werden.

Die Windows-Authentifizierung macht sich die Authentifizierungsfähigkeiten von IIS zu Nutze. Die Implementierung der Authentifizierung in IIS hat sich mit den neuesten Versionen von IIS nicht wesentlich geändert, doch ASP.NET setzt diese Authentifizierung in leicht abgeänderter Form ein und hat damit für einige Verwirrung gesorgt. Im nächsten Abschnitt werden wir die Erstellung einer neuen Webanwendung in IIS Schritt für Schritt durchgehen, um diesen Prozess zu veranschaulichen.

Während der Entwicklung von Webanwendungen mit Visual Studio .NET müssen Sie sich in der Regel nicht um die Konfiguration Ihrer Anwendungen in IIS sorgen. Den größten Teil der Entscheidungen trifft Visual Studio .NET für Sie, und dabei werden die meisten der Konfigurationseinstellungen ganz in Ihrem Sinne sein. Die Konfiguration von ASP.NET für den Einsatz der Windows-Authentifizierung stellt dabei eine Ausnahme dar. Stellen Sie hingegen auf einen Produktionsserver um, sind Sie möglicherweise auf sich alleine gestellt, und müssen sich erstmals mit den Dialogfeldern für die IIS-Konfiguration auseinandersetzen. Doch keine Sorge!

Einrichten eines neuen virtuellen Verzeichnisses in IIS

Um auf einem Windows 2000-Webserver eine neue Webanwendung zu erstellen, muss als Erstes der Ordner erstellt werden, in dem die Anwendung gespeichert werden soll. Das mag zwar nicht sonderlich bemerkenswert erscheinen, doch der Ort des erstellten Ordners kann sich durchaus auf die spätere Wartung Ihrer Anwendung auswirken.

Sofern möglich, sollte das *physische* Layout Ihrer Anwendung das *logische* Layout widerspiegeln. Soll eine Anwendung mit der Bezeichnung *AppB* einen Großteil der Einstellungen einer Anwendung *AppA* erben, wäre es sehr sinnvoll, *AppB* aus logischer Sicht unterhalb von *AppA* zu erstellen. Um diese Beziehung deutlich zu machen, wäre es ebenso sinnvoll, den Ordner mit *AppB* als Unterverzeichnis von *AppA* zu einzurichten. *In IIS ist eine solche Strukturierung jedoch nicht erforderlich!* Beim Durchsuchen der logischen Ordner, die auf einer höheren Ebene als eine Anwendung für Konfigurationseinstellungen angesiedelt sind, legt IIS die logische, nicht die physische Hierarchie zugrunde. Der Einsatz eines Anwendungssatzes, in dem die logischen und physischen Hierarchien übereinstimmen, ist bedeutend einfacher.

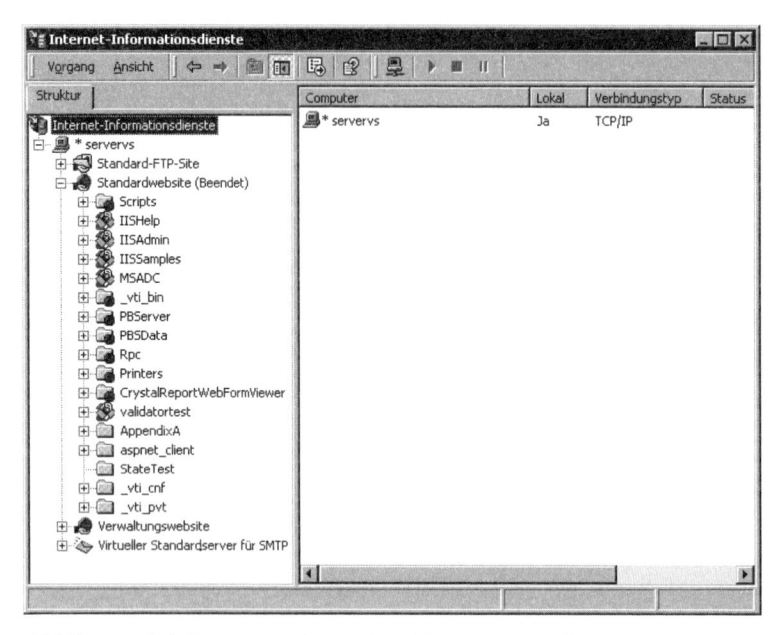

Abbildung A.1: *Internet-Informationsdienste in Windows 2000*

Für dieses Beispiel erstellen wir den Ordner *AppendixA* in *C:\Inetpub\wwwroot*. Öffnen Sie nach Erstellen des Ordners die Konsole für die Internet-Informationsdienste, indem Sie unter *Verwaltung* auf die Option *Internetdienste-Manager* doppelklicken. Das Dialogfeld *Internet-Informationsdienste* ist in Abbildung A.1 abgebildet.

Wie Sie im linken Bereich der Internet-Informationsdienste sehen können, wird der neue Ordner *AppendixA* als regulärer Ordner unter *Standardwebsite* angezeigt. Oberhalb von *AppendixA* sehen Sie Ordner mit verschiedenen Symbolen. Das Symbol neben *IISHelp* und anderen Ordnernamen weist darauf hin, dass diese Ordner als virtuelle Verzeichnisse eingerichtet wurden.

Wenn Sie mit der rechten Maustaste auf *AppendixA* klicken und aus dem Kontextmenü die Option *Eigenschaften* auswählen, wird das Eigenschaftendialogfeld angezeigt, wie in Abbildung A.2 veranschaulicht.

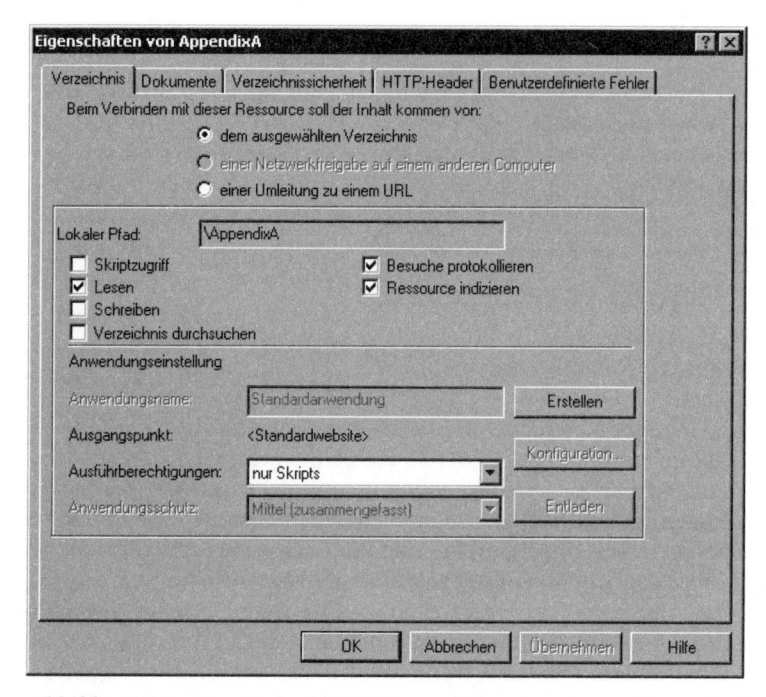

Abbildung A.2: *Das Dialogfeld »Eigenschaften von AppendixA« für den AppendixA-Ordner, bei dem es sich nicht um ein virtuelles Verzeichnis handelt*

Abbildung A.2 zeigt das Eigenschaftendialogfeld für ein Verzeichnis, das nicht als virtuelles Verzeichnis eingerichtet ist. Um diesen Ordner als virtuelles Verzeichnis für IIS einzurichten, klicken Sie auf der Registerkarte *Verzeichnis* auf die Schaltfläche *Erstellen*. Die Einstellungen auf der Registerkarte werden anschließend wie in Abbildung A.3 angezeigt.

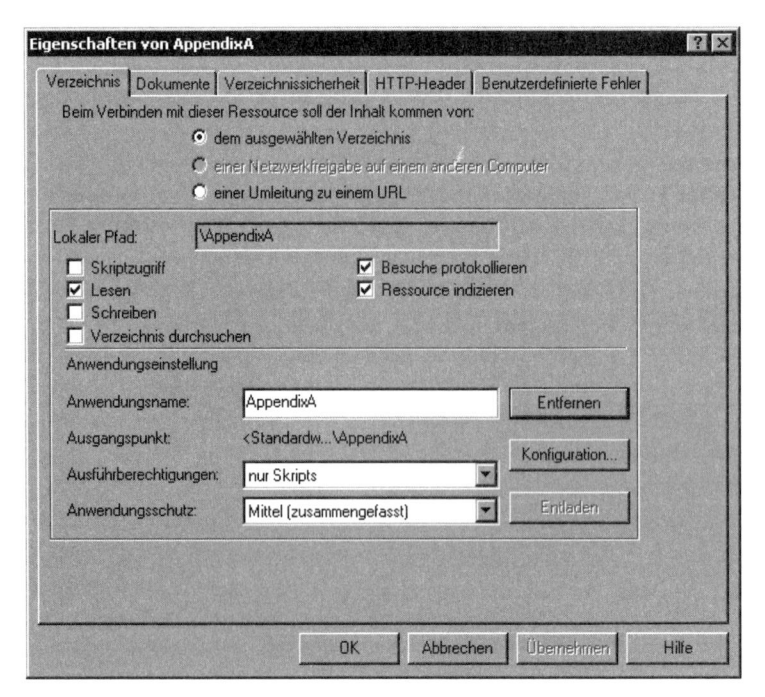

Abbildung A.3: *Das Dialogfeld »Eigenschaften von AppendixA« für den AppendixA-Ordner, nachdem er in ein virtuelles Verzeichnis umgewandelt wurde*

Anhand einiger dieser Einstellungen kann das Verhalten der Webanwendung angepasst werden. Sie können beispielsweise das Kontrollkästchen *Lesen* deaktivieren, da die Benutzer die Dateien in diesem Ordner nicht im gewohnten Sinne lesen. Die Option *Lesen* muss nur dann aktiviert sein, wenn Sie die Anzeige eines Standarddokuments zulassen. Dieses Dokument wird aufgerufen, wenn nur der virtuelle Ordner angegeben wird. (Nähere Informationen zu Standarddokumenten erhalten Sie an späterer Stelle in diesem Anhang.) Über die Dropdownliste *Ausführberechtigungen* können Sie festlegen, welche Arten von Operationen durchgeführt werden können. Die Option *Ausführberechtigungen* sollten Sie nur dann auf *Keine* setzen, wenn Sie Anwendungen ausführen, die lediglich HTML-Inhalte, jedoch keine ASP.NET-Seiten umfassen. Wenn Sie die *Ausführberechtigungen* auf *Nur Skripts* setzen, kann die Anwendung Skripts ausführen, also z.B. Dateien mit den Erweiterungen .asp und .aspx. Dies ist die häufigste Einstellung für ein ASP.NET-Anwendungsverzeichnis. Die letzte Einstellung in der Dropdownliste *Ausführberechtigungen* lautet *Skripts und ausführbare Dateien*. Mit dieser Einstellung wird der Anwendung die Ausführung von Skripts und ausführbaren Dateien ermöglicht.

HINWEIS: Visual Studio speichert ausführbare Dateien im Unterordner *bin*. Man könnte annehmen, dass für den *bin*-Ordner die *Ausführberechtigungen* auf *Skripts und ausführbare Dateien* gesetzt sein sollte, da sich die von den ASP.NET-Seiten eingesetzten DLLs dort befinden, tatsächlich ist dies jedoch nicht der Fall. In der Praxis rufen Sie bei Aufruf einer .aspx-Seite nicht direkt eine DLL auf; es ist aus der Sicht von IIS also nicht erforderlich, über Ausführberechtigungen für den *bin*-Ordner zu verfügen.

Die Registerkarte *Dokumente* des Eigenschaftendialogfeldes ist in Abbildung A.4 zu sehen.

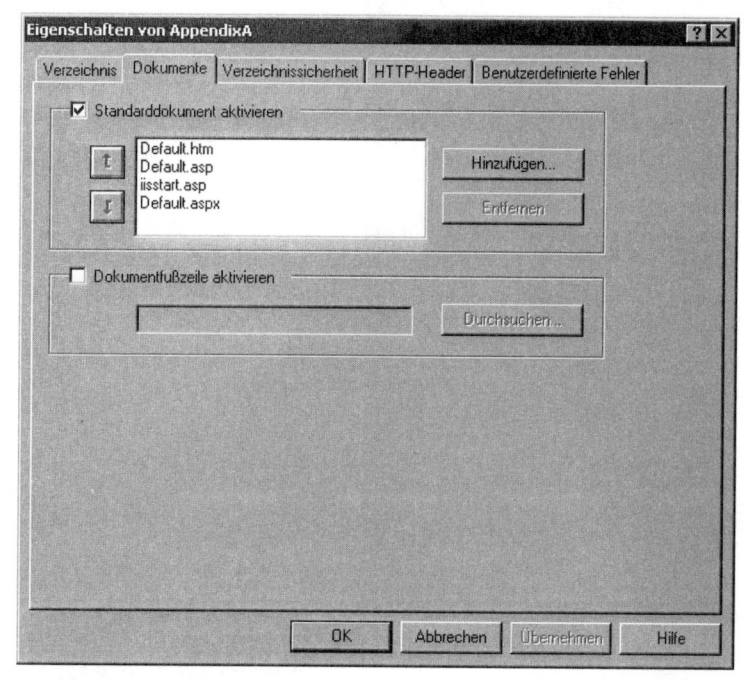

Abbildung A.4: *Die Registerkarte »Dokumente« des Eigenschaftendialogfeldes*

Wenn Sie auf der Registerkarte *Dokumente* verschiedene Standarddokumente angegeben haben und eines der Standarddokumente tatsächlich vorhanden ist, wird dieses Dokument angezeigt, sobald ein Benutzer lediglich den Ordnernamen angibt (z.B. *http://localhost/AppendixA/*). In der Praxis muss häufig nur im Stamm der Website ein Standarddokument gesetzt werden. Wenn Sie ein Standarddokument einsetzen möchten, muss für den Ordner auf der Registerkarte *Verzeichnis* des Eigenschaftendialogfeldes die Option *Lesen* aktiviert sein. Durch Aktivierung des Kontrollkästchens *Dokumentfußzeile aktivieren* auf der Registerkarte *Dokumente* können Sie den Namen einer Datei mit einem HTML-Fragment (kein gesamtes Dokument) angeben, das als Fußnote für in diesem Ordner angezeigte Dokumente eingefügt wird.

Die Registerkarte *Verzeichnissicherheit* des Eigenschaftendialogfeldes wird in Abbildung A.5 gezeigt.

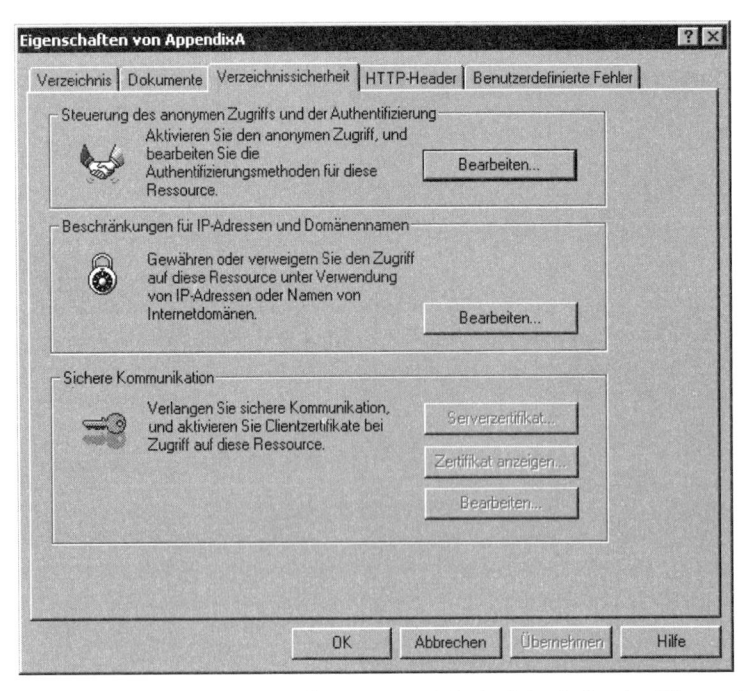

Abbildung A.5: Die Registerkarte »Verzeichnissicherheit« des Eigenschaftendialogfeldes

Der Abschnitt *Steuerung des anonymen Zugriffs und der Authentifizierung* auf dieser Registerkarte ermöglicht Ihnen die Steuerung der Benutzerauthentifizierung für das virtuelle Verzeichnis. Durch Klicken auf die Schaltfläche *Bearbeiten* wird das Dialogfeld *Authentifizierungsmethoden* angezeigt, wie in Abbildung A.6 zu sehen ist.

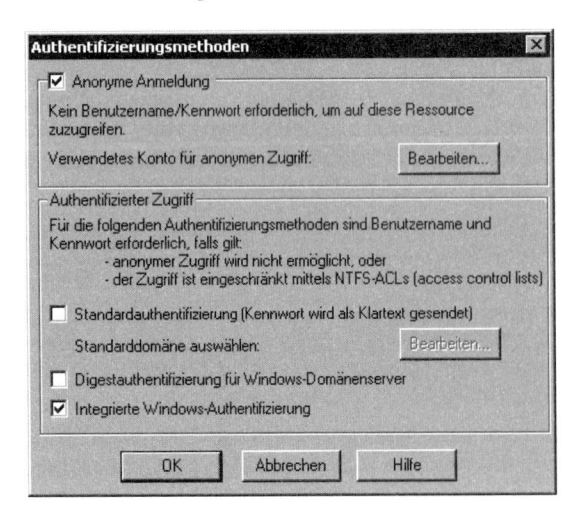

Abbildung A.6: Das Dialogfeld »Authentifizierungsmethoden«

Hier stehen verschiedene Optionen zur Verfügung, aber grundsätzlich bietet das Dialogfeld die folgenden beiden Möglichkeiten: Sie können entweder den anonymen Zugriff auf das virtuelle Verzeichnis zulassen oder den Zugriff auf Windows-Benutzer beschränken.

Sämtliche Windows-Operationen sind faktisch sicherheitsgesteuert, und sämtliche Aktionen müssen in einem bestimmten Benutzerkontext erfolgen. Welches Benutzerkonto wird also verwendet, wenn Sie durch Aktivierung des Kontrollkästchens *Anonyme Anmeldung* einen Zugriff durch anonyme Benutzer zulassen? Das Klicken auf *Bearbeiten* im Abschnitt *Anonyme Anmeldung* des Dialogfeldes *Authentifizierungsmethoden* führt zur Anzeige des Dialogfeldes *Anonymes Benutzerkonto*. In diesem Dialogfeld können Sie das Benutzerkonto auswählen, in dessen Kontext anonyme Benutzer arbeiten. Dieses Konto trägt standardmäßig die Bezeichnung *IUSR_<Computername>*. Dieses Konto benötigt Berechtigungen für die Ordner mit Dokumenten, auf die anonyme Benutzer zugreifen können.

Soll für die ASP.NET-Anwendung die Windows-Authentifizierung verwendet werden, ist eine Deaktivierung des Kontrollkästchens *Anonyme Anmeldung* unabdingbar. Erfolgt diese Deaktivierung nicht, können sämtliche Anwender ohne Authentifizierung auf Ihre Anwendung zugreifen. Soll die Anwendung die Identität des Benutzers ermitteln können, ist der Einsatz der Windows-Authentifizierung erforderlich. Sofern die Windows-Authentifizierung in IIS und in ASP.NET ordnungsgemäß eingerichtet wurde (d.h. die *Anonyme Anmeldung* ist deaktiviert), können Sie den Domänennamen des Benutzers über *Context.User.Identity.Name* abrufen.

ACHTUNG: Die Windows-Authentifizierung muss *sowohl* in IIS *als auch* in ASP.NET ordnungsgemäß eingerichtet werden, andernfalls gibt *Context.User.Identity.Name* nicht den erwarteten Wert zurück. In diesem Fall erhalten Sie eventuell den Namen des anonymen Benutzers, möglicherweise aber auch gar keinen Benutzernamen, falls die Einstellungen für ein virtuelles Verzeichnis in IIS und in der *Web.config*-Datei nicht übereinstimmen. Dieses Problem ist, wie in den Newsgroups zu sehen ist, in den Betaversionen von ASP.NET *sehr* verbreitet. In ASP gab es ähnliche Schwierigkeiten, doch ASP.NET verfügt über einige Konfigurationseinstellungen, die fälschlicherweise zur Annahme verleiten können, ASP.NET steuere die Authentifizierung vollkommen eigenständig. Dies ist nicht der Fall. ASP.NET unterstützt die bestehenden IIS-Authentifizierungsmethoden zwar in stärkerem Maße, kann diese jedoch nicht vollständig ersetzen.

Der Abschnitt *Authentifizierter Zugriff* des Dialogfeldes *Authentifizierungsmethoden* enthält die drei folgenden Kontrollkästchen: *Standardauthentifizierung, Digestauthentifizierung für Windows-Domänenserver* und *Integrierte Windows-Authentifizierung*. Bei Auswahl der Option *Standardauthentifizierung* werden Benutzername und Kennwort als Klartext vom Client an den Server gesendet. (Die Anmeldeinformationen werden zwar codiert, aber nicht verschlüsselt.)

Die Option *Digestauthentifizierung für Windows-Domänenserver* beseitigt einige der Unzulänglichkeiten der Option *Standardauthentifizierung,* weist jedoch einige Beschränkungen auf. Der Windows 2000-Server muss sich in einer Domäne befinden, und für sämtliche Benutzerkonten muss die Option *Kennwort wird als Klartext gesendet* aktiviert sein. Streng genommen müssen nicht unbedingt Internet Explorer 5.0 oder eine höhere Version eingesetzt werden, doch nicht sämtliche Browser unterstützen die Digestauthentifizierung.

Ist die Option *Integrierte Windows-Authentifizierung*, die früher die Bezeichnung *NT LAN Manager* bzw. *NTLM* und *Windows NT Herausforderung/Rückmeldung* trug, aktiviert, versucht der Browser, die aktuellen Benutzeranmeldeinformationen einer Domänenanmeldung einzusetzen. Schlägt dieser Versuch fehl, wird eine Aufforderung zur Anmeldung angezeigt. Diese Eingabeaufforderung ist alles andere als eine Schönheit, der Entwickler kann jedoch auf ihre Darstellung keinerlei Einfluss nehmen.

Beachten Sie, dass jede dieser authentifizierten Zugriffsmethoden der Anwendung die Ermittlung des Benutzernamens für jede angeforderte Seite ermöglicht – vorausgesetzt, die Option *Anonyme Anmeldung* ist deaktiviert.

Der Abschnitt *Beschränkungen für IP-Adressen und Domänennamen* auf der Registerkarte *Verzeichnissicherheit* im Eigenschaftendialogfeld (siehe Abbildung A.5) enthält die Schaltfläche *Bearbeiten*, über die Sie Beschränkungen für IP-Adressen und Domänennamen steuern können. Diese Art von Beschränkungen finden nur selten Verwendung, können in einigen Intranetanwendungen jedoch überaus nützlich sein, denn sie gestatten die Festlegung einer Subnetmaske zur Steuerung von IP-Adressen mit oder ohne Zugriffsberechtigungen für die Anwendung. Die Schaltflächen *Serverzertifikat*, *Zertifikat anzeigen* und *Bearbeiten* im Abschnitt *Sichere Kommunikation* der Registerkarte *Verzeichnissicherheit* können zum Einrichten eines Sicherheitszertifikats und somit zum Einsatz von SSL-Kommunikation (Secure Sockets Layer) eingesetzt werden. Die MSDN-Dokumentation (insbesondere die technische Referenz zu IIS) hält noch weitaus mehr Informationen zu diesen Optionen bereit.

Die letzten beiden Registerkarten des Eigenschaftendialogfeldes, *HTTP-Header* und *Benutzerdefinierte Fehler*, sind nicht besonders interessant. Wie die Namen vermuten lassen, dienen sie der Steuerung von HTTP-Headern und benutzerdefinierten Fehlern. Eine Konfiguration der Registerkarte *Benutzerdefinierte Fehler* gestattet Ihnen das Einrichten von Fehlerbehandlungsseiten für alle standardmäßigen HTTP-Fehler – wie beispielsweise Fehler 400, »Die Seite wurde nicht gefunden«.

Die Schaltfläche *Konfiguration* auf der Registerkarte *Verzeichnis* des Eigenschaftendialogfeldes von *AppendixA* (Abbildung A.3) ermöglicht Ihnen die Steuerung einer Reihe von Aspekten hinsichtlich der Anwendung sowie die Behebung von Problemen bei einer ASP.NET-Installation. Wenn Sie auf *Konfiguration* klicken, wird das Dialogfeld *Anwendungskonfiguration* angezeigt, wie in Abbildung A.7 dargestellt.

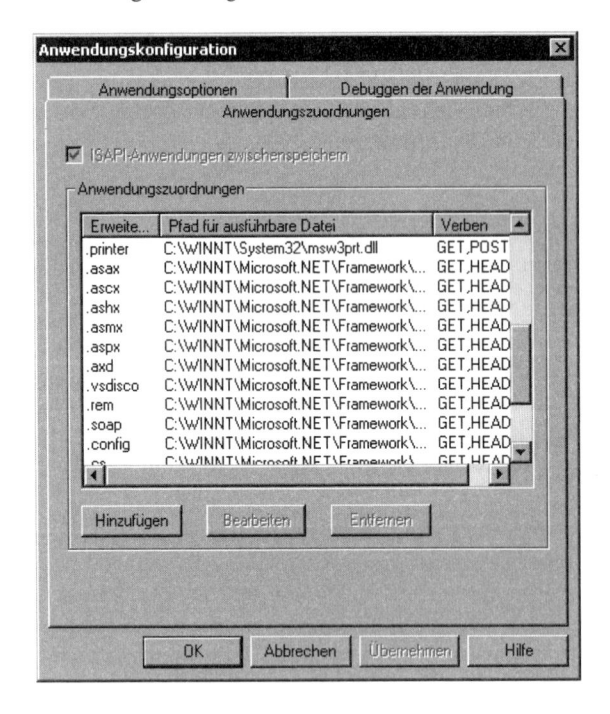

Abbildung A.7: *Das Dialogfeld »Anwendungskonfiguration«*

Ich habe in der Liste der Anwendungszuordnungen einen Bildlauf nach unten durchgeführt, um sämtliche von ASP.NET verwendeten Erweiterungen anzuzeigen. In diesem Dialogfeld können Sie den ausführbaren Pfad mit der jeweiligen Dateierweiterung hinzufügen oder bearbeiten.

Bereiche wie Anwendungszuordnungen oder Verben mögen Ihnen etwas ominös erscheinen, doch das Dialogfeld *Anwendungskonfiguration* hilft Ihnen bei der Bewältigung einiger ungewöhnlicher Probleme. Anwender von ASP- oder ASP.NET-Anwendungen klagen häufig darüber, dass bei Ausführung einer .asp- oder .aspx-Seite im Browser anstelle des HTML-Codes der Quellcode angezeigt wird. Die Ursache dieses Problems ist oftmals im Dialogfeld *Anwendungskonfiguration* zu finden. Sollte keine ordnungsgemäße Zuordnung zwischen Erweiterungen und ausführbaren Pfaden vorliegen – sei es aufgrund einer fehlerhaften Installation, sei es aufgrund eines Gremlins – kann das Problem unter Einsatz dieses Dialogfeldes behoben werden.

Die zwei weiteren Registerkarten im Dialogfeld für die Anwendungskonfiguration, *Anwendungsoptionen* und *Debuggen der Anwendung* verfügen über Einstellungen, die hauptsächlich von ASP-Anwendungen genutzt werden.

B Erforderliche HTML-Vorkenntnisse für dieses Buch

327 HTML-Tags
328 HTML-Links
329 HTML-Widgets
331 HTML-Tabellen

ASP.NET-Anwendungen haben sehr viele Gemeinsamkeiten mit herkömmlichen Anwendungen. Bei der Erstellung eines einfachen Formulars, mit dem z.B. einer Datenbank ein Patient hinzugefügt werden soll, besteht die Anwendung aus drei Teilen:

- Die *Datenbanklogik* speichert den Datensatz.
- Die *Validierungslogik* stellt sicher, dass der hinzugefügte Datensatz gültig ist.
- Die *Benutzerschnittstellenschicht* ermöglicht dem Benutzer eine Interaktion mit der Datenbank- und der Validierungslogik.

Die Datenbanklogik einer ASP.NET-Anwendung ist mit der einer herkömmlichen Anwendung in weiten Teilen vollkommen identisch. Auch die Validierungslogik weist eine gewisse Ähnlichkeit auf, ist jedoch aufgrund der Zusammenarbeit zwischen clientseitigem JavaScript und clientseitiger Validierung in Visual Basic .NET oder C# etwas komplexer. (Dieses Thema ist Gegenstand von Kapitel 7.) Die Benutzerschnittstellenschicht ist hingegen eine ganz andere Angelegenheit. Herkömmliche Anwendungen liefern einen Mechanismus für die Erstellung von Bildschirmwidgets. Widgets werden mithilfe eines Screendesigners häufig bereits im Vorfeld entworfen, und die Metasprache zur Beschreibung des genauen Layouts ist den meisten Programmierern ein Buch mit sieben Siegeln. Bei ASP.NET-Anwendungen ist das anders. Als Metasprache wird nämlich HTML (Hypertext Markup Language) eingesetzt. HTML beschreibt, wie unterschiedliche Textelemente und Widgets auf dem Browserbildschirm anzuzeigen sind.

HINWEIS: Vergessen Sie bitte nicht, dass dieser Anhang nur eine sehr kurze Einführung in HTML liefern kann. Bei Ihrem Buchhändler erhalten Sie ausführlichere Informationsquellen zu diesem Thema.

HTML-Tags

HTML bedient sich der *Tags* – spezieller Direktiven, die dem Browser mitteilen, auf welche Weise Seitenelemente anzuzeigen sind. HTML-Tags werden von spitzen Klammern (<>) umschlossen. Ganz am Anfang und ganz am Ende einer HTML-Seite würden beispielsweise die Tags *<HTML>* und *</HTML>* stehen. Es wurde festgelegt, dass Tags, die ein Start- und ein Endtag aufweisen müssen (wie im Falle des <HTML>-Tags), bis auf einen vorangestellten Schrägstrich (/) im Endtag identisch sind. Innerhalb der Tags <HTML> und </HTML> sollte jede HTML-Seite die Tags <HEAD></HEAD> sowie die Tags <BODY></BODY> aufweisen. Die Tags <HEAD></HEAD> können ihrerseits <META>-Tags einschließen, die auf den angezeigten Inhalt der Seite hinweisen. (<META>-Tags eignen sich gut für automatisierte Tools, die das WWW nach Seiten durchsuchen, die in die Ergebnismenge von Suchmaschinen aufgenommen werden können.) Die Tags <TITLE></TITLE> markieren Anfang und Ende des Seitentitels. Dieser Titel wird in der Titelleiste des Browsers angezeigt.

HINWEIS: Der Text in HTML-Tags wird in der Regel in Großbuchstaben angegeben, tatsächlich ist die Groß- und Kleinschreibung in HTML jedoch ohne Belang. Dies ist einer der vielen Unterschiede zwischen HTML und der neueren, abgeleiteten Sprache, XML (Extensible Markup Language), in der auf Groß- und Kleinschreibung geachtet werden muss.

Mit Ausnahme des <META>-Tags werden alle bislang angeführten Tags paarweise eingesetzt, also mit einem Start- und einem Endtag. Einige Tags benötigen kein Endtag. Der bekannteste Vertreter dieser Tags ist das Tag für den Zeilenumbruch, <BR>. Bei einigen Tags kann das Endtag nach Belieben eingesetzt werden. So erfordert beispielsweise das Tag zur Absatzmarkierung, <P></P>, kein explizites Endtag.

HTML-Links

In HTML können Sie so genannte *Links*, auch unter der Bezeichnung *Hyperlink* bekannt, in Ihren Seiten erstellen. Ein Link lässt Sie von einer Seite zu einer anderen springen. Diese Links werden mit den Tags <A></A> gekennzeichnet. Um beispielsweise einen Link auf einer Seite zu erstellen, über den Sie auf die Seite mit der Bezeichnung *test.aspx* gelangen, würden Sie folgenden Code verwenden:

```
To get to test.aspx, <A HREF="test.aspx">Click Here</A>
```

Der *Click Here*-Link würde auf den meisten Browsern als unterstrichener Text angezeigt, Sie können die Darstellung von Links jedoch ganz nach Belieben steuern und abändern. Allgemein ist es allerdings keine so gute Idee, das Aussehen eines Links zu verändern. Benutzer haben sich im Laufe der Zeit daran gewöhnt, dass unterstrichene Wörter und Sätze sie auf eine andere Seite springen lassen; diese Erwartung zu enttäuschen kann für Frustration und Verwirrung sorgen. Das <A>-Tag ist insofern ungewöhnlich, dass es nicht nur als Link (wie im vorliegenden Beispiel), sondern auch als Anker eingesetzt werden kann, um einen benannten Abschnitt eines Dokuments festzulegen. Hängt der Name des Ankers einem URL an, springt der Browser zum Anker dieses Namens. Verfügt das <A>-Tag über ein *HREF*-Attribut, handelt es sich um einen Link. Verfügt das <A>-Tag zwar über ein *NAME*-Attribut, nicht jedoch über ein *HREF*-Attribut, ist es ein Anker. Liegt sowohl ein *NAME*- als auch ein *HREF*-Attribut vor, ist das Tag sowohl ein Anker als auch ein Link.

Wenn Sie auf eine andere Seite springen möchten, gleichzeitig aber auch ein in der Seite zu verwendendes Argument übergeben möchten, können Sie folgenden Code einsetzen:

```
To get to test.aspx, <A HREF="test.aspx?arg=1">Click Here</A>
```

Zur Übergabe mehrerer Argumente an eine Seite wird zwar dieselbe Syntax eingesetzt, die Argumente werden jedoch jeweils durch ein kaufmännisches Und-Zeichen (&) getrennt:

```
To get to test.aspx,
<A HREF="test.aspx?arg1=1&arg2=2">Click Here</A>
```

HTML-Widgets

HTML ermöglicht die Verwendung von Textfeldern, Dropdownlisten, Listenfeldern, Kontrollkästchen und Optionsfeldern. ASP.NET bedient sich zwar geringfügig abgewandelter Versionen dieser Widgets, trotzdem ist eine Kenntnis der grundlegenden HTML-Widgets durchaus hilfreich. Eine ungefähre Vorstellung erhalten Sie in Listing B.1.

```
<HTML>
<HEAD>
<TITLE>Example HTML Widget Page</TITLE>
</HEAD>
<BODY>

What follows is a form.  <B><I>This text is outside the form.</I></B>

<FORM action="appendixb.htm">

This is a text box.  The <I>value</I> attribute means that there is a
default value for this text box:
<INPUT type="text" id=text1 name=text1 value="Hello HTML"><BR>

This is a text box that displays "*" for each character,
commonly used as a password entry box:
<INPUT type="password" id=password1 name=password1><BR>
This is a text area.  I have set the rows to 2, and the columns to 20:
<TEXTAREA rows=2 cols=20 id=textarea1 name=textarea1>
</TEXTAREA><BR>

This is a check box:<INPUT type="checkbox" id=checkbox1 name=checkbox1><BR>

This is a group of radio buttons:<BR>
<INPUT type="radio" id=radio1 name=radiotest>Yes?<BR>
<INPUT type="radio" id=radio2 name=radiotest>No?<BR>

This is a drop-down list:<SELECT id=select1 name=select1>
<OPTION>Option 1</OPTION>
<OPTION>Option 2</OPTION>
<OPTION>Option 3</OPTION>
<OPTION>Option 4</OPTION>
</SELECT><BR>

This is a list box.  This is a multi-select list box, because the "multiple"
directive is inside the &lt;SELECT&gt; tag.
<SELECT size=3 id=select2 name=select2 multiple>
<OPTION>Option 1</OPTION>
<OPTION>Option 2</OPTION>
<OPTION>Option 3</OPTION>
<OPTION>Option 4</OPTION>

<INPUT type="submit" value="This is a Submit button" id=submit1 name=submit1>

</FORM>
</BODY>
</HTML>
```

Listing B.1: *HTML-Listing mit den gängigsten HTML-Widgets*

Richten wir unser Augenmerk als Erstes auf die allgemeine Struktur dieser einfachen HTML-Seite. Eingerahmt wird der gesamte Code von den Start- und Endtags *<HTML></HTML>*. Zwischen den *<HTML></HTML>*-Tags befinden sich die Tags *<HEAD></HEAD>*, die ihrerseits die *<TITLE></TITLE>*-Tags umschließen. Als Nächstes folgen die *<BODY></BODY>*-Tags, die den im Browser angezeigten Code enthalten.

Den Text im oberen Teil des *<BODY>*-Abschnitts habe ich teilweise mithilfe der Tags *<I></I>* und *<B></B>* kursiv und fett formatiert. Wie Sie sehen, sind die Endtags für den kursiv und fett formatierten Text ordnungsgemäß verschachtelt. Für gewöhnlich akzeptieren die neueren Browser zwar auch HTML-Code, in denen die Start- und Endtags dieser Blöcke nicht verschachtelt sind, dennoch sollten Sie auf eine ordnungsgemäße Verschachtelung Ihrer Tags achten.

Sämtliche Widgets befinden sich innerhalb der *<FORM></FORM>*-Tags. HTML-Widgets, die außerhalb eines Formulars liegen, sind ohne Bedeutung und führen für gewöhnlich nicht zum gewünschten Ergebnis. Ein *<FORM>*-Tag kann auch über ein Attribut verfügen, das die auszuführende Aktion (*action*) bei Übermittlung des Formulars beschreibt, sowie über ein Methodenattribut (*method*), mit dem festgelegt ist, wie die Informationen aus dem Formular an den Server übertragen werden. Das Methodenattribut kann entweder den Wert *Post* oder den Wert *Get* haben. Die Standardmethode ist die *Get*-Methode; in HTML 4 wird diese Methode aufgrund von Problemen bei der Internationalisierung jedoch abgelehnt. Die *Post*-Methode beinhaltet zwei (für den Entwickler transparente) Schritte. Zunächst werden sämtliche der in ein Formular eingegebenen Informationen an einen Standardstandort gesendet, und dort anschließend vom Server eingelesen. Die *Get*-Methode hängt dem URL die Formularinhalte als Argumente an. Angenommen, wir verfügen über ein Formular mit einem einzigen *name*-Textfeld, das den Wert »Doug« enthält. Wenn dieses Formular die *Get*-Methode verwendet und die Aktion eine Seite mit der Bezeichnung *test.aspx* ist, wird als Nächstes der folgende URL im Browserfenster angezeigt (sofern keine Ausführungsfehler eintreten):

```
http://<host>/<directory>/test.aspx?name=Doug
```

Welche Methode sollten Sie also einsetzen – *Post* oder *Get*? Wie so oft, gibt es auf diese Frage keine einfache Antwort. Für kleinere Formulare mit geringen Datenbewegungen ist die *Get*-Methode effizienter. Bei umfangreicheren Formularen führt ein zu langer URL möglicherweise zur Überlastung einiger Server, also empfiehlt sich hier eher der Einsatz von *Post*. Wird zudem ein Kennwort vom Formular zurückgesendet, sollten Sie *Post* einsetzen, um zu verhindern, dass das Kennwort im URL als Klartext angezeigt wird.

Sobald Sie sich den Code in Listing B.1 und anschließend die Browseranzeige aus Abbildung B.1 angesehen haben, dürfte sich jedes Widget so ziemlich selbst erklären. Für das Textfeld habe ich einen Standardsteuerelementwert bereitgestellt. In fast allen Fällen legt das *value*-Attribut in einem HTML-Steuerelement entweder fest, was anfänglich angezeigt wird oder was nach Auswahl des Widgets und der Übertragung des Formulars zurückgegeben wird. Das ASP.NET-Steuerelement bedient sich einer Struktur, die mehr an Visual Basic angelehnt ist, sodass die *Text*-Eigenschaft eines Steuerelements dem HTML-Attribut *value* zugeordnet wird. Einige Benutzer sind möglicherweise nicht gerade erfreut darüber, dass die Eigenschaftennamen der ASP.NET-Objekte keine direkte Zuordnung zu den Namen der HTML-Attribute erlauben. Visual Basic-Programmierer dagegen sollten sich in den ASP.NET-Objekten recht gut zurechtfinden.

In der Beschreibung des Listenfeldes wollte ich den Text »<SELECT>« anzeigen. Statt des Literals habe ich dabei die Zeichenfolge *<SELECT&gt* verwendet. Hätte ich hier die Größer-als- oder Kleiner-als-Zeichen (< oder >) verwendet, wäre *<SELECT>* als Anfang eines Listenfelds interpretiert worden, was jedoch nicht von mir beabsichtigt war.

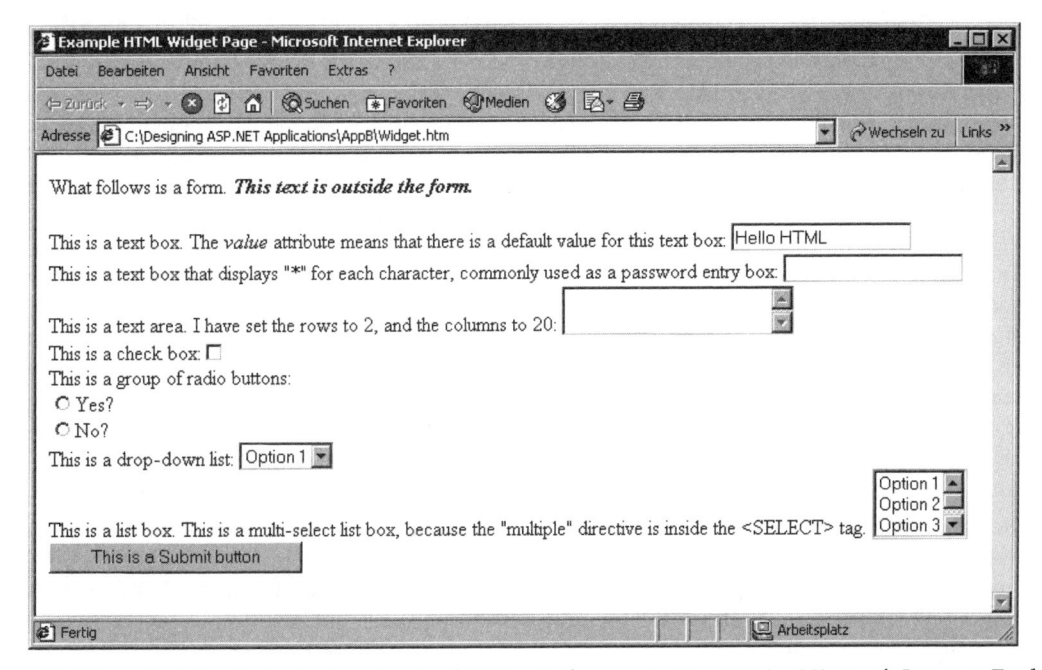

Abbildung B.1: *Ergebnis der Anzeige des HTML-Codes aus Listing B.1 im Microsoft Internet Explorer*

Es steht noch eine Vielzahl weiterer Zeichenentitätsverweise zur Verfügung, mit denen Sie Sonderzeichen innerhalb des HTML-Streams anzeigen können. Einer der häufig vorkommenden Verweise auf Zeichenentitäten ist * *, mit dem ein geschütztes Leerzeichen erstellt wird. Dieser Verweis ist dann nützlich, wenn ein bestimmter Text in einer einzigen Zeile, also ohne Zeilenumbruch, dargestellt werden soll – beispielsweise der Vor- und Nachname einer Person, wie »George Washington«. Sie können zwar prüfen, an welchen Stellen Zeilenumbrüche auftreten, doch aus einer Reihe von Gründen werden die Umbrüche in anderen Browsern möglicherweise nicht an genau denselben Stellen wie in Ihrem Browser gesetzt. So stimmen vielleicht die von einem Browser auf einem Rechner ausgewählte Schriftart und die Schriftart eines weiteren Browsers auf einem anderen Rechner nicht überein.

HTML-Tabellen

Einer der Aspekte, die mich an HTML wahnsinnig machen, besteht in der Flexibilität dieser Sprache und der Toleranz vieler Browser gegenüber nachlässig erstelltem HTML-Code. Die Kehrseite der Flexibilität ist, dass nicht *alle* Browser so flexibel sind. Daher wird nicht hundertprozentiger HTML-Code unter Umständen in einem Browser tadellos, in einem anderen Browser hingegen überhaupt nicht angezeigt. Ein Bereich, in dem HTML leicht missbräuchlich eingesetzt wird, sind HTML-Tabellen.

Wenn Sie mit Microsoft Word arbeiten, kennen Sie sich mit den leistungsstarken Tabellenfeatures vielleicht bereits aus. Ich habe mich nie ernsthaft mit den finanziellen Anwendungsgebieten auseinandergesetzt, mit denen Tabellen für gewöhnlich in Verbindung gebracht werden, aber ich habe Tabellen bereits ausgiebig zur sinnvollen Formatierung vieler unterschiedlicher Dokumenttypen eingesetzt, und das betrifft auch einige Textpassagen dieses Buches. Tabellen können äußerst nützlich sein, wenn Sie Schriftarten mit veränderlichem Abstand einsetzen und mehr als eine Spalte ausrichten möchten. Jetzt werden Sie sagen: »Aber das muss ich in meiner ASP.NET-Anwendung doch gar nicht tun!« Möglicherweise ja doch.

Wie Sie gesehen haben, unterscheidet sich die zugrunde liegende Metasprache zur Beschreibung der Benutzeroberfläche in einer ASP.NET-Anwendung von der Metasprache, die Sie in einer herkömmlichen Visual Basic-Anwendung erwarten würden. Darüber hinaus unterscheiden sich auch die Annahmen darüber, was machbar ist und was die Metasprache tatsächlich kann, in hohem Maße. In einer Visual Basic-Anwendung legen Sie ein Widget an einem bestimmten Ort ab und erwarten, dass es stets an genau dieser Stelle angezeigt wird, und zwar auf jedem Rechner, der diese Anwendung ausführt. Bei HTML ist das anders. Schließlich wurde HTML als Markierungssprache entwickelt, deren Aufgabe im Wesentlichen darin besteht, Browsern Hinweise auf den Standort der unterschiedlichen Texte und Widgets zu geben. Der Browser konnte diese Komponenten seinen Fähigkeiten entsprechend bestmöglich ausgeben, indem er die dem zugrunde liegenden Betriebssystem entsprechenden Widgets einsetzte. Im Gegensatz zu Visual Basic gibt es in HTML keine bequeme Methode zur absoluten Positionierung, mit der ein Textfeld ganz genau lokalisiert werden kann, also beispielsweise 1 Zentimeter unterhalb und 2 Zentimeter rechts von der linken oberen Hälfte des Bildschirms. DHTML (Dynamisches HTML) und Stylesheets ermöglichen eine bessere Steuerung der Positionierung, doch heutzutage unterstützen noch nicht alle Browser dieselbe DHTML-Syntax, und selbst bei kompatibler Syntax sind die Ergebnisse auf den unterschiedlichen Browsern nicht immer identisch.

Betrachten wir erneut Abbildung B.1. So kann der zugrunde liegende HTML-Text eine ganz bestimmte Formatierung aufweisen, durch die mithilfe von Einschüben und Zeilenumbrüchen das Listing in diesem Buch ordnungsgemäß angezeigt wird. Der Browser ignoriert jedoch sämtliche Formatierungen, die ich implizit durch Einschübe und Zeilenumbrüche einfüge. Stattdessen verwendet er lediglich die Direktiven, die er versteht – in diesem Beispiel also die *
*-Tags.

Was tue ich, um das Formular vergleichbar der Anzeige in Abbildung B.2 zu strukturieren? In diesem Fall wird der gesamte Text links ausgerichtet, und sämtliche Widgets werden rechts angeführt.

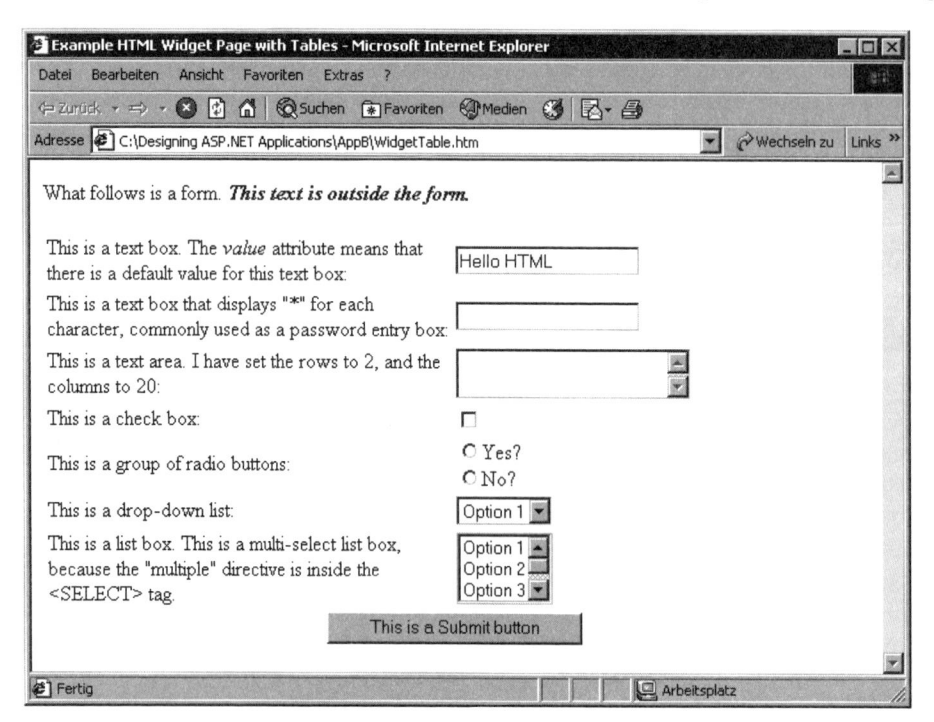

Abbildung B.2: Anzeige des HTML-Codes aus Listing B.2 im Internet Explorer unter Einsatz einer Tabelle zur Formatierung des Formulars

Listing B.2 verdeutlicht, wie diese Ausrichtung erlangt wurde, doch im Grunde genommen lautet die kurze Antwort: mit *HTML-Tabellen*. Das *<TABLE>*-Tag kennzeichnet den Beginn einer HTML-Tabelle. In Abbildung B.2 ist der Einsatz einer Tabelle nicht offensichtlich, da keinerlei Tabellenrahmen angezeigt werden. (Eine ganze Reihe von Attributen können die Tabellenanzeige steuern, und ich möchte Sie dazu ermuntern, ein HTML-Buch zu konsultieren, um nähere Informationen zu diesem Thema zu erhalten.)

```
<HTML>
<HEAD>
<TITLE>Example HTML Widget Page with Tables</TITLE>
</HEAD>
<BODY>

What follows is a form. <B><I>This text is outside the form.</I></B>

<FORM action="appendixb.htm">
<TABLE width=100%>
<TR>
    <TD width=50%>
    This is a text box.  The <I>value</I> attribute means that there is a
    default value for this text box:
    </TD>
    <TD>
    <INPUT type="text" id=text1 name=text1 value="Hello HTML"><BR>
    </TD>
</TR>
<TR>
    <TD>
    This is a text box that displays "*" for each character,
    commonly used as a password entry box:
    </TD>
    <TD>
    <INPUT type="password" id=password1 name=password1><BR>
    </TD>
</TR>
<TR>
    <TD>
    This is a text area.  I have set the rows to 2, and the columns to 20:
    </TD>
    <TD>
    <TEXTAREA rows=2 cols=20 id=textarea1 name=textarea1>
    </TEXTAREA><BR>
    </TD>
</TR>
<TR>
    <TD>
    This is a check box:
    </TD>

    <TD>
    <INPUT type="checkbox" id=checkbox1 name=checkbox1><BR>
    </TD>
</TR>
<TR>
    <TD>
    This is a group of radio buttons:
    </TD>
```

```
        <TD>
        <INPUT type="radio" id=radio1 name=radiotest>Yes?<BR>
        <INPUT type="radio" id=radio2 name=radiotest>No?<BR>
        </TD>
</TR>
<TR>
        <TD>
        This is a drop-down list:
        </TD>
        <TD>    <SELECT id=select1 name=select1>
        <OPTION>Option 1</OPTION>
        <OPTION>Option 2</OPTION>
        <OPTION>Option 3</OPTION>
        <OPTION>Option 4</OPTION>
        </SELECT><BR>
        </TD>
</TR>
<TR>
        <TD>
        This is a list box.
        This is a multi-select list box, because the "multiple"
        directive is inside the &lt;SELECT&gt; tag.
        </TD>
        <TD>    <SELECT size=3 id=select2 name=select2 multiple>
        <OPTION>Option 1</OPTION>
        <OPTION>Option 2</OPTION>
        <OPTION>Option 3</OPTION>
        <OPTION>Option 4</OPTION>
        </TD>
</TR>
<TR align=center>
        <TD colspan=2>
        <INPUT type="submit" value="This is a Submit button"
            id=submit1 name=submit1>
        </TD>
</TR>
</TABLE>
</FORM>
</BODY>
</HTML>
```

Listing B.2: *TML listing showing the use of common HTML widgets and HTML tables*

Jede Zeile einer Tabelle ist in die Tags <TR></TR> eingeschlossen. Diese Tabellenzeilentags verfügen über zusätzliche Attribute, mit denen Hintergrundfarbe, Ausrichtung und weitere Eigenschaften festgelegt werden können. Innerhalb jeder Zeile kennzeichnen die Tags <TD></TD> die einzelnen Zeilenspalten. Zur Ausrichtung der Widgets aus der zweiten Spalte, die in der Seitenmitte beginnt, setze ich das *width*-Attribut des <TD>-Tags auf *50%*, was aussagt, dass die erste Spalte 50 Prozent der Tabelle einnehmen soll. Da die Tabelle aus nur zwei Spalten besteht, nimmt auch die zweite Spalte 50 Prozent der Tabelle ein.

Bei der letzten Tabellenzeile verhält es sich anders: Diese Zeile enthält lediglich die Schaltfläche zur Datenübermittlung. Um diese Schaltfläche in der Tabelle zu zentrieren, bediene ich mich des *colspan*-Attributs des <TD>-Tags. In diesem Fall lege ich fest, dass die erste Spalte dieser Zeile zwei Spalten umfassen soll, sodass sie sich also über die gesamte Zeilenbreite erstreckt. Das Attribut *col-*

span sowie das verwandte *<TR>*-Attribut *rowspan* gestatten umfangreiche Formatierungen, mit denen genau die Browserunabhängigkeit ermöglicht wird, die als Markenzeichen einer guten Webanwendung gilt. Darüber hinaus wird das *align*-Attribut des *<TR>*-Tags auf *center* gesetzt, um den Zeileninhalt zentriert anzuzeigen. Auch die *<CENTER></CENTER>*-Tags ermöglichen eine Zentrierung, doch das *align*-Attribut der Tabellenzeile oder -spalte ist häufig bequemer.

Mit HTML-Tabellen kann es Probleme geben, wenn Sie ein Endtag auslassen oder die Tags unzulässig verschachteln. In diesem Fall können die Ergebnisse je nach Browser variieren. Der Internet Explorer gibt eine solche Tabelle im Allgemeinen zwar ordnungsgemäß aus, die Rückgabe dauert jedoch länger als bei einer gut strukturierten HTML-Tabelle. Netscape Navigator 4 und frühere Versionen zeigen die Tabelle möglicherweise nicht an. Und so können ausgerechnet die Elemente, die in Ihrer ASP.NET-Anwendung für ein sinnvolles Layout der Benutzerschnittstelle von ungemein großer Wichtigkeit sind, einige Schwierigkeiten mit sich bringen.

HINWEIS: Sie können HTML auch mit anderen Mitteln dazu bringen, ein Dokument oder Formular genau nach Wunsch zu gestalten. Eine verbreitete Methode besteht darin, unsichtbare Bilder so einzusetzen, dass Text, Grafiken und Widgets genau so angezeigt werden, wie dies erforderlich ist. Diesen Ansatz fand ich allerdings nicht besonders nützlich. Außerdem habe ich mich in einigen Beispielen dieses Buches gegen den Einsatz von Tabellen zur reinen Verbesserung der Optik entschieden, sofern dies zu einer Verschleierung der zugrunde liegenden Programmlogik geführt hätte. Im wirklichen Leben hingen verfügt fast jede Seite, die ich erstelle, über eine bestimmte Struktur, die auch den intensiven Einsatz von Tabellen umfasst.

Stichwortverzeichnis

- (Bindestrich) 115
"" (Anführungszeichen) 73, 193
' (einfaches Anführungszeichen) 255
#Region- und #End Region-Tags 70, 134
& (kaufmännisches Und-Zeichen) 68
() (Klammern) 49
* (Sternchen) 102 .NET Framework 31
   als ASP.NET-Feature 16
   ASP-Typsystem vs. 33
   Common Language Runtime 20
   DLL-Datei 139
   integrierte Referenztypen 36
   plattformübergreifende
      Kompatibilitätsprobleme 31
   Referenztypen 35
   Standardsprachen (*Siehe* Microsoft Visual C#;
      Microsoft Visual Basic .NET)
   Typsystem 33
   und Operationen, die Win32 API benötigen 40
   verschiedene Klassen 39
   Wertetypen 33
   Zeichenfolgen, Datumswerte 137
/ (Schrägstrich) 327
/ (Slash) 1
/// (Schrägstriche) 170
@ (at-Zeichen) 233
@@IDENTITY-Wert 284
[] (eckige Klammern) 115
\ (umgekehrter Schrägstrich) 193
^ (Zirkumflexzeichen) 115
_ (Unterstrich) 115
__doPostBack-Funktion 192, 196
__VIEWSTATE-Feld 96, 104
{} (geschweifte Klammern) 49, 115
~ (Tilde) 154
+ (Pluszeichen) 68
<% und %> (Tags) 13, 99, 257
<> (spitze Klammern) 1, 164, 327
<A></A>-Tags 328
<allow>-Tags 80
<B></B>-Tags 330
<BODY></BODY>-Tags 1, 328

-Tag 1, 163, 223, 328
<configuration></configuration> -Tags 74
<deny>-Tags 80
<FORM></FORM>-Tags 330
<FORM>-Tag 94, 99
<forms>-Tagattribute 76
<HEAD></HEAD>-Tags 328
<HTML></HTML>-Tags 328
<I></I>-Tags 330
<IMG>-Tags 244
<P></P>-Tags 1, 328
<SPAN></SPAN>-Tags 58, 105
<TABLE></TABLE>-Tags 333
<TD></TD>-Tags 334
<TITLE></TITLE>-Tags 328
<TR></TR>-Tags 334

A

Abfragen. *Siehe auch* Microsoft SQL Server
   ADO 214
   Aktion 221
   Auswahl 216
   für Rückgabe von Datensätzen 282
Ablaufverfolgung, Einstellungen 89
Absatztags 1, 328
action-Attribut 94, 330
Active Server Pages (ASP). *Siehe* Microsoft Active
   Server Pages
ADO. *Siehe* Microsoft ActiveX Data Objects
ADO.NET. *Siehe* Microsoft ADO.NET
Aktionsabfragen 221
Aktualisierung 142
alert-Funktion, JavaScript 185
AndAlso-Operator 47
Anführungszeichen ("") 73, 193
Animationen 2
Anker, HTML 328
Anmeldeseiten 76, 97, 147, 317
Anonyme Anmeldung, Einstellungen 322
Anwendungen
   .NET Framework-Unterstützung 21
   ASP.NET-Webanwendungen (*Siehe* ASP.NET-
      Webanwendungen)
   Bestandteile traditioneller Anwendungen 327
   Dienst 4, 69
   dynamische 2
   entwickeln (*Siehe* Anwendungsentwicklung)
   Identitätseinstellungen 84
   konfigurieren, in IIS 317
   konfigurieren, mit Web.config-Dateien (*Siehe*
      Web.config-Dateien)
   Konsole 4
   partitionieren 185, 205, 207 (*Siehe auch* client-
      seitige Skripts)
   Web Forms (*Siehe* Web Forms)
   Windows Forms 21

Anwendungen *(Fortsetzung)*
    XML-Webdienst-Consumer 296, 311
    XML-Webdienste *(Siehe* XML-Webdienste)
Anwendungsentwicklung 55
    Anwendungsdateien und -verzeichnisse 63 *(Siehe auch* Verzeichnisse)
    ASP- und ASP.NET-Dateinamen 56
    ASP.NET-Entwicklungsmodell 59
    ASP-Beispiel 55
    C#-Beispiel 56
    Entstehung *(Siehe* Anwendungsentwicklungsgeschichte)
    Erstellen von Webseiten 64
    getrennte Codierung von Darstellung und Inhalt 9, 16, 139, 159, 239
    Groß- und Kleinschreibung 58
    HTTP-Handler und HTTP-Module 71
    Konfigurieren von Anwendungen *(Siehe* Konfiguration, Web.config-Dateien)
    Page-Direktive 57
    Umgebung *(Siehe* Microsoft Visual Studio .NET)
    Visual Basic .NET-Beispiel 58
    Visual Studio .NET-IDE für 62
    XML-Webdienste 69
Anwendungsentwicklung, Geschichte der 1
    ASP 10
    ASP.NET 16
    CGI 3
    dynamischer Inhalt 2
    HTML 1
    ISAPI 6
Anwendungsverzeichnis 63, 80
Application Service Providers (ASP) 10
appSettings-Abschnitt 74, 218
Arrays 35, 48
ascx-Erweiterung 147, 150
asmx-Erweiterung 289
ASP. *Siehe* Microsoft Active Server Pages
ASP (Application Service Providers) 11
ASP.NET. *Siehe* Microsoft ASP.NET
ASP.NET-Webanwendungen. *Siehe auch* Web Forms
    Anwendungsverzeichnisse für 63
    Erstellen von Webseiten 64
    erstellte Dateien 138
    herkömmliche Anwendungen 327
    Visual Studio .NET-IDE 62
    XML-Webdienst-Consumer 296, 311
ASP:-Serversteuerelementpräfix 91, 100, 129, 144
aspx Dateierweiterung 56
Assemblersprache 31
Assemblys 26, 154, 290
Attribute
    Eigenschaftengenerator 245
    Entwurfszeitumgebung für benutzerdefinierter Steuerelementeigenschaften 165
    Page-Direktive 57
at-Zeichen (@) 233
Aufrufkonventionen für Parameter 40
Ausdrücke
    Kurzschlussauswertung der 47
    reguläre 110, 114
Ausführbare Dateien 22, 320
Ausführungsberechtigungen 5, 6, 320
Ausgabe, standardmäßige 4
Ausgabe, Zwischenspeicherung 265
Ausnahmebehandlung. *Siehe auch* Debugging; Fehlermeldungen
    benutzerdefinierte Fehlermeldungen 81
    Datenzugriff 223, 234
    strukturierte 45
    verwalteter Code 28
    Visual Basic und VBScript 40
Auswertung, Kurzschluss 47
Authenticate-Methode 80
Authentifizierung
    Arten 317
    benutzerdefinierte 306
    Einstellungen 75
    Einstellungen für virtuelle Verzeichnisse 322
    ISAPI-Filter 6
AutoEventWireup-Attribut 85, 134
Automatische Formatierung
    DataGrid-Steuerelement 244
    Visual Studio .NET 262
AutoPostBack-Attribut 188, 189
Autorisierungseinstellungen 80
Auwahlabfragen 216

B

base-Schlüsselwort 171
BaseValidator-Klasse 201
Befehlszeilenkompilierung 22
Befehlszeilentools
    als Konsolenanwendungen 4
    Verzeichnisse für 304
    XML-Webdienst 303
Benutzerauthentifizierung. *Siehe* Authentifizierung
Benutzerdefinierte Authentifizierung 306
Benutzerdefinierte Klassen 35
Benutzerdefinierte Steuerelemente 160
    Auslösen von Postbacks durch 192
    einfache 161
    erstellen, in Visual Studio .NET 163
    Erweiterung der Entwurfszeitunterstützung für 181
    installieren, in Visual Studio .NET 175
    komplexe 165
    Komposition vs. Rendering 175
    zusammengesetzte 171
Benutzernamen 80, 82, 218, 306. *Siehe auch* Authentifizierung
Benutzerschnittstellen
    ASP-Formulare 239
    Dateneingabeseite 267
    entwerfen 140
    getrennte Codierung des Inhalts 9, 16, 140, 159, 239
    HTML 327

Benutzerschnittstellen *(Fortsetzung)*
   traditionelle Anwendungen und ASP.NET 327
Benutzersteuerelemente 147
   Assemblys 154
   Konvertieren von Webseiten in 150
   UserControl-Klasse 145
   Vorbereiten von Webseiten für eine Konvertierung in 147
Berechtigungen. *Siehe auch* Sicherheit
   Ausführungsberechtigungen für virtuelle Verzeichnisse 5, 6, 320
   Codezugriff 21
Bereich, Blockebene 48
Bereitstellung von Komponenten 142
Bilder 335, 244
Bindestrich (-) 115
Bindung. *Siehe* Datenbindung
bin-Ordner 64, 139, 163, 175, 320
Blockebenenbereich 48
Borland Delphi 5, 32
BoundColumn-Klasse 252
Browser. *Siehe* Webbrowser
Button-Serversteuerelemente 77, 100, 180
Bytecode, Java 21, 31
Byte-Datentypen mit Vorzeichen 34

C

C#. *Siehe* Microsoft Visual C#
C++. *Siehe* Microsoft Visual C++
Calendar-Steuerelemente 130, 136
CallingByReference-Funktion 42
CallingByValue-Funktion 42
Camel Casing 76
Cancel-Schaltfläche 180, 274
Cascading Style Sheets (CSS) 65
Catch-Blöcke 46
CausesValidation-Attribut 180, 274
CGI (Common Gateway Interface) 3
   Konsolenanwendungen 5
   Nachteile 5
   Vorteile 5
CheckBox-Serversteuerelemente 130
CIS (COM Internet Services) 287
Class-Attribut 289
Clientanwendungen, Windows Forms 21
Clientseitige Skripts 185
   ASP.NET-Einsatz 187
   Auslösen von Postbacks über Steuerelemente 192
   Client/Server-Interaktionen 185
   clientseitige Validierung 3, 93, 116, 180, 204
   clientseitige vs. serverseitige Ereignisse 201
   clientseitige Websteuerelemente 196
   Deaktivieren clientseitiger Validierung 180
   JavaScript 2, 3, 185
   serverseitige Validierung 187
   Skriptstandorte 105
clienttarget-Attribut 107, 129
CloseConnection-Parameter 220

CLS (Common Language Specification) 21, 34
COBOL 17, 22, 32
Code
   Ändern von Komponenten 67
   generiert durch die Entwicklungsumgebung 135, 163, 171, 253
   in CodeBehind-Dateien 64, 131, 147, 152
   Javabyte 21, 31
   kompilieren (*Siehe* Kompilierung)
   MSIL 22
   Sicherheit 21
   Trennen von Inhalt und Darstellung 9, 16, 140, 159, 239
   Typensicherheit 29, 253
   unsicherer 30
   Vermeiden der Anzeige 28, 82, 107
   verwalteter 21, 29
CodeBehind-Dateien 63, 131, 147, 152
Codebehind-Attribut 134, 289
Color-Klasse 189
COM/COM+-Technologie
   CIS 287
   DCOM 287
   Dienste 20
   Komponenten 19
   Komponenten vs. Assemblys 155
   plattformübergreifende Kompatibilität 32
   Probleme hinsichtlich COM-Komponenten 141
CommandBehavior-Aufzählung 220
Command-Klasse 214, 220
CommandType-Eigenschaft 227
Common Gateway Interface. *Siehe* CGI
Common Language Runtime 19
   als ASP.NET-Feature 16
   Erzwingen der Kompilierung 19
   JIT-Compiler 28
   MSIL 22
   Sprachen 19
   unsicherer Code 30
   verwalteter Code und Daten 29
Common Language Specification (CLS) 21, 34
CompareValidator-Steuerelemente 106, 274
Connection-Klasse 214, 220
Console-Klasse 26
Consumeranwendungen, XML-Webdienst 296, 311
ControlDesigner-Klasse 181
Control-Direktive 147, 150
Control-Klasse 144, 161
Cookies
   Arten 150
   benutzerdefinierte Authentifizierung 306
   dynamischer Inhalt 2
   Sitzungsstatus 86, 88
   validieren 77
CreateChildControls-Methode 174, 175
CreatePlaceHolderDesignTimeHtml-Methode 182
CType-Funktion 281
Currency-Datentyp 48
Current-Eigenschaft 210, 212
Cursor 214, 238
CustomValidator-Steuerelemente 111, 115

D

Darstellung. *Siehe* Benutzerschnittstellen
Data Access Layer (DAL) 254
DataAdapter-Klasse 216
DataBind-Methode 213, 253, 262, , 280
DataFormatString-Eigenschaft 252
DataGridCommandEventArgs-Klasse 254
DataGrid-Serversteuerelement 242
    bearbeiten, mithilfe von Visual Basic .NET 249
    bearbeiten, mithilfe von Visual Studio .NET 244
    Einschränkungen 255
DataList-Steuerelement 257
DataReader-Klasse 215, 220, 238, 240, 262, 274, 281, 282, 285
DataSet-Objekte 215, 284, 315
DataSource-Eigenschaft 213, 257, 262
DataTypeCheck-Operator 110
Dateien
    Assembly 154
    ausführbare 22, 320
    CodeBehind 63, 131, 147, 152
    Discovery 288
    DLLs (*Siehe* DLLs)
    einfügen 16, 201
    Global.asa 74, 76
    Global.asax 74, 138
    Konfiguration (*Siehe* Machine.config-Dateien; Web.config-Dateien)
    Namen und Erweiterungen für 56, 64, 147, 150, 289, 324
Daten, verwaltete 28
Datenbanklogik 327
Datenbindung
    C# und erzwungene frühe 53
    DataGrid-Steuerelement 253
    Dateneingabeseiten 273
    Datentabellen 239
    IEnumerator 213
    Repeater-Steuerelement 262
    Serversteuerelemente 100
    Trennzeichen 262
Dateneingabeseiten 266
    Datenbearbeitung 266
    Datenbindung 273
    Erstellen einer Benutzerschnittstelle für 267
    Verarbeiten der Dateneingabe 275
Datentabellen, Visual Basic 6.0 239
Datentypen
    .NET Framework 33
    ASP 15, 33
    Common Language Runtime 16
    CompareValidator-Steuerelement 110
    integrierte Referenztypen 36
    Referenztypen 29, 35
    Typenkompatibilität 33
    typensicherer Code 29, 253
    Variant 15, 46
    Visual Basic .NET 47
    von Eigenschaften 170

Wertetypen 33
Datenübermittlung, Schaltfläche 180, 186
Datenvalidierung. *Siehe* Validierung; Web Forms
Datenzugriff 207
    ADO.NET (*Siehe* Microsoft ADO.NET)
    ASP.NET-Formulare 241
    DataGrid-Serversteuerelement (*Siehe* DataGrid-Serversteuerelement)
    ASP-Formulare 239
    Dateneingabeseiten (*Siehe* Dateneingabeseiten)
    Datenvalidierung (*Siehe* Validierung; Web Forms)
    IEnumerator-Schnittstelle 210
    Repeater-Serversteuerelement 255
    XML 207 (*Siehe auch* XML)
    zwischenspeichern 265
Datumswerte
    .NET Framework-Objektmodell 137
    Calendar-Steuerelement 130, 136
    clientseitige Formatierung 196
    DateTime-Klasse 281
    DateTimePicker-Steuerelement 93
DCOM (Distributed COM) 287
Deaktivieren clientseitiger Validierung 180
Debugging. *Siehe auch* Fehlermeldungen; Ausnahmebehandlung
    ASP-Shortcut zum Schreiben von Variablen 13
    COM-Komponenten 142, 143
    ISAPI-Anwendungen 9
    Konfigurationseinstellungen 89
Default-Funktion 7
Deklaration von Variablen 13, 15, 48
Delphi 5, 32
Dependency Walker-Tool 11
Depends.exe-Tool 139
Designerklassen 181
Designer-Attribut 174, 181
Designerunterstützung. *Siehe* Microsoft Visual Studio .NET
DHTML (Dynamisches HTML) 65, 332
Dienstanwendungen 5, 69
Dienste
    Common Language Runtime 16, 20
    Web 26 (*Siehe auch* XML-Webdienste)
Digestauthentifizierung 323
Dim-Anweisung 48
Direktiven
    Control 147, 150
    Option Explicit 13, 15, 47, 53, 72
    Option Strict 47, 53
    OutputCache 265
    Page (*Siehe Page*-Direktive)
    Präprozessor 51
    Register 153, 154, 175, 176
    WebService 290
Discovery 288
Display-Attribut 120
Dispose-Methode 29
Distributed COM (DCOM) 287
DLLs (Dynamic-Link Libraries)
    .NET Framework 31, 139

DLLs (Dynamic-Link Libraries) *(Fortsetzung)*
    benutzerdefinierte Steuerelemente als 160
    ISAPI 6
    Sprachkompatibilität 32
    vom System bereitgestellte 174
    XML-Webdienst-Consumer 304
doDataBind-Methode 252, 280
Domänennamenbeschränkungen 324
Downlevelbrowser 107, 129, 162, 187
Drittanbietersteuerelemente 160, 171. *Siehe auch* benutzerdefnierte Steuerelemente
DropDownList-Serversteuerelemente 129, 187, 329
Dynamic-Link Libraries. *Siehe* DLLs
Dynamischer Inhalt 2
Dynamisches HTML (DHTML) 65, 332

E

eBay XML-Webdienste 70
Eckige Klammern ([]) 115
ECMAScript 186
Editor. *Siehe* Microsoft Editor
Eiffel 17, 22
Eigenschaften
    Anwendungsverzeichnis 64
    Bearbeiten einer Webseitenkomponente 66
    benutzerdefiniertes Steuerelement 165
    C# vs. Visual Basic .NET 170
    DataGrid-Steuerelement 244
    Namen 164
    Parameter-Objekt 230
    Serversteuerelement 130
    Sitzungsstatus 96
    Synthetisierung 167
    virtuelles Verzeichnis 319
    WebMethod-Attribut 295
Eigenschaftenfenster 66, 131, 182, 244
Eigenschaftengenerator 244
Einfache Anführungszeichen (') 255
Eingabe, Standard 5
Einsprungfunktionen 7
Elemente, HTML 1
EnsureChildControls-Methode 174
Entwicklung. *Siehe* Anwendungsentwicklung
Entwurfsansicht 65
Ereignishandler 17
    DataGrid-Steuerelement 249, 253
    Datenzugriff 228
    serverseitige und clientseitige 100
    Visual Studio .NET-Code für 284
    Web Form 135
Ereignisse
    clientseitige vs. serverseitige 201
    ISAPI-Filter 6
    manuelle vs. automatische Verknüpfung der 85
Erweiterungen, Dateinamen 56, 64, 147, 150, 289, 324

Erweiterungen, ISAPI 6
Eval-Methode 262
EvaluateIsValid-Funktion 204
ExecuteNonQuery-Methode 233
ExecuteReader-Methode 220
Explicit-Einstellung 73
Extensible Markup Language. *Siehe* XML

F

F7, Taste 68
Farbauswahl 67, 182
Farben
    Farbschemas 244
    Steuerelement 189
Fehlerbehandlung. *Siehe* Ausnahmebehandlung
Fehlermeldungen. *Siehe auch* Debugging, Ausnahmebehandlung
    benutzerdefinierte 81, 324
    CustomValidator-Steuerelemente 116
    nicht deklarierte Variablen 72
    Validierungssteuerelement 120
    zusammenfassen 122
Felder
    einzelne, mit mehreren Validierungssteuerelementen 117
    verborgene 95, 96, 104
Fettformatierung 330
FileStream-Klasse 237
Fill-Methode 216, 237
Filter, ISAPI 6
Finally-Blöcke 46
Firewalls 216, 287
fixed-Schlüsselwort 30
FlowLayout 65
For Each-Konstrukt 210
ForeColor-Eigenschaft 189
Formatierung. *Siehe* Automatische Formatierung
Formatzeichenfolgen 262
FormsAuthentication-Klasse 80, 149
Formularauthentifizierung 317
Formularbasierte Authentifizierung 76
Formulare
    ASP 94
    ASP.NET vs. Visual Basic 6.0 96
    Datenzugriff über ASP 239
    Datenzugriff über ASP.NET 241 (*Siehe auch* Datenzugriff)
    HTML 93
    Validierung durch (*Siehe* Web Forms)
    Windows (*Siehe* Windows Forms)
Frühe Bindung, C# und erzwungene 53
Funktionen
    C# und globale 50
    Einsprungfunktionen 7
    Fehlerbehandlung 45
Funktionsüberladung 46

G

Gacutil.exe-Tool 155
Ganzzahlen ohne Vorzeichen 34
Garbage Collection 29, 30, 49
Geboxte Wertetypen 36
Gemarshallte Daten 315
Geschichte. *Siehe* Anwendungsentwicklung, Geschichte
Geschützte Leerzeichen 331
Geschweifte Klammern ({}) 49, 115
Gespeicherte Prozeduren 224, 282, 307
GetDesignTimeHtml-Methode 181
GetEnumerator-Methode 210, 212
GetExtensionVersion-Funktion 7, 11
Get-Methode 330
Get-Verb 83
GetPostBackEventReference-Methode 192, 193, 196
GetString-Methode 228, 241
GetType-Methode 37
GetXML-Methode 237, 284
Global.asa-Datei 74, 76
Global.asax-Datei 74, 138
Globale Assemblycaches 155
Globale Funktionen, C# und 50
GridLayout 65
Groß- und Kleinschreibung
   C# 58, 164
   Camel Casing und Pascal Casing 76, 164
   clientseitige Validierung 116
   HTML 328
   Web.config-Dateien 75
   Webbrowser 162
   XML 73, 378
Großbuchstaben. *Siehe* Groß- und Kleinschreibung

H

Health Level 7 (HL7), Sprache 208
HREF-Attribut 328
HTML (Hypertext Markup Language) 327
   Anwendungsentwicklung 1
   anzeigen, für Webseiten 67
   ASP 12, 16
   ASP.NET 327
   bearbeiten, mit ISAPI-Filtern 6
   Benutzerschnittstellen 327
   Downlevelbrowser 109
   Formulare und Validierung 93
   Links 328 (*Siehe auch* Hyperlinks)
   Serversteuerelemente 129, 144
   Serversteuerelemente vs. ASP.NET-Serversteuerelemente 100
   Tabellen 331
   Tags 328
   unsichtbare Bilder 335
   Widgets 329

HtmlTextWriter-Klasse 162, 181
HtmlTextWriterTag-Aufzählung 162
HTTP (Hypertext Transfer Protocol) 2, 83, 288
http://tempuri.org-Namespace 294
HttpContext-Klasse 292
HTTPExtensionProc-Funktion 7, 11
HTTP-Handler 9, 71, 83
HTTP-Module 9, 71, 83
HttpServerUtility-Klasse 292
Hyperlinks 129, 186, 192, 328
Hypertext Markup Language. *Siehe* HTML
Hypertext Transfer Protocol (HTTP) 2, 83, 288

I

IDE (Integrated Development Environment) 9, 62. *Siehe auch* Microsoft Visual Studio .NET
IDENT_CURRENT-Wert 284
Identitätseinstellungen 84, 284
Identitätswechsel 84, 218
IDisposable-Schnittstelle 29
ID-Attribut 130, 174, 201
IEnumerable-Schnittstelle 210
IEnumerator-Schnittstelle 210
IIS. *Siehe* Microsoft Internet-Informationsdienste (Internet Information Services)
Ildasm.exe-Tool 22
Implements-Schlüsselwort 45
Importieren von Namespaces 99
INamingContainer-Schnittstelle 174
include-Dateien 16, 99, 201
Inhalt
   dynamischer 2
   getrennte Codierung von Darstellung und 9, 16, 140, 159, 239
   statischer 2
   Typ 3
Inherits-Schlüsselwort 44
InitializeComponent-Methode 284
InnerHtml-Eigenschaft 58
Inside Server-Based Applications (Buchtitel) 6
Integrated Development Environment (IDE) 62. *Siehe auch* Microsoft Visual Studio .NET
Integrated Security-Attribut 218
Integrierte Referenztypen 36
Integrierte Wertetypen 34
Integrierte Windows-Authentifizierung 323
Internet Server Application Programming Interface. *Siehe* ISAPI
Internet, Kompatibilität und 32
Internetdienste-Manager 319
int-Typ 33, 35
IP-Adressen, Beschränkungen 324
IPostBackDataHandler-Schnittstelle 175, 204
IPostBackEventHandler-Schnittstelle 175, 204
ISAPI (Internet Server Application Programming Interface) 6. *Siehe auch* HTTP-Handler; HTTP-Module
   ASP 11

ISAPI (Internet Server Application Programming Interface) *(Fortsetzung)*
   ASP.NET 9
   Erweiterungen und Filter 6
   Nachteile 9, 19
   Vorteile 8
IsDBNull-Anweisung 49
IsReference-Anweisung 49

J

Java 22, 31
Java Virtual Machine (JVM) 22, 31
JavaScript. *Siehe auch* clientseitige Skripts; Microsoft JScript
   als clientseitige Sprache 186, 205
   als ECMAScript 186
   dynamischer Inhalt und clientseitiges 2, 3
   Meldungsfelder 185
   Web Forms 93
JIT-Compiler (Just-in-Time) 26, 28
JScript. *Siehe* Microsoft JScript

K

Kapselung 43
Kategorien, Eigenschaftenfenster 182
Kaufmännisches Und-Zeichen (&) 68, 328
Kennwörter. *Siehe auch* Authentifizierung
   benutzerdefinierte Authentifizierung 306
   Einstellungen 80
   validieren 106
   Verbindungszeichenfolgen 218
Klammern () 49
Klassen
   .NET Framework 21, 39 (*Siehe auch* Datentypen; .NET Framework). *Siehe auch* Objekte
   ADO.NET 21, 215
   Basisimplementierung 168, 171
   Designer 181
   Farbe 189
   MFC 7
   Nicht-SQL Server 220
   ODBC 215
   Proxy 299, 304
   SqlClient vs. *OleDb* 228, 234
   Steuerelement 144
   Typen 19
   Wrapper 234
Kleinbuchstaben. *Siehe* Groß- und Kleinschreibung
Kommentarzeichen, XML 170
Kompatibilität
   plattformübergreifende 31
   Version 141
   Visual Basic .NET 40
Kompilierte Sprachen 17
Kompilierung
   Anzeigen der Compilerausgabe 82
   ASP 14
   Bearbeiten von Code 68
   Befehlszeile 22
   benutzerdefinierte Steuerelemente 163
   erzwingen 19
   JIT-Compiler 19, 28
Komponenten 17, 141. *Siehe auch* Steuerelemente
   benutzerdefinierte Steuerelemente (*Siehe* benutzerdefinierte Steuerelemente)
   Benutzersteuerelemente (*Siehe* Benutzersteuerelemente)
   clientseitige 196
   Layout 65
   Lebenszyklus 145
   Probleme 141
   Steuerelementklassen für 144
   Webdienste 26 (*Siehe auch* XML-Webdienste)
Komposition
   vs. Rendering 175
   Wrapperklassen vs. 234
Konfiguration
   Anwendung (*Siehe* Web.config-Dateien)
   Anwendungsverzeichnis 64
   Sicherheit und IIS 317
   Visual Studio .NET 62
Konsolenanwendungen 5
Kontrollkästchen, HTML 329
Kursivformatierung 330
Kurzschlussauswertung 47

L

Label-Klasse 161
Label-Serversteuerelemente 100, 129
Layout
   Anzeige von Fehlermeldungen und Seiten- 120
   HTML-Tabellen 331
   Komponenten 65
   Visual Studio .NET IDE 62
Lebenszyklus
   von Steuerelementen 145
   Web Form 96, 135
Leerzeichen, geschützte 331
Leistungsbezogene Probleme
   ASP 14
   ASP.NET-Entwicklungsmodell 61
   Ausgabe, Zwischenspeicherung 265
   CGI 6
   HTTP-Handler und HTTP-Module 71
   ISAPI 9
   JIT-Compiler 29
   Konfigurationseinstellungen 86
   Kurzschlussauswertung 47
   MSIL 21
   System.Object 35
   VBScript, Zeichenfolgenbearbeitung 14
   XML 209
LinkButton-Steuerelemente 130, 192

Links, HTML 328. *Siehe auch* Hyperlinks
ListBox-Serversteuerelemente 129, 329
LiteralControl-Klasse 174
LoadPostData-Methode 205
localhost-Namespace 298, 311
Logische Operatoren, Kurzschluss 47
Logisches Layout 318
loop-Schlüsselwort 59

M

Machine.config-Dateien 74, 105
Main-Klasse 51
Makros, C# und Präprozessor 51
Manifeste, Assembly 154
Markierungssprachen 1
Maskierte Eingaben 93
Mehrfachvererbung 44, 50
Mein Profil, Bildschirm 61
Me-Schlüsselwort 193
Meldungen, Fehler. *Siehe* Fehlermeldungen
Meldungsfelder 185
Memory Mapped Files (MMF) 40
Message-Objekte 58
Metadaten, MSIL 23
META-Tags 134, 328
Methoden
   globale Funktionen vs. 50
   Operatorüberladung 51
   System.Object 36
method-Attribut 330
Microsoft Active Server Pages (ASP) 10
   Anwendungsentwicklung mit 10
   ASP.NET vs. 19, 30
   Beispielsanwendung 55
   Dateinamen 56
   Datenzugriff über Formulare 239
   Entwicklungsmodell 59
   formularbasierte Authentifizierung 76
   Formularvalidierung 94
   Funktionen in Skriptblöcken 99
   Importieren von Funktionalität 99
   ISAPI 11
   Nachteile 14
   Serversteuerelemente 129
   Sitzungsstatus 86
   Typsystem, Inkonsistenzen 34
   Variant-Datentyp 33
   Vorteile 13
Microsoft ActiveX Data Objects (ADO) 14, 215
Microsoft ADO.NET
   .NET Framework 21, 17, 214
   Abfragen, Rückgabe von Datensätzen 282
   ADO vs. 215, 239
   Auswählen von Daten 216
   Datenzugriff (*Siehe* Datenzugriff)
   Erstellen von Aktionsabfragen 221
   Generieren einer XML-Datei 234
   Read-Methode und erste Datensätze 281

   SqlClient vs. *OleDb*-Klassen 234
   Verwenden gespeicherter Prozeduren 224
   Wrapperklassen 234
Microsoft Application Center 143
Microsoft ASP.NET
   .NET Framework (*Siehe* .NET Framework)
   als serverbasierte Technologie 185
   Anwendungsentwicklung (*Siehe* Anwendungsentwicklung; Anwendungsentwicklung, Geschichte der; Anwendungen)
   ASP vs. 19, 30
   clientseitige Skripts (*Siehe* clientseitige Skripts)
   Common Language Runtime (*Siehe* Common Language Runtime)
   Dateinamen 56
   Datenzugriff (*Siehe* Datenzugriff)
   Features 16
   Funktionen in Skriptblöcken 99
   IIS-Sicherheitskonfiguration 317
   Importieren von Funktionalität 99
   ISAPI 10
   Komponenten (*Siehe* Komponenten)
   Web Forms (*Siehe* Web Forms)
   XML-Webdienste 288
   Zeichenfolgenbearbeitung, Leistung 15
Microsoft Editor 74, 131, 163
Microsoft Foundation Class Library (MFC) 7, 21
Microsoft Intermediate Language (MSIL) 21
   Assemblys 26
   Befehlszeilencompiler 22
   Code und Metadaten 23
   Erzwingen der Kompilierung 19
   Java Virtual Machine (JVM) vs. 21
   Kompilierung von Sprachen in 19
   Webdienste 26
Microsoft Internet-Informationsdienste (IIS) 319
   ASP.NET-Benutzerauthentifizierung 317
   CGI 5
   clientseitige Validierung 105
   Erstellen virtueller Verzeichnisse in 319
   ISAPI 6
   Sicherheit 306
   Skripts 19
   Visual Studio .NET-Interaktionen mit 63
   XML-Webdienste 290
Microsoft JScript 12, 19, 186. *Siehe auch* JavaScript
Microsoft SQL Server
   Abfragen (*Siehe* Abfragen)
   ADO.NET-Klassen für 215, 228, 234, 254
   ADO-Abfragen 214
   gespeicherte Prozeduren 224, 282, 307
   Identity-Spalten 284
   reguläre Ausdrücke 114
   Sichten 224
   Variablen 233
Microsoft Visual Basic .NET 41
   Anzeigen von Code 67
   ASP.NET-Features 17
   Bearbeiten von Datentabellen 249
   Beispielsanwendung 59

Microsoft Visual Basic .NET *(Fortsetzung)*
  Bytedatentypen mit und Ganzzahltypen ohne
    Vorzeichen 34
  C# vs. 51
  CType-Funktion 281
  Erweiterungen 43
  Funktionsüberladung 46
  Integration von C# 62
  integrierte Referenztypen 36
  Kompatibilitätsprobleme in 41
  Kurzschlussauswertung 47
  Mehrfachvererbung 44
  MSIL 22
  Serversteuerelemente 130
  strukturierte Ausnahmebehandlung 45
  unsicherer Code 30
  Variablentypen 46
  Vererbung und Polymorphismus 43
  verschiedene Erweiterungen 48
Microsoft Visual Basic 6.0
  Datentabelle 239
  Fehlerbehandlung 40
  Formulare vs. ASP.NET-Formulare 96
  IDE 62
  Kompatibilitätsprobleme mit Visual Basic
    .NET 41
  Windows Forms 21
Microsoft Visual Basic Scripting Edition (VBScript)
  ASP 12
  clientseitige Verwendung der 186
  einfache Beispiele 22
  Fehlerbehandlung 45
  Funktionsüberladung 46
  langsame Zeichenfolgenbearbeitung 14
  Sicherheitsprobleme 21
Microsoft Visual C# 49
  ASP.NET-Features 17
  Beachtung der Groß- und Kleinschreibung 58,
    164
  Beispielsanwendung 56
  ByRef-Parameter und *out*-Modifizierer 313
  Bytedatentypen mit und Ganzzahltypen ohne
    Vorzeichen 34
  C++ vs. 49
  erzwungene frühe Bindung 53
  Integration von Visual Basic .NET 62
  integrierte Referenztypen 36
  Operatorenüberladung 51
  sicherere Speicherverwaltung 49
  unsicherer Code 30
  Visual Basic .NET vs. 51
Microsoft Visual C++ 9, 17, 49, 62
Microsoft Visual InterDev 62
Microsoft Visual Studio .NET 17, 62
  Bearbeiten von Datentabellen 244
  Benutzerauthentfizierung 318
  bin-Ordner 320
  Code, generiert durch 135, 171, 253
  CodeBehind-Dateien 131

Designerunterstützung für benutzerdefinierte
  Steuerelemente 181
Designer-Unterstützung für
  Benutzersteuerelemente 160
Erstellen benutzerdefinierter Steuerelemente 163,
  193
Erstellen von Datenquellen und -verbindungen
  durch 253
Erstellen von HTTP-Handlern und HTTP-
  Modulen 71
Erstellen von Webanwendungen 65
Erstellen von XML-Webdiensten 69, 290, 315
Erzwingen der Kompilierung sämtlicher Seiten 19
Installieren benutzerdefinierter Steuerelemente
  in 175
Interaktion mit IIS 63
Konfiguration der IDE 62
Konfigurationsdateien 91
Nutzung der XML-Webdienste durch 296
Repeater-Steuerelemente 257, 261
Microsoft Visual Studio 6.0 34
mode-Attribut 75
MoveNext-Methode 210, 212
Mscoree.dll-Datei 139
Mscorlib.dll-Datei 23
MSIL. *Siehe* Microsoft Intermediate Language
MyBase-Schlüsselwort 168, 171

N

Name-Attribut 201, 328
Namen
  anonyme Benutzer 323
  ASP:-Serversteuerelementpräfix 91, 100, 129, 144
  Benutzer (*Siehe* Benutzernamen)
  Camel Casing und Pascal Casing 76, 164
  Dateinamen und -erweiterungen 56, 64, 147, 150,
    289, 324
  Standard 164
  von Eigenschaften und Datenelementen 164
  von Ereignishandlern 129
  von Namespaces und Klassen 171
  von Parametern 233
  von Projekten und Verzeichnissen 63
  von Steuerelementen 153
Namespace-Attribut 176
Namespaces
  ADO.NET 215, 237, 254
  Steuerelement 144, 154, 161, 164, 174
  XML-Webdienste 294, 298, 311
Navigation durch Datensätze 215, 241
Nichtabfragen 221
NTFS-Sicherheit 21
NTLM-Authentifizierung 323
Null-basierte Arrays 48

O

Objekte
  .NET Framework (*Siehe* .NET Framework)
    Siehe auch Klassen
  erstellen 41
  Garbage Collection und Zerstörung 29
  Object-Klasse 36, 101
  Wertetypen als 36
Objektmodell, .NET Framework 33
ODBC-Klassen 215, 234
OleDbCommand-Klasse 220
OleDbConnection-Klasse 220
OleDbDataReader-Klasse 220
OleDbException-Klasse 223
OleDb-Klassen 220, 228, 234
OnChange-Ereignis 192, 201
OnClick-Ereignis 77
OnLoad-Methode 201
OnServerValidate-Attribut 116
Operatoren
  CompareValidator-Steuerelement 110
  logische 47
  Überladung, in C# 51
Operator-Attribut 110
Option Base-Anweisung 48
Option Explicit-Direktive 13, 15, 47, 53, 72
Option Strict-Direktive 47, 53
Ordner. *Siehe* Verzeichnisse
OrElse-Operator 47
OutputCache-Direktive 265

P

Page_Init-Ereignis 134, 135
Page_Load-Ereignis 135, , 189, 194, 213, 264
Page_Load-Methode 68
Page_Unload-Ereignis 135, 220
Page_ValidationActive-Attribut 180
Page-Direktive
  Downlevelbrowser 107, 129, 180
  Festlegen der Sprache 57
  serverseitige Validierung 129
  Serversteuerelemente 134
Page-Klasse 145, 192, 193, 196, 201
Pagelets 145
Parallele Ausführung 155
Parameter
  Datenzugriff 232
  einfache Anführungszeichen 255
  HTML 330
  ISAPI 8
  Namen 233
  Parameterobjekteigenschaften 230
  plattformübergreifende Kompatibilität 32
  Visual Basic .NET-Aufrufkonventionen 40
Parse Maps 8
parseInt-Funktion 203

Partitionierung von Anwendungen 185, 206, 207, 315. *Siehe auch* clientseitige Skripts
Pascal Casing 76, 164
Passportauthentifizierung 76, 317
passwordFormat-Attribut 80
PERL 5, 32
Persistente Cookies 150
Pfade 154. *Siehe auch* Verzeichnisse
Phasen, Web Forms 135
Physisches Layout 318
Plattformübergreifende Kompatibilität 31
Platzhalterzeichen 99, 114
Pluszeichen (+) 68
Polymorphismus, Visual Basic .NET 44
Portabilität 32
Ports, HTTP 288
Postbacks
  ASP 95
  ASP.NET 96
  Auslösen durch benutzerdefinierte Steuerelemente 192
  Dropdownliste 187
  Page_Load-Ereignis 135
  Serverlast durch 186
  Steuerelementzustand 126
Post-Methode 330
Post-Verb 83
Präprozessormakros, C# 51
printf-Funktion 3
Projekte 62, 290
Projektmappen-Explorer 296
Proxyklassen 299, 304
Prozeduren, gespeicherte 224, 282, 307
Prozessmodelleinstellungen 86
Public-Zugriffsmodifizierer 170

R

RAD (Rapid Application Development) 17
RadioButton-Serversteuerelemente 130, 329
RaisePostBackEvent-Methode 205
RaisePostDataChangedEvent-Methode 205
RangeValidator-Steuerelemente 110
Rapid Application Development (RAD) 17
Read-Methode 240, 281
ReadWriteControlDesigner-Klasse 181
Recordset-Klasse 214, 216
Recordsets, Navigation durch 215, 241, 281
ReDim-Anweisung 48
RedirectFromLoginPage-Funktion 77, 149
Referenztypen 35
  als Zeiger 35
  boxen 37
  integrierte 36
  unsicherer Code 30
RegisterClientScriptBlock-Methode 201
Register-Direktive 153, 154, 175, 176
Registrierung 142

RegularExpressionValidator-Steuerelemente 110, 114, 273
Relationale Operatoren 110
Remote Procedure Call (RPC) 287
RenderBeginTag-Methode 162
RenderControl-Methode 180
RenderEndTag-Methode 162
Rendering
   <*SPAN*>-Tags 106
   benutzerdefinierte Steuerelemente 161, 168
   Steuerelemente 201
   vs. Komposition 175
Render-Methode 162, 168, 170, 175, 193, 201
Repeater-Serversteuerelement 255
RequiredFieldValidator-Steuerelemente 100, 118, 171, 273
Reset-Methode 210, 212
Response-Klasse 13, 46
Ressourcen 6, 30. *Siehe auch* Speicherverwaltung
Rollen 81
RPC (Remote Procedure Call) 287
Rückgabewerte, Fehlerbehandlung und 45
runat=server, Attribut/Wert-Paar 58, 83, 99, 104, 130, 144, 154, 165

S

Schachtelung
   HTML-Tags 330
   Konfigurationsdateien 75
   Steuerelemente 159
Schemas, XML 288
Schnittstellen
   Benutzer (*Siehe* Benutzerschnittstellen)
   benutzerdefiniertes Steuerelement 174, 175, 204
   COM 141, 155
   Datenzugriff 210
   Schnittstellentyp 36
   Visual Basic .NET 45
Schrägstrich (/) 328
Schrägstriche (///) 170
SCOPE_IDENTITY-Wert 284
SCRIPT></*SCRIPT*>-Tags 13, 99
Seiten. *Siehe* Webseiten
Selbst beschreibende Typen 35
Server
   Browserinteraktionen mit 185 (*Siehe auch* Clientseitige Skripts)
   CGI 3
   Ereignisse 201
   Serversteuerelemente (*Siehe* Serversteuerelemente)
   Validierung 110, 115, 129, 180, 187
Serversteuerelemente. *Siehe auch* Steuerelemente
   Beibehaltung, programmgesteuert 130
   benutzerdefinierte Steuerelemente (*Siehe* benutzerdefinierte Steuerelemente)
   Benutzersteuerelemente als 154 (*Siehe auch* Benutzersteuerelemente)

DataGrid (*Siehe* DataGrid-Serversteuerelement)
DataList 257
HTML-, vs. ASP.NET- 100, 330
Namespaces und Klassen 144
Repeater 255
runat=server-Attribut/Wert-Paar 58, 83, 99, 104, 130, 144, 154, 165
Validierungselement (*Siehe* Validierungssteuerelemente)
Visual Studio .NET 69
Windows-Steuerelemente vs. 144
Session_OnStart-Ereignishandler 76
Session-Klasse 292
Set-Anweisung, Visual Basic 41
Sicherheit. *Siehe auch* Authentifizierung; Berechtigungen
   Common Language Runtime 21
   Konfiguration 317
   Verbindungszeichenfolgen 218
   verwalteter Code 29
Sichten, SQL Server 224
Simple Object Access Protocol (SOAP) 70, 241, 288, 306
Sitzungscookies 150
Sitzungsstatus
   ASP 86
   für Steuerelemente 104, 126, 145
   Konfigurationseinstellungen 86, 88
   Web Forms 96
   XML-Webdienste 292
Skalierbarkeit
   ASP 14, 15
   Ausgabezwischenspeicherung 265
   CGI 6
Skripts. *Siehe auch* clientseitige Skripts; JavaScript; Microsoft JScript
   ASP 12, 19
   dynamischer Inhalt 2
   ISAPI 11
   Standorte von Skripts 105
   virtuelle Verzeichniskonfiguration für 320
Slash (/) 1
SOAP (Simple Object Access Protocol) 70, 241, 288, 306
Sonderzeichen, HTML 331
Spalten
   DataGrid-Steuerelement 242, 252
   HTML-Tabelle 334
   Repeater-Steuerelement 257
Speicherverwaltung
   C# 30, 49
   verwaltete Daten 29
Spitze Klammern (<>) 1, 164, 328
Sprachen
   .NET Framework 20, 22
   ASP, vs. ASP.NET 57
   ASP.NET kompiliert 17
   C# (*Siehe* Microsoft Visual C#)
   CGI 5

Sprachen *(Fortsetzung)*
   clientseitige vs. serverseitige 206
   Health Level 7 208
   HTML *(Siehe* HTML)
   MSIL 22 *(Siehe auch* Microsoft Intermediate Language)
   plattformübergreifende Kompatibilität, Portabilität und 35
   Skripts 2, 11, 19, 186, 205 *(Siehe auch* JavaScript; Microsoft JScript)
   SQL *(Siehe* Microsoft SQL Server; Abfragen)
   Steuerelemente 159
   Visual Basic .NET *(Siehe* Microsoft Visual Basic .NET)
   Visual Studio .NET 62
   WSDL 26, 288, 303
   XML *(Siehe* XML)
   XML-Webdienst 289
SQL. *Siehe* Microsoft SQL Server; Abfragen
SqlClient-Klassen 228, 234, 254
SqlCommand-Klasse 227, 233, 254, 265, 310
SqlConnection-Klasse 228, 280, 310
SqlDataAdapter-Klasse 237
SqlDataReader-Klasse 227, 310
SqlDataSet-Klasse 237
SqlParameter-Klasse 232
Src-Attribut 147, 154, 201
Stamm, Anwendung 154
Stammkonfigurationsdatei 74
Standardeingabe und -ausgabe 5
Standardfehlermeldungen 81, 324
Startseite 61
Statischer Inhalt 3
Status der Sitzung. *Siehe* Sitzungsstatus
Sternchen (*) 102
Steuerelemente. *Siehe auch* Komponenten
   Beibehaltung des Status 126
   clientseitige 196
   HTML-Widgets als 17, 129, 327, 330
   Klassen für 144
   Server *(Siehe* Serversteuerelemente)
   Sitzungsstatus 96
   Status 104, 126, 145
   Validierungselement *(Siehe* Validierungssteuerelemente)
StreamWriter-Klasse 237
Strict-Einstellung 73
StringBuilder-Klasse 15, 38
StringWriter-Klasse 181
Structure...End Structure-Konstruktion 48
Strukturierte Ausnahmebehandlung 45. *Siehe auch* Ausnahmebehandlung
Stylesheets 100, 332
Substring-Methode 137
System.Data-Namespace 215
System.IO-Namespace 174, 237
System.Object-Basistyp 35
System.Web.Security-Namespace 99
System.Web.UI.Design-Namespace 174, 181
System.Web.UI.HtmlControls-Namespace 144

System.Web.UI.Page-Namespace 134
System.Web.UI.WebControls-Namespace 126, 134, 144, 161
System.Web.UI-Namespace 144
System.Windows.Forms.Control-Namespace 144
System32-Verzeichnis 237
Systemdienste 20

T

Tabellen, HTML 257, 273, 331
Tabellen, MSIL 26
TagPrefix-Attribut 153, 154, 164, 176, 193
Tags, HTML 1, 99, 134, 163, 244, 328
Tags, XML 73
TemplateColumn-Klasse 255
TemplatedControlDesigner-Klasse 181
Testen
   ISAPI-Anwendungen 9
   XML-Webdienste 290
TextBox-Klasse 166, 167
TextBox-Serversteuerelement 171, 329
TextBox-Serversteuerelemente 130
Text-Eigenschaft 161, 164
TextWriter-Klasse 237
this-Schlüsselwort 193
Threading 40
Throw-Schlüsselwort 46
Tilde (~) 154
Toolbox 66, 176
ToolBoxData-Attribut 165
ToString-Methode 37, 228
Trace-Klasse 91
Transact SQL 224
Try-Blöcke 46
Type-Anweisung 48
Type-Attribut 110
Typen. *Siehe* Datentypen
Typensicherer Code 29, 253
Typumwandlungssyntax 281

U

Überladen von Funktionen 46
Überladen von Operatoren 51
Überprüfungsvorgang 29
UDDI (Universal Description, Discovery, and Integration) 288
Umgekehrter Schrägstrich (\) 193
Umleitung 77, 82, 95, 149, 317
unsafe-Schlüsselwort 30
Unsicherer Code 30
Unterstrich (_) 115
Update-Methode 216
URLs
   absolut vs. relativ 94
   CGI 6

V

ValidationSummary-Steuerelemente 122, 284
ValidatorColor-Eigenschaft 182
Validierung
    clientseitige 3, 93, 204 (*Siehe auch* clientseitige Skripts)
    Dateneingabeseiten 267, 273
    Deaktivieren clientseitiger 180
    logische 327
    serverseitige 93
    Steuerelemente (*Siehe* Validierungssteuerelemente)
    von Cookies 77
    Web Form-Phase 135 (*Siehe auch* Web Forms)
Validierungssteuerelemente 101
    clientseitige Skripts 107
    CompareValidator 106
    CustomValidator 111, 115
    Dateneingabeseiten 273, 274, 284
    Display-Attribut 120
    mehrere, in einem einzigen Feld 117
    RangeValidator 110
    RegularExpressionValidator 110, 115
    RequiredFieldValidator 101
    ValidationSummary 122
value-Attribut 330
Variablen
    ASP-Shortcut zum Schreiben von 13
    boxen 36
    C# 54
    C# *fixed* 30
    explizite Deklaration 13, 15, 53, 72
    Konfigurationsdateien 74
    mehrfache Deklarationen 48
    SQL Server 233
    Typen (*Siehe* Datentypen)
Variant-Datentyp 15, 33, 46
VBScript. *Siehe* Microsoft Visual Basic Scripting Edition
Verben, HTTP 83
Verbindungszeichenfolgen 218
Vererbung
    C# 50
    Komponenten 141
    mehrfache 44, 50
    Visual Basic .NET 43
Verkettung 68
Versionen, ASP.NET 64
Versionskompatibilität 141, 155
Verwalteter Code und Daten 20, 29
Verzeichnisse
    Anwendung 63
    ASP und ASP.NET-Anwendungen 56
    Assembly 154
    Befehlszeilentools 304
    bin 64, 139, 163, 175, 320
    clientseitige Skriptstandorte 105
    Konfigurationsdateien 74, 79
    Pfade 154
    physische vs. logische 75
    virtuelle (*Siehe* virtuelle Verzeichnisse)
    vom System bereitgestellte DLLs 174
    Webverweise 298
    XML und System32 237
    XML-Webdienste 289, 298
ViewState-Eigenschaft 96, 280
Viren 21
Virtuelle Verzeichnisse
    Ausführungsberechtigungen für 5
    erstellen 319
    Konfigurationsdateien 75, 80
    XML-Webdienste 289
Visual Basic .NET. *Siehe* Microsoft Visual Basic .NET
Visual Basic Scripting Edition. *Siehe* Microsoft Visual Basic Scripting Edition
Visual C++. *Siehe* Microsoft Visual C++
Visual Studio .NET. *Siehe* Microsoft Visual Studio .NET
void-Funktionen 23
Vorlagen
    C# 49
    Repeater-Steuerelement 257
    Serversteuerelement 101

W

Web Forms
    .NET Framework 21, 93
    als ASP.NET-Feature 17
    als XML-Webdienst-Consumer 296, 311
    ASP.NET- vs. HTML-Serversteuerelemente 100
    ASP.NET- vs. Visual Basic 6.0-Formulare 96
    ASP-Validierung 94
    Bearbeiten der Serversteuerelemente über den Programmcode 129
    Beibehaltung des Steuerelementstatus 126
    Beispiel einer Formularvalidierung 97
    CompareValidator-Steuerelemente 106
    CustomValidator-Steuerelemente 111, 115
    Dateien für 63
    Einsatz von CodeBehind-Dateien 131
    Entwicklungsumgebungscode 134
    Erstellen von Webseiten 64
    JavaScript 93
    Lebenszyklus 135
    mehrere Validierungssteuerelemente in einem einzigen Feld 117
    Postbacks 95, 96
    RangeValidator-Steuerelemente 110
    RegularExpressionValidator-Steuerelemente 110, 115
    RequiredFieldValidator-Steuerelemente 101
    ValidationSummary-Steuerelemente 122
    Validierung 93
    Zeichenfolgen, Datumsangaben und .NET-Objektmodell 137
Web Services Description Language (WSDL) 26, 288, 303

Web.config-Dateien 73
  Anwendungseinstellungen 63
  appSettings-Abschnitt 74
  authentication-Abschnitt 75
  authorization-Abschnitt 80
  customErrors-Abschnitt 81
  httpHandlers-Abschnitt 83
  httpModules-Abschnitt 84
  identity-Abschnitt 84
  IIS virtuelle Verzeichnisse 323
  Machine.config-Dateien 74
  pages-Abschnitt 85
  processModel-Abschnitt 86
  Schachtelung von Abschnitten 75
  sessionState-Abschnitt 88
  Sicherheitseinstellungen 99
  Standort 74
  trace-Abschnitt 89
  Verzeichnishierarchien 75
  XML 73
Webanwendungen. *Siehe* Anwendungsentwicklung; Anwendungen; ASP.NET-Webanwendungen
Webbrowser
  automatische Erkennung 101
  Browser-Serverinteraktionen 185
  Downlevelbrowser 107, 129, 162, 187
  Kompatibilität 31
  Komponentenlayout 65
WebControl-Klasse 161, 164
webControls-Tag 105
Webdienste 26. *Siehe auch* XML-Webdienste
WebMethod-Attribut 292, 295
Webseiten
  Anmeldung 76
  Anzeigen von Debugginginformationen 89
  Benutzerauthentifizierung für 317
  Dateneingabe (*Siehe* Dateneingabeseiten)
  Dienste 69
  erstellen 64
  Erzwingen der Kompilierung 19
  in Benutzersteuerelemente konvertieren 150
  Klasse 145
  seitenspezifische Informationen 85
  Sitzungsstatus 96
  zur Konvertierung in Benutzersteuerelemente vorbereiten 147
WebService-Direktive 289
WebService-Klasse 292
Websteuerelementbibliothek, Projekte 163, 193
Webverweise auf XML-Webdienst 296, 311
Werte
  erforderliche 101
  vergleichen 106
  XML 73
Wertetypen 33
  boxen 36
While...End While-Konstruktion 49
Widgets, HTML 17, 129, 327, 329
Win32 API
  Dienste in .NET Framework 20

Operationen 40
plattformübergreifende Kompatibilität 32
unsicherer Code 30
Windows Forms
  .NET Framework 21
  Steuerelementklassen 144
Windows NT Herausforderung/Rückmeldung, Authentifizierung 323
Windows-Authentifizierung 76, 292, 317, 323
WithEvents-Schlüsselwort 134
Wrapperklassen 234
Write-Methode 13, 46, 58
WriteLine-Funktion 23, 26
WSDL (Web Services Description Language) 26, 288, 303
Wsdl.exe-Tool 303

X

XML (Extensible Markup Language)
  .NET Framework 21
  ADO.NET 216
  als universelle Datensprache 207
  andere Datenformate vs. 208
  gemarshallte Daten 315
  generieren 234
  GetXML-Methode 285
  HTTP, SOAP und 288
  Kommentarzeichen 170
  Nachteile 209
  Web.config-Dateien und Features 73
  Webdienste (*Siehe* XML-Webdienste)
XML-Webdienste
  .NET Framework 21, 17, 288
  Artikelbereitstellung, Beispiel 241, 305
  Befehlszeilentools 303
  Datenzugriff 241
  DCOM und RPC vs. 288
  erstellen und testen 307
  erstellen, mit Visual Studio .NET 69
  Erstellung einfacher 289
  mit *WebMethod*-Attributeigenschaften 295
  mögliche Erweiterungen für 314
  nutzen 296, 311
  Sicherheitsoptionen 306
  Standards für 288

Z

Zeichenentitätsverweise, HTML 331
Zeichenfolgen
  .NET Framework-Objektmodell 137
  als Parameter 32
  COM 32
  Format 262
  Länge der, von Visual Basic .NET 48
  reguläre Ausdrücke 114

Zeichenfolgen *(Fortsetzung)*
   String-Klasse 38
   unterschiedliche Arten 39
   VBScript und langsame Verarbeitung von 14
   Verbindungszeichenfolge 214, 218
   verketten 68
Zeiger
   C/C++ 49
   Referenztypen als 35
   unsicherer Code 30
   XML-Webdienst 289
Zeigertyp 36
Zeilen, HTML-Tabelle 334

Zeilenumbruch, Tag 1, 163, 224, 328
Zertfikate, Sicherheit 324
Zirkumflexzeichen (^) 115
Zuordnung von Anwendungen 325
Zusammengesetzte benutzerdefinierte
   Steuerelemente 171
Zwischenspeicherung
   Ausgabe 265
   benutzerdefinierte Authentifizierung 306
   Ereignis 101
   globaler Assemblycache 155
   XML-Webdienstantworten 296

Über den Autor

Seitdem es ihm gelang, seine Frau zu einer Investition einer scheinbar übertrieben hohen Summe in einen Atari 800 zu überreden, hat Douglas J. Reilly seine Liebe zu Computern entdeckt. In den Jahren davor verdingte er sich mit der Reparatur von Fotokopierern und PCs der ersten Generationen. Nach einer Weile stellte er jedoch fest, dass er an der Software mehr Interesse hatte als an der Hardware.

Doug ist der Besitzer von Access Microsystems Inc., einer kleinen Beraterfirma, die Software unter Einsatz von Microsoft Visual C++, Borland Delphi, Microsoft Access und dem Microsoft .NET Framework entwickelt. Er hat Anwendungen für das elektronische Auswahlverfahren bei der Personaleinstellung, zur Verwaltung von Einzelhandelsbeständen sowie zur Reparatur beschädigter Datenbanken erstellt. Zurzeit arbeitet er an der Entwicklung verschiedener Programme im Bereich des Gesundheitswesens, etwa dem St. Barnabas Health Care System, und entwickelt Anwendungen aus dem Bereich der Golf- und Freizeitindustrie für die Golf Society of the U.S. (beide Organisationen sind in New Jersey ansässig). Neben der Softwareentwicklung hat Doug Artikel im *Dr. Dobb's Journal* sowie in *Software Development* veröffentlicht und schrieb eine Kolumne im *Pervasive Software Developer's Journals*. Er hat außerdem ein weiteres Buch bei Microsoft Press veröffentlicht, *Inside Server-Based Applications* (2000).

Doug lebt mit seiner Ehefrau Jean und seinen beiden Kindern Tim und Erin zusammen. Wenn er nicht gerade programmiert, hört er Musik, liest und fährt Fahrrad, obgleich ihn das Schreiben von Büchern und andere Aufgaben in diesem Jahr von größeren Radtouren abgehalten haben. Vielleicht im nächsten Jahr.

Sie können sich mit Doug per E-mail unter der Adresse *doug@ProgrammingASP.NET* in Verbindung setzen.